낯선 사람과 부근을 만들기

낯선 사람과 부근을 만들기 : 그 시작에 대한 탐구

샹뱌오 외 지음
박우 옮김

글항아리

차례

서론 나는 낯선 사람이다*

샹뱌오

*이 글은 막스플랑크 사회인류학연구소 동료들과의 논의 덕분에 쓸 수 있었다. 특히 돤즈펑段志鹏, 투쓰치屠思齐, 량멍梁萌, 캉란康嵐, 류붜刘博, 루안신옌栾欣燕, 츠췬런쭝次群仁宗 등의 공유와 도움에 깊이 감사한다.

누가 낯선 사람인가?

낯선 사람이란 단순히 모르는 사람을 뜻하지 않는다. 세상에는 언제나 우리가 모르는 사람들이 무수히 존재해왔다. 그러나 그들이 멀리 있고, 우리와 아무 관련이 없다면, 굳이 의제로 설정될 필요가 없었을 것이다. 심지어 우리 의식 속에 자리하지도 않았을 것이다. 이 세상에는 이름도 얼굴도 모르는 사람이 많지만 이들이 나와 어떤 방식으로든 관계 맺을 수 있다는 사실을 의식하는 것 자체가 근대적 현상이다. 전근대 사회에서 낯선 사람의 등장은 대개 하나의 사건이었다. 낯선 사람은 곧 적으로 규정되거나 아니면 특별한 손님으로 열렬히 환대받곤 했다.[1] 흥미롭게도 라틴어 계열의 언어에서 적대hostility와 환대hospitality는 동일하게 hostis(외부인, 먼 곳에서 온 사람)에서 비롯되었다.[2] 적대와 환대는 한순간에 뒤바뀔 수 있었던 것이다. 근대에 들어와서야 비로소 '낯선 사람'은 하나의 비교적 안정된 개념으로 자리 잡는다. 그들은 더 이상 적도 손님도 아닌, 그 중간 지점에 오래 머무는 존재가 된 것이다.[3] 영국 작가 대니얼 디포가

1719년에 출간한 『로빈슨 크루소』는 근대 사회가 '낯선 사람'을 어떻게 발견했는지 보여주는 역사라고 할 수 있다. 유럽의 식민 탐험가 로빈슨은 먼 곳에서 전혀 상상하지 못했던 낯선 이들을 만난 뒤 런던으로 되돌아와 번화한 거리 한가운데 서 있으면서도 자신이 낯선 사람이 된 듯한 감각을 경험한다. 그런데 그는 그 낯섦 속에서 오히려 스스로와 조화를 이루었다. 이때의 '낯선 사람'은 근대적 인간형으로 자리 잡는다. 그러나 그 이면에는 인종·계급·성별의 차이, 식민주의가 이끌어낸 세계 자본주의 체제의 형성, 자원 약탈과 노동력 착취가 놓여 있었다. 동시에 그것은 근대적 개인의 탄생, 자유와 민주 제도의 부상과도 맞닿아 있었다. 세계 역사에 더 깊이 흔적을 남긴 것은 사실 로빈슨이 아니라 그가 만난 '프라이데이들'이었다. 그들은 노예 매매상, 식민주의자, 탐험가, 약탈자와 마주했고, 피비린내 나는 탄압을 당했으며, 전통 사회의 붕괴와 함께 물질적·기

1 재러드 다이아몬드는 뉴기니 열대우림을 관찰한 결과, 부족들이 우림 속에서 낯선 사람을 만나면 서로를 위협으로 간주해 쉽게 충돌하거나 살해로 이어질 수 있다고 지적했다. Jared Diamond, *Collapse: How Societies Choose to Fail or Succeed*(Penguin Books, 2011)를 참조하라. 반면 데이비드 그레이버와 데이비드 웽그로는 북미의 인디언들이 본래 친절하고 환대하는 성향을 지녔으며, 북미 대륙을 가로지르는 인디언 집단들은 다른 지역의 낯선 부족으로부터 열렬한 환대를 받았다고 본다. David Graeber and David Wengrow, *The Dawn of Everything: A New History of Humanity*(Allen Lane, 2021)를 참조하라.

2 Jacques Derrida, "Hospitality", *Acts of Religion*, trans. Gil Anidjar(Routledge, 2002), 356–420.

3 사스키아 사센은 현대 민족국가가 등장하기 전에는 계절 수확 노동자나 어업 노동자 같은 이주 노동력이 대체로 손님으로 대우받았지만, 민족국가가 등장하고 국경이 명확하며 단단해진 이후에는 손님이 이방인으로 전환되었다고 한다. Saskia Sassen, *Guests and Aliens*(The New Press, 2000)를 참조하라.

술적 발전의 파고에 휩쓸렸다. 민족과 국가 의식이 형성되는 과정에서 이들이 유럽의 낯선 이들에게 보인 대응은 인류가 20세기에 겪은 혁명과 변혁을 이끄는 중요한 원동력이 되었다.

현대의 낯선 사람은 더 미시적인 차원에서 특정한 경제적·사회적 질서를 반영한다. 독일의 사회학자 게오르크 짐멜은 낯선 사람의 중요한 특징 가운데 하나를 이렇게 설명했다. "오늘 와서, 내일 떠나지 않는다." 여기서 "내일 떠나지 않는다"는 말은, 낯선 이들이 지역의 경제와 사회 속에서 나름 자리를 잡지만, 문화적·정신적·생활양식 차원에서는 결코 완전히 융합되지 못한다는 뜻으로 이해할 수 있다. 짐멜이 이 말을 했을 때 염두에 둔 것은 아마 유럽의 유대인들이었을 것이다. 유대인들은 상업과 무역에서 중요한 역할을 맡았지만, 종교적·사회적 차원에서는 끊임없는 의심과 배제의 시선을 경험했다. 이런 낯선 사람의 형상과 연결되는 역할로는 이른바 '소수자 집단 중개자'가 있다. 이들은 문화적으로 소수자에 속하면서도 경제적으로는 활발히 활동하며 중간자 역할을 하는 집단을 가리킨다.[4] 또 사회학자 로버트 파크가 말한 '경계인',[5] 즉 이주민과 그 후손들도 여기에 포함된다. 낯선 사람은 결코 사회 밖에 존재하는 이들이 아니다. 오히려 사회생활에 없어서는 안 될 중요한 일부를 이룬다. 우리가 낯섦을 이야기하는 이유는 그 속에 언제나 어떤 연결의 의미가

4 Edna Bonacich, "A Theory of Middleman Minorities", *American Sociological Review* 38, no. 5(1973): 583-594.

5 Robert Park, "Human Migration and the Marginal Man", *American Journal of Sociology* 33, no. 6(1928): 881-893.

담겨 있기 때문이다.

낯선 사람의 사회가 출현하면서 우리는 한편으로 소외와 갈등을 경험했지만, 동시에 포용과 진보의 가능성도 맞이하게 되었다. 18세기 이후 독일과 영국의 낭만주의자들이 산업사회를 비판한 것도 크게 보면 낯선 사람 현상에 대한 경계심에서 비롯되었다. 그들은 낯선 사람이 사회 전반으로 확대되는 현상을 냉담함, 긴장, 나아가 사회 붕괴의 가능성과 연결해서 봤다. 마르크스가 말한 소외 개념 역시 낯섦과 직접 맞닿아 있다. 소외란 곧 세계가 낯설어지는 경험이기 때문이다. 마르크스주의의 영향을 받은 실존주의 역시 흔히 낯선이의 시선으로 사회의 부조리와 억압을 비판해왔다. 프랑스 작가 알베르 카뮈가 대표적인 예다. 중국과 관련된 연구를 살펴보면, 리하이옌李海燕은 근현대 중국 문학에 등장하는 다양한 낯선 사람의 형상을 정리했다. 거기에는 여성, 외지인, 외국인, 심지어 귀신까지 포함된다. 이 같은 낯선 이들의 묘사를 통해 근현대 중국 사회는 무엇이 '자연스럽고' 무엇이 '부자연스러운지', 무엇이 '안전하고 안정적'이며 무엇이 '경계해야 할 것'인지 구분하는 위계적 질서를 구축해왔다.[6] 또한 솔링거[7]와 장리張鸝[8]는 중국 농민공(민공)에 대한 연구에서, 호적 제도가 유동 인구를 공식적인 도시생활에서 배제하고 그들을

6 Haiyan Lee, *The Stranger and the Chinese Moral Imagination*(Stanford University Press, 2014).

7 Dorothy Solinger, *Contesting Citizenship in Urban China: Peasant Migrants, the State, and the Logic of the Market*(University of California Press, 1999).

8 張鸝, 『城市裏的陌生人—中國流動人口的空間, 權力與社會網絡的重構』, 袁長庚譯, 江蘇人民出版社, 2014.

'하등의 존재' 혹은 '이질적 타자', 다시 말해 낯선 사람으로 만들어 왔음을 지적한다.

또 다른 시각에서는 낯선 사람을 근대 사회의 개방성과 이성의 상징, 그리고 사회를 앞으로 나아가게 하는 원동력으로 본다. 멀리 있는 낯선 사람을 상상하고 또 그들과 자신을 연결 지어 생각하지 않는다면, 칸트가 말한 세계시민주의도, 20세기 정치에서 중요한 역할을 했던 보편적 가치도 성립되기 어려웠을 것이다. 베니딕트 앤더슨은 근대 민족주의를 '상상의 공동체'라 불렀다. 그 심리적 토대는, 아무리 멀리 떨어져 있더라도 국경 안에 있는 수많은 낯선 사람을 나와 긴밀히 연결된 존재로 상상하는 데 있다. 근대의 교통수단, 지도 제작, 백화소설,[9] 신문 등은 이런 현대적 낯선 사람의 이미지를 구축하는 인프라다(바꿔 말해 앤더슨이 말한 상상의 공동체의 문법이다).[10] 사회학의 개창자 뒤르켐은 근대 사회의 본질적 특징을 복잡한 분업에서 찾았다. 알지 못하는 낯선 사람들이 서로 의존하며, 그가 말한 '유기적 연대'를 형성한다는 것이다. 유기적 연대는, 전통 사회에서 서로가 닮았기 때문에 함께 살아갈 수 있었던 '기계적 연대'를 대신하게 되었다. 이러한 연대는 경제적, 사회적, 정치적으로 중대한 혁신을 가져왔다.[11] 소수 민족 집단, 여성, 청년들에게 낯섦과 익명성은

9 중국의 구어체로 쓰인, 즉 일반인도 쉽게 읽을 수 있는 소설.—옮긴이

10 Benedict Anderson, *Imagined Communities: Reflections on the Origin and Spread of Nationalism*(Verso, 1983).

11 Emile Durkheim, "Preface to the Second Edition", *The Division of Labour in Society*, trans. W. D. Halls(Macmillan Press, 1902), XXXI–LIX.

곧 자유를 의미하기도 했다. 이것이야말로 도시가 사람들을 끌어들이는 중요한 이유 중 하나였다.

오늘날 우리가 낯선 사람에 대해 논의하는 이유는 단순히 냉담함과 자유, 소외와 해방 사이의 관계를 다루기 위해서만이 아니다. 더 구체적으로는 21세기 초 중국 사회가 낯선 사람 사회의 한층 더 깊은 낯설어짐, 곧 '낯섦화陌生化'라는 흐름을 겪고 있기 때문이다. '낯섦화'는 20세기 말 이후 나타난 몇 가지 경향을 가리킨다. 첫째, 낯섦은 일상에서 점점 더 보편적이고 평범한 것이 되었다. 낯선 사람과 낯선 사람이 아닌 것 사이의 경계는 희미해졌고, '안과 밖을 구분하는 것'은 예전만큼 중요하지 않다. 사람들은 낯선 이를 경계하거나 두려워하고, 혹은 호기심과 연민을 느끼던 태도마저 옅어졌다. 이제 낯선 사람에 대한 가장 큰 감각은 오히려 '무감각'이다. 둘째, 일부 젊은이를 긴장하게 만드는 것은 낯선 사람과 어떻게 관계를 맺느냐가 아니라, 오히려 아는 사람과 어떻게 지내느냐다. 사람들은 의도적으로 관계를 낯설거나 준准낯선 상태로 유지하려 한다. 나아가 친밀한 관계에서도 점점 더 쉽게 낯섦화 현상이 나타나고 있다. 가까운 사람이 갑자기 모르는 사람이 되는 일도 있다. 일부 젊은이는 심지어 '관계 끊기'를 통해 자신을 보호하려 하기도 한다. 고전적 의미의 근대적 상태에서 사람들은 낯선 이가 자신과 관계있음을 인식했다면, 오늘날에는 오히려 아는 사람이 자신과 무관하다고 느끼곤 한다. 결국 '낯섦화'는 자기가 자기 자신에게 낯선 존재가 되는 것을 의미한다. 자신이 누구인지 알 수 없고, 무엇을 원하는지도 모른다. 결정을 내릴 때조차, 누군가를 사랑하거나 사랑받을 때조차 끊임없이 의문이 생긴다. 내 결정, 내 사랑은 진심일까? '사랑할 수 없음愛無能'[12]은 낯섦화의 한 결과다. '주말 공포증'—주말 내내 시계 초침이 천천히 흘러가는 것을 바라보며 월요일이 빨리 오기만을 기다리고, 다른 사람이 과제를 내주어야 마음이 놓이는 것—도 자기 자신과 낯선 상태가 된 또 다른 예다. 이런 상태에서 자신은 자기 자신과 단둘이 있을 수 없다. 사방이 낯선 이로 가득한 사회에서 사람들은 불안함을 느끼기도 하고 흥분하기도 한다. 그러나 '낯섦화'의 상황에서는 고독과 방황이 퍼지고, 존재론적 차원의 불안이 지속된다—사람들은 이 세계, 그리고 자기 자신과 함께 어떻게 살아가야 할지 그 방법을 알지 못한다. 낯선 사람이 자신을 속일까 걱정하는 것이 아니라, 자신이 그 낯선 사람처럼 갑자기 폭발해 믿기 힘든 행동을 할까봐 두려워한다.

이번에 우리가 마련한 '낯선 사람과 부근을 만들기' 대화의 목적은 단순히 낯선 사람을 받아들이고 이해하는 방법을 찾는 데 있지 않다. 더 중요한 것은 '나는 낯선 사람이다'라는 문제를 어떻게 마주할 것인가를 함께 고민하는 데 있다. 대화에 참여한 패널들은 사회과학 연구, 회화, 영화, 지역사회 건설, 범죄 분석, 인간과 동물의 관계 등 다양한 관점에서 낯섦화 이면에 숨은 사회적 변화를 탐구하고, 현실에서 적용 가능한 대응 방안을 논의한다. 특히 우리는 일상의 시각을 강조한다. 즉, 생활 경험에 뿌리를 두어 낯섦화라는 거대한 흐름

12 감정 표현이 어렵고, 친밀감을 회피하며, 공감 능력이 부족하고, 책임과 약속을 회피하는 등 사랑하고자 하지만 그런 능력이나 의지가 부족한 상태를 말한다.—옮긴이

속에서도 자신의 설 자리와 실천의 출발점을 찾는 사고방식을 탐색해보고자 한다. 우리는 이를 '안생식安生式' 사고라고 부른다.

투명하지만 숨 막히다

중국 사회의 낯섦화 경향은 지난 수십 년간 낯선 사람을 바라보는 이미지의 변화를 통해 엿볼 수 있다. 20세기 말 중국 대중의 의식 속에서 낯선 사람은 도덕적 불안과 연결되어 있었다. 당시에는 죽어가는 사람을 보고도 돕지 않는다거나, 낯선 이에게 냉정하고 무정하게 대하는 사건이 잇따랐다. 도움을 준 이에게 오히려 책임을 뒤집어씌우는 이른바 '펑츠碰瓷' 현상도 나타났다. 사람들은 낯선 이를 돕길 주저했고, 낯선 이의 도움 또한 쉽게 받아들이지 못했다. 1994년 여름방학, 나는 베이징대학 친구들과 함께 둥관으로 농민공 조사를 하러 떠났다. 징광선京廣線 기차 안에서는 안내 방송이 끊임없이 흘러나왔다. "귀중품을 낯선 사람에게 맡기지 마십시오. 낯선 사람의 제안에는 각별히 주의하십시오." 함께 간 친구들과 나는 이 방송이 못내 불만스러웠다. 우리는 대중 홍보가 서로를 경계하라는 반복적 경고보다, 공적 신뢰를 장려해야 한다고 이야기했다. 그렇게 한참 이론적 논평을 늘어놓은 뒤 나는 자리에서 곧 깊이 잠들었다. 잠에서 깨어났을 때 머리맡에 두었던 제법 값나가는 소니 소형 녹음기가 흔적도 없이 사라져 있었다. 주변 승객들은 무표정했고, 물어봐도 누구 하나 아는 척하지 않았다. 우리는 서로를 바라보며 어떻게 이론적으로 스스로를 납득시켜야 할지 몰라 난감해했다. 무엇보다 경제적 손실이 둥관으로 가는 내내 마음을 아프게 했다.

당시의 공적 도덕 불안은 1980년대 말 이후 급격히 증가한 도시-농촌 인구 이동과 밀접하게 연결되어 있었다. 도시 곳곳에 낯선 사람이 대거 등장하면서 나타난 현상이었다. 둥관에서 우리는 경제가 빠르게 성장하는 가운데 시민들과 지방 정부가 어떻게 사회 질서를 유지할지 고민하는 모습을 직접 목격할 수 있었다. 또한 우리는 농민공들이 처한 낯선 사람의 상태도 확인할 수 있었다. 그들은 도시 경제 발전을 떠받치는 근간 중 하나였지만 정작 도시 사회로 완전히 편입되지는 못했다. 한편으로는 고향 농촌에 뿌리를 두고 있지만 되돌아갈 수도 없는 처지였다. 도시인들에게 그들은 낯선 존재였고 농민공들 스스로도 자신을 낯선 사람으로 인식하고 있었다. 특히 기억에 남는 것은 농민공들이 내게 말해준 가장 흔한 갈등의 원인이었다. 그것은 공장의 노사관계가 아니라 화장실 사용, 머리 감기, 전기 난로 사용 등 대부분 기숙사에서 사소한 생활 문제로부터 비롯된 것이었다. 나는 이전에 기숙사가 농민공들이 친구가 되어 서로 돕고 단결하는 공간일 것이라 생각했지만 현실은 정반대였다. 좁은 공동생활 공간에서 그들은 서로를 철저히 낯선 사람으로 대하며 지내고 있었다.[13]

30년이 지난 오늘날, 기차 안내 방송에서는 더 이상 낯선 사람의 위험을 경고하지 않는다. 나 또한 녹음기가 도난당할까 걱정하지 않아도 된다. 곳곳에 설치된 감시 카메라와 얼굴인식 기술 덕분에 사회 치안은 크게 개선되었고 낯선 사람끼리 서로 두려워하는 일도 줄었다. 그러나 일상 속의 '낯섦화'는 오히려 더 심화된 듯하다. 우리 대화 모임의 패널 중 한 명인 리이판李一凡 감독은 다큐멘터리 「사마터, 너를 사랑해殺馬特我愛你」[14]를 촬영하는 과정에서, 내가 30년 전 조사했던 바로 그곳을 방문했다. 리이판 감독은 같은 기숙사에 있는 농민공끼리 서로 거의 알지 못한다는 사실을 확인했다. 공장의 조립 라인은 24시간 내내 멈추지 않고 노동자들은 정해진 출퇴근 시간 없이 교대로 투입되었다. 기숙사는 노동자들이 교대로 잠만 자는 공간이 되어 늘 누군가는 잠들어 있었다. 오늘날 룸메이트 간의 이런 낯섦화는 농민공에게만 국한되지 않는다. 대학생, 젊은 직장인, 청년 아파트 주민, 도심 임대주택 입주자 등에게서도 이미 널리 나타나는 현상이다.[15] 나의 독일 동료 한 명이 이런 말을 한 적이 있다. 그의 친구가 다니는 라이프치히대학 기숙사에서 중국 학생들은 다른 사람과 거의 대화를 나누지 않는다는 것이다. 누군가 식사를 함께

13 나는 이 상황을 요약하기 위해 '부유浮游'라는 개념을 사용했다. 내가 1995년에 발표한 보고서에서 '부유'는 당시 도시와 농촌이 단절된 사회에서 농민공 집단이 처한 구조적 위치를 주로 강조하는 개념이었다. 2014년 이후 나는 '부유'를 하나의 생존 상태이자 의식 상태를 묘사하는 데 쓰고 있다. 다음을 참조하라. 項飆, 『中國社會變遷中的"懸浮群體"』, 本科論文, 北京大學社會學系, 1995; Biao Xiang, "Suspension: Seeking Agency for Change in the Hypermobile World", *Pacific Affairs* 94, no. 2(2021): 233-250.

14 사마터는 영어 Smart를 중국어로 음차한 단어로 농민공 2세들 중 특이하고 화려한 헤어스타일을 한 사람을 폄하하여 부르는 명칭이다.—옮긴이

15 2020년대 중국의 도시들에 등장한 숙박과 학습을 결합한 '자습 기관'은 낯섦화의 전형적인 사례다. 이러한 기관들은 대개 대외적으로 완전히 폐쇄된 공간이며, 내부에서는 룸메이트 간의 교류가 거의 없고, 서로 극도로 낯선 관계를 유지한다. 학습은 매우 통일적으로 조직되어 있지만, 동시에 완전히 개인화된 형태로 이루어진다.

하자거나 외출하자고 제안해도 그들은 마치 상대가 무례하다는 듯한 반응을 보였다고 한다. 내 추측으로는 이 학생이 교류 자체에 부담을 느끼기 때문일 수 있다. 동시에 더 이상 낯선 존재가 아니고 서로를 이해하며 관계가 깊어지면, 언젠가 사이가 틀어졌을 때 더 큰 부담이 될까봐 두려워하는 마음도 작용했을 것이다.

낯섦화와 함께 나타나는 또 하나의 경향은 질서화다. 즉, 사회가 더 안전하고 예측 가능해진다는 의미다. 이처럼 고도로 질서화된 낯섦화는 돤즈펑이 말한 '투명하지만 숨 막히는' 특징을 보여준다. 돤즈펑은 독일 막스플랑크연구소에서 나와 함께 일했던 동료이자, 이번 대화 모임의 기획자 중 한 명이다. 그는 『싼롄생활주간三聯生活周刊』의 자둥팅賈冬婷과 함께 대화의 진행을 맡았다. 돤즈펑은 유리나 플라스틱 같은 재료는 투명하지만 숨이 막힌다고 지적했다. 우리는 그 안을 훤히 들여다볼 수 있지만 물질은 통과하지 못한다. 밀폐된 유리와 플라스틱 용기는 거의 모든 생명을 죽일 수 있다. 반면 생명은 나뭇잎, 흙, 바닷물, 이슬과 먼지가 섞인 공기, 특히 유기체의 피부처럼 불투명하지만 숨이 통하는 것들을 통해 유지된다. 끊임없이 일어나지만 대부분 눈에 보이지 않는 물질의 침투 및 교환을 통해 생명이 유지되는 것이다. 돤즈펑은 다음과 같이 자세히 설명했다.[16]

16 돤즈펑은 이 견해를 2022년 2월 한 내부 소그룹 토론에서 처음 제기했다. 그는 현대 디자인의 한 특징으로, 복잡한 기계 구조를 화이트 박스 안에 넣어 외관상 단순한 외형을 드러내는 방식을 들었다. 냉장고가 그런 사례다. 『낯선 사람과 부근을 만들기』를 집필하는 과정에서 나는 돤즈펑에게 이 개념을 더 자세히 설명해달라고 했다. 아래의 두 문단은 그가 2024년 12월 21일 보낸 이메일에서 발췌한 것으로, 인용하면서 약간 수정했다.

건축학적 시각에서 보면, 건축 설계의 핵심 쟁점 중 하나는 투명성을 둘러싼 경쟁이라고 할 수 있습니다. 초기 유리는 기술적 한계 탓에 지금처럼 투명하지 않았습니다. 18세기 이전의 건축에서 유리는 빛을 들이는 역할을 했을 뿐 시야를 완전히 투과시키는 투명성을 갖추진 못했습니다. 예를 들어 중세 교회의 스테인드글라스 창은 빛은 통과시키지만 시선을 완전히 투과시키지는 않았고, 심지어 신비감을 유지하기 위해 의도적으로 시각적 투과를 제한하기도 했습니다. 그러나 산업혁명 이후 등장한 새로운 건축 양식—공장 건물—은 상황을 바꾸었습니다. 교회에 필적할 만큼 큰 공간에서 일하는 노동자들에게는 낮 시간 동안 충분한 자연 채광이 필요했기 때문입니다. 이러한 기술적 구현이 가능해진 것은 18세기 이후 평판 유리 생산 기술이 크게 향상된 덕분이었습니다. 대량 생산, 연마 기술, 그리고 투명도를 높인 유리 소재 배합법 등이 발전하면서 공장을 설계할 때 넓은 평판 유리가 건물 외관에 대량으로 사용될 수 있었습니다. 이러한 공장형 건물은 이후 근대 디자인의 모태가 되었습니다.[17]

스크린의 등장은 유리를 단순히 전시용 물질이 아니라, 상호작용이 가

17 돤즈펑의 주: 이후의 고전 문헌은 콜린 로와 로버트 슬루츠키가 함께 쓴 『투명성: 문자적 투명성과 현상적 투명성*Transparency: Literal and Phenomenal*』이다. 이 책의 주요 관점 중 하나는, 건축학은 단순히 물리적 의미에서의 투명성, 즉 빛이 통과하는 투명함만을 추구해서는 안 되며, 투명성을 건축의 질서와 깊이를 이해 가능하게 만드는 하나의 설계 도구로 보아야 한다는 것이다(즉 건물 내부에 있는 사람이 걸음을 옮기는 과정에서 건축의 질서와 깊이를 체감할 수 있도록 해야 한다는 것이다).

능한 매체로 바꿔놓았습니다. 스마트폰의 등장으로 유리는 터치할 수 있는 작품이 되었고, 우리는 손가락으로 유리를 누르며 조작할 수 있게 되었습니다. 저는 '숨이 통하는 것'을 떠올릴 때 우리 대화에서 먼저 터치스크린을 생각했습니다. 팬데믹 기간에 저는 스크린을 통해 수많은 정보를 접했고, 그 정보들은 저를 불안하게 만들었습니다. 하지만 스크린을 끄면 그것은 순식간에 다시 한 조각의 유리가 됩니다. 유리는 이제 제한적이지만 상호작용이 가능한 물질이 된 것입니다. 20세기에는 사람들이 스크린을 통과하는 상상을 담은 SF 작품이 많이 있었습니다. 그러나 오늘날 이런 상상은 거의 사라졌고, 유리의 상호작용은 입출력 신호의 논리를 따르는 것으로 자연스럽게 전제된 듯합니다. 스크린을 터치하고, 키보드로 신호를 입력하면 화면은 시각적 정보를 피드백으로 보여줍니다. 그때 저는 생각했습니다. 이 물질은 참 냉정하다고. 세상을 보여주지만 다른 감각은 차단합니다. 세상을 볼 수는 있지만 만질 수 없는 경험은 꽤 잔혹합니다. 샹 선생님은 이전에 이민과 창문에 관한 짧은 글을 쓴 적이 있는데,[18] 이를 유리의 이런 특성으로 이해할 수도 있을 것입니다.

21세기 초 중국 사회는 점점 투명해졌는데, 더 정확히 말해 투명화 원칙에 따라 조직되기 시작했다. 이 조직화는 모든 것을 한눈에 들어오도록 예측 가능하게 만들고, 놀라움과 신비, 기다림을 최대

18 Biao Xiang, "Windows: The 21st-Century Migration Experience", *Migration: A COMPAS Anthology*, edited by B. Anderson and M. Keith, COMPAS, Oxford, 2014.

한 줄이려는 움직임이었다. 하지만 사람과 사람 사이에서는 서로의 숨결을 들을 수 없고, 자신을 열거나 상대를 열기도 어려웠다. 각각의 낯선 사람은 명확하게 정의된 존재로 남아 친구, 적수, 그리고 손님으로 변하지 않을 뿐 아니라 애매함이나 놀라움, 그림자, 아우라를 지니지도 않는다. 여기서 말하는 투명성은 사람들이 실제로 모든 것을 볼 수 있다는 뜻이 아니다. 우리가 보고 싶어하고 중요하다고 여기는 것들은 이미 눈앞에 놓여 있는 반면, 우리가 보고 싶지 않거나 중요하지 않다고 여기는 것들—이를테면 나한테서 50미터쯤 떨어진 땅바닥에 쪼그려 앉은 스키 모자의 중년 남성이 왜 슬퍼하는지—은 보이지 않도록 처리된 상태를 말한다. 볼 수 있는 것은 모두 합리적이고, 보이지 않는 것들은 보고 싶지 않거나 볼 필요가 없는 것으로 간주된다. 반대로, 우리가 어떤 것을 볼 수 없을 때 우리는 그 존재를 없거나 존재해서는 안 되는 것으로 여긴다. 객관적으로 눈에 보이지 않는 것이 주관적으로 보지 않음으로 내면화되는 셈이다. 우리는 보고 싶은 낯선 사람들을 끝없이 볼 수 있고, 인사를 나누거나, 소셜미디어를 통해 연락하거나, 그들에게 거리낌 없이 자기 생각을 표현할 수도 있다. 하지만 그들은 영원히 낯선 사람으로 남는다. 이 낯선 이들의 반응이 우리가 원치 않는 것이라면 즉시 그들을 차단할 수 있고, 그들 역시 우리를 차단할 수 있다. 온 세상이 손끝에 있는 듯 화면에서 모든 것이 한눈에 들어오는 것 같지만 순식간에 그 세계는 검은 화면으로 변해버릴 수 있다. 우리는 세상을 내려다볼 수 있는 신기한 도구를 쥐고 있는 것처럼 느끼지만 정작 삶 한가운데가 아니라 늘 삶 바깥에 서 있는 듯하다.

생활은 투명하지만 숨이 막히는 상태는 공공성의 추상화와 연결된다. 투명함은 분명히 공공성을 의미한다—모든 사람이 한눈에 들어오고, 숨을 곳조차 없는 상태다. 그러나 이 공공성은 무수한 개인이 상호작용을 통해 만들어낸 것이 아니라, 우리 삶 전체를 관통하는 제3의 시스템에 의해 구성된다. 이 제3자는 모든 개인을 정의하고 그들의 행동을 규정하며, 모든 개인은 직접적으로 이 제3자에게 책임을 진다. 개인 간 수평적 상호작용을 통해 형성된 공공성은 불투명하지만 숨이 통한다. 반면 하나의 통일된 제3자를 통해 구축된 공공성은 추상적이면서도 투명하다. 이 제3자는 역사 시기마다 다양한 형태와 효과로 나타난다. 예컨대 고도로 종교화된 사회에서는 제3자가 신일 수 있으며, 모든 개인은 신에게 충성하고 책임을 진다. 이 제3자는 화폐일 수도 있다. 짐멜이 분석한 것처럼, 화폐는 모든 것을 정량화하고 모든 사람이 통일된 합리성에 따라 계산하고 예측하도록 만든다.[19] 또한 이 제3자는 상품일 수도 있다. 마르크스가 명확히 밝혔듯이, 상품 생산과 거래의 논리는 다양한 사회적 차이를 제거하고, 거의 모든 사회적 관계를 상품의 속성에 종속시킨다. 이 제3자는 정치적 권위일 수도 있다. 벤담이 설계한 원형 감옥은 고도로 투명하다. 모든 죄수는 감옥 중앙의 감시탑에 있는 병사를 핵심 기준점, 즉 만능에 가까운 유일한 제3자로 삼고, 죄수끼리는 소통하

19 Georg Simmel, "The Metropolis and Mental Life", *Simmel on Culture: Selected Writings Theory, Culture and Society*, ed. David Frisby and Mike Featherstone(Sage Publications, 1997), 174–186.

지 않는다.[20] 아렌트는 전체주의의 부상을 이렇게 묘사했다. 개인의 모든 활동은 오로지 전체의 발전을 위해 존재하고, 개인과 개인 사이에는 사생활도, 실질적 차이나 실질적 연결도 없다. 그렇게 모든 것이 완전히 투명해진다.[21]

21세기에 들어와 이러한 여러 힘—이데올로기적, 경제적, 정치적—은 전례 없이 정교하고 복잡하게 연결된다. 동시에 기술이 각 영역을 관통하며 결정적인 제3자로 등장하는 것도 중요한 부분이다. 온라인 결제, 감시, 얼굴인식 기술은 사회생활을 고도로 투명하게 만들고 서로 간의 실질적 소통을 거의 사라지게 하며 숨이 통하지 않게 한다. 기술이 일상의 공적 담론에 미치는 영향은 특히 두드러진다. 원래 일상의 공적 담론은 개인 간의 편지, 대면 대화, 수다, 입소문, 명성 등 다양한 요소가 교차하면서 형성되었다. 그러나 소셜미디어와 플랫폼 경제 시대에는 모든 개인이 직접 투명한 공공 영역에 참여할 수 있게 되었다. 개인들 사이에는 간격도 얽힘도 없으며, 중개나 기다림도 필요 없다. 하지만 모두가 표현에 매우 신중하다. 시스템 앞에서는 다들 '벌거벗은 존재'이기 때문이다. 택시의 변화는 주목할 만한 사례다. 1990년대 중국 도시에서 택시는 '인민방송국 1번 채널'[22]이라는 농담까지 들을 정도였다. 기사들은 수많은 사회 뉴스와 소문을 알고 있었고, 승객에게 자신의 의견을 전달하며

20 Michel Foucault, *Discipline and Punish: The Birth of the Prison*(Vintage Books, 1977).
21 Hannah Arendt, *The Origins of Totalitarianism*(Harcourt Brace Jovanovich, 1973).
22 중국의 관·공영 라디오 방송 이름이 중국중앙인민방송국이다.—옮긴이

논쟁하는 데도 열정적이었다. 그러나 오늘날의 택시는 너무 조용해졌다. 변화의 한 원인은 2010년대 후반 등장한 플랫폼 택시의 치안 사건들이다. 치안 사건이 전반적으로 줄어드는 추세 속에서 이러한 사건들은 사회적 공포를 불러일으켰다. 플랫폼 기업과 정부의 전략은 자격 인증 강화나 노동관계 조정이 아니라, 전면적인 감청 시스템의 도입이었다. 이는 어느 정도 안전을 보장했지만 동시에 기사와 승객 간의 교류를 사라지게 했다. 기사들은 더 이상 말을 많이 하지 않으며, 일부 기사는 좌석 앞에 '이 차량은 녹음 중'이라는 안내문을 붙이기도 한다. 감시 시스템은 심지어 기사와 승객에게 "여행과 관련 없는 대화는 자제해주세요"라고 자동으로 알리기도 한다. 또 다른 예로, 사람들은 길거리나 식당 같은 공공장소에서 말할 때도 한층 경계하게 된다. 어디서 누가 녹음, 촬영, 라이브 방송을 하고 있을지 모르기 때문이다. 무심코 한 말이 녹음되거나 심지어 생중계될 수도 있다. 공기가 점점 희박해지는 생활이지만 수많은 사람은 오히려 밀도 있게 기록하며 더 투명한 세상을 만들어가고 있다.

직장은 제3자의 힘이 공공성을 추상화하는 또 다른 공간이다. 오페라Opera라는 이름의 한 네티즌은 왜 동료들 사이가 이렇게 낯선지에 대해 성찰했다. 그는 업무 중 동료들과는 고작 인사 정도만 나누는 사이이다가 오히려 퇴사 후에야 더 깊은 교류가 생긴다고 말했다. 업무에서의 낯섦화는 물론 서로 간의 경쟁 및 이해관계와 관련 있지만 더 근본적으로는 구조상의 요인일 가능성이 크다. 기술의 발전으로 각 개인의 업무 과정은 시스템에 거의 완전히 투명하게 드러나게 되었다. 각 개인이 시스템과 직접 대응하면서 개인 간에는 더 이상 직접적인 연결이 필요하지 않게 된다. 시스템은 효율적 상호작용을 보장하기 위해 개인 간의 수평적 연결을 장려하지도 않는다. 우정은 점점 희귀해진다. 자유로운 개인 사이에서 일어나는 감정적 공명과 사상의 공유가 우정인데, 이는 제3자인 시스템에 의해 철저하게 와해되기 때문이다. 추상적 공공성 때문에 낯선 사람 자체는 더 이상 두렵지 않다. 오히려 낯선 사람들의 집합—낯선 사람과 낯선 사람 사이에서 발생할 수 있는, 낯섦을 넘어선 어떤 관계—이 계속 경계해야 할 위험으로 인식된다.

모든 것이 투명할 때 추상적 공공성은 종종 내용을 상실한다. 예를 들어 도덕적 고려가 허무하게 느껴질 수 있다. 인간이 도덕적 문제를 갖는 이유는 정보가 제한되어 있기 때문이다. 사안이 불투명할 때 사람들은 판단과 선택을 내려야 하고, 바로 이때 도덕이 필요하다. 도덕은 불투명한 상황에서 사람들 사이의 의미 있는 교류를 가능케 한다. 미덕으로서의 도움 주기助人爲樂는 사람들이 여러 면에서 모호함을 감수하도록 요구한다. 예를 들어 도움을 요청하는 사람이 정말로 도움을 필요로 하는 것인지, 받은 도움을 어떻게 활용할지, 진심으로 감사하는지를 알 수 없다. 만약 사람들이 돕는 과정과 도움받는 과정을 완전히 투명하게 만들고, 도움을 요청하는 사람을 과도하게 경계하며, 그의 '진짜 배경'을 조사하고, 도움을 주는 이의 '진짜 동기'를 심문한다면, 도덕적 문제는 위험 관리와 효율성 문제의 확률 계산으로 바뀌고 만다. 이것이 사람들이 더 이상 도덕적 불안을 느끼지 않는다는 뜻은 아니다. 오히려 도덕적 문제가 확률 문제로 바뀌면서 모든 것은 불신, 비진실, 통제 불능 상태가 된다. 모든 선의는 그림자와 의심을 뒤집어쓰고, 도덕적·윤리적 고려는 확산된 심리적 긴장과 불안으로 대체된다. 소셜미디어에서 친구를 찾는 행위 역시 투명성이 가져올 수 있는 또 다른 불안의 사례다. 사람 사이의 교류가 매칭과 선택의 과정으로 바뀌면서 전례 없는 효율성이 생기지만 동시에 항상 평가와 감시를 받는다. 부정적 신호를 흘리면 배제와 부정을 당할 수 있기 때문이다. 카뮈가 그린 『이방인』의 주인공 뫼르소는 어디를 가든 눈부신 햇빛을 마주한다. 모든 것을 밝히는 강한 빛은 그를 현기증 나게 하고 통제 불능 상태로 만든다. 뫼르소를 통제 불능으로 만든 이 햇빛이 바로 오늘날 우리 시대의 투명성이지 않을까?

사람들은 한편으로 너무 많은 미지와 불확실한 미래를 느끼면서도, 다른 한편으로는 모든 것을 한눈에 볼 수 있다고 생각한다. 투명성을 추구하는 사회에서 이 둘은 모순되지 않는다. 가령 한 죄수는 다른 죄수가 어떤 상황에 있는지 모르고, 오늘과 내일 무슨 일이 일어날지도 모른다. 그러나 이것이 그들의 생활에서 투명성을 느끼는 데에는 전혀 지장을 주지 않는다. 투명한 세상에서 사람의 운명은 이미 시스템의 힘에 의해 결정된다. 불확실한 미래는 개인의 불행일 뿐 의미를 갖지 않는다. 동시에 만약 한 사람이 투명한 세상의 규칙에 완전히 부합한다면, 이런 불확실한 사건들도 극복 가능하며 예측 가능한 것으로 바뀐다. 인생의 의미는 벽에 붙은 글귀나 공중에 걸린 표어에 따라 자신의 불투명한 경험을 극복하고 모두가 인정하는 사람이 되는 데 있는 듯 보인다. 결국 투명성은 사회 조직의 방식이자 사람들이 개인과 사회의 관계를 이해하는 하나의 이미지이며, 나아가 사람들의 객관적 존재 상태가 되기도 한다.

인정과 관심: 낯선 사람으로서 지방의 개천용

만약 20세기 후반 중국 사회에서 유동 인구가 낯선 사람을 대표한다면, '지방의 개천용小鎭做題家'은 21세기 낯선 사람의 전형적인 이미지라고 할 수 있다. 지방의 개천용은 2010년대 중국 청년들 사이에서 나타난 보편적 자아 정체성으로, 강한 반성적 의미를 담은 자기 호칭이기도 하다. 한편으로 지방의 개천용은 자신이 성공한 사람임을 인식한다. 그들은 학업 성적이 우수해 대학에 진학하고, 도시에 정착해 중산층에 진입하며, 사회적 지위의 도약을 이룬다. 다른 한편 지방의 개천용은 일과 생활에서 방향을 잃고, 외롭고, 혼란스러움을 느끼곤 한다. 비록 노력으로 이 위치를 얻었지만 정작 그 위치가 자신의 것이 아닌 듯한 감각을 경험한다. 지방의 개천용은 유동 인구와 뚜렷한 대비를 이룬다. 유동 인구는 체제(특히 호적 제도와 사회보장 체계)에 의해 분류된 낯선 사람이다. 그들은 공식 체제로부터 생존에 필요한 자원을 얻을 수 없으며, 체제 밖에서 자신만의 영역을 개척해야 한다. 반면 지방의 개천용은 체제의 구성원으로서 높은 인정을 받고, 보호를 받으며, 도시에 살면서 자신이 외부인이라고 느끼지 않는다. 그러나 이들 지방의 개천용조차 삶의 주인이 자신이 아니라는 감각을 갖게 된다.

지방의 개천용은 자신의 낯섦을 종종 출신 배경 탓으로 돌린다. 소도시 출신인 그들은 세상을 많이 경험하지 못했고, 교육 자원의 부족으로 사회·문화 자본이 제한적이라고 생각한다. 하지만 이것만으로는 왜 지방의 개천용 정체성이 이전에는 나타나지 않았는지 설명할 수 없다. 중국의 혁명과 개혁 과정에서 농촌과 소도시 출신들은 중요한 역할을 했으며, 그때 사람들은 지금과 같은 낯섦을 느끼지 않았다. 오히려 소도시 출신 배경은 종종 강점으로 여겨졌다. 예를 들어 이번 대화의 참여자 중 한 명인 예술가 류샤오둥劉小東에게 소도시 출신 배경은 그의 창작과 사유의 중요한 영감이 된다. 또한 20세기 말에는 도시와 농촌의 교육 여건 차이가 뚜렷이 줄어들었다. 2000년 이후 전국적으로 농촌 학교의 통폐합이 이뤄지면서 많은 농촌 아동이 현縣 소재 초등학교에 들어가 기숙하며 학습과 여가를 도시 아동과 크게 다르지 않게 경험했다. 더 나아가 지방의 개천용의 심리는 많은 도시 출생 청년들에게서도 나타난다. 지방의 개천용 정체성이 광범위한 공감을 얻는 이유는 이것이 특정 집단만의 독특한 특성이 아니라 많은 사람의 심리적 공감대를 반영했기 때문이다.

지방의 개천용의 자기 낯섦은 그들의 특수한 배경 때문이라기보다 오랫동안 짊어온 배경에서 벗어나야 한다는 압박 때문에 나타난다. 즉, 농촌 배경이 그들을 "용서하지 않는" 것이 아니라 자신의 농촌 배경을 끊어내려는 노력이 그들의 여유를 빼앗아, 더 이상 자신의 '생활 세계'[23]가 제공하는 자원을 힘 있게 활용할 수 없게 만든 것이다. 1990년대의 유동 인구는 비록 도시에서 낯선 사람들이었지만, 동향 관계가 있었고 고향과 정신적 연대를 유지하며 자신만의 생활 세계를 가지고 있었다. 반면 지방의 개천용은 대개 홀로 싸운다. 그들은 어릴 때부터 이렇게 교육받았다—고향을 떠나는 것이 네가 추구해야 할 목표다. 너는 스스로를 네가 처한 환경 속의 낯선 사람으로 간주해야 한다. 그들은 도시 환경과 그곳 중산층의 생활 방식을 잘 알지만, 자신의 원래 환경에 대해서는 오히려 거의 알지 못한다. 선전대학의 어느 학부생은 내가 한 대화 프로그램에서 이렇게 말했다.

> 지방의 개천용이 타고난 운명은 자신이 태어난 곳을 떠나야 하며 멀리 떠날수록 좋다고 느끼는 데서 비롯됩니다. 태어난 곳에는 고통만 있기 때문이죠. 집은 겉으로야 익숙하지만, 실제로는 익숙하지 않아요. 이렇

23 나는 여기서 현상학에서 말하는 '생활 세계' 개념을 그대로 사용한다. 후설은 우리가 세계를 인식하는 과정이란, 객관적으로 존재하는 외부 세계가 우리에게 발견되기를 기다리는 것이 아니라, 우리가 경험을 통해 세계를 인식하는 과정이라고 봤다. 따라서 어떠한 경험(생활 세계)을 하느냐가 우리가 어떤 세계를 지각하게 되는가를 결정한다. 슈츠는 후설의 생활 세계 개념을 이어받아, 그것을 '전前 개념적 존재'로 규정했으며 그것은 개인에게 유일하게 '진짜'인 세계라고 강조했다. 그 이유는 그것은 사람들의 직접적인 경험을 통해 의식하게 되는 세계이며, 개념이나 이론으로 정의되는 세계가 아니라, 감각과 경험이 직접적으로 형성하는 세계이기 때문이다. 생활 세계를 넘어선 존재들, 예컨대 '교육 시스템' '노동 시장' '과학기술계' 등은 모두 일종의 가상적 존재다. 하버마스는 이 개념을 더 확장해, 생활 세계 안에서 사람들이 직접적인 의사소통을 통해 형성하는 상호 이해가 유효한 민주주의의 토대라고 봤다. 그는 또한 '시스템'(특히 국가권력과 시장의 힘)이 생활 세계를 침범하는 것에 대해 경계해야 한다고 강조했다. 우리는 생활 세계가 사회 전체의 의미 체계의 근본이라는 주장에 꼭 동의하지 않는다 해도, 생활 세계가 사회와 자기 자신에 대한 인식에 직접적인 영향을 미친다는 점은 부정할 수 없다. 생활 세계가 좁을수록 개인의 경험적 기반은 매우 빈약해진다. 즉, 강한 자의식을 가질 수는 있지만, 다른 사람을 깊이 이해하거나 사회적 상황을 세밀하게 판단할 만한 '지식 저장고'(슈츠)를 형성하지 못한다. 그 결과 사회적 관계나 상황에 대해 유효한 거리감을 형성하지 못하게 된다.

> 게 살아오면서 어떤 곳과도 진정한 연결을 맺지 못했어요. 학교에 다닐 때도 무척 고립된 생활 공간 속에서 지냈고, 폐쇄적으로 관리됐어요. 늘 망설였고, 안전하지 않고 낯설다고 느꼈습니다. 도망치는 게 우리 사명이라 여겼고, 이 끔찍한 곳으로 되돌아오고 싶지 않았어요. 삶이 제 손에 달려 있지 않다는 느낌 속에서 완전한 무력감을 경험했습니다.

고향을 떠나는 것뿐 아니라, 지방의 개천용은 일상의 관계마저 단순화하거나 아예 끊은 상태로 살아가기도 한다. 같은 대화에서 선전대학의 또 다른 학생은 이렇게 말했다.

> (어릴 때) 학업이 너무 벅차 사회화될 여지가 거의 없었고, 부모님은 우리를 학교에 그냥 맡겨버렸어요. 제 삶은 제 경험 세계와 완전히 분리돼 있었죠. 부모님이 밖에서 어떻게 장사하시는지 전혀 몰랐고, 이런 좋은 학교에 다니지 않는 또래들이 어떤 삶을 사는지도 알지 못했어요. 그렇게 현실에서 고립돼 있었어요. (…) 제 삶에서 제가 너무 멀리 떨어져 있는 것 같았고, 그 사람들을 이해할 수도 없었어요. 저는 스스로가 괴물 같았고, 다른 사람들도 괴물 같다고 느꼈어요.

지방의 개천용의 낯섦은 그들의 강한 자기 부정 경향과도 관련 있을 수 있다. '내 앞 500미터를 보다'[24] 워크숍에 참여한 한 참가자는

24 중국어 원문은 '최초 500미터를 보다看見最初500米'인데, 기준점을 뚜렷이 하기 위해 이렇게 번역했다.—옮긴이

비록 소도시 출신이 아니지만 용기 내어 솔직한 자기 분석을 함으로써 많은 젊은이의 속마음을 대변했다.

> 부모, 선생님, 그리고 저 자신이 만들어낸 이상적인 인간은 매우 강력하지만 스스로를 극도로 혐오하는 가짜 인간이에요. 그는 '나'라는 진짜 자아를 억압해 속이 빈 인간인 '나'를 만들었기에 저는 무기력해지고, 왜 여기에 존재하는지조차 알 수 없게 돼요. 따라서 '나'의 투쟁은 단순한 갈등이 아니라 진정으로 생사를 건 투쟁이자 존재할 가치가 있는지에 대한 투쟁이 됐어요. 이 강력한 '나'는 자신을 바라보면서도 스스로를 받아들이길 거부합니다. 세속적인 성공 기준을 충족하지 못하면 존재 가치가 없다고 느끼고, 타인에게 인정받지 못한다고 생각해요. 맞아요, '나'의 근본 논리는 바로 스스로를 받아들이지 못하는 데 있습니다. 현재 상황은 좋지 않아요. '나'는 자신을 혐오하니까. 제 혐오는 특별한 대상이 있는 것도 아니고, 제 성격 중 어떤 하나를 싫어하는 것도 아니에요. 이 혐오는 매우 확장적인데, 본래의 저는 노력하는 모습을 빼면 좋은 게 하나도 없어요. 단순히 업무나 학업뿐만 아니라 외모, 체형, 체중까지 스스로 받아들일 수 없다고 느껴서 헬스장을 다니고 각종 강좌에 참여하며, 사교 예절을 배우고 말솜씨를 갈고닦아야 한다고 생각해요. 결국 이른바 '인물 설정'이란 본래의 자신이 부족하다고 여겨 새로운 인물을 재설정해야 한다는 생각에서 비롯된 것이라고 봐요.

지방의 개천용의 낯섦은 사회생활의 '투명하지만 숨 막히는' 특성을 반영한다. 그들 삶의 투명성은 성장 과정과 성적이 체제가 정한 기준과 기대에 부합함으로써 의문의 여지 없이 인정받은 데서 드러난다. 반면 그들이 느끼는 숨 막힘은 개인의 고뇌, 망설임, 괴로움을 여유 있게 드러낼 수 없다는 점에서 비롯된다. 그들은 '인정認可'을 받았지만, '관심認得'이 부족했다. 인정은 시스템이 정해진 기준에 따라 한 사람의 성과를 평가하고 보상이나 처벌을 결정하는 것이다. 관심은 한 주체가 다른 주체를 이해하는 것이며, 한 사람이 다른 사람의 감정, 고민, 갈등, 그리고 역사를 발견하는 행위다. 이는 시험이나 판단, 보상과 처벌을 수반하지 않는다.

인정은 일방적인 성격을 띤다. 시스템이 개인을 판단하고 평가하며, 인정을 추구하는 개인은 시스템에 영향을 미칠 수 없다. 반면 관심은 쌍방향적이다. 관심은 반드시 상호 소통을 통해 이루어지며, 관심이 사람들에게 주는 존엄은 칭찬이나 보상이 아니라 소통 과정의 진정성에서 비롯된다. 관심의 쌍방향성은 우리가 타인에게 관심을 갖지 않으면 타인도 우리에게 관심을 갖는지 알 수 없다는 것을 의미한다. 동시에 우리 가치는 타인이 우리에게 관심을 갖는 데서만 오는 것이 아니라, 우리가 타인에게 관심을 갖는 행위에서도 비롯된다. 왜냐하면 타인에게 관심을 가질 때 우리는 마음을 열고, 자신의 경험과 감정을 불러일으키며 상대와 연결되기 때문이다. 관심은 단순히 타인에 대한 새로운 이해를 뜻하는 데 그치지 않고, 자신에 대한 새로운 깨달음을 의미하기도 한다. 우리가 타인에게 관심 갖는 것, 타인이 우리에게 관심 갖는 것, 그리고 우리가 자신에게 관심 갖는 것은 서로 맞물려 있다. 화려하고 투명한 성과만 있을 뿐 이야기할 만한 경험이 없다면, 그 사람은 관심받지 못할뿐더러 타인에게 제대로 관심을 갖기도 어렵다. 게다가 오랜 세월 인정받기 위해 노력하는 과정에서 스스로는 동원하고 통제해야 할 대상이 되어버렸다. 학업과 무관한 온갖 충동을 억누르다보니, 자신의 자연스러운 감정에 더 이상 관심을 가질 수 없게 되고, 결국 자신에게조차 낯선 사람이 되어버렸다.

우리가 지금 직면한 문제는 단순히 인정이 관심을 대체한 데 있지 않다. 더 심각한 것은 인정 자체가 관심의 기초가 되어버렸다는 점이다. "사랑은 조건부다"—네가 사랑받을 자격이 있음을 증명해야만 사랑이 존재한다—라는 말은 많은 젊은이가 어릴 때부터 삶을 무겁게 느끼는 주요 원인이다. 그들에게 부족한 것은 사랑이 아니라, 가정과 학교, 사회가 주입한 '조건'이 사랑의 자양분을 부담으로 바꿔버린 것이다. 사랑과 관심을 얻기 위한 조건은 먼저 인정을 받는 것이다. 사람들이 그렇게 많은 시간과 에너지를 쏟으며 인정을 추구하는 이유는 바로 이것이 관심을 받을 수 있는 기초이기 때문이다—즉, 자신이 정상적이고 성공적임을 증명함으로써 주목, 이해, 사랑을 얻을 수 있다. 닉네임 KK(26세, 대학 졸업 후 공무원으로 근무, 최근 사직)는 내게 보낸 편지에 이렇게 썼다. "우리는 어릴 때부터 긴장감 넘치는 분위기에서 자랐어요. 가족 관계에서는 부모의 희생에 보답해야 했고, 학업이나 직장에서는 다른 사람을 밀어내야 했으며, 결혼생활에서는 배우자가 품고 있는 이상적인 모습에 부합해야 했어요. 마치 모든 사회적 관계에 요구 사항이 있고, 기준에 미치지 못하면 말을 들어줄 사람도 없고 사랑을 받을 자격마저 잃어버리는 것 같았어요." 온라인 대화에서 그는 우셰위吳謝宇 사건[25]을 언급했다. "농촌에서 베이징대학까지, 저는 모든 사람이 그가 될 수 있다고 생각해요. 그는 붙잡을 지푸라기도 없었어요. 자신의 진취성, 열심히 공부하는 것, 스스로를 증명하는 것이 유일한 생존 이유였어요. 그의 어머니는 그가 증명해야 할 대상이었죠. 그의 생명은 이런 증명에 소진됐고, 어머니를 죽이는 게 그의 종말이었어요(끝없는 인정과 관심을 추구하는 것)." 인정이 관심의 기초가 될 때, 가족애는 유난히 버거워질 수 있다. 우셰위는 아마 뫼르소의 거울 속 모습일 것이다. 뫼르소는 어머니와 거리를 두었고("오늘 어머니가 죽었다. 어제일 수도 있고, 나는 잘 모른다." 이것이 우리가 뫼르소에게서 듣는 첫 대사다), 사회의 판단을 거부하며, 인간 존재의 무의미함을 느꼈다. 뫼르소는 사회적 관계로부터의 소외와 저항 과정에서 낯설어졌다. 우셰위는 어머니와 사회에 의존하며 끊임없이 인정을 받았다. 그는 인정을 추구하고 얻는 과정에서 스스로를 낯설게 만들었다. 우셰위는 우리 시대의 비극적인 낯선 사람이다.[26]

반향적 동일시

오늘날 중국에서 사람과 사람이 서로 낯설어지는 이유는 상대방이 자신과 너무 달라서 이해할 수 없기 때문이 아니라, 오히려 그 반

25 2015년, 베이징대학 학생 우셰위가 친모를 살해한 사건을 말한다.—옮긴이

26 吳琪, 王珊, 『吳謝宇: 人性的深淵』『三聯生活周刊』, 2023年, 第29期.

대일 수 있다. 우리는 상대가 자신과 너무 닮았다고 느낀다. 모두가 비슷하다는 인식은 호기심을 잃게 하고 타인을 이해하려는 흥미마저 사라지게 한다. 모두가 같다는 것은 서로의 이해관계가 비슷하다는 의미이며 언제든 경쟁과 갈등이 일어날 수 있음을 뜻한다. 모두가 너무 닮았기에 상대를 파헤치려 하면 자신의 상처가 드러날지도 모른다. 모두가 똑같기 때문에 상대방의 고생을 특별히 동정할 가치가 없고, 상대방의 성공도 특별히 축하할 가치가 없으며, 일에 대한 열정도 의심스러울 뿐이다. 한 건축대학원 박사과정생이 내게 말하기를, 자신이 미국에서 교환학생으로 있을 때 교통 설계 과제를 특별히 정성껏 준비했는데, 동료들이 보고 매우 기뻐했던 것과 달리 중국 출신 학생이 던진 첫마디는 "너 왜 그렇게 경쟁심이 강해?"였다고 한다.

이것은 일종의 동일시다. 사람은 마음을 같이하고, 마음은 이치를 같이한다는 측면에서 말이다. 그러나 이러한 동일시는 우리가 평소에 말하는, 깊은 이해를 형성하는 동일시와는 크게 다르다. 나이절 라포트는 '누구라도' 의식(누구라도 이런 경험을 할 수 있으며, '다음번엔 내가 될 수도 있다'라는 의식)은 사람들이 자신이 속한 구체적인 삶의 세계를 초월해 인류의 공통성을 깨닫게 한다고 강조한다. "이러한 생명의 힘force of life은 어떤 환원이나 분류 시도도 초월함으로써 드러난다. (…) 이는 우리가 정치적 범주를 넘어 우리의 동일성을 인정할 수 있게 한다."[27] 그러나 "모두가 같다"는 상상은 또한 낯섦화를 초래한다. 한 사람이 외로움을 느끼는 것은 자신과 비슷한 사람을 찾지 못해서일 수도 있지만, 주변 어디를 봐도 자신과 비슷한 이들로 가득 차 있기 때문일 수도 있다. 삶의 의미와 귀착점은 이미 정해져 있고, 모두는 서로를 복제한 존재다. 말할 필요도 없고, 말할 수도 없다. 그래서 나는 이를 '반향적 동일시反向共情'라 부른다.

동일시가 어떻게 '정향적正向'에서 '반향적'으로 바뀔 수 있을까? 둘 사이의 중요한 차이점은 출발점에 있을 수 있다. 정향적 동일시는 "모든 사람이 다르다"는 전제에 더 크게 기대고 있다. 즉, 삶은 다면적이고, 사람은 복잡하며, 각자의 경험, 특히 지금 이 순간의 감정은 서로 다르다. 정향적 동일시는 "모든 사람은 다르다"는 전제에서 출발해 존중과 관심을 갖고 소통 과정에서 서로의 구체적인 경험이 겹치는 지점 및 유사한 점을 발견한다. 반향적 동일시는 출발점이 "모든 사람이 똑같다"이며, 심지어 모두가 똑같다는 것을 관찰의 전제로 삼는다. 다시 말해, 오직 같은 것만 보며 다른 것은 비정상적이라 여겨져 나의 투명한 세계에 존재해서는 안 되는 차단 대상이 된다. 반향적 동일시는 "모든 사람이 똑같다"는 전제에서 출발해 다름을 발견하면 자신에 대한 방해, 또는 이상한 것으로 여기거나 상대가 가식적이라고 생각한다.

'반향적 동일시'는 인위적으로 구축된 결과물이다. '공리주의적 가정'은 그 구축 과정의 한 측면이다. 공리주의적 가정이 서로를 경쟁자로 상상하라는 뜻은 아니다. 그것은 사람들이 세계를 이해하고 대인관계를 처리할 때 이 가정을 전제로 삼아야 함을 의미한다. 사

27 Nigel Rapport, "Anthropology through Levinas: Knowing the Uniqueness of Ego and the Mystery of Otherness", *Current Anthropology* 56, no. 2(2015): 256–276.

람마다 일을 할 때 각자의 계산이 있으므로 지나치게 묻지 않는 게 좋고, 또 묻지 않아도 된다. 공리주의적 가정은 또한 스스로에게 다음을 상기시키게 한다. 진짜 이익을 가져다줄 수 있는 일에 집중하고 직접적인 관련이 없는 일에는 신경 쓸 필요가 없다. 이는 남을 자신과 동일시하거나 자기 기준으로 남을 판단하는 것과는 다르다. 자기 기준으로 타인을 판단하거나 자기에서 타인으로 확장하는 '자기'는 명확하다. 확고한 자의식을 바탕으로 타인도 자신과 같다고 가정한다. 반향적 동일시와 공리주의적 가정은 명확한 자의식을 출발점으로 삼지 않는다. 이는 모든 사람이 '응당' 같아야 함을 강조하며, 이 '응당'에 따라 자신의 생각과 행동을 설정한다. 이는 자기 기준으로 타인을 추론하는 것이 아니라 타인 기준으로 자신을 추론하는 것이다. 공리주의적 가정은 어느 정도 자기 보호 메커니즘이기도 하다. 그것은 삶에서의 감정적 복잡성과 미묘함, 공리화할 수 없는 요소들을 최대한 배제함으로써 세상을 단순하고 투명하게 만들며, 사고를 빠르고 매끄럽게 하고, 단일한 논리로 모든 것을 설명할 수 있게 한다.

반향적 동일시를 구축하는 또 다른 메커니즘은 '역사 단절'이다. 자기 삶에서 체면이 서지 않거나 주류의 기대에 부합하지 않으며 당장의 이익 추구와 무관한 부분을 최대한 제거하는 것을 의미한다. 허와피가 우리와의 대화에서 언급한 사례를 보면, 한 아버지가 새로운 결혼생활의 행복을 위해 자신의 미성년 자녀 둘을 살해했다. 물론 이는 극단 중의 극단으로 예외적이지만, 동시에 보편적인 심리를 반영하기도 한다. 즉 새로운 시작은 과거를 완전히 매장하는 것을 조건으로 해야만 한다고 느낀다는 점이다. 역사 단절과 연결되는 것은 현실 단절이다. 정성껏 가꾼 '캐릭터', 사진이나 심지어 화상 회의 화면까지 자동으로 아름답게 만드는 필터 기능, 웹소설에 자주 등장하는 '쌍결' 또는 '쌍처'(주인공이 정신적·육체적으로 결백하고, 모두 처녀 또는 총각인 상태)를 찬양하는 현상은 모두 현실에 화장을 하고, 자신을 역사적 맥락에서 분리하며, 타인이 기대하는 모습으로 만들려는 시도다. 처녀막 복원 수술이 잔혹한 이유는 단순히 과거를 은폐하고 생리적 수술로 자신과 타인에게 평생 거짓말을 해야 하는 딜레마에 가두기 때문만은 아니다. 또한 저속한 힘에 굴복하고 삶의 경험과 존엄을 팔아넘기는 것을 의미하기 때문만도 아니다. 오히려 이러한 절단, 역사와 현실로부터의 단절은 사람들로 하여금 진심으로 자신을 증오하게 만들고, 한때 사랑했고 지금도 여전히 사랑하는 사람을 저주하며 그들이 존재하지 않기를 바라게 하기 때문이다. 자아의 세척과 표백은 결국 자신을 악마에게 넘겨주는 행위다.

안생할 수 없는 낯선 사람,
안생적 사고는 어떻게 가능할까

"낯선 사람과 부근을 만들기"라고 할 때 우리는 자신을 이미 현지인이라 여기거나 안주할 곳을 찾은 사람이라고 생각하는 것이 아니다. 그러나 "나는 낯선 사람이다"라는 주체적 위치를 세밀히 분석하고 낯섦화 상태를 성찰하려면, 단순히 낯선 사람이나 외부인의 관점으로 생각해서는 안 된다. 우리가 필요로 하는 것은 아마 '안생식安生式' 사고일 것이다. 여기서 내가 사용한 '안생'이라는 단어는 하이데거의 '거주栖息'와 판광단潘光旦의 '중화위육中和位育' 개념을 결합하려는 시도다. 거주는 자신의 존재가 이 순간 안전하고, 인지 가능하며, 풍요롭다고 느끼는 상태를 의미한다. 거주는 대지 위에 자신의 집을 짓고 보살피며 자신과 세계의 모든 구성 요소가 긴밀히 연결되어 있음을 깨닫는 것이다. 동시에 자기 존재는 개방성을 띠며 사람은 끊임없이 변하고 삶은 계속해서 새로운 의미를 드러낸다.[28] 거주는 매 순간의 존재 상태이며, '위육'은 윤리적 의미에서의 존재 상태로, 풍부한 사회관계 속에서 적절한 위치를 찾아 삶의 모든 측면과 조화롭게 공존하는 것을 가리킨다(이를 '중화中和'라 한다). 사회관계에서 조화롭게 위치를 정한 후 사람은 끊임없이 성장하고 활기차게 발전하며[29] 각자 제자리를 찾아 안정을 얻음으로써 생명을 이어갈 수 있다. 판광단의 말을 빌리자면, 하이데거의 거주는 '인본주의적'(인간과 자연, 인간과 자신과의 관계를 중시하는 것)이며, '위육'은 '인문주의적'(사회관계와 사회 윤리를 강조하는 것)이라고 할 수 있다.[30] '안생'은 이 둘

28 Martin Heidegger, "Building Dwelling Thinking", *Poetry, Language, Thought* (Harper&Row, 1971). 또한 다음을 참조하라. Jarrett Zigon, "An Ethics of Dwelling and a Politics of World-Building: A Critical Response to Ordinary Ethics", *Journal of the Royal Anthropological Institute*(N.S.) 20, no. 4(2014): 746-764; Tim Ingold, *The Perception of the Environment: Essays on Livelihood, Dwelling and Skill*(Routledge, 2021).

29 周飛舟, 『人倫與位育一潘光旦先生的社會學思想及其儒學基礎』, 『潘光旦社會學文集』 代序, 商務印書館, 2019年. 孫飛宇, 『作爲"位育"的通識教育: 潘光旦的本土化視角』, 『北京大學教育評論』 2021年 第19卷 第1期: 71-86, 191.

을 결합한 개념이다.

안생식 사고는 이러한 인식에 기반한다. 즉, 현상을 바꾸려면 특정 행동이나 선택에 의존해서는 안 되며, 삶에 대한 새로운 이해를 형성하고 거기서 새로운 행동, 관계, 삶의 의미가 자라나게 해야 한다는 것이다. 이러한 새로운 이해는 구체적인 현실에 뿌리를 두어야 하며, 삶에 대한 전반적인 좋고 나쁨의 판단을 내리는 것이 아니다. 예컨대 왜 삶은 내가 원하는 모습이 아닐까? 혹은 왜 모든 것은 불의하고 불평등한가와 같은 질문이 아니라 다양한 갈등, 이를테면 왜 나는 항상 낯선 사람처럼 느껴질까? 왜 나는 무의식적으로 타인과 비교할까? 왜 나는 이런저런 평가를 받아들이기 어려워할까? 등의 질문과 정면으로 마주하는 것이다. 안생식 사고는 자기 경험을 '의식화'하는 것이다. 알린 골드바드는 파울로 프레이리의 사상을 계승하며 '의식화conscientization'(또는 자각화)와 우리가 흔히 말하는 '의식 고양consciousness raising'을 구분했다. '의식 고양'은 이미 존재하지만 사람들이 아직 알지 못하는 지식을 전파하는 것이다. 반면 '의식화'는 행위자가 사회 현실을 성찰하고 경험 속 모순을 발견하는 과정으로, 그들의 실천과 밀접히 연결된 내적 요소다.[31] 파울로 프레이리의 교육 사상은 억압받는 집단이 단순히 추가 이론을 학습하는 것이 아니라 자신의 경험 서사를 통해 점차 스스로의 사회적 처지를 인식하도

30 潘光旦, 『中國人文思想的骨幹』(1934), 引自孫飛宇, 『作爲"位育"的通識教育: 潘光旦的本土化視角』.

31 Arlene Goldbard, *New Creative Community: The Art of Cultural Development*(New Village press, 2006).

록 하는 데 초점을 둔다.[32]

안생식 사고는 개방적이고 끊임없이 다양한 경험과 생각 사이를 오가며 스스로를 교정하도록 한다. 이러한 사고의 목적은 결론을 도출하는 데 있지 않고, 심지어 명확한 방향조차 없다. 그러나 그 단계마다 경험에 더 풍부한 의미를 부여하고, 자신의 생각을 현실에 더 가깝게 만들기 위해 노력한다. 이 사고 과정은 물속을 헤엄치거나 숲속을 거니는 것과 같아, 감정적·신체적 공명을 일으킨다. 마치 훌륭한 예술과 철학 작품처럼 사고를 경험 속에 뿌리내리게 하고, 경험을 사고 속에서 자라게 하며, 우리를 우리 환경 속에 깊이 자리 잡게 한다. 사고와 경험은 덩굴처럼 얽혀 우리 몸을 단단히 감싼다. 하지만 안생식 사고는 개인이 일방적으로 환경과 조화를 추구하는 것이 아니며, 보수와 진취를 결합해야 한다. 보수는 현실 조건에 대한 명확한 인식을 형성하고, 예측 불가능한 세상에서 자신만의 발판을 마련하는 것을 의미한다. 진취란 이를 바탕으로 현 상태를 다양한 각도에서 새롭게 이해하고, 기존 조건을 충분히 창의적으로 활용하며, 끊임없이 새로운 것을 배우고 심지어 불가능함을 알면서도 도전하는 태도를 말한다. 이러한 진취적 면모가 없다면 그것은 사고가 아니다. '비사고' 혹은 '사고 거부'의 평온한 나날과 '소확행'은 오늘날 삶의 문제를 해결하는 데 도움이 되지 못한다.

오늘날의 삶의 조건 아래서, 특히 '낯선 사람'의 상태에 놓인 젊은

32 Paulo Freire, *Pedagogy of the Oppressed*, trans. Myra Bergman Ramos(Continuum International Publishing, 2005).

이들에게는 안생적 사유 방식을 기르기 위한 특별한 노력이 필요하다. 우리가 현대 교육을 통해 익혀온 사고 습관은 비非안생적이다. 그것은 사고 대상을 객체화(물화)하고, 일정한 거리를 둔 추상적 연역 방식으로 사고하도록 요구하며, '투명한' 사고를 지향한다. 아렌트가 말했듯, 순수한 사유는 종종 현실로부터의 도피이며, 결국 모든 것을 명확히 설명할 수 있다고 믿는 편집증적 이데올로기로 귀결되곤 한다.[33] 안생적 사유 방식을 발전시키기 위해 필요한 첫걸음은 사고를 하나의 실천 과정으로 다루는 일일 것이다. 즉, 사고가 관찰, 기억, 신체적 감각, 표현, 대화와 분리될 수 없다는 사실을 자각하는 것이다. '낯선 사람과 부근을 만들기'라는 대화 시리즈는 바로 이러한 사고의 실천이자, 실천으로서의 안생적 사고가 어떤 모습일 수 있는지를 탐색하는 시도다. 우리가 초대한 다섯 분의 대화자는 모두 '낯선 사람에 관심을 가진' 전문가다. 그들의 작업은 낯선 사람들의 삶과 심리 상태를 이해하고 표현하는 일이다. 예를 들어 예술가 류샤오둥은 고도의 사실주의 화풍을 통해 우리에게 늘 주변에 존재하지만 얼굴이 흐릿하게 인식되는 낯선 이들(예컨대 농민공이나 지방의 개천용)이 실제로 어떤 모습으로 살아가고 있는지 보여준다. 인류학자 허와피는 중국 사회에서 우리가 가장 익숙하게 마주치는 낯선 사람 중 한 부류인 경비원들을 연구하며, 동시에 웨이신 공공 계정을 통해 오늘날의 범죄 사례들을 체계적으로 분석한다. 다큐멘터리

33 Hannah Arendt, "Ideology and Terror: A Novel Form of Government", *The Origins of Totalitarianism*(Harcourt Brace Jovanouich,1973).

감독 리이판은 '사마터'라 불리는 이들을 소개한다. 그들은 '폭발적'인 효과의 독특한 헤어스타일을 통해 자신이 느끼는 낯섦과 소외감을 표현하는 저소득층 청년들이다. 도시디자인 전문가 류웨라이는 낯선 사람들이 함께 참여하는 도시 사구의 화원 조성을 꾸준히 이끌어오고 있다. 마지막으로, 난징 훙산삼림동물원의 원장 선즈쥔은 동물원을 동물 중심의 동물원으로 바꾸려 하며, 낯선 존재로 여겨져온 동물을 그 공간의 중심에 두려 한다. 이렇듯 예술가, 연구자, 사회 실천가로서 그들의 작업은 단순히 낯선 현상을 친숙하게 만드는 데 그치지 않는다. 오히려 익숙한 현상을 낯설게 바라보게 함으로써 우리가 당연하게 여겨온 세계에 새로운 성찰을 불러일으킨다.

독자들이 곧 보겠지만, 우리 대화에서 떠오른 사고의 실마리는 매우 다양하다. 여기서 나는 그 대화들을 통해 배운, 안생적 사고를 발전시키는 한 가지 요점을 덧붙이고자 한다. 그것은 바로 '상황場景'의 중요성이다. 우리는 익숙한 사람을 이해하든, 낯선 사람을 알아가든, 혹은 자기 자신을 인식하든, 언제나 구체적인 상황을 먼저 자각하고, 그 상황을 통해 그 안의 사람을 이해하게 된다. 그렇지 않으면 자신을 비롯해 단순하든 고립되었든 그 어떤 사람도 파악하기가 몹시 어려워진다. 이것이 바로 실존주의, 특히 사르트르가 상황situation을 강조한 이유이기도 하다.[34] 상황을 중시한다는 것은 곧 인

34 Jean-Paul Sartre, *Search for a Method*, trans. Hazel Barnes(Alfred. A Knopf, 1963). 다음을 참조하라. Hermann Wein, "The Concept of Ideology in Sartre: 'Situatedness' as an Epistemological and Anthropological Concept", *Dialogue: Canadian Philosophical Review/Revue Canadienne de Philosophie* 7, no. 1(1968): 1–15.

간을 그의 역사적 경험이 응축된 존재로 본다는 뜻이다. 류샤오둥은 인물을 그릴 때 우리가 보통 가장 중요하다고 여기는 눈이나 얼굴은 오히려 가볍게 처리한다고 말한다. 그가 주목하는 것은 몸이다. 신체 구조, 근육이 이완되어 있는지 긴장되어 있는지, 팔이 어떻게 놓여 있는지, 두 다리는 어떤 자세로 서 있는지 등이다. 류샤오둥에 따르면 눈빛과 표정은 의식적인 것이며, 얼마든지 가장할 수 있고 순간적인 요인에 쉽게 영향을 받는다고 한다. 반면 몸은 가장 솔직하다. 왜냐하면 의식으로부터 더 멀리 떨어져 있으며, 그 사람의 사회적 배경과 삶의 경험이 가장 직접적으로 응축되어 드러나기 때문이다. 군부대에 가서 인물 사생을 할 때 류샤오둥은 모델을 정하기 위해 회의 중인 병사들의 뒷자리에 서서 그들의 앉은 자세와 몸의 긴장감을 관찰했다. 그렇게 함으로써 어떤 이들이 그 집단을 가장 잘 대표하고, 또 전형적인지를 판단했다. 그가 그리는 것은 정면에서 본 '상'(의식적으로 연출된 자아의 표상)이 아니라, 등 뒤에서 관심 있게 본 '사람'(삶의 흔적이 쌓여 드러난 존재)이다. 그들의 구체적인 삶의 경험을 알지 못하고, 심지어 직접 대화할 기회조차 없었음에도 불구하고, 그들의 삶이 응축되어 드러나는 모습을 정확히 포착하고 전달하는 것은 예술가의 비범한 재능을 보여주는 일이다. 그리고 이는 그가 평소 삶과 다양한 상황에 대해 지닌 탁월한 감수성과도 결코 분리되지 않는다.

다음으로, 상황이란 사람들의 사회적 관계 속에서 결정된 위치에 세심한 주의를 기울여야 함을 의미하기도 한다. 예를 들어 허와피가 경비원을 이해하는 방식은 그들이 사회와 단지에서 어떤 위치에 놓여 있는지를 깊이 관찰한 데서 비롯되었다. 경비원은 외부인, 이를테면 폐품을 줍는 사람이나 배달원 등 여러 낯선 이가 단지 안으로 들어오는 것을 막아야 한다. 그러나 입주민들 눈에 경비원 역시 자신들과 같은 사회계층에 속하지 않은, 신뢰할 수 없는 사람일 뿐이다. 그저 임시로 제복을 입고 있는 존재로 여겨지는 것이다. 경비원은 업무 중에 종종 입주민에게 권력을 행사해야 할 때도 있다. 예컨대 어떤 입주민이 주차 요금을 내지 않았다면 경비원은 그 차량의 주차를 막을 수밖에 없다. 그러나 입주민은 경비원이 자신을 제지할 자격이 없다고 느끼며, 이로 인해 곧잘 갈등이 발생한다. 그래서 많은 경비원이 가장 꺼리는 일 중 하나는 입주민과 상대하는 것이다. 이렇듯 구체적인 상황에서 경비원과 입주민 사이에 얽히는 복잡 미묘한 관계는, 경비원을 인간관계의 긴장과 모순이 집중된 한가운데에 놓이게 만든다.

다큐멘터리 감독 리이판은 사마터를 촬영하는 과정에서 흥미로운 전환점을 경험했다. 그는 처음에 사마터들의 충격적인 헤어스타일을 보고, 이들이 반문화적 젊은이로서 자기 비하적 방식으로 주체성을 드러내는 것이라 생각했다. 그러나 나중에 사마터들은 그에게 "자기 비하와 사마터는 다르다"고 말했다. 사마터 자신들은 매우 주변화되어 있다고 느끼며, 그들이 바라는 것은 가장 기본적인 관심이었다. 그들은 착한 아이들은 괴롭힘을 당할 수 있으므로, 나쁜 아이 이미지로 스스로를 꾸미면 괴롭힘을 피할 수 있다고 생각했다. 머리를 쭉 세우면 다른 사람들이 그들의 존재를 인식하고, 그래서 괴롭힘을 당하지 않는다는 것이다. 그리고 '자기 비하'는 종종 주류의 인정을 바랐지만 그것을 얻지 못한 데서 나온 반응이기도 하다. 사마터를 '비하'하는 사람들, 즉 온라인에서 사마터를 욕하거나, 거리에서 사마터를 둘러싸고 머리를 눌러 태우는 사람들은 대개 스스로를 '댜오쓰屌絲'[35]라고 일컫는 이들이다. '자기 비하'를 하는 사람들은 쉽게 몸을 돌려 자신보다 약한 집단을 '비하'할 수 있는 것 같다. '비하'와 '자기 비하' 모두 특정 상황에 대한 반응이다.

다시 말해, 상황이 중요한 이유는 낯선 사람에게 관심을 갖는 일과 안생적 사고가 끊임없이 반복되는 과정이기 때문이다. 이러한 사고는 '생활의 흐름' 속에서 반복적으로 일어나야 하며, 이를 관찰하고 사유할 수 있는 상황이 요구된다. 예를 들어 류웨라이의 도시 화원이 효과적인 이유는 꽃을 가꾸는 활동이 하나의 상황을 만들어주기 때문이다. 꽃을 가꾸는 과정은 사람들로 하여금 세부에 주목하게 하고, 작은 즐거움과 놀라움을 제공하며 서로 잘 알지 못하는 이들끼리 자연스럽게 대화할 거리를 만들어준다. 이 상황은 그저 화원이라는 물리적 공간만을 의미하지 않는다. 행동을 통해 만들어지는 상황이기도 하다. 씨 뿌리고 물을 주면서 우리는 자신의 노력이 만들어낼 결과를 기대하게 되고, 다른 사람들의 노력에도 주목하며, 주변

35 2011년 바이두百度 게시판의 '레이팅싼쥐터우雷霆三巨頭'에서 '리이바李毅吧' 팬들을 놀리기 위해 만든 표현으로, 조롱의 의미를 담고 있었지만 '리이바' 팬들은 오히려 이 단어를 받아들였다. '댜오쓰'라는 두 글자에는 어쩔 수 없는 처지에 대한 체념과 자기 비하의 의미가 담겨 있지만, '리이바' 팬들은 "부끄러워하기는커녕 오히려 자랑스럽게 여겨" 스스로 '댜오쓰'라 불렀고, 이 말은 그때부터 인터넷상에서 폭발적으로 유행하기 시작했다. 2015년 중국 교육부는 이 단어를 저속한 인터넷 언어로 공식 분류했다.

전체를 바라보게 된다. 이러한 참여를 하고 나서는, 이전에는 비가 오면 그저 귀찮다고 느꼈지만 이제는 내 주변 모든 식물을 위해 기뻐하게 되며, 비가 갖는 의미도 달라진다. 물론 꽃과 풀을 가꾸며 사구 화원을 만드는 목적이 반드시 낯선 이를 이해하기 위한 것은 아니다. 그러나 낯선 이들을 함께 모으면서 사구 화원에는 다양한 새로운 관계가 자라고, 사람들이 새로운 삶의 감각을 형성할 수 있는 상황을 만들어낸다. 상황은 수단이 아니라 목적이다. 상황은 모두 일상생활의 구성 단위이며, 이처럼 다양한 상황을 만들어내는 과정에서 우리는 곧 삶 자체를 재구성하게 된다.

나는 '낯선 사람과 부근을 만들기' 대화 시리즈 또한 사고의 상황을 제공하길 바란다. 다양한 관점이 교차하고, 특히 주고받는 대화가 하나의 공간을 구성한다. 마치 하나의 방처럼, 당신은 그 안으로 들어가서 고개를 들어 측면을 바라보고, 손발을 움직이며, 서로 다른 생각들을 보고, 느끼고, 만질 수 있다. 이곳에서는 잠시 머물며 몰입해서 사고할 수 있다. 이 방을 나올 때 머릿속에 꼭 "첫째, 둘째, 셋째"와 같은 결론이 나오지 않더라도, 세계가 이전과는 조금 다르게 보일 수 있을 것이다.

우리가 이 대화 시리즈를 책으로 선보이는 것도, 이 사고의 상황을 좀더 깊이 있게 확장하기 위해서다. 글은 영상처럼 즉각적인 충격을 주진 않지만 사람들에게 더 강한 머무름의 감각을 제공하고, 잠시 멈추게 한다. 글의 무게감은 더 깊은 감각을 불러일으키며 동시에 독자들은 자신의 속도에 맞춰 자유롭게 반응할 수 있다. 글이 상대적으로 명료하고 안정적이라는 것은 독자가 좀더 여유롭게 되돌아보고 질문을 던질 수 있음을 의미한다. 그러나 머무름이란 구속이나 갈림길이 아니다. 머무름은 거주와 안정을 만들어내, 사고가 경험을 '붙잡을' 수 있도록 하고, 실제 세계에서 '뿌리내리는' 느낌을 갖게 한다. 이를 위해서는 중요한 문제에서 충분한 농도를 확보할 수 있는, 상대적으로 뚜렷한 핵심과 실마리가 필요하다. 이처럼 머무름을 추구하면서 우리는 대화 기록을 대대적으로 수정했다. 특히 6장에서는 글을 더 명료하고 간결하게 다듬고, 일부 내용의 순서를 조정해 논리의 흐름을 매끄럽게 하고, 핵심을 더 분명히 했다. 영상에서 시청자들은 점프하는 불꽃 같은 순간을 볼 수 있지만, 독자들에게 바라건대 글에 스며들어 잔잔히 흐르는 물결을 경험했으면 한다.

사고의 상황은 여럿이 함께 사고하는 과정과 분리될 수 없다. 고립된 개인이 세계 전체를 마주할 때는 상황의 감각을 찾거나 안생적 사고를 하기 어렵다. 우리 대화는 기획, 실행, 방송, 청중과의 상호작용, 글 정리와 수정에 이르기까지 완전히 팀워크로 이루어졌으며, 노동집약적인 팀 작업이기도 했다. 겉으로는 내가 처음부터 끝까지 관통한 역할을 한 것 같지만, 이는 전면에 드러난 효과일 뿐이다. 만약 여러 사람이 각 상황의 깊은 곳에서 힘을 쏟고 협력하지 않았다면, 이 전면에 드러난 효과는 결코 존재할 수 없었을 것이다. 다섯 명의 대화자와 자둥팅, 돤즈펑 외에도 예즈叶子, 위안샤오쉐袁潇雪, 자오추이趙翠, 뤄단니羅丹妮 그리고 싼렌의 다른 동료들에게도 감사를 전한다. 둥팅의 글에서 이에 대한 더 자세한 설명을 볼 수 있을 것이다. 마지막으로, "낯선 사람과 부근을 만들기" 대화는 나와 독일 막스플랑크연구소 동료들과의 공동 관심사 및 공동 연구의 시도이기도 하다.[36] 나는 학계, 미디어, 예술, 사회 실천가가 협력해 삶에 뿌리내리고 대중을 향하는 이러한 시도가, 우리 각자의 안생위육安生位育에 도움이 될 뿐만 아니라, 국제적 차원의 사회사상에도 기여할 수 있기를 바란다.

36 다음을 참조하라. Biao Xiang, Zdeněk Uherek, and Adam Horálek, "'We Want to Start with What People Are Worried About in Their Own Lives': Toward an Anthropology of 'Common Concerns'", *Journal for Cultural and Social Anthropology*, no. 1–2(2022): 97–108.

제1장 사람은 외모가 아니라 내적인 생활의 감각을 봐야 한다

샹뱌오와 예술가 류샤오둥의 대화

샹뱌오 오늘날의 생활, 젊은이들의 생활에는 의미의 과잉과 결핍이 동시에 존재합니다. 크고 판단적이며, 상징적이고 단정적인 데다 구호 같은 추상적 의미는 넘치는 반면 일상에서 재미를 발견하고, 반복 속에서 호기심을 느끼며, 끊임없이 질문하게 만들어 점점 더 구체적인 일을 사랑하게 하는 시도는 부족합니다.

류샤오둥 삶은 모든 창작의 자원입니다. 실천가이자 화가, 글을 쓰는 사람으로서 세상을 질감 있게 체험하는 것은 매우 중요합니다. 상식만 있어서는 안 되고, 통찰력도 필요하죠. 더 많은 세상을 보고, 더 많은 사람을 만난다면 우리는 위축되지 않을 것이고, 조금 더 담담해질 수 있으며, 더 많은 사람과 감정적으로 공명하고, 더 쿨해질 수 있습니다.

샹뱌오와 함께 "낯선 사람과 부근을 만들기"의 첫 번째 대화를 시작한 이는 예술가 류샤오둥이다. 류샤오둥의 그림은 현실을 묘사하며, '현장'이 그의 키워드라고 할 수 있다. 우리는 그의 초상화 작품에서 개인뿐 아니라 집단을 볼 수 있다. 게다가 인물 뒤편에 있는 많은 복잡한 사회적 현상을 관찰할 수 있다.

2000년경부터 류샤오둥은 일련의 작업을 시작했는데, 화실 밖으로 나와 사회 현장으로 간 것이다. 그는 걸으면서 기록하고, 창작을 이어갔다. 여러 낯선 현장을 걸어다니면서 그는 두 차례 회고적인 창작도 남겼다. 하나는 2010년경에 제작한 「진청 소년金城小子」 시리즈다. 그는 고향인 랴오닝 진청으로 돌아가, 함께 자란 소꿉친구들을 대상으로 작품을 만들며 그들의 다년간의 변화를 기록했다. 다른 하나는 2022년에 제작한 「너의 친구你的朋友」다.

이 또한 회고 작업으로, 가족뿐 아니라 함께 성장한 친구들에 대한 회고이기도 하다.

이런 예술가는 이 책이 탐구하려는 "낯선 사람"이라는 주제와 매우 밀접한 관련이 있다. 그는 관찰 능력을 타고났기 때문이다. 또한 그의 초상화 창작에서 사람이란 무엇을 어떻게 바라보는지, 사람의 몸을 관찰함으로써 사회적 현실을 어떻게 드러내는지 역시 우리가 궁금해하는 부분이다.

'생활'과 '살아 있음'은 다르다

샹뱌오 이 시리즈 대화는 주로 저와 예술계, 언론계, 디자인계 친구들 사이에서 이뤄집니다. 우리는 전문성을 출발점으로 삼지만, 대화 내용은 전문적인 것에 국한되지 않습니다. 핵심 목적은 생활을 탐구하는 것입니다. 저는 지금 '생활'이라는 주제가 매우 중요하다고 생각합니다.

첫째, 생활과 살아 있음은 다릅니다. 생활이란 당신이 의식적으로, 비교적 자율성을 가지고 살아가는 것을 의미하며, 선택의 자율성도 어느 정도 있습니다. 그 안에는 숨 쉴 공간이 있고, 당신은 기계 속에 갇혀 허우적거리지 않습니다. 공간이 있다는 것은 관찰해야 하고, 의식적으로 주변에 시선을 투사해야 한다는 뜻입니다. 하지만 오늘날 많은 젊은이는 생활하는 척하며 살아가기만 할 뿐, 살아 있다는 것에 지쳐 부대껴합니다.

어떻게 생활의 상태를 구성할 수 있을까요? 사실 이것은 자연스럽게 이루어지지 않고 일정한 노력을 필요로 합니다.

둘째, 오늘날 사회 여론에는 각종 분열과 불안, 사고의 혼돈이 존재합니다. 이런 현상이 나타나는 중요한 이유 중 하나는 우리에게 생활이 결핍되어 있기 때문입니다. 우리 사고와 감정의 변화는 일상 경험을 성실히 관찰하고 반성함으로써 이뤄져야 하는데 많은 감정 표현과 사상은 외부 환경에 의해 직접 주입되며, 우리는 그것에 이끌려 움직이고 있습니다. 생활 감각을 잃으면 주변과 자신의 경험을 관찰하며 체험하는 능력을 잃고, 나아가 유기적이고 탄탄한 사고를 잃게 됩니다.

역사적 경험은 이런 순간이 가장 위험하다는 것을 보여줍니다. 민중이 비교적 자율적인 생활 감각을 갖지 못한 채 생활 속 구체적 모순을 볼 수 없을 때 거대한 공포와 불안에 사로잡힙니다.

어떻게 생활의 상태를 구성하고 생활 감각이 있는 사고를 형성할 것인가? 이는 사람이 능동적으로 구축해야 하며, 의식적으로 행해야 하고, 방법을 필요로 하는 일입니다. 저는 지금 '사회 복원'이라는 말을 자주 하는데, 이처럼 분열된 사회 구조를 복원하는 일이 매우 중요합니다.

일정한 방법을 갖추면, 공중에 떠 있는 추상적인 일련의 이론이 아니라, 비교적 명확하고 현실에 뿌리박힌 사고를 형성할 수 있습니다. 이 일을 어떻게 해야 할까? 개인의 관점에서는 어떻게 해야 할까? 이웃이나 단지는 어떻게 해야 할까? 작은 집단에서 이 일을 이루기 위해 큰 집단은 어떻게 해야 할까? 이렇게 구체적으로 사고하면 샛길로 빠지는 것을 막을 수 있습니다. 가장 두려운 것은 이런 방법 없이 추상적인 관념이나 구호에 휘말려 어리둥절하게 이랬다 저랬다 하거나 심지어 180도 뒤집히는 것입니다.

이것이 바로 제가 샤오둥 선생님을 초대한 이유를 자연스레 밝혀줍니다. 그는 생활 속에서 삶을 살아가는 사람입니다.

앞서 말했듯, 많은 사람이 살아는 있지만 실제로는 생활이 없습니다. 그렇다고 그들이 진짜 죽었다는 것은 아니며, 다만 '높은 공중에서 산다'거나 '지하 20미터에서 산다'와 같이 현실에 정면으로 맞서지 않고 평온한 세월 속에서 아름다운 현실을 상상하며 살고 있습니다. 이 두 부류의 사람들은 모두 생활화되지 않은 방식으로 존재하며, 우리는 이런 이들과 어떻게 대화해야 할지 모릅니다.

하지만 샤오둥의 그림은 제게 큰 감동을 줍니다. 그가 말하거나 쓰는 것은 언제나 특별한 매력이 있습니다. 그가 쓰는 글은 모두 매우 직설적이며, 직접 사건을 기록하는 방식을 취합니다. 감정조차 서정적이지 않은데, 제가 이해하는 서정적이라 함은 감정을 비교적 응고시킨 뒤 다시 펼치는 것을 의미합니다. 그는 그러지 않고 감정과 행동을 함께 드러냅니다. 그의 기록은 매우 직설적이지만 저는 그의 한 글자, 한 문장마다 무게와 질감을 느낄 수 있습니다. 그 이유가 무엇인지 우리는 그에게 물어야 합니다.

저는 그가 생활 감각이 매우 강한 사람이라고 생각합니다. 생활 감각이 강한 이에게서 드러나는 다양한 사고는 이론화할 수 없습니다. 전체적으로 보면, 샤오둥의 작품과 생각, 심지어 그의 존재 자체가 하나의 풍부한 광산이며, 우리에게 어떻게 살아야 하는지 일러주는 에너지의 원천입니다.

이 대화 시리즈에는 다양한 연령, 배경, 전공을 가진 사람들이 참여합니다. 하지만 전체적인 주제는 '우리는 어떻게 생활해야 하는가'입니다.

왜 '낯선 사람'을 출발점으로 삼았을까? 그건 생활이 매우 큰 범주이기 때문입니다. 물론 사회학적 관점에서 보면 이는 그다지 새롭지 않은 출발점이기도 합니다. 현대 사회의 중요한 특징 중 하나는 우리 생활이 점점 낯선 사람들에게 의존하게 된다는 점입니다.

낯선 사람은 단지 외부인이 아닙니다. 전통 사회에서도 모르는 사람은 많이 있었습니다. 이를테면 농촌에서는 가을이면 벼를 베러 오는 일꾼이나, 구리와 철판을 교환하는 상인들이 있었지만, 이들은 낯선 사람과는 조금 달랐습니다. 사회학자 짐멜의 설명에 따르면 낯선 사람은 다음과 같은 외부인을 가리킵니다. 즉, 오늘 왔다가 내일 가지 않는 사람. 그들은 당신의 생활 속에 고정된 일부가 되지만 융합되지는 않습니다. 그들과 당신은 경제적 교류라는 의미에서 기능적 관계를 맺으며, 당신이 어떤 일을 할 때 그에게 의존하게 되지만, 실질적이고 정신적이며 사회적인 연결은 형성되지 않습니다. 이런 사람이 우리 생활 속에서 점점 더 늘어나고 있습니다.

중국 도시 사회에서 낯선 사람의 역할은 특히 중요합니다. 그 이유는 여러 가지인데, 가령 거주 밀도의 변화, 단지 관리 방식의 변화 등이 꼽힙니다. 중국 도시 주민들이 생활에서 추구하는 목표는 편안함, 신속함, 편리함입니다. 어떻게 해야 편안하고, 신속하며, 편리할 수 있을까? 그것은 많은 일을 다른 사람에게 맡기고, 상업적 관계나 관리 용역 등을 통해 실현할 때만 가능합니다. 용역화는 많은 낯선 사람을 불러옵니다. 예컨대 청소 인력, 경비원, 택배 기사 등이 있습니다. 이들의 이름이 뭔지, 무슨 생각을 하는지 우리는 전혀 모릅니다. 알 필요도 없고 관심도 없습니다. 그들의 존재는 오로지 우리 편의를 위해 있기에 그 존재가 더 절차화되고, 단기적이며, 즉각적이고, 비인간적일수록 좋습니다. 우리는 지금 이런 환경에서 생활하고 있습니다.

그래서 저는 생각했습니다. 우리는 어떻게 '낯선 사람'에서 출발해 젊은 친구들을 초대하며, 낯선 사람을 보기 시작하고 관찰하는 법을 함께 생각할 수 있을까? 낯선 사람과 꼭 친구가 될 필요는 없지만, 적어도 그들을 내 생활을 재구성하는 출발점으로 삼을 수는 있습니다. 이것이 우리가 '낯선 사람'을 대화의 출발점으로 택한 이유입니다.

자둥팅 샹뱌오 선생님이 매우 중요한 개념인 '생활 감각'에 대해 이야기했습니다. 미디어를 관찰해도 알 수 있듯, 지금 우리 생활 자체는 점점 더 편리해지고 있습니다. 다양한 기술의 편리함, 가상 공간의 구축 등이 그런 예지요. 이런 편리함에 직면할 때 우리는 주로 적응하는 쪽이며, 적극적으로 변화를 만들지는 않습니다. 이는 마치 미지근한 물에 개구리를 삶는 과정과 같습니다.

그래서 저도 궁금합니다. 샤오둥 선생님은 어떻게 의식적으로 미지근한 물에서 벗어나, 생활과 낯선 사람에 대한 감각을 유지하는지요?

류샤오둥 이 주제에 대해서는 할 이야기가 많습니다. 샹뱌오 선생님이 말했듯이, 사실 낯선 사람도 하나의 사회학적 표본입니다. 직업상 저는 정말 낯선 사람을 많이 접해왔습니다. 한족, 소수민족 등의 중국인은 물론 외국인, 비주류 민족도 있습니다. 특히 제가 익숙하지 않은 문화적·역사적 배경 속에서 그 낯선 사람들과 어떻게 관계 맺을지가 제게도 관건이었습니다. 가끔은 격렬한 충돌도 겪지만, 대부분은 해결할 수 있었습니다.

낯선 사람과의 갈등은 어떻게 해결할까? 사실 원칙은 하나입니다. 서로 마음을 나누고, 평등하게 대하는 것이죠. 평등이라는 개념은 어떤 민족, 어떤 인종에게도, 주변이든 중심이든 쉽게 이해될 수 있습니다. 이 한 가지 원칙은 제 그림의 가장 기본적인 방식에도 영향을 미칩니다. 가령 그림을 그릴 때, 상대가 서 있다면 저도 서서 그립니다. 저는 이렇게 해야만 양쪽이 평등하게 서로를 바라볼 수 있다고 생각합니다.

몇 가지 예를 들 수 있습니다. 한번은 고향 진청에 그림을 그리러 가서 타이완의 허우샤오셴侯孝賢 팀을 초대해 촬영했습니다. 이 팀은 정말 사랑스러웠습니다. 매일 새벽 일찍 일어나 촬영을 시작하고, 밤이 되면 진청의 젊은이들이 얼마나 버티든, 그들도 함께 버텼습니다. 그들은 이야기하며 웃고, 성격이 까다롭지 않으며, 옷차림이나 먹는 것에 구애받지 않았습니다. 한가할 때는 이웃과 함께 술 한잔 하면서 행동으로 진청의 폐쇄식 단지 사람들의 마음을 열었습니다.[1]

이 작품은 결국 금마상을 수상했습니다. 수상 소감을 발표할 때 저는 이렇게 말했습니다. 이 작품은 타이완 동포들에게 진실한 둥베이의 폐쇄식 단지 사람들의 생활을 보여주었고, 동시에 그 닫힌 단지의 사람들에게는 또 다른 문화를 보여주었다고.

이는 평등한 교류를 통해 이루어진 예술이 사람들에게 선사한 아름다운 기억입니다. 저는 이 기억이 작은 범위 안에서라도 그들의 후대로 전해질 거라 믿습니다.

또 다른 낯선 사람에 대한 사례가 있습니다. 2020년 저는 미국 텍사스주에 그림을 그리러 갔는데, 마침 중국에서 코로나가 폭발적으로 확산되었고, 곧이어 미국에서도 확산되기 시작했습니다. 그때 저는 한 나이 든 경찰과 그의 가족, 그리고 경찰의 친구를 그리고 있었습니다.

1 이 부분의 내용은 류샤오둥 선생님과 허우샤오셴 선생님의 공동 작업으로 타이완 금마장金馬奬을 수상한 영화 「진청 소년」의 촬영 비하인드 스토리다. 이 영화의 주인공은 바로 류샤오둥 선생님 자신이다. 1980년, 류샤오둥은 열일곱 살의 나이에 고향 진청을 떠나 베이징으로 유학 갔고, 이후 줄곧 베이징에서 생활하며 작업을 이어왔다. 그럼에도 그는 매년 설이 되면 여전히 고향으로 돌아가 어린 시절 친구들과 어울려 먹고 마시며 시간을 보냈다. 친구들은 줄곧 이곳에서 생활하고 있었다. 일부는 계속 이 소도시의 공장에서 일하고 있고, 일부는 이미 실직했다. 진청은 둥베이 지방의 한 공업 소도시로, 제지 공장을 중심으로 수천 명의 노동자와 그 가족, 그리고 인근 농민들이 함께 살아가고 있다. 1950년대만 해도 이곳의 공장은 거대하고 웅장했으며, 수십 미터 높이의 굴뚝에서는 짙은 연기가 뿜어져 나왔다. 공장 벨이 울리면 출퇴근하는 노동자로 거리가 붐볐고, 가족들은 인근의 낮은 단층집에 모여 살았다. 그 시절 진청의 단층집들은 구역별로 이어져 있었다. 북쪽 지역은 '베이자이北宅', 동쪽은 '둥자이東宅', 남쪽은 '난자이南宅'라 불렸다. 일부 주거지 구역 사이에는 논밭과 도랑이 있었고, 이곳은 한때 류샤오둥과 그의 친구들이 장난치며 뛰놀던 낙원이었다. 시간이 흐르면서 주거지 사이의 논밭과 도랑은 모두 아파트로 메워졌다. 국영 기업 개혁을 거치며 공장은 더 이상 예전처럼 활기를 띠지 못했고, 공장 건물들은 새로 지어진 고층 건물들에 거의 묻혀버렸다. 도시화로 인해 류샤오둥이 기차를 타고 볼 수 있는 들판은 점점 줄어들었고, 고향은 꼬리를 문 아파트 단지로 가득 찼다. 어린 시절의 친구들은 모두 살이 쪘다. 1980년 미술대학 입시를 준비하던 류샤오둥은 그 친구들을 모델로 그림을 그렸고, 30년이 지난 2010년 다시 한번 그들을 그렸다. 위 이야기가 바로 류샤오둥이 고향으로 돌아가 그림을 그리게 된 배경이다. 허우샤오셴 감독팀은 이 이야기를 소재로 다큐멘터리 「진청 소년」을 제작했다.

당시 여론은 중국에 대해 굉장히 비우호적이었지만, 저는 어디로도 갈 수 없는 상황이었습니다. 이 경찰은 매일 뉴스를 봤지만, 제게 관련된 이야기는 한마디도 하지 않았습니다. 그의 가족과 친구들도 매일 저와 맥주를 마시고 포옹하며 마치 팬데믹이 없는 것처럼 행동했습니다.

그림을 다 그린 뒤에야 저는 그 경찰에게 물었습니다. "지금 중국은 매우 힘든 시기이고, 한 달 동안 팬데믹이 이렇게 심한데, 어떻게 여전히 저와 포옹할 수 있었나요? 저는 중국에서 왔잖아요." 그는 아주 간단하게 대답했습니다. "국가는 국가고, 사람은 사람입니다. '사람과 사람'과 '국가와 국가'는 다른 문제입니다. 여기서는 선생님과 제가 서로 우호적이면 됩니다."

이런 낯선 사람과의 교류는 정말 사람을 감동시키고, 상상력을 열어젖히며, 관대하게 만듭니다. 비록 때로는 격렬하고 피할 수 없는 충돌도 생기지만 말입니다.

낯선 사람과 어떻게 지내야 하는지에 대해 저는 이 두 가지 예를 들었습니다. 샹뱌오 선생님이 사회학적 관점에서, 제가 개인으로서 낯선 세계와 어떻게 관계를 맺는지 이해할 수 있길 바랍니다.

성실함이란 끊임없이 자신을 바로잡는 것이다

샹뱌오 제게는 샤오둥 선생님처럼 풍부한 경험이 없습니다. 물론 저도 많은 조사를 했고, 낯선 사람을 자주 만납니다. 전공인 인류학의 학문적 기반이 바로 낯선 문화 속으로 들어가 자신을 열고, 해체하며, 상대가 나를 어떻게 보는지 다른 관점에서 상상하는 것입니다. 우리는 바로 이 일을 하는 사람들입니다.

제 생활에는 종종 저를 감동시키는 순간들이 있습니다. 이 순간들은 매우 중요합니다. 왜냐하면 생활은 바로 이런 조각들로 구성되기 때문입니다. 저는 젊은 친구들도 매 순간을 소중히 여겼으면 합니다. 거대 담론에 대한 논의도 이러한 조각들이 뒷받침되지 않으면 위험할 수 있습니다.

샤오둥 선생님의 이야기를 들으니 먼저 질문 하나가 떠오르는데요. 그 경찰이 말했듯이 '국가는 국가고, 사람은 사람이다'라는 점에 대부분은 동의할 것입니다. 우리는 대개 세상을 하나하나의 범주를 통해 인식하죠. 국가, 민족, 남성, 여성, 가난한 사람, 부유한 사람 등으로 말이죠. 그리고 어떤 사람을 볼 때, 그를 '사람'으로 여기지 않기도 합니다. 첫인상으로 우리는 그를 먼저 특정 범주의 기호로 분류하며, 개인으로 보지 않죠. 사실 이것이 일상적인 사고방식입니다.

제 생각에 샤오둥 선생님이 그린 것은 모두 개인이지만, 그 개인은 동시에 강한 집단적 성격을 띱니다. 첫눈에도 이것은 한 무리의 사람들이라는 느낌이 들고, 그 한 명은 흥미롭고 감동적이지만, 특별히 강한 개성을 띠는 것은 아닙니다. 물론 사회 자체가 원래 그렇습니다. 바로 집단적 성격이 있기 때문에 거기에 속한 개인도 쉽게 이해될 수 있는 것이죠. 관람객이 선생님의 그림을 보면 마치 일상에서 이 사람을 본 적이 있는 것 같고, 얼마 전 어디선가 본 듯한 느낌이 들며, 스스로의 기억을 떠올리게 됩니다. 기억이 떠오르는 이 현상은 분명 일정한 범주와 관련 있으며, 하나의 집단과 연결되어 있습니다.

그래서 저는 특히 이런 궁금증이 들었습니다. 그림을 그릴 때 창작과 사고 속에서 이게 모순일까? 달리 말해 선생님은 구체적인 한 개인을 볼 때 어떻게 보는가? 그 사람 안에서 들어가서 그를 보는 걸까?

저는 선생님의 '보기'와 '그리기'가 동시에 일어나는 과정일 거라고 추정합니다. 혹은 그림을 그리기 전에 이미 오랫동안 그를 바라봤을 수도 있습니다. 선생님은 어떻게 그 사람에게서 가장 흥미로운 점을 포착하나요? 이 요소는 어느 정도 집단적 특징일까요? 다시 말해 이론상 이는 집단, 개인, 구체성 사이의 관계를 담고 있는데 선생님은 창작 과정에서 이 낯선 사람을 어떻게 보죠?

류샤오둥 사실 매번 어떤 곳에 그림을 그리러 갈 때마다 큰 한계에 부딪힙니다. 시간상의 비용 때문에 아무 목적 없이 그곳에서 반년을 산다거나 무엇을 그릴지 모르는 상황은 허락되지 않습니다. 제한된 범위 안에서 누구를 그릴지 말지 가능한 한 결정해야 합니다. 이런 결정은 사실 비교를 통해 내려집니다. 가령 두 명의 학자가 있다고 칩시다. 샹뱌오를 그릴지, 인지난尹吉男[2]을 그릴지 저는 바로 판단해야 합니다. 두 사람 다 그릴 수는 없어요. 둘 다 그린다면, 한 명은 사상가, 다른 한 명은 부자나 가난한 사람을 그려야지, 한 부류의 사람

2 중앙미술인문학원中央美院人文學院 원장, 중국미술사전공 교수, 저명한 예술사학자.[윤길남, 중국을 대표하는 조선족 예술사학자.—옮긴이]

만 그릴 수는 없습니다. 저는 가능한 한 짧은 시간 안에 여러 종류의 사람을 그리려고 합니다. 그래야 그림에 사회성이 생깁니다. 누구를 그릴지 말지도 모두 비교를 통해 결정됩니다.

사실 제가 미국 경찰을 그린 건 더 적합한 대상을 찾지 못했기 때문입니다. 먼저 한 멕시코 이혼 가정을 찾아갔고, 그 집 어머니와 아이를 그리려고 사전에 연락해둔 터였습니다. 그런데 밤에 전남편이 갑자기 나타나 크게 소란 피우며 저에게 엄청나게 화를 냈죠. 저는 즉시 자리를 떴습니다. 그러지 않았다면, 그 가정의 복잡한 문제가 이 프로젝트를 망칠 수도 있었습니다. 돌아간 뒤, 마침 이 경찰이 열정적으로 저를 맞이했습니다. "오호", 저는 속으로 "그럼 이 경찰의 집으로 바꿀까?"라고 생각했죠. 사실 이유는 아주 단순하지만 이 변화는 매우 컸습니다. 그림의 대상이 일반 가정에서 경찰 가정으로 바뀌었기 때문입니다. 생활은 우리에게 빠르게 변화를 선택하도록 가르칩니다. 그러지 않으면 살아갈 수가 없죠.

그렇게 경찰을 그리면, 그가 어떤 사람이고 어떤 부류인지 떠올리게 됩니다. 하지만 이 경찰은 특히 동네 아저씨 같았습니다. 순박하고, 배가 많이 나왔고, 누구를 만나든 인사를 했습니다. 그를 그리면서 저는 미국 경찰의 시스템도 알게 됐습니다. 그가 경찰서장이 된 것은 윗사람의 임명에 의해서가 아닌, 지역 주민들이 한 표 한 표 뽑은 결과였습니다. 그는 생활 속에서 정말 좋은 사람으로, 어느 집과도 친했고, 어느 식당에 가도 모두가 그를 알고 있었습니다.

그래서 이런 부류의 사람들 속에서 저는 그가 다른 사람들과 구별되는 점이 있음을 발견하게 됩니다. 그는 특정 부류에 속하면서도,

성격이나 외형 면에서 독특한 매력을 가지고 있어 그를 그리기로 결정한 것입니다.

샹바오 방금 한 얘기 중 한 가지가 참 흥미롭습니다. 다양한 유형의 사람을 계속 비교하면서, 그 속에서 생활의 어떤 규칙이나 진리를 발견한다고 했잖아요. 그런데 예전에 선생님은 진짜 낯선 사람들을 많이 그렸죠. 예를 들어 농민공이나 해외에서 만난 사람들이요. 하지만 전시 「너의 친구」 속 작품들은 사실 오래된 친구들을 그린 거잖아요. 그 과정에서 어쩌면 새로운 발견이 있었겠다 싶습니다. 오래된 친구에게서 낯선 것을 보는 것, 이건 꽤 흥미로운 일일 듯해요.

아예 낯선 사람을 그릴 때와 아주 익숙한 사람을 그릴 때, 그 과정에서 감각은 어떻게 다른가요? 여기서 우리가 사람을 보는 데 어떤 조언을 얻을 수 있을까요?

류샤오둥 낯선 사람을 그릴 때 저는 그들 안에서 제게 익숙한 부분을 찾는 편입니다. 그래야 최소한 그의 삶에 쉽게 들어갈 수 있고, 붓질도 더 단호해지죠.

샹바오 이를테면 어떤 익숙한 요소인가요?

류샤오둥 군인 한 무리가 있다고 합시다. 모두 같은 틀 안에 있다면 이 중에서 누구를 그릴까? 저는 뒤에서 앞으로 한 바퀴 걸어보면서 한눈에 몇 명을 정합니다. 이 과정에서 저는 사실 저한테 익숙한 몇 종류의 사람을 빠르게 탐색합니다. 가령 생김새를 보고, 이 사람은 고집이 세며, 저 사람은 약삭빠르고, 이 사람은 착하고, 저 사람은 순박하다⋯⋯ 우리에게 익숙한 생활 속에서 언제든 볼 수 있는 유형이죠. 과거의 친구라거나, 가족, 직장에서 만났던 사람 등등.

익숙한 사람을 그릴 때는 마치 한자를 보는 것과 비슷합니다. 그렇잖아요, 한자를 계속 보다보면 모르는 글자처럼 느껴지듯이. 익숙한 사람도 마찬가지입니다. 그가 제 앞에 앉아 있고, 이제 막 그리려는데 그가 누군지 잘 모르게 됩니다. 왜냐하면 그는 제 기억 속에 머물러 있는 과거의 그이기 때문입니다. 제 어머니나 형을 그릴 때, 매일 함께 술 마시는 친구를 그릴 때, 인상 속에서는 그들이 변하지 않았거나 조금 나이 들었을 뿐인데, 붓을 들면 아! 왜 이게 아니지? 완전히 낯선 모습인 거예요.

그래서 익숙한 사람이 갑자기 낯설어지는 순간이 옵니다. 저는 그에게서 특히 그다운 한 점을 찾아야 합니다. 과거의 모습이면서 동시에 현재의 모습도 있어야 하는데, 이게 무척 어려워요. 저는 제가 그린 그림이 그답지 않은 걸 허락할 수 없습니다. 물론 제가 어떤 기술을 억지로 고집하는 편은 아니지만, 그 사람의 기운을 잡아내는, 정신적인 '다움'이 매우 중요합니다. 저는 스스로를 다시 조정합니다. 심리적으로, 붓질로 천천히 조정합니다. 조정이 끝나면 이 그림은 더 성실해집니다. 끊임없는 상호 교정의 결과죠.

샹뱌오 성실하다 함은 스스로를 끊임없이 놀라게 하고, 끊임없이 자신을 열고, 원래 생각을 계속 조정하는 과정, 이 과정이 자신에게 성실함을 느끼게 하는 거라고 보면 될까요?

류샤오둥 성실하다는 건 꾸밈이 없다는 뜻입니다.

가령 제 아내를 젊었을 때부터 지금까지 여러 번 그렸습니다. 지금 아내를 그릴 때 저는 원래 그녀를 잘 안다고 생각하고 예전과 같은 방식으로 그리려 하지만, 갑자기 통하지 않는 걸 깨닫습니다. 자세히 관찰하면 표정, 이목구비, 근육, 모든 게 예전과 다르다는 것을 알게 되죠. 저는 지금 이 모습의 그녀를 따라가야 하므로, 과거에 형성된 관성을 깨뜨려야만 합니다. 그리고 처음에는 한 붓으로 그릴 수 있을 거라 생각하지만, 정말로 이 얼굴을 꼼꼼히 읽어보면 한 붓으로는 그녀답게 그릴 수 없다는 걸 알게 됩니다. 그래서 수많은 붓질을 통해 찾아갑니다.

샹뱌오 맞아요, 이거 참 흥미롭습니다. 성실함이란 사실 노력의 한 형태예요. 성실하다는 건 그 안에 어떤 어려움이 있다는 뜻이기도 하죠.

류샤오둥 제 생각에 성실하다는 건 끊임없이 스스로를 교정하는 것입니다. 처음에는 제가 이 일을 장악할 수 있다고 생각했는데 갑자기 막혔고, 그러다가 정말로 장악하는 방법을 찾아내죠, 이 패배 속에서 그것을 찾아내는 거예요. 저는 익숙한 사람을 그리는 과정에서 성실함이 무엇인지, 태도가 무엇인지 하나씩 배웠습니다.

샹뱌오 맞아요, 이건 우리가 연구할 때 생각하는 과정과 비슷합니다. 대략의 판단으로 몇 가지 이론을 적용하는 건 아주 쉬워요. 하지만 그런 성실한 느낌이 생겨나기 시작하면 큰 모순을 느끼고, 자기 자신에게 설명이 안 되는 부분이 생깁니다. 사고가 순조롭게 이어지지 않아 생기는 몸부림, 고통, 번뇌가 저는 아주 긍정적인 감정이라고 생각합니다. 바로 이것이 우리에게 성실함을 불러일으키고, 이는 삶에서 매우 중요한 요소일 수 있습니다.

확장해서 말하면, 지금 우리 삶은 너무 편리한데 이 편리함은 성실함을 없애는 방향으로 가고 있습니다. 편리하면 다양한 노력을 할 필요가 없어지고, 그게 지나치면 야만으로 이어집니다. 모든 것이 교류 없이, 스스로를 교정하지 않아도 이루어진다면, 그게 바로 야만이 되는 거죠.

묻고 싶은 게 한 가지 더 있어요. 큰 실례가 되지 않았으면 합니다. 선생님이 그린 낯선 사람들을 보면서 저는 꽤 깊이 감동을 받았습니다. 다른 한편 솔직히 말해 선생님이 좀더 익숙한 사람들을 볼 때 제 마음의 울림은 상대적으로 덜합니다. 그 이유 중 하나는 아마 선생님 주변 사람들의 생활이 농민공이나 삼협댐의 청소년처럼 선생님의 생활 수준과 큰 차이가 있지 않기 때문인 듯합니다. 제 이런 느낌이 좀 의외인가요?

류샤오둥 제 그림에는 익숙한 사람도 있고, 낯선 사람도 있습니다. 제가 늘 듣는 평가는, 익숙한 것을 그린 그림일수록 더 공감하게 된다는 건데, 선생님 생각은 정반대네요. 낯선 사람을 그린 부분에 더 큰 공감을 하다니. 제게는 꽤 흥미로운 생각입니다.

그 낯선 이들은 아마 선생님이 사회학 연구를 하면서 주목해야 할 사람들일 수도 있고, 혹은 선생님이 한때 깊이 들어가 직접 그들의 삶을 경험해본 사람들일 수도 있죠. 이들의 생활 방식이 선생님을 찌르듯 아프게 했기 때문에 이런 그림에 공감을 하시는 거라고 봅니다. 우리 둘 다 사회학자라면, 아마 다른 사람들의 생활을 바라보는 관점이 비슷할지도 모릅니다.

그런데 제게 익숙한 사람들은 어떨까요? 저는 북방 사람입니다. 제 어머니는 둥베이의 할머니고, 선생님의 어머니는 남방의 할머니라서 두 분은 별로 닮지 않았을 겁니다. 선생님의 형은 아마 학자일

지도 모르지만, 제 형은 매일 연금 타고 조금이라도 돈을 더 벌고 싶어하는 평범한 사람입니다. 선생님이 이 그림을 볼 때 먼저 이 장면에 끌릴 수 있습니다. 즉, 이 사람은 그의 형, 이 사람은 그의 어머니, 이 사람은 그의 친구라고. 사회적 속성으로 보면 한 겹 떨어져 있는 느낌이 들겠죠. 왜냐하면 그들은 정말 전형적인 하층민이나 신흥 계층이 아니기 때문입니다. 그저 아주 평범하고, 완전히 무시당하며, 연구 가치도 거의 없는 사람들일 뿐이죠.

자둥팅 샤오둥 선생님 전시 제목이 "너의 친구"인데, 혹시 여기서 전하고 싶은 메시지가 있나요? 이 사람들은 단순히 내 친구라거나 나에게 익숙한 사람이 아니라, 관객이 그들의 삶과 그 주변 친구들의 삶에 들어가보기를 바라는 건가요?

류샤오둥 사실 이 제목은 동료 장위안張元의 입버릇에서 나왔습니다. 우리가 촬영할 때 수다를 떨면, 그는 항상 "네 친구 누구누구"라고 말하곤 했습니다. 그런데 그들은 제 친구가 아니고, 막 알게 됐거나 아예 모르는 사람일 때가 많았습니다. 그는 늘 이 말을 입버릇처럼 해서, 저는 그게 재미있고 생동감 있게 느껴져 그대로 가져다 썼습니다.

아마 제가 생각이 좀 많은 편이어서일 거예요. 저는 이 사회에 악한 것이 너무 많고, 사람과 사람 사이의 장벽이 너무 많다고 느낍니다. 그래서 늘 "사실 다 네 친구야, 굳이 남을 이렇게 힘들게 하지 마"라고 생각합니다. 이건 마음이 아파서 내는 절규 같은 외침이지만, 저는 그것을 아주 가볍고 대화하듯 편한 언어로 표현한 거예요. 이 제목은 커다란 의미를 담고 있고 오랫동안 생각해온 결과입니다. 제

시리즈 작품 중에 "너의 도시" "너의 산수"가 있습니다. 사실 "너의 친구"는 사회를 향한 개인의 외침 같은 거예요. 정책을 만드는 사람이나 집행하는 사람, 아니면 우리 같은 평범한 사람들까지 모두 서로에게 친절하고, 남에게 조금의 편의를 주어야 한다는 뜻에서 "너의 친구"라고 한 겁니다.

분류의 목적은 구체적인 사람을 보기 위함이다

자둥팅 조금 전 샤오둥 선생님이 언급한, 그림에서 사람들을 분류하는 방식, 이것도 매우 중요한 방법 중 하나일 것 같습니다.

저도 샹뱌오 선생님께 질문 하나 드리고 싶습니다. 사람을 선택하고 분류하는 것은 사회학에서도 해야 하는 작업 중 하나일 수 있잖아요. 샤오둥 선생님 쪽에서는 그림 속 장면과 그 장면 뒤에 있는 다양성과 복잡성을 보여주고 있죠. 그렇다면 사회학적 관점에서 사람을 분류하는 방법, 선택하는 기준, 그리고 사람과 관계 맺는 방식에는 어떤 공통점이나 차이가 있을까요?

샹뱌오 사회학의 한 가지 기능은 모두에게 지도를 그려주는 거예요. 그 지도가 바로 사회 지도입니다. 1980년대에 중국에서 사회학이 막 등장했을 때 가장 인기 있는 연구 주제 중 하나는 사회 계층 연구였습니다. 어떤 사람은 사회를 여덟 계층으로 나눈다고 하고, 어떤 사람은 여섯 계층, 또 다른 사람은 다섯 계층 반으로 나눈다고 했습니다. 제 스승이었던 당시 베이징대학 사회학과의 쑨리핑孫立平

선생님은 개혁의 가장 큰 변화는 두 계층이 세 계층으로 바뀐 것이라고 하셨습니다.[3] 그분은 외식하러 가면 늘 메이차이커우러우梅菜扣肉를 즐겨 드셨는데, 나중에 사람들은 다들 쑨 선생님이 두 계층이 세 계층으로 바뀐다고 한 건 아마 삼겹살이 더 맛있어서 그런 거 아닐까, 라고 농담처럼 말하기도 했습니다.

하지만 오늘날 제가 중요하다고 생각하는 것은, 제 학문 연구든 일상생활이든, 분류에서 시작하지 않는 것입니다. 먼저 구체적인 사람을 보고 그가 어떻게 생각하는지, 어떤 감정을 느끼는지, 왜 그렇게 행동하는지를 이해해야 합니다. 그는 이렇게 하는데, 너는 왜 그때 그렇게 생각하지 않았지? 다른 사람은 왜 그렇게 생각하지 않았지? 이런 관점에서 문제를 설명해야 합니다. 그러면 일정한 분류나 차이, 비교가 훨씬 더 의미 있게 작동합니다.

즉, 분류 자체가 목적이 되어서는 안 됩니다. 그런데 학문 연구에서는 분류가 목적이 되곤 합니다. 이런 연구는 사람들에게 지도를 그려주고, 지도를 받으면 마치 모든 것을 꿰뚫어본 듯한 느낌이 들죠. 하지만 저는 자주 말합니다. 지도는 풍경이 아니라고요. 지도가 있으면 전체 인상을 알 순 있지만, 도시의 맛을 어떻게 느낄 수 있을까요? 아마 한 화가나 사진작가는, 거리의 한 모퉁이라는 미시적 관점을 선택해서 그 맛을 여러분에게 끌어내 보여줄 수 있을 거예요.

3 쑨리핑은 개혁개방 이전의 중국 사회가 국가와 민중이라는 두 개의 층으로 구성되어 있었다고 본다. 그러나 개혁개방 이후에는 자영업자와 프리랜서를 대표로 하는 중간층이 새롭게 등장했다고 주장한다.

우리도 이렇게 해야 합니다. 먼저 아주 구체적인 사람을 보고, 그의 감정을 정확히 이해해야 합니다. 그다음 분류적 사고방식을 통해 지도를 도구 삼아 그에게 좌표를 부여하되, 더 중요한 것은 그 사람에 대한 이해를 풍부하게 하는 겁니다. 이 감정은 어느 정도 개인의 생활 경험에서 비롯된 것이고, 어느 정도는 일반적인 상황을 반영한 것이기도 합니다. 표준화된 분류 방법에는 큰 의미가 없습니다. 분류 자체는 각자 스스로가 생활을 관찰하면서 얻은 이해에서 나와야 합니다.

예를 들어 조금 전 샤오둥 선생님이 말했듯이, 어떤 사람은 순박하고, 어떤 사람은 찌질하다. 이런 분류는 아주 중요한 방법이에요. 하지만 이 분류는 완전히 생활 경험에 기반한, 주관적인 것이죠. 반대로 부자와 빈자 같은 분류는 상대적으로 객관적일 수 있어요. 그래서 전체적으로 보면, 분류는 중요하지만, 그 주된 목적은 구체적인 개인에 대한 이해를 풍부하게 하는 데 있어야 합니다. 사회 전체나 숲, 풍경을 평면화해서 한눈에 보는 지도로 만드는 게 목적이 되어서는 안 된다는 말입니다.

몸은 한 사람의 생활이 누적되어 나타난 모습을 보여준다

자둥팅 두 분이 계속 낯선 사람과 관련된 이야기를 나누셨는데, 이제 다시 관찰 방법으로 돌아가봅시다. 가령 무엇을 보고, 어떻게 보는가에 대한 문제입니다. 먼저 샤오둥 선생님께 묻고 싶은데요, 예술가로서 몸과 얼굴이 전달할 수 있는 정보가 다르다고 보시나요? 왜 몸이 그렇게 중요한가요? 몸이 전달하는 정보가 얼굴보다 더 풍부할 수도 있나요?

류샤오둥 맞습니다. 몸은 전적으로 아주 명확하고, 외적인, 판단할 수 있는 것이기 때문입니다. 그가 어떤 사람인지는 사실 체형만 봐도 알 수 있습니다.

물론 이렇게 말하면 점을 보는 것 같습니다만. 점을 볼 때 손금을 보듯이, 만약 제가 점을 본다면 체형을 볼 겁니다. 예를 들어 자기 관리가 철저한 사람은 체형에서 그 특성이 드러나며, 내일 죽든 말든 상관 않는 사람은 몸에 큰 변화가 생기죠. 약간 구부정한 사람은 내성적인 성격일 가능성이 있고, 매일 허리를 쫙 펴고 걷는 사람은 아마 솔직하고 건강한 사람일 겁니다. 한 사람의 심리적 활동이 많아지면 그것이 모두 체형에 반영되고, 당연히 얼굴에도 나타납니다.

(어느 정도까지는) 얼굴은 속일 수 있지만, 몸은 속이기 어렵습니다. 저는 기분이 좋지 않을 때도 웃을 수 있어요. 연기를 조금 잘하면, 웃음만 보고는 제가 기쁜지 슬픈지 알 수 없습니다.

하지만 체형, 행동거지, 식사하는 모습, 파티에서 다른 사람과 대화할 때의 몸짓 언어는 매우 정확합니다. 그래서 저는 그림 그릴 때 기본적으로 체형에서 시작하지, 눈빛에서 시작하지 않습니다. 한 사람의 체형과 자세 모두 중요하죠.

자둥팅 제 기억에, 선생님은 아청阿城 선생님의 몸을 느낌표 같다고 표현하셨죠? 이런 예술가의 직관적인 묘사는 정말 정확한 것 같습니다.

류샤오둥 그분이 담배를 많이 피우셔서, 사실 그의 모습은 담배처럼 생겼습니다.

자둥팅 구부정하고 금방 꺼질 것 같은, 그런 모습이죠?

류샤오둥 맞습니다. 그는 늘 뭔가에 골똘해서, '담배'마저 약간 축 처진 모습이 됩니다. 그는 손에 새 담배를 들고 피우는 게 아니라, 담배를 손에서 이리저리 돌려가며 피우거든요. 그래서 체형도 자연스레 그렇게 된 거라고 봅니다.

자둥팅 샹뱌오 선생님도 현장조사를 할 때 첫눈에 사람을 보고 직관하는 그런 감각이 있었겠죠?

샹뱌오 맞아요. 우리가 한 지점에서 조사할 때 시간을 오래 쓰니까요. 샤오둥 선생님이 사람을 보는 것에 견주어 우리의 접근 방식은 크게 다릅니다.

샤오둥 선생님이 말했듯이, 시간 제한이 있어서 누굴 그릴지 말지 직관적으로 판단해야 할 때가 있잖아요? 우리의 핵심은 어떻게 관계를 맺을 것인가에 있습니다. 이런 관계는 보통 1년 정도 지속될 수 있습니다. 누구와 관계를 맺을지는 대부분 무작위로 결정됩니다. 마을에 들어가면 누구를 만나든 좋은 관계를 만들어야 합니다. 상대가 간부거나 그곳에서 권력을 가진 사람이라면 더 중요합니다. 그래서 우리는 많은 힘을 관계를 맺는 데 씁니다. 이것이 샤오둥 선생님과 저의 첫 번째 차이점입니다.

두 번째 차이점은, 우리가 관계를 맺을 때는 영업과 비슷하다는 겁니다. 상대가 어떻게 생각하는지 고민해야 하고, 말할 때 모욕이 되면 안 되므로 상대에게 맞춰 '눈치껏' 해야 합니다. 그래서 눈빛을 보고 반응을 살피는 등의 과정이 필요합니다. 이것은 샤오둥 선생님이 말한 몸을 보는 것과는 달라도 많이 다릅니다. 몸을 본다는 말은 제게 꽤 큰 통찰을 줬어요. 샤오둥 선생님은 몸을 본다고 했지만 사실 생활이 쌓여 드러난 사람을 보는 거예요. 그 순간의 사람이 아니라 강한 역사성을 가진, 삶의 경험이 쌓여 일정하게 안정성을 가진 사람을 보는 거죠. 다시 말해, 샤오둥 선생님은 '사람'을 그리는 것이지 단순한 '상'을 그리는 게 아니에요.

샤오둥 선생님, 지금 저는 선생님의 그림이 가진 힘을 더 깊이 이해할 수 있을 것 같습니다. 왜냐하면 그리신 게 정말 그 사람이거든요. 그가 그 순간 무엇을 생각하고 있는지 우리는 알 수 없지만, 선생님은 그를 보고 지난 30~40년, 심지어 50~60년 동안 쌓인 생활의 흔적이 바로 저렇게 나타난다는 점을 아는 거죠.

그래서 하나 묻고 싶습니다. 사람을 그릴 때 머릿속에서 뭔가를 계속 생각하나요? 이를테면 그는 이런 사람이어야 해 같은 말이 떠오르나요? 아니면 머릿속이 거의 텅 비고, 열린 태도로 추측을 잠시 내려놓은 채 그저 체형만 관찰하나요?

류샤오둥 그림을 그리는 과정은 사실 아주 긴장됩니다. 이 과정에서 모든 질문이 머릿속으로 쏟아져 들어오죠. 하지만 동시에 아주 빠르게 그려야 합니다. 생각만 하고 가만있으면 안 됩니다. 시간이 눈 깜짝할 사이에 흘러가거든요. 그래서 이 중요한 순간에 그를 잘 이해하고 있으면, 그의 정신 상태를 훨씬 더 단호하고 빠르게 포착할 수 있습니다. 반대로 그 사람에 대한 명확한 판단이 부족하면 몹시 망설이게 되고, 진행을 계속하기가 어려워집니다.

제가 한 사람을 이해할 때 쓰는 방법은 여러분이 사회조사 하듯 대화를 통해 알아가는 방식과는 다릅니다. 저는 오히려 대화를 피하려 합니다. 그들과 함께 있으면서 그냥 예의상 몇 마디 나눈 뒤 바로 작업을 시작하죠. 한번 대화를 시작하면 그에 대한 첫인상이 깨지고, 제가 용감하게 추진하고자 했던 부분이 망설임으로 바뀔 것 같기 때문입니다. 예를 들어 이 사람이 내게 준 첫인상이 활달한 청년이라면, 저는 그렇게 그를 그리고, 그림을 완성하면 아주 마음에 듭니다. 그런데 만약 그리는 도중 붓을 내려놓고 그와 대화하다가, 갑자기 그가 매우 연약한 사람이지 활달한 청년이 아니란 사실을 깨달으면 그 그림을 더 이상 그릴 수 없게 됩니다.

그래서 저는 그림을 그릴 때 거의 언어로 소통하지 않습니다. 완전히 매우 주관적인 입장에 서서, 그는 이런 사람이다라고 느끼면 그대로 그려요. 많은 것을 알려고 하지 않습니다.

샹뱌오 그런데 사람을 이렇게 보는 방식이, 일상생활에서 주변인들과의 소통에 영향을 주나요? 아니면 완전히 별개의 문제인가요?

류샤오둥 이런 방식은 물론 일상적인 소통에도 도움이 됩니다. 외형을 관찰하면서 저는 그와 어느 정도까지 관계를 맺을지 결정합니다. 어떤 언어를 쓰고 행동을 함으로써 그와 거리를 두어 제 생활에 영향을 주지 않게 할지, 아니면 더 가까워져서 가장 친한 친구가 될 수 있을지를 말이죠.

첫 단계는 확실히 외모로 사람을 판단하는 거예요.

샹뱌오 하하, 저는 이게 정말 흥미롭다고 생각해요. 이 방식은 선생님이나 저한테, 그리고 젊은 친구들에게도 아이디어를 줄 수 있다고 봅니다.

우리가 "낯선 사람과 부근을 만들기"라고 말하고 '부근'을 언급하는 것은, 그 안에 모두 군자와 숙녀만 있는 작은 이상향을 만들자는 뜻이 아니에요. '부근'에는 선생님을 짜증 나게 하는 일과 사람도 많지만 그런 것들과 어떻게 관계를 맺을지 배우는 것, 그들의 존재를 직면하는 것이 필요합니다. 물론 동시에 스스로를 돌아보게 되겠죠. "왜 내가 그 사람한테 짜증을 느끼지?"라고 반성하면서 자신도 열 수 있게 되는 거예요.

그래서 방금 샤오둥 선생님이 말한 것처럼 어떻게 외모로 사람을 판단하는지, 그다음 어떤 식으로 일련의 관계를 이어가는지, 이것이 바로 생활에서 아주 중요한 부분이에요.

쿨하다는 것, 판단할 용기가 있고, 그 판단이 매우 정확한 것

자둥팅 샤오둥 선생님의 작업 현장 기록을 보면, 사실 아주 혼란스럽고 복잡한 상황이 많습니다. 최종 작품에는 실제로 많은 요소가 들어가 있는데, 전경이나 주인공만 있는 게 아니라, 많은 배경과 몇몇 관련된 사람이나 사물까지 그림 속으로 끌어들이죠.

그림 작업 현장에서는 다큐멘터리 감독과 샤오둥 선생님 자신까지도 관찰 대상이 됩니다. 이런 상황 설정은 어떤 의도로 한 걸까요? 서로 영감을 주고받기 위해서일까요, 아니면 더 복잡한 현장을 포착하기 위해서일까요?

류샤오둥 현장은 절대 손짓 하나로 움직이지 않습니다. 현장의 변화는 거의 통제 불가능하죠. 그래서 저는 현장의 변화에 따라 스스로 바꾸는 법을 배워야 합니다.

복잡함에 대해 말하자면, 창작 과정에서 어떻게 복잡함을 표현할 것인가가 관건입니다. 제 경험상 창작 상태에 들어가면 말초신경이 모두 열립니다. 창작 상태가 아니면 이 신경은 닫힙니다. 저는 늘 이런 생각을 합니다. 일상에서 창작 상태가 아닐 때 우리는 모든 것을 무심히 지나치게 된다는 것을요. 그냥 밥 먹고, 술 마시는 식이죠. 하지만 창작 상태에 들어가면 먹는 것은 단순히 먹는 게 아니고, 마시는 것도 단순히 마시는 것이 아니게 됩니다. 우리는 먹고 마시는 행위 너머, 삼척三尺 너머의 공간에서 더 복잡한 풍경을 보게 되죠. 그러면 창작 욕구가 생기고 말초신경이 열립니다. 여기 있는 모든 것이 의미를 갖게 되는 거예요. 이 의미는 주관적이고, 제가 말초신경을 열었기 때문에 생겨난 결과입니다.

이건 일기 쓰기와 비슷합니다. 저는 매일 일기를 쓰라고 권하지 않습니다. 그렇게 하면 점점 더 세세하고 기묘하며 삐딱한 방식으로 생각하게 되거든요. 대신 저는 매주 혹은 한 달에 한 번 정도 쓸 것을 권합니다. 이렇게 하면 창작 욕구를 잊지 않고, 일상에 휩쓸릴 때 가끔 사색의 시간을 갖게 되죠. 하지만 매일 사람들과 밥 먹고 술 마시며 교류하는 데 너무 많은 신경을 쓰면, 오히려 남에게 귀찮게 느껴질 수 있어요. 마치 다른 사람이 모두 선생님의 소재인 것처럼 보이거든요.

그래서 우리는 일상에 휩쓸리면서도 가끔 멈추는 법을 배워야 합니다. 그때 자신의 창작 욕구를 열고, 다른 사람의 삶을 기록하며, 생활 너머의 복잡성을 관찰하는 거죠. 저는 이 과정이 제 창작에 도움이 되면서도, 저를 너무 이기적인 창작자로 만들지 않는다고 생각합니다. 그 외의 시간에는 저도 일상에서 그저 흘러가는 사람이 되기도 하고, 게으름을 피우거나 농담을 하기도 합니다.

생활은 모든 창작의 자원입니다. 실천가, 화가, 작가로서 이 세상을 질감 있게 경험하는 것이 매우 중요하죠. 단지 상식만 있는 것이 아니라 견문도 필요합니다. 더 많은 세상을 보고, 더 많은 사람을 만나면 주눅 들지 않고, 관대해지며, 더 많은 사람과 감정적 공명을 할 수 있습니다. 그러면 훨씬 더 멋진 사람이 될 수 있죠.

젊은 사람들이 말하는 '쿨하다酷', 저는 이 단어가 매우 중요하다고 생각합니다. '쿨하다'는 견문을 갖춘 멋짐이에요. 견문이 없으면 그 멋짐은 그저 어리석은 것일 뿐이죠. 그래서 한 실천가는 두 가지 준비를 해야 합니다. 하나는 지식 있는 사람들과 많이 교류하는 것, 다른 하나는 조금 멋있게, 세상을 더 많이 경험하는 것입니다.

샹뱌오 '쿨하다'를 다시 정의해줄 수 있을까요? 자기 주관이 있으면서도 쉽게 판단하지 않는 것을 말하는 건가요?

류샤오둥 쿨하다는 것은 판단할 용기가 있으면서, 그 판단이 매우 정확한 거예요. 판단이 정확하다는 것은 그 사람을 잘 알고 있다는 것을 뜻합니다. 음악을 하든, 그림을 그리든, 글을 쓰든, 최소한 오지 산골이 어떤 곳인지, 뉴욕과 런던이 어떤 곳인지, 누가 진정한 부자이고 누가 진정한 지식인인지 알아야 합니다. 이 모든 것은 생활 속에서 체험하며 쌓아야 하죠. 그래서 견문이 넓으면 내리는 결정이 쿨하다고 할 수 있습니다. 쿨하다는 것은 많은 것을 버리고, 가장 중요한 것을 집어드는 용기이기도 합니다.

샹뱌오 저는 이게 매우 중요하다고 생각합니다. '쿨하다'는 이미 가진 지식을 바탕으로 결단을 내리는 것입니다. 무엇을 버리고 무엇에 집중할지 결정하는 것, 그래서 견문이 매우 중요하죠. 제 이해로는, 쿨하다는 또한 내린 판단이 정확할 뿐만 아니라, 나만의 색깔을 담고 있는 것을 의미합니다. 일상 속 많은 판단에는 단순한 옳고 그름이 없어요. 누구나 각자의 판단을 내리죠. 그래서 멋진 판단이란 대상에 대한 정확한 이해일 뿐만 아니라, 자신에게 적합한 것을 선택하고 자신만의 스타일을 담은 판단이에요. 그래서 다시 일상으로 돌아가면, 자신을 풍부하게 하고, 강하게 하며, 개성 있어지려면 더 많은 낯선 사람과 교류해야 해요. 그래야 자신만의 멋진 개성이 드러납니다.

방금 샤오둥 선생님이 한 말은 정말 영감을 주는 내용이고, 고전적인 의미를 지닙니다. 나중에는 글의 제목으로도 쓸 수 있겠네요—"생활이 곧 창작이다". 우리 창작자들은 자신을 다른 사람 생활의 창작 속 자원으로 만들어야 합니다. 그래야만 생활 속으로 자연스레 스며들 수 있죠. 그러고 나서 생활을 사고하되, 생활을 사고 대상으로만 만들지 않아야 합니다. 사고가 생활을 위해 존재하는 것이지 생활이 사고를 위해 존재하는 것은 아니기 때문입니다. 사고를 거치지 않은 생활은 살 만한 가치가 없고, 사고에 지나치게 몰두한 생활은 생활이라고 할 수 없습니다. 이것은 변증법적 관계입니다.

류샤오둥 선생님의 정리가 정말 학문적이면서도 흥미롭네요. 사실 '쿨하다'는 매우 극단적이고 개인적인 것입니다. 하지만 분명 눈을 번쩍 뜨이게 만들죠. 그 번쩍임은 아마 느낌일 거예요. 그 사람이 선생님이 하지 못한 말을 했거나, 선생님이 막연히 생각만 하고 아직 하지 못한 일을 실행했을 때 생기는 거죠. 정말 쿨하죠! 그 사람은 항상 한발 앞서나가요. 이것은 매우 개인적인 선택이지만, 동시에 다른 사람들에게 영감을 주며 사람들의 눈이 뜨이도록 만듭니다.

샹뱌오 '쿨하다'는 선생님이 말했듯이 눈을 번쩍 뜨이게 만들고, 생활 속에 존재하지만 우리가 희미하게 느낄 뿐 보지 못한 것을 드러내줍니다. 그래서 반드시 서로의 감응이 있어야 '쿨함'의 효과가 생기죠. 만약 삶의 기반이 전혀 없다면, 그건 그냥 이상함, 이류異類일 뿐이에요.

생활양식 아래에도 여전히 생활이 있는가?

자둥팅 시대와 세대가 다르면 사회 환경과 성장 환경의 차이도 크게 벌어집니다. 맞닥뜨리는 문제도 달라지죠. 요즘 젊은 사람들이 소도시에서 대도시로 이동할 때, 그 전환은 예전만큼 크지 않을 수 있습니다. 이는 도시와 농촌의 격차가 줄었기 때문만이 아니라, 기술과 인터넷이 가져온 평활함 때문에 많은 게 자신도 모르는 사이에 적응되도록 변했기 때문입니다.

혹시 두 분께 각자의 성장 경험을 돌아봐달라고 부탁드려도 될까요? 개인과 세상에 대한 인식을 형성할 때 사회 환경은 어땠는지, 그리고 오늘날 젊은이들에게 어떤 조언을 해줄 수 있는지요?

류샤오둥 과거를 회상하면 할 말이 많습니다. 그렇지만 오늘날 젊은이들에게는 사실 무엇을 말해야 할지 잘 모르겠습니다.

저는 교원이라서 주변 모두가 젊은 사람들입니다. 아마 출신 배경과 관련 있겠지만, 제가 젊었을 때는 스스로 젊다고 느낀 적이 없습니다. 지금 젊은이들은 정말 어리고, 훨씬 더 많은 것을 알고 있으며, 견문이 넓고, 일 처리도 분별력 있게 합니다. 하지만 그때와 비교해 지금 젊은이들은 심리적 불안을 해소할 곳이 없다는 게 조금 걱정됩니다. 이건 꽤 큰 문제입니다.

제가 젊었을 때는 마음속 불안을 친구들에게 허심탄회하게 털어놓을 수 있었습니다. 사회생활 비용이 낮아서, 친구 집에 가 라면 하나 끓이고, 이과두주 한 병 사고, 소시지 하나 사서, 마음에 쌓인 일주일이나 한 달 치 쓰레기를 서로 쏟아낼 수 있었죠. 하지만 지금은 친구를 만나려면 영화 보고, 카페 가고, 바에 가고…… 저조차 이 비용이 비싸다고 느끼는데 젊은 사람들은 말할 필요도 없죠.

사회 구조가 변하면서 이제는 친구를 사귀는 비용이 높아졌습니다. 오늘날 젊은이들에 대해 걱정되는 것은 이 부분입니다. 그들은 친구를 만나고, 서로 속마음을 털어놓을 저렴한 공간이 없습니다. 사실 친구를 사귀는 것은 가장 건강하고, 가장 비용이 적게 들며, 가장 사람을 성장하게 만드는 일이거든요.

어느 세대의 청춘이든 모두 불안에서 시작합니다. 중요한 것은 부담 갖지 말고, 어떻게 이를 해소할지입니다. 경제적이고 접근 가능한 사회적 교류의 장을 어떻게 구축할 것인가는 사회학자나 사회정책 결정자들이 깊이 고민해야 할 문제입니다. 오늘날의 우울증을 단순히 감정이 연약해서라고 볼 수는 없습니다. 젊은이들은 사실 내면이 꽤 강합니다. 남에게 털어놓지 않는 것 자체가 강함을 보여주는 것이기도 하죠. 더 나은 소통 공간이 있느냐 여부는 사회의 하드웨어적 지표가 되어야 합니다.

샹뱌오 제 개인적인 경험은 큰 참조점이 되지 않을 수도 있습니다. 왜냐하면 시기마다 젊은이들이 마주하는 문제가 다르기 때문인데, 이는 구체적인 사회 환경과 관련 있습니다.

1995년 이후 또는 2000년 이후에 태어나 소셜미디어 속에서 성장한 젊은이들이 이제 막 사회로 나가고 있습니다. 이 젊은이들은 세 가지 모순에 직면할 가능성이 있습니다.

첫 번째 모순은 이들의 생활의 상황과 관련 있습니다. 한편으로 이들은 학창 시절 완전히 진공 상태에 있었어요. 교육 경쟁과 가족 보호로 인해, 비록 소셜미디어에서 수많은 정보를 접했지만, 폭은 좁고 정보의 누에고치 속에 갇혀 있었습니다. 오프라인에서 낯선 사람과 교류하거나 흥정하고 문제를 처리한 경험은 거의 없죠. 다른 한편 그들이 사회로 나아가는 시기는 경제 성장이 둔화되고, 다양한 어려움이 늘어가는 때와 맞물립니다. 이는 심리나 생활에 대한 감각에도 영향을 미칩니다. 그들은 갑자기 과잉보호를 받고, 오프라인 생활의 질감을 경험하지 못한 온실 속 생존 상태에서, 매우 불안정하거나 심지어 분열된 생활 속으로 들어가는 겁니다.

두 번째 모순은 생활양식 아래에 실제 생활이 없다는 점입니다. 이것은 현재만이 아닌 지난 20~30년간 존재해온 문제일 수도 있습니다. 한편으로 생활 자체가 중요한 콘텐츠가 되어버렸습니다. 예를 들어 저렴하게 교류하거나 친구를 사귈 공간이 없어요. 그 이유는 생활 자체가 수익 창출의 공간이 되었기 때문입니다. 친구를 사귀려면 카페에 가서 커피나 칵테일을 마시며 분위기를 즐겨야 하니까요. 그러고는 사람들은 몹시 민감해집니다. 어떤 음악에는 어떤 커피를 곁들여야 하는지 등등. 친구를 사귀려면 앱을 열어 빅데이터를 기반으로 전문적으로 매칭해야 하죠. 생활 자체가 데이터, 기술, 상인, 자본이 끊임없이 개입해야 하는 장이 되어버립니다. 게다가 젊은이들은 부모의 인생 설계에 대한 불안까지 마주해야 합니다. 결국 그들은 끊임없이 누군가의 투자와 개입의 대상이 됩니다.

다른 한편 샤오둥 선생님이 말했듯이, 자유롭게 펼쳐지고, 흐름에 맡기는 생활은 거의 없습니다. 대신 우리는 정교하게 프로그래밍되고, 당연하게 여겨지며, 비용이 높은 생활양식을 얻습니다. 이런 생활양식 속에서 실제 생활 경험은 매우 제한됩니다. 빅데이터가 어디서 친구를 사귈지, 누구와 어울릴지, 어느 카페에 갈지, 어떤 옷을 입고 무슨 말을 할지까지 미리 설계해줍니다. 원래의 상상과 다른 것에 대한 반감이 매우 강해지고, 참을 수 없어집니다. 전자상거래는 하나의 중요한 문화를 만들어냈는데, 바로 반품 문화입니다. 마음에 들지 않으면 이유 없이 반품할 수 있고, 교류할 필요도 없습니다. 이런 의미에서 보면, 즉각적인 불안 속에 강한 자율성이 존재하는 것 같지만, 전체적으로 보면 생활이 통제 불능 상태에 있으며, 컴퓨터 프로그램과 상업에 완전히 지배당하고 있는 것처럼 느껴집니다.

그래서 앞서 말한 두 가지 모순이 생깁니다. 첫 번째는 생활의 상황이 갑자기 온실에서 전장으로 바뀌는 것이고, 두 번째는 생활양식 아래에 실제 생활이 존재하지 않는 것입니다.

세 번째 모순도 있습니다. 샤오둥 선생님이 말했듯, 오늘날 젊은이들은 사고 능력이 아주 강합니다. 그 이유는 정보 출처가 매우 다양하고, 감정적으로도 민감하기 때문이죠. 제 생각에 이것은 매우 중요한 자원입니다. 인간이라는 존재는 감정이 점점 풍부해지고, 사고 능력이 점점 강해져야 하기 때문입니다. 하지만 모순의 다른 측면은, 우리가 여태 사람들에게 스스로 생활하는 방법을 가르치지 못했다는 점입니다. 어떻게 생활 속에서 지혜를 발휘할지, 어떻게 사고하고 더 민감한 관찰력을 길러낼지 말이죠. 우리는 알고 있습니다. 우울증 유병률이 대거 증가한 이유는 사람들이 너무 많이 생각하거나 감정이 많아서가 아니라, 자신의 사고와 감정을 조직하는 좋은 방법을 모르기 때문입니다.

사실 저도 더 좋은 조언을 할 만한 게 없습니다. 비교적 직접적인 조언은 지금 샤오둥 선생님이 말한 것과 같습니다. 저비용으로 친구를 사귈 수 있는 공간을 재구성하는 것, 가령 우리가 권장하는 '부근'의 구축 같은 것이죠. 또 독서가 매우 중요하다고 생각합니다. 단편적이고 감정 기복을 크게 만드는 큰 생각들을 가라앉혀서 자신의 세계관으로 만드는 것이 필요합니다. 지금 우리는 많은 관점을 가지고 있지만, 자기만의 세계관이 없어 뇌의 사고가 매우 단편적이고 심지어 분열된 상태가 될 수 있습니다.

그다음 저는 이 일련의 대화가 이러한 측면에서도 도움을 주기를,

우리가 생활 속에서 효과적으로 사고하는 구체적인 방법을 찾도록 촉진하기를 바랍니다. 예를 들어 책을 읽도록 권하거나, 샤오둥 선생님에게 그림 그리기를 배우고, 자신의 번뜩이는 생각을 정리하고, 예전 영상과 일기를 책으로 만들고, 작은 토론회를 조직하는 것 등 창조적 사고를 바탕으로 지역에 뿌리내려 사는 법을 깊이 있게 익히는 데 이 방법들을 활용해볼 필요가 있습니다.

온라인은 관점과 관점의 충돌, 오프라인은 사람과 사람의 교류

자둥팅 샹 선생님이 말씀하신 주제를 계속해서 확장하려 합니다. 잠시 다른 얘기로 넘어가자면, 우리는 방금 오프라인이나 생활 속에서 '부근'과 관계 맺는 것에 대해 이야기했는데 소셜미디어, 즉 친구 중심의 위챗이든, 낯선 사람들 간의 광장형 웨이보, 인스타그램이든, 이 또한 우리가 서로 관계를 맺는 공간이 될 수 있습니다.

두 분은 이런 교류에 대해 어떻게 생각하시나요? 제가 기억하기로 샤오둥 선생님도 인스타그램에 수채화를 공유하면 즉각적인 피드백을 지속적으로 많이 받을 수 있다고 말씀하셨습니다. 이 과정 자체가 일상의 변화를 일으키기도 하는데, 그렇다면 오프라인 교류와의 차이점은 무엇일까요?

샹뱌오 저는 위챗만 사용하고, 그것도 아주 제한적으로 쓰기 때문에 이 부분에 대해서는 직접적인 경험이 없습니다.

온라인에는 포장된 내용이 많고, 사안을 지나치게 감정적으로 만들며, 강렬한 관점을 내세워 시선을 끌어야 합니다. 여기에 각종 밈까지 가세하죠. 이 모든 게 마치 세상이 극도로 분열되어 수많은 극단의 의견이 난무하는 것처럼 보이게 합니다. 하지만 오프라인에서 만날 때는 이런 상황을 겪을 수 없습니다. 상대방이 눈앞에서 말하는 모습을 보게 되니, 사람과 사람의 교류는 완전히 다른 차원이 되기 때문입니다.

온라인에서는 사람과 사람의 교류가 아니라, 관점과 관점의 싸움이 일어납니다.

온라인 도구를 잘 활용하는 것도 물론 중요합니다. 하지만 더 중요한 것은 '부근'으로 돌아가서 "낯선 사람과 연결하고", 구체적인 사람을 바라보며 그의 몸짓 언어 등을 살피는 것입니다. 이는 소통에서 매우 중요한 요소입니다.

류샤오둥 온라인 소통은 정말 편리하며 대단하다고 생각합니다. 하지만 온라인 플랫폼은 도구일 뿐이죠. 스스로 통제하지 못하면 오히려 친구 관계가 좁아질 수 있습니다. 그곳은 점점 특정 사상만 집중되는 수용소가 되어, 샹 선생님이 말씀하셨듯이 관점이 모여드는 곳이 됩니다. 그러면 선생님의 친구들, 즉 위챗 친구들의 관점이 모두 선생님과 같아지는데, 이는 사실 아주 작은 세계이며 선생님을 더 편협하게 만듭니다. 가장 중요한 것은 역시 샹 선생님이 말씀하셨듯이 현실 생활에서 질감 있게 낯선 사람들과 교류하는 것입니다. 그렇게 하면 더 낙관적이고 너그러워질 수 있을 거예요.

샹뱌오 샤오둥 선생님, 하나 더 묻고 싶어요. 선생님의 삼협三峽 시리즈 그림에 등장한 노동자들에게서 강한 고독감이 느껴집니다. 그 중 제 마음을 가장 울린 건 "위장違章"입니다. 노동자들이 트럭 적재함에 즐겁게 앉아 있는데 수많은 가스통과 함께 있는 장면이죠. 노동자들은 집단으로 모여 있지만, 저는 그 그림에서 고독을 느꼈습니다. 개개인은 매우 고독해 보인 거죠.

왜 이 작품에 공감되는 걸까요? 한편으로는 요즘 젊은이들이 고독감을 느끼는 게 흔한 현상이지만, 다른 한편으로는 고독이 문예청년들만의 전유물이라고 생각하며 사회 하층부 젊은이들의 고독감에는 별로 주목하지 않기 때문입니다. 저는 이것이 선생님의 그림이 지닌 큰 가치라고 생각합니다. 그림을 통해 선생님은 그들의 고독을 포착했는데, 중요한 것은 그게 특별한 종류의 고독이라는 점입니다. 단절된 채 작은 방에 갇힌 고독이 아니라, 모두와 함께 있으면서도 마음속에는 바람 한번 불면 쓰러질 듯한 취약함이 도사리고 있는 그런 상태, 비록 그들이 이 악물고 버텨낼 것임을 알고 있지만 말입니다.

그러니 그림을 그리는 과정에서 고독이라는 문제에 대해 어떤 느낌을 받으셨는지 묻고 싶습니다.

류샤오둥 고독에 관해 말하자면, 이건 정말 의미 있는 주제입니다. 어떤 각도에서 보더라도 고독은 가장 위대한 사상과 가장 강력한 힘을 빚어냅니다. 저는 고독이 심지어 유전자에서 비롯된 것이며, 매우 강한 숙명을 지닌다고 생각합니다. 우주의 관점에서 보면 인류는 당연히 고독하며, 지구 역시 우주의 한 축소판에 불과합니다. 중국 전통에 따르면, 가장 고귀한 사람들은 대부분 은자였죠. 백이伯夷, 숙

제叔齊, 장량張良, 제갈량諸葛亮 등의 은자들은 고독한 수련을 통해 점차 강력한 힘을 지니게 됩니다. 일단 세상으로 나가면 사회에 지대한 공헌을 하며, 은퇴할 때도 어떤 인격적 표본이 되죠.

따라서 고독은 정말 피해서는 안 될 주제입니다. 제 생각에 사람은 수동적으로 고독해지기보다는 매우 적극적으로 고독을 받아들여야 합니다.

문인, 도시 청년과 하층 노동자의 고독은 확실히 다릅니다. 고독은 매우 주관적인 것입니다. 네가 고독해야만 다른 사람이 고독한 것을 볼 수 있죠. 네가 고독하지 않다면, 다른 사람이 고독하다는 것을 영원히 알 수 없습니다. 왜냐하면 이것은 물어볼 수 없는 문제이기 때문입니다.

예를 들어 거리에서 갑자기 혼자 고독하게 서 있는 사람을 본다면, 그에게 고독하냐고 묻는 순간 침을 뱉을지도 모릅니다. 아마 화장실을 찾고 있었을 수도 있습니다. 고독은 통계로 측정할 수 없지만, 분명 우리 각자의 생명체 안에 숨어 있으며 표현 방식도 제각각입니다. 저 역시 제 고독을 객관적인 매체에 투영했고, 고독에 대한 제 이해를 평범한 사람에게 투사했습니다. 하지만 저는 그들에게 고독한지 묻지 않았고, 그들도 저한테 고독하다고 말한 적이 없습니다. 최근에 제 어머니가 고독하다고 하십니다. 영상 통화를 하면 어머니는 "늙었어" "너무 고독해" "아들 빨리 집에 와" "애들이 그리워"라고 말하십니다. 예전에는 이런 말을 하지 않았거든요. 글씨도 쓰지 못하는 한 할머니가 '고독'이라는 두 글자를 말할 수 있다는 건, 정말로 고독해서일 겁니다. 어머니는 너무 늙어서 밖으로 나가 햇빛을 즐길

힘조차 없었고, 이런 고독은 육체적이며 매우 구체적인 것이었습니다. 반면 먹물들의 고독은 정신적인 것이죠. 두 종류의 고독 모두 측정하기 어렵지만, 그들의 마음속에는 실체가 있었습니다.

오늘날의 삶은 의미의 과잉과 결핍을 동시에 마주하고 있다

자둥팅 샹뱌오 선생님께서 이전에 제안하신 '부근의 재건' 개념은 이후 '내 앞 500미터를 보다' 워크숍과 현재 진행 중인 '낯선 사람과 부근을 만들기' 대화 프로젝트로 이어져 '부근'이라는 주제를 지속적으로 탐구해왔습니다. '부근을 발견하다'와 '낯선 사람을 보다'에 관해 두 분께서 구체적인 실천 방법을 제시해줄 수 있을까요?

샹뱌오 이건 정말 의식意識의 문제입니다. 구체적인 예로 설명해드리겠습니다.

가령 지하철이나 엘리베이터에는 보통 낯선 사람들이 함께 있지만 서로 말을 하지 않습니다. 엘리베이터 안에 이웃이나 동료가 가득해도 사람들은 말 거는 그 한 걸음을 내디디려 하지 않습니다. 주변의 이발소나 아침 먹는 식당에도 수많은 낯선 사람이 있습니다.

방금 말한 의식이란 자신의 방식으로 타인을 바라보는 것을 의미합니다. 여러분은 매우 내향적인 사람일 수 있고, 남들과 대화하기를 꺼릴 수 있습니다. 저는 이게 전혀 문제 될 것이 없다고 생각합니다. 꼭 억지로 그들과 친구가 되려고 애쓸 필요는 없습니다. 절대로 그렇게 해서는 안 됩니다. 여러분은 자신의 성격에 따라 그들을 관찰해야 합니다. 예를 들어 그림을 그리거나 사진을 찍는 등의 방법으로 말입니다. 물론 상대방의 동의를 얻는다는 전제하에 말이죠.

사실 사진 찍는 것은 매우 재미있는 과정입니다. 사진을 찍으면 자연스레 많은 상호작용이 생기고, 대화가 오가기 때문입니다. 찍고, 말하고, 쓰고…… 혹은 쓰지 않더라도 추측할 수 있습니다. 스스로에게 작은 과제를 내보세요. 매일 지나갈 때마다 그를 한 번 더 바라보는 과제 말입니다. 한 번 더 보면, 오늘은 이렇고 내일은 저런 모습을 보게 되며, 결국 그가 대체 어떤 사람일지 추측하게 됩니다. 그와 대화하지 않은 상태에서 추측만으로 그의 짧은 전기를 써보세요. 다 쓴 뒤 가족들의 추측과 비교해보세요, 왜 그렇게 추측했는지. 분명 여러분의 추측은 대부분 다르겠지만, 각자 나름의 이유가 있을 겁니다.

물론 이 낯선 사람들과 직접 소통하는 것이 가장 좋습니다. 소통의 목적은 그들을 이해하는 동시에 자신을 열어가는 데 있습니다. 만약 위치가 바뀌어 여러분이 그 사람이라면 어떤 모습일지, 그가 여러분이라면 어떤 모습일지 상상해볼 수 있습니다. 이 모든 것은 사고 게임으로 진행될 수 있습니다.

그러나 결국 이것은 하나의 인식 문제입니다. 우리가 어디를 가든 그곳에는 늘 낯선 사람들이 있습니다. 이 낯선 이들은 언제나 관찰할 수 있고, 다들 나름의 내용을 갖고 있습니다. 그들을 보면 사람들은 무언가를 발견할 것입니다. 그리고 구체적인 방법은 전적으로 자신의 흥미, 성격, 그리고 당시의 조건에 따라 택해져야 합니다.

둘째, 제가 생각하기에 상당히 중요한 점은, 아무리 강하거나 약하더라도 얼마간 사회적 배려가 담겨 있어야 한다는 것입니다.

이 일을 추진하는 데에는 한편으로는 여러분의 삶을 더 나은 방향으로 더 재미있게 만들고자 하는 마음이 있습니다. 다른 한편 현재 사회적으로 의견이 극심하게 갈리는 등의 상당히 큰 현실 문제가 있기에 만약 이런 소통을 하지 않는다면, 서로를 비난하고 불평하는 상황이 쉽게 조성될 수 있다는 문제에 우리는 직면해 있습니다. 여러분이 이런 마음가짐으로 임한다면 더 큰 긴박감을 느끼고, 더 적극적으로 임할 수 있을 것입니다.

류샤오둥 저도 특별한 방법이 있는 건 아니지만, 개인적으로 낯선 사람에게 인사하는 게 기분 좋더라고요. 길에서 마주치는 사람에게 미소 짓거나 "안녕하세요"라고 말하면 기분이 좋아집니다.

낯선 사람에게 열 번 인사하면 적어도 여섯 번은 친근한 반응이 돌아오고, 네 번은 상대가 이해하지 못할 수도 있지만 그 사람은 행복해질 겁니다. 가끔 우리 시선은 낯선 이의 시선과 마주칩니다. 피하지 말고 한번 미소 지어보세요. 상대도 미소로 답한다면, 이는 아주 작은 행복이지만 매우 아름다운 일입니다.

샹뱌오 앞서 생활이 창작이라는 이야기를 했는데, 저는 젊은이들이 사고를 포기해서는 안 되며, 오히려 더 나은 사고방식을 추구해야 한다고 생각합니다. 창작은 사실 매우 흥미로운 사고방식입니다. 그것은 열린 상태로, 호기심을 통해 의식적으로 생활을 맛보는 것이지, 단순히 먹고 마시는 식의 대충 사는 생활이 아닙니다. 생활을 하나의 창작으로 삼으면 먹고 마시는 것에도 의미가 생깁니다.

창작과는 다른 방식으로 생활에 의미를 부여하는 것은 평론입니다. 판단을 내려—좋다 나쁘다 식의 결론을 내리는 것이죠—너와 내가 어떻게 다른지, 반드시 좋고 나쁨이나 승패의 결론을 도출하는 것이 오늘날 우리가 생활을 이해하는 매우 중요한 방식이 되었습니다. 전 세계가 서로에게 꼬리표를 붙이며, 어떤 일을 상징화하고 의미를 부여합니다.

이 두 가지 의미, 즉 창작적인 의미와 판단적인 의미는 매우 다릅니다. 오늘날의 생활, 젊은이들의 생활에 있어 우리는 동시에 의미의 과잉과 결핍을 마주하고 있습니다. 거대하고 판단적이며 상징적이고 단정적인, 구호처럼 추상적인 의미는 극도로 과잉된 상태입니다. 반면 펼쳐지는 의미, 평범함 속에서 흥미를 발견하고 반복 속에서 호기심을 느끼며 끊임없이 질문함으로써 점점 더 그 일을 사랑하게 만드는 의미는 결핍되어 있습니다.

그래서 샤오둥 선생님께 한 가지 더 묻고 싶은데요, 선생님이 그린 이들은 모두 평범한 사람들이잖아요. 어떻게 반복 속에서, 평범함 속에서 재미있는 걸 발견할 수 있을까요?

반복적으로 일하는 것은 반복적으로 밥을 먹는 것과 같다

류샤오둥 반복적으로 일하는 것은 마치 반복적으로 밥을 먹는 것과 같아서, 저는 적극적인 이해가 필요하다고 생각합니다. 매일 같은 밥을 먹고, 매일 같은 옷을 입는 사람도 많습니다. 그들에게 물어

보면 그렇게 해야 마음이 편해져서 자신이 좋아하는 일을 할 여유가 생긴다고 말할 것입니다. 그러니 우리 각자는 반복적인 생활을 두려워한다거나 생활이 지루해지는 것을 두려워하지 말아야 합니다. 지루함 자체가 오히려 마음을 편하게 해주기 때문입니다.

저는 가능한 한 제 형을 본받으려 합니다. 형은 평범한 퇴직 노동자예요. 손이 한가할 틈 없이 항상 바쁘게 지냅니다. 제 눈에는 그가 행복해 보입니다. 인간의 고통은 지나친 한가함에서 비롯됩니다. 그래서 머릿속으로 문제를 계속 생각하고, 생각하면 할수록 문제는 더 많아지며 풀리지 않습니다. 생각을 적게 하고 자주 움직인다면, 우리는 더 적극적으로 생명을 이어갈 수 있지 않을까요? 이것은 어쩔 수 없는 일입니다. 저도 매일 작업실에 와서 꼭 그림을 그리는 건 아니지만, 이것저것 만지고 건드리면서 지내면 충만함을 느낍니다. 마음이 불안하지 않으려면 자신의 일을 중심으로 움직여야 합니다.

그래서 가끔은 형을 관찰하는 걸 꽤 즐깁니다. 최근엔 영상 통화를 형과 가장 많이 했고, 지난번 프로젝트 「너의 친구」에서도 형을 그렸습니다. 형의 고민을 그려내고 싶었습니다. 한번은 형이 방바닥에 앉아 벽에 머리를 기대고 창밖을 바라보는 모습을 봤어요. 그때야말로 형의 분위기를 담아낼 수 있을 것 같았습니다. 저는 그의 마음속 무기력함, 혹은 외로움을 그려내고 싶었습니다. 하지만 스케치북을 막 들자마자 그는 고개를 숙이고 잠들었습니다. 예술 창작을 하는 저 같은 사람들은 사실 종종 자신의 무언가를 타인에게 투영하곤 합니다. 형은 아마 이런 것을 전혀 문제로 여기지 않을 겁니다. 생각하지도, 기대하지도 않는다면 그의 생활은 여전히 계속될 수 있을 테니까요.

저는 사소한 일에도 잠 못 이루는데, 형은 아주 잘 잡니다. 아무리 큰일이 있어도 고개만 돌리면 바로 잠듭니다. 사람들은 늘 다른 삶을 살아보고 싶다고 말하지만 저는 그게 정말로 어려운 일이라고 생각합니다. 사람은 쉽게 변하지 않잖아요.

샹뱌오 감동적이네요, 샤오둥 선생님. 선생님이 말한 생각하는 것과 생각하지 않는 것은 큰 문제입니다.

우리가 청소년기를 보내고 난 후부터 생활은 의식적인 과정이 됩니다. 여러 이유로 이미 생각에 잠기기 쉬운 사람이 너무 자주 생각에 빠져 잠들지 못하는 밤을 보내게 될 때, 이 문제를 해결하고자 스스로 생각하지 않으려 애쓰는 것은 사실 현실적이지 않다고 생각합니다. 오히려 더 큰 정신적 압박을 초래할 수 있습니다. 왜냐하면 '생각'은 기본적인 화학적 과정으로, 끊임없이 뇌리에 이미지를 생성해내기 때문입니다.

저는 이것이 인류 진보의 매우 중요한 측면이라고 생각합니다. 우리는 생각하는 능력을 지니고 있어, 성찰하고 이해하며 분석한 후 결정을 내릴 수 있습니다. 핵심은 생각하지 않는 것이 아니라 어떻게 생각하는가에 있습니다.

저는 선생님이 생각만 하는 사람은 아니라고 봅니다. 공상에 잠겨 앉아 있기 싫으니, 어쩔 수 없이 화실로 와서 이것저것 만져보게 되죠. 마치 스키를 타려면 꼭 눈밭에 나가야 하는 것처럼요. 썰매를 밟아야 비로소 마찰이 생기고, 마찰이 있어야 앞으로 나갈 수 있으며, 나아가야 속도와 쾌감을 느낄 수 있습니다. 아마 이것이 선생님의 '생각하는' 방식이 아닐까 싶습니다.

선생님은 형에 대해 이야기했는데, 그는 분명히 선생님이 가장 잘 아는 사람입니다. 그렇다면 '낯선 사람'이라는 주제로 돌아가서, 선생님이 예순이 될 때쯤이면 그는 아마 일흔에 가까워질 텐데, 그때면 주변에 아주 가까운 사람이지만 예전에는 보지 못했던 것들을 다시 발견하게 될 것입니다.

그래서 우리가 말하는 낯선 사람도 광의의 낯선 사람입니다. 사실 많은 젊은이에게 부모는 상당히 낯선 존재죠. 우리에게 익숙한 것은 그들의 부모 역할, 예를 들어 선생님에 대한 그들의 관심이나 잔소리입니다. 하지만 자녀는 부모를 개인으로서의 오만가지 감정과 욕망을 가진 존재로, 청소년기의 반항부터 직장생활의 고민까지 알 수 없고 그러한 것들로부터 차단되어 있습니다. 청소년이 보고 익숙해지는 것은 일상 속 부모입니다. 부모는 익숙한 가면 뒤에 숨은 낯선 사람이라고 할 수 있습니다. 자녀 역시 부모에 대해 끊임없이 발견해나가는 과정을 겪습니다.

자둥팅 관찰은 우리가 낯선 사람과 연결을 맺는 첫걸음입니다. 시각은 우리의 감각 중 가장 우선순위가 높으며, 가장 직관적으로 작동합니다. 예술가인 류샤오둥 선생님은 시각적 관점에서 낯선 사람이라는 주제에 접근했습니다. 샹뱌오 선생님은 많은 중요한 질문을 던졌을 뿐만 아니라, 낯선 사람과 연결을 맺는 데 있어 다양한 실천적 제안을 내놓았습니다.

샹뱌오 고마워요, 샤오둥 선생님. 이렇게 교류할 기회가 생겨서 정말 기쁩니다.

류샤오둥 집에 가서 어제와 똑같은 밥을 먹어야겠어요.

제2장 우리가 두려워하는 것은 친밀한 관계인가, 낯선 사람인가?

샹뱌오와
'몰약 화원' 운영자 허와피의 대화

샹뱌오 낯선 사람에 대한 경계는 사실 특정 개인에 대한 것이라기보다 관계 전반에 대한 것입니다. 낯섦을 유지하는 것 또한 하나의 목적이 되었습니다. 어떤 사람들은 이런 관계를 유지해야 한다고 생각하죠. 결국 이 모든 것이 하나의 결과를 낳습니다. 우리가 사람을 보는 능력이 점점 약화되고 있다는 것 말이죠. 주변 사람들을 무심코 지나치지만, 먼 곳에 있는 많은 것에는 깊이 몰입합니다. 왜냐하면 우리는 상상 속 관계로 먼 곳의 일들을 정의할 수 있기 때문이죠. 그러나 주변 사람들, 바로 앞에 서 있는 사람처럼 생생할수록 때로는 불안과 두려움을 느낍니다. 우리는 이 구체적인 사람이 어떻게 생각하고 행동할지 알지 못하며, 이는 그가 세상에 대해 품은 상상을 방해할 가능성이 큽니다.

허와피 때로는 외부 환경이 위험하다고 느끼지만, 오히려 친밀한 관계가 더 큰 위험을 초래할 수 있습니다. 이로 인해 본능적인 직관이 생깁니다. 즉, 친밀한 관계는 얽힘이라는 것 말이죠. 그것은 좋거나 따뜻함을 줄 수도 있지만, 무심코 큰 문제가 발생할 수도 있으며, 통제 불가능한 것이 되어 결국 매우 위험한 결과를 초래할 수 있습니다.

샹뱌오와 류샤오둥의 대화는 시각적 접근을 통해 낯선 사람과의 연결을 어떻게 이루어낼지 모색하기 위한 시작점이었다. 2장에서 샹뱌오는 허와피와 함께 "낯선 사람과 부근을 만들기" 주제를 이어간다.

허와피는 위스콘신대학 매디슨 캠퍼스의 문화인류학 박사로서, 주로 공간 안전, 도시 범죄, 공포감 등의 주제를 연구한다. 2017년 공식 계정 '몰약 화원'을 개설해 지금까지 수백 건의 범죄 사건을 심층 분석해왔다. 이번 대담에서 두 사람은 다양한 집단의 안전감과 공포감 등의 주제를 중심으로 이야기를 나눴다.

신변의 안전과 벗어나고 싶은 마음

돤즈펑 와피 선생님, 『몰약 화원沒藥花園』 집필 기간에 어떤 사례가 대중의 관심을 더 쉽게 불러일으키는 걸 발견했나요?

허와피 주로 감정적으로 공감되고 몰입감이 느껴지는 사건들입니다. 제가 공식 계정 관리자 데이터를 보면 이런 사건들에 대한 댓글이 더 많았어요. 살인 사건은 극단적이고 우리 주변에서 거의 일어나지 않지만, 사실 그 동기와 감정의 핵심은 매우 보편적일 수 있습니다. 예를 들어 인간의 질투심, 소유욕, 성욕, 돈에 대한 욕망 등은 누구나 한번 경험해봤을 법한 것이죠.

아내 살해 사건이나 부부 사이의 감정적 갈등으로 인해 발생한 사건은 커다란 반응을 불러일으킵니다. 가령 제가 이전에 쓴 충칭 남매 추락사 사건에서, 사건의 주범 중 한 명인 장 아무개는 친아버지였음에도 두 아이를 창밖으로 던져 죽였습니다. 처음에 그는 극도의 슬픔을 보이며 두 아이가 스스로 실수로 떨어졌다고 주장했습니다. 나중에 경찰은 이 '비통한 아버지'가 실은 전처와 이혼하기 전 새로운 여자친구를 사귀었으며, 책임이나 부담에서 벗어나기 위해

여자친구와 공모해 직접 아이를 고층 건물에서 던져 죽였다는 사실을 알게 되었습니다. 이 기사는 큰 반응을 불러일으켰는데, 그 이유는 모두가 익숙한 부모 자식 관계와 결혼 연애 문제를 다루었기 때문입니다. 일상적인 관계에서 발생한 이 드문 범죄는 사람들의 감정을 크게 자극했습니다. 두 아이에 대한 동정과 이 잔혹한 살인범들에 대한 분노가 뒤섞였습니다. 결국 공모자 둘 다 사형 선고를 받았습니다.

또 다른 유형은 대중의 직접적인 이익과 관련된 사건들입니다. 예를 들어 무작위로 발생하는 아동 유괴 사건이나, 탕산唐山 바비큐 가게 폭행 사건처럼 무작위성, 여성, 신변 안전 등과 연관된 사건들도 대중의 격렬한 논쟁을 불러일으킵니다.

또한 우리는 사람들의 관심이 지역적 요인의 영향을 받는다는 점을 발견했는데, 이는 샹뱌오 선생님이 언급한 '부근'과 관련 있습니다. 사람들이 관심을 갖는 것은 주로 자기 주변에서 발생한 사건이며, 가장 큰 관심을 갖는 것은 자신의 지역사회에서 일어난 사건일 것입니다. 그다음 우리가 살고 있는 도시나 중국 내에서 발생한 사건, 그리고 일본·한국 등 아시아 국가에서 발생한 사건 순입니다. 그러고는 영국·미국처럼 문화적 존재감이 큰 국가에서 발생한 사건에 대한 관심도가 이어집니다. 우리 문화나 지리적 위치에서 멀리 떨어진 데서 일어난 사건, 예컨대 이란의 사건이라면, 비록 많은 피살자가 발생했더라도 가까운 곳에서 일어난 사건만큼 관심을 받지 못할 수 있습니다.

예전에 읽은 글에 따르면, 미국에서 실종 사건이 일어났을 때 언론의 관심이 가장 낮은 것은 하층 흑인 여성의 실종이라고 합니다. 게다가 그녀가 성노동자라면, 언론이 보도하더라도 아무도 논의하지 않습니다. 가장 많은 관심을 받는 것은 중산층 백인 소녀의 실종 사건입니다. 이를테면 매들린 실종 사건은 전국적, 심지어 전 세계적 관심사로 번지기도 했지요.

즉 안전 사건에 대한 관심은 여전히 해당 사회의 주류 문화와 주류 계층의 입장에서 출발하며, 가까운 곳에서 먼 곳으로 점차 줄어듭니다.

돤즈펑 들어보니 사람들이 어떤 사건에 보이는 관심은 현실에서 느끼는 불안과 얼마간 연관성이 있는 듯합니다.

예전에 '몰약 화원' 공식 계정을 보니 종종 아주 긴 댓글이 달리던데요, 대부분 사건 자체에 대한 의견보다 자신의 경험을 공유하는 내용이었습니다.

허와피 이런 종류의 댓글은 정말 많습니다. 한번은 우리가 '소라게 인격'[1]에 관한 글을 썼는데, 이는 제가 제안한 개념으로, 친밀한 관계에서의 조종 혹은 정신적 학대에 대한 경각심을 일깨우기 위한 것이었어요. 그 글에는 자신의 경험을 이야기하는 댓글이 정말 많이 달렸는데, 원가정의 부모, 형제자매, 파트너가 자신에게 이런 행동을 했다더라고요. 많은 사람이 자기 관점에서 해석을 덧붙이거나 새로운 내용을 보태 설명하기도 했습니다.

돤즈펑 이렇게 들으니 사건의 의미는 특정 개인의 생활 경험, 사회

1 감정적 착취, 또는 가스라이팅과 비슷한 의미.—옮긴이

와 연관된다고 느껴집니다.

방금 선생님이 언급한 두 아이를 아래로 던진 아버지 사건에서 '벗어나다'라는 단어가 특히 인상 깊었습니다. 어떤 관계에서 벗어나기 위해, 혹은 과거 경험과의 연결을 끊기 위해 특정 행동을 한다는 점이죠. 이 사건뿐만 아니라 다른 많은 사례에서도 이런 경향은 꽤 두드러집니다. "나는 무엇으로부터 단절하려 한다"는 그런 마음 말이에요.

와피 선생님, 인류학자로서 왜 이런 사건에 관심을 갖게 되었나요? 극단적인 상황에서 벌어지는 일들은 인류학이 일상생활에 주목하는 방향과 완전히 일치한 것은 아닌데, 어떻게 이런 관심의 편차가 생겼나요?

허와피 저는 학부에서 언론학을 전공했고, 졸업 후 상하이에서 한동안 기자로 일했습니다. 또 늘 탐정 미스터리 사건에 관심이 많았는데, 인류학 박사과정에 들어가기 전에도 탐정 소설을 출간한 적이 있고 박사 논문 주제 역시 범죄와 관련 있습니다. 하지만 공안 부문에 들어가 연구하기가 몹시 어려워, 결국 '경비원'이라는 집단을 연구 대상으로 삼게 되었습니다. 저는 아파트 경비원들도 도시인들의 안전감, 신변 범죄에 대한 감각과 어느 정도 연관성이 있다고 생각합니다.

돤즈펑 관심사가 아주 점진적으로 확대되었네요. 샹뱌오 선생님, 방금 와피 선생님이 공유한 그 사건들에 대해 어떻게 생각하세요?

샹뱌오 제가 매우 흥미롭게 생각하는 점은, 방금 즈펑 선생님이 언급한 '벗어나다'와 와피 선생님이 말한 '안전'입니다. 한편 '벗어나다'와 '안전'은 서로 다른 방향을 가리킵니다. 벗어남은 단순히 심리적 전환, 즉 생활에 대한 새로운 이해를 바탕으로 자기 행동을 조정하는 것을 넘어섭니다. 현대사회에서 벗어남은 끊임없이 존재하는 불안이라고 할 수 있습니다. 5·4 운동 이후 중국인들은 자신들이 전통문화와 특정 사회관계로부터 벗어날 수 있다고 믿게 되었습니다. 그러나 현재 개인 차원에서, 방금 언급한 사례에서처럼, 누군가는 육체를 소멸시키는 극단적인 방식으로 문제를 해결하려 합니다. 따라서 이 현상 자체를 분석할 필요가 있고, 그것이 가리키는 것은 일종의 급격한 변화입니다.

다른 한편 방금 말씀드렸듯이 모두가 고려하는 것은 안전입니다. '안전'은 '벗어나다'의 심리적·정신적 지향점과는 아주 다르게 들립니다. 안전은 예측 가능하고 절차화된 과정을 요구합니다. 저는 궁금해요. 와피 선생님은 '벗어나다'와 '안전' 사이의 긴장감을 어떻게 보시는지요? 이것이 제 첫 번째 질문입니다.

동시에 많은 사건, 특히 대중의 관심을 끈 사건들이 낯선 사람과는 별 관련이 없어 보이지만, 오히려 가장 친밀한 관계—부부, 부자, 모자관계—에서 일어난다는 점을 언급하셨어요. 이로 인해 촉발된 성찰 역시 모두 원가족에 대한 것이었습니다. 그러나 이는 또 다른 사회적 심리와 대비를 이룹니다. 바로 낯선 사람에 대한 공포심입니다.

저는 선생님이 말하는 '소라게 인격'에 대해 더 듣고 싶습니다. 이런 친밀한 관계에 대한 극도의 집착은 1990년대 이후에 나타난 현상이라고 볼 수 있습니다. 제 성장 과정에서는 아이들이 어른이 되기를 간절히 바라며, 부모를 떠나 독립하고 싶어 안달하는 것이 여전히 주류의 마음가짐이었습니다. 많은 청소년은 방랑을 꿈꾸며 언젠가 부모로부터 벗어나고 싶어했죠.

이 또한 역설입니다. 정보 교류가 늘어나면서 청소년의 방황은 우리 시절보다 많아졌고, 배낭여행을 떠나는 사람도 많아졌습니다. 그러나 그들은 생활 속에서 친밀한 관계에 대한 의존도가 높아진 듯합니다. 물질적·심리적 측면 모두에서 말이죠. 다만 이러한 의존은 낯선 사람에 대한 두려움과 모순되지 않을 수도 있습니다. 동시에 모순되는 점은, 의존하는 과정에서 오히려 극단적인 범죄가 많이 발생하고 더 깊은 두려움이 생겨난다는 것입니다.

따라서 그들은 주변의 친밀한 관계에 대해 비교적 깊은 두려움을 가지고 있으며, 낯선 사람에 대해서는 일반적으로 두려움보다 경계와 불신을 품는다고 볼 수 있습니다. 그리고 그가 신뢰하는 사람들이 오히려 그에게 상처를 주는 매우 중요한 원천이 됩니다. 와피 선생님, 선생님은 친밀한 관계에 대한 두려움과 의존, 낯선 이에 대한 경계와 거부를 어떻게 이해하고 있나요? 이게 제가 하고 싶은 두 번째 질문입니다.

낯선 사람에 대한 경계와 친밀한 관계에 대한 두려움

허와피 '벗어나다'에 대해 말하자면, 저는 그게 많은 친밀한 관계에서 발생한 살인 사건의 핵심 키워드가 되었다고 생각합니다. 단순히 한쪽이 다른 쪽에서 벗어나고 싶어하는 것뿐만 아니라, 벗어나려는 쪽이 범행을 저지를 수도 있다는 점입니다. 또한 한쪽이 벗어나고 싶어하지만 다른 쪽은 고집스레 놓아주지 않고, 자신이 버림받는 사람이 되는 것을 원치 않아 벗어나려는 쪽이 피해자가 되기도 합니다.

방금 샹뱌오 선생님께서 강조해서 언급하셨듯이, 사람들은 낯선이에 대해 경계심을 갖고 친밀한 관계에 대해 두려움을 느낄 수 있다는 점이 꽤 정확하다고 생각합니다. 제가 예전에 읽었던 법심리학 박사 논문을 공유하고 싶은데요, 거기 있던 한 가지 데이터에 몹시 놀랐습니다. 논문에 따르면, 미국에서는 2020년에 2만1000건의 살인이 발생했으며, 이 중 10퍼센트 미만이 전혀 모르는 사람에 의한 범행이었습니다. 즉 90퍼센트 이상이 아는 사람에 의한 범행이었으며, 여성 피해자들은 면식범에 의한 범행 비율이 더 높았습니다. 영국에서는 700건의 살인 사건 중 87퍼센트가 면식범에 의한 범행이었습니다. 반면 낯선 사람에 의한 범행은 길거리에서 무작위로 발생할 확률이 높습니다.

그 논문은 때로 우리가 외부 환경을 위험하다고 느끼지만, 오히려 친밀한 환경이 더 큰 위험을 초래한다고 요약할 수 있습니다. 이런 상황이라면 사람들에게 본능적인 감각을 만듭니다. 즉, 친밀한 관계는 얽힘糾纏이라는 것이죠. 이 관계는 좋을 수도 있고 따뜻함을 줄 수도 있지만, 무심코 큰 문제를 발생시킬 수도 있으며 통제 불가능한 것이 되어 결국 매우 위험한 결과를 초래할 수 있습니다.

돤즈펑 샹뱌오 선생님은 '벗어나다'와 '안전'을 함께 배치하셨는데, 둘은 긴장감을 지닌 관계입니다. 어느 정도는 벗어남이 안전을 구축하는 방법으로 여겨지는 듯합니다.

그 남자가 두 아이를 위층에서 던지려 했던 이유는, 아이들이 자기 미래 삶에 부담이 되지 않도록 하기 위함이었습니다. 그는 미래의 가족관계를 좀더 안전한 상태로 구축하려 했던 것입니다. 방금 와피 선생님이 언급한 친밀한 관계 속의 안정감은, 그 관계가 너무 가까워 다른 것이 끼어들 여지가 없기 때문에 오히려 장벽을 세워야 합니다.

와피 선생님은 살인 사건에서 지인에 의한 범행이 더 많다고 언급했습니다. 또한 살인은 일종의 관계를 가리키며, 그 관계 내부에 대한 두려움을 가리키고 있습니다.

우리는 친밀한 관계에서의 지나친 의존과 두려움에 대해 이야기했는데, 방금 샹뱌오 선생님께서 낯선 사람에 대한 거리감과 경계심을 언급하셨습니다. 이는 마치 양극화 상태가 된 듯합니다. 낯선 사람을 아주 먼 곳으로 밀어내고, 친밀한 관계를 아주 가까이 끌어당겨서 심지어 두려움이라는 감정이 생길 정도로 말이죠.

왜 이렇게 양극화된 상태가 형성되었을까요? 다른 지역도 마찬가지일까요? 이렇게 극단적인 상황에서 우리가 함께 지낼 수 있는 방법은 뭘까요? 두 분은 어떻게 보시나요?

낯섦화와 단절을 통한 문제 해결

허와피 '낯선 사람'이라는 주제에 대해 샹뱌오 선생님도 언급하셨듯이, 우리는 종종 우리 주변 사람들을 보지 못합니다. 네트워크화가 이토록 높은 현대사회에서, 우리는 멀리 떨어진 낯선 사람에게는 자신의 속마음을 털어놓기도 합니다. 비록 그의 성격이나 인품이 어떤지 전혀 모른다 하더라도 말이죠.

예전에 공동 임대를 조사하기 위해 직접 공동 임대주택에 들어간 적이 있습니다. 공동 임대는 모든 중상급 아파트 단지에서 몹시 혐오하는 현상입니다. 보통 거실 하나에 방 두 개 혹은 거실 하나에 방 세 개짜리 아파트를 방 7~8개, 심지어 10개 이상으로 쪼개서 여러 사람에게 나눠 임대하기 때문입니다. 이 세입자들은 주방을 공유하고, 화장실을 공유하고, 세탁기를 공유합니다…… 하지만 그들은 서로 알지도 못하고 교류하지도 않습니다. 아마 각자 자기 방에서 휴대폰을 껴안고 아주 먼 곳에 있는 누군가와 소통하고 있을 겁니다. 저는 이것이 인터넷이 가져온 세계적인 현상이라고 생각합니다. 중국에서만 나타나는 게 아니죠.

이것이 인간의 모종의 특성과 관련이 있는지 모르겠습니다. 온라인에서는 ID를 사용하거나 자신을 부분적으로 숨길 수 있습니다. 이는 스스로를 보호하는 방법이기도 합니다. 이렇게 하면 거절당하거나 여러 형태의 방해를 받을 때 느끼는 고통이 조금 덜해집니다. 예를 들어 저처럼 약간 가벼운 사회불안증을 가진 사람은 외출할 때 적극적으로 인사하지 않습니다. 상대방의 반응이 어떨지, 저를 무시할지 모르기 때문입니다. 하지만 온라인에서는 이런 자존심이 가상의 신분으로 보호받곤 합니다.

이것이 제가 샹뱌오 선생님께 하고 싶은 질문입니다. 이런 대비는 어디서 비롯된 것이라 생각하시나요? 유럽에서도 이런 현상을 감지하셨나요?

샹뱌오 맞습니다. 이것은 매우 주목할 만한 사안입니다. 인류 역사상 보편적인 경험으로 볼 때, 이는 매우 이례적인 현상이기 때문입니다.

공동 임대 아파트에서 함께 사는 사람들은 이론상 또래이고, 대체로 외로우며, 여러 이유로 서로 어울릴 수밖에 없는 상황에 놓여 있습니다. 그런데도 그들은 낯선 상태를 유지하며 거의 교류하지 않습니다. 만약 이에 대한 민족지적 조사가 이루어진다면, 우리는 그들이 어떻게 그런 비교류 상태를 만들어내는지 구체적으로 살펴볼 수 있을 것입니다. 왕래하지 않는다는 것은 사실 쉽지 않은 일입니다. 그렇게 지내려면 반드시 일련의 기술과 규칙이 형성되기 마련입니다. 이를테면 시간을 일부러 엇갈리게 쓰거나, 묻지 말아야 할 것들을 정하거나, 넘지 말아야 할 선을 세우는 식입니다. 또 하나 흥미로운 점은, 그들 사이에도 일종의 의례가 존재한다는 것입니다. 그러나 그것은 공동으로 축하하는 통합의 의례가 아니라 오히려 서로를 분리시키는 분열적 의례입니다. 가령 제가 문을 열고 들어올 때, 상대방은 저한테 너무 많은 질문을 해서는 안 된다는 암묵적인 규칙이 있습니다. 그렇다면 언제, 어떤 상황에서, 어떤 방식으로 질문할 수 있는가에 대해서도 일종의 절차가 생겨납니다. 이런 과정을 통해 관계를 가능한 한 최소한으로 낮추는 기술이 형성됩니다. 이것은 결코 자연스럽게 생겨나는 현상이 아니며, 거기에는 여러 의식적이거나 무의식적인 노력이 작동하고 있습니다.

그래서 '낯선 사람'이라는 말은 한편으로 우리가 아직 익숙하지 않은 사람을 뜻하지만, 다른 한편으로는 우리가 어떤 이를 낯선 사람으로 만들어가는 것을 의미하기도 합니다. 한 공동 임대 아파트에 사는 사람들은 하루 종일 마주치니 결코 낯선 관계가 아닙니다. 그들을 낯선 사람으로 만들어두려면 많은 정신적·감정적 에너지와 노력이 듭니다. 대체로 정서적·심리적인 자기 투쟁이 뒤따르죠. 이를테면 인사를 해야 할지 말아야 할지 망설이고, 다가갔다가 다시 물러나는 식의 심리적 갈등이 반복되는 것입니다. 이렇게 낯섦을 유지하기 위해서는 상당한 힘이 소모됩니다. 즉, 이런 낯섦은 하나의 '노동'으로서 유지되는 것입니다.

왜 그럴까요?

이것은 연구할 만한 과정이며, 독자들도 이와 관련된 경험이나 관찰이 있을 것입니다. 사회학에는 사회화라는 개념이 있는데, 이를 통해 한 아동이 어떻게 사회 구성원으로 성장하는가를 설명합니다. 그런데 지금은 '낯섦화'가 사회화의 한 가지 기술이 되어버렸습니다.

즈펑 선생님이 말한 벗어나다와 경계 사이의 관계로 돌아가보면, 현대인은 친밀한 관계에 전적으로 의존하고 낯선 사람은 아주 멀리 밀어냅니다. 심지어 곁에 있는 낯선 사람조차 감정적으로는 멀리 떨어뜨려놓습니다. 저는 이것이 '낯섦화'와 일치하는 점이 있다고 생각합니다. 그 일치점이란, 현대인의 전반적인 생활이 범주나 절차에 의해 짜인 상태로 이루어져 있다는 것입니다.

어떻게 말하는 게 쉬울까요?

그 남자가 두 아이를 아래로 떨어뜨린 것은 앞으로 새로운 삶의 '안정과 안전'을 보장하기 위해서였습니다. 하지만 여기서 질문이 파생됩니다. 왜 이런 극단적인 방식으로 '안전'을 얻으려 하는가? 상식적으로 볼 때 새로운 친밀한 관계에서 안전을 얻기 위해 가장 중요한 것은 사랑, 즉 서로 간의 신뢰입니다. 만약 새 여자친구가 그와 함께 두 아이를 돌보고, 그의 과거를 포함해 그를 온전히 받아들인다면, 그것이야말로 두 사람의 관계가 안전해질 수 있는 가장 중요한 기반일 것입니다. 그런데 그는 분명 두 아이의 아버지임에도 무슨 이유로 과거의 이력을 지우는 것이 미래의 안전 기반이 된다고 여긴 걸까요?

물론 이 사건은 비교적 극단적이며 매우 안타깝지만, 우리가 아는 덜 극단적인 유사한 사례도 많습니다. 어떤 친밀한 관계의 안정을 지키기 위해 건강 문제나 가족 관계의 일부를 숨기는 것은 흔한 일입니다. 왜 이렇게 할까요? 친밀함과 낯섦이 실제로 뒤얽혀 있기 때문입니다. 이렇게 행동하는 사람은 친밀한 특정 관계를 보호하고자 자신의 일부를 낯설게 만들어 자기 자신과 단절하는 것입니다. 이것은 다른 낯선 사람들을 대하는 방식과도 일정한 관련이 있습니다. 그들은 관계를 사람 자체에서 출발해 정의하지 않습니다. 만약 사람들이 친밀한 관계를 '너와 나'의 관계로 본다면 이렇게 생각하게 될 것입니다. 너는 너고, 복잡한 역사와 복잡한 관계, 매우 복잡한 심리와 감정을 지니고 있어서 예측할 수 없고…… 나 역시 그렇다라고 말이죠. 이때 나와 너는 친밀한 관계를 맺고 함께 탐색할 수도 있으며, 또 헤어질 수도 있습니다. 물론 너도 변하고, 나도 변하고, 사회도 변하고 있습니다.

하지만 전통 중국 사회에서는 마치 사람이 먼저 있는 것이 아니라,

친밀한 관계가 먼저 있고 나서 너와 나 이 두 사람을 결혼이라는 의례 속에 넣는 것 같습니다. 이 의례는 단순히 어떤 풍습이나 전통을 의미하기보다, 나와 너가 이 관계를 유지할 의무를 지닌다는 것을 뜻합니다. 이 관계를 유지하는 데 불리한 모든 사람과 사물은 필요에 따라 제거되어야 합니다.

아까 와피 선생님이 말했듯이, 단절의 또 다른 면은 바로 단절을 거부하는 것입니다. 어떤 관계를 끊어내면 자신이 더 이상 살아갈 수 없을 듯해 단절을 거부하는 것과, 과거의 경험과 관계를 없애야만 계속 살아갈 수 있을 듯 단절을 통해 문제를 해결하려는 것은 같은 논리입니다.

어떤 이들은 우선적으로 자신을 위해 사는 것이 아니라, 관계 속에서 자랍니다. 물론 우리 모두는 관계 속에 있지만, 관계를 위해 살아서는 안 됩니다. 관계를 위해 사는 사람은 관계를 끊을 수 없고, 이것을 지키기 위해 자신의 과거와 기억을 단절하거나 심지어 다른 사람을 해치기까지 합니다. 부모와 자녀 관계에서는 이것이 쉽게 이해됩니다. 부모와 자녀는 혈연관계가 이미 정해져 있어 완전히 단절하기가 어렵습니다. 이것은 '희생'이라는 말과 연결되기도 하는데, 부모는 주류적 상상에 들어맞는 가족과 부모-자녀 관계를 유지하기 위해 자신의 일부를 단절하며 억누르기도 합니다. 하지만 본래 평등해야 하는 친밀한 관계에서도 어떤 이들은 단절을 거부합니다. 그 이유는 단절하면 자신은 자신이 아니게 되고, 살아갈 수 없다고 느끼기 때문입니다. 관계에 대한 의존과 과거의 단절이 서로 얽혀 있는 것입니다.

여기에는 두 가지 상황이 있습니다. 하나는 소위 새로운 관계의 순도와 안정성을 보장하기 위해 반드시 과거를 단절해야 하는 경우이고, 다른 하나는 단절을 거부하는 경우입니다. 두 상황은 서로 얽혀 있습니다. 그래서 우리는 생활의 전체적인 조직 방식이 상당히 절차화된, 다양한 관계에 대한 이해를 바탕으로 규정된다는 것을 볼 수 있습니다.

물론 사람들은 일상생활에서의 친밀한 관계, 지인, 익숙한 낯선 사람, 완전히 낯선 사람 등으로 이루어진 일종의 스펙트럼을 구성합니다. 친밀함과 낯섦은 그리 명확히 구분되지도 않고, 완전히 구분될 수도 없습니다. 사람들은 다양한 관계 속에서 교류하며 점차 가까워지기도 하므로, 사실상 친밀과 낯섦의 경계는 비교적 모호합니다.

하지만 이것은 또 하나의 흥미로운 모순을 만들어냅니다. 사람들이 어떤 정의 혹은 결정을 내리거나 중요한 행동을 할 때, 구체적인 개인을 보기보다는 갑자기 매우 추상적인 개념을 앞세운다는 점입니다. 예를 들어 우리의 친밀한 관계는 응당 이래야 한다는 생각인데, 이때 '응당'은 지금 눈앞에 있는 사람의 실제 상황에 부합하는지를 부차적인 것으로 취급합니다. 때로는 상대방을 낯설게 만들어야만 관계의 순수성을 더 잘 보장할 수 있는데, 상대를 잘 알지 못하므로 관계의 추상적 정의로 그를 요구하기가 더 쉬워지는 것입니다.

그래서 우리가 다음에 논의할 문제는 다시 낯섦화와 낯선 사람으로 돌아갈 것 같습니다.

낯선 사람에 대한 경계는 사실 특정한 개인에 대한 것이라기보다 관계 전반에 대한 것입니다. 낯섦을 유지하는 것 또한 하나의 목적이 되었습니다. 어떤 사람들은 이런 관계를 유지해야 한다고 생각하죠. 결국 이 모든 것이 하나의 결과를 낳습니다. 우리가 사람을 보는 능력이 점점 약화되고 있다는 것 말이죠. 와피 선생님이 말했듯이, 주변 사람들을 무심코 지나치지만, 먼 곳에 있는 많은 것에는 깊이 몰입합니다. 왜냐하면 우리는 상상 속의 관계로 먼 곳의 일들을 정의할 수 있기 때문이죠. 그러나 주변 사람들, 바로 앞에 서 있는 사람처럼 생생할수록 때로는 불안과 두려움을 느낍니다. 우리는 이 구체적인 사람이 어떻게 생각하고 행동할지 알지 못하며, 이는 그가 세상에 대해 품은 상상을 방해할 가능성이 큽니다.

그래서 다른 사람을 사람으로 보지 않는다는 것은, 일정한 의미에서 자신을 사람으로 보지 않는다는 것과도 연결됩니다. 여기서 말하는 것은 도덕적 의미에서 다른 사람을 사람으로 보지 않는다는 것이 아니라, 일종의 인식 방식, 즉 인식 능력을 의미합니다.

소라게 인격, 겉으로는 '네가 나를 필요로 해', 사실은 '내가 너를 필요로 해'

허와피 샹뱌오 선생님의 두 번째 질문, 즉 '소라게 인격'에 대해 답해보겠습니다.

많은 사건에서 일부 사람은 우울, 낙담, 조증 등 심리적 문제를 보이거나 심지어 자살 행동까지 합니다. 사람들은 흔히 이것을 그 개인의 문제로 봅니다. 하지만 제가 읽은 책 『사악한 인간성邪惡的人性』

에서는 심리상담사가 환자를 상담할 때, 이들 주변에 종종 그들을 '병들게 하는' 사람이 있다는 사실을 발견했다고 합니다. 그 사람은 일상생활에서 자신의 가치와 헌신을 과도하게 부각하고, 상대를 깎아내리거나 조종하곤 합니다. 흔히 입에 올리는 말은 "나 없이 넌 아무것도 아니야" "나는 너를 위해서 이 관계를 유지하는 거야"와 같은 표현입니다. 이런 관계는 부모와 자녀 사이일 수도 있고, 부부 사이일 수도 있습니다. 장기간 이 같은 정신적 학대에 놓이면 억압받는 사람은 점점 더 침체되고, 결국 정신적 문제를 겪습니다.

왜 소라게 인격이라고 부르냐면, 소라게는 단단해 보이는 집게발을 가지고 있어 위엄 있는 것 같지만, 하반신은 매우 연약하고 복부 전체가 쉽게 다칠 수 있기 때문입니다. 본래 스스로 연약하고 겉만 강한 존재이기에 자신을 보호할 껍질을 찾아야만 합니다.

소라게 인격을 가진 사람에게 이 껍데기는 친밀한 관계입니다. 그는 '소라' 하나가 필요합니다. 만약 이 '소라' 껍데기에 빈틈이 있다면, 그는 그 안으로 들어갑니다. 빈틈이 없다면 그는 '소라'의 독립적인 의지와 정신을 교살합니다. 교살한 뒤 이 껍데기를 차지해 자신의 갑옷으로 삼고, 그로부터 안전감을 얻습니다. 그래서 소라게 인격을 가진 사람이 반드시 뛰어난 것은 아닐지라도, 두 사람이 결합한 후 그는 온갖 말솜씨와 정신적 조종 등을 통해 이 '소라'가 자신은 부족한 사람이어서 그에게 어울리지 않는다고 느끼게 만듭니다. 날마다 쌓이는 압박 속에서 '소라'는 점점 그에게 의존하게 됩니다. 집게발이 더 나은 껍데기를 찾아 떠나야 할 때가 되어서야, 원래의 '소라'는 자신의 정신이 이미 텅 비어 있고 개인적인 의지가 사라졌음을 깨닫습니다.

따라서 친밀한 관계 속에서 소라게와 그의 소라는 공생관계를 이루고 있습니다.

예를 들어 어떤 아이가 의지 소진, 학교 중퇴를 원하거나 게임에 빠지는 등 정신적 문제를 보인다면, 그 옆에는 부모가 있을 수 있다는 점을 떠올려야 합니다. 이 부모는 일부러 아이가 이런 상태가 되도록 만든 것은 아니지만, 잠재의식 속에서 아이가 자라 독립해 자신에게서 떠나는 것을 원치 않습니다. 그래서 오랜 세월에 걸쳐 정신적으로 억압하는 방식으로 아이라는 껍데기를 소유하며, 자신과 영구적으로 묶어두려는 것입니다.

소라게 관계는 사람과 사람 사이에서 발생하며, 겉보기에는 "네가 나를 필요로 해" 같지만, 실제로는 "내가 너를 필요로 해"일 가능성이 큽니다.

경비 집단: 전형적인 '익숙한 낯선 사람'

샹뱌오 와피 선생님, 저도 선생님이 경비 집단에 대해 연구한 글을 읽었습니다. 이 연구가 정말 가치 있다고 생각합니다. 선생님은 하나의 역설을 제시했죠. 중국, 특히 대도시에서는 범죄율이 매우 낮은데, 도처에 경비원들이 있다는 점입니다. 이 역설을 어떻게 이해할 수 있을까요? 이것이 첫 번째 질문입니다.

다른 질문도 매우 흥미롭습니다. 경비라는 집단은 전형적인 '익숙한 낯선 사람'입니다. 우리는 매일 그들과 마주치고, 그들이 어떻게 생겼는지는 잘 알지만, 그들은 우리에게 여전히 낯선 사람입니다. 그들의 이름이 뭔지, 무슨 생각을 하는지 주민들은 전혀 알지 못합니다. 이런 상황은 어떻게 형성된 것일까요? 선생님은 어떻게 보시나요?

한 가지 더 깊은 질문이 있습니다. 아파트 단지의 주민들도 경비원의 근무 환경이 열악하고, 사회적 배경이 복잡하며, 이동성이 크다는 것을 알고 있습니다. 그들은 주민들이 크게 신뢰하지도, 잘 알고 싶어하지도, 친밀한 관계를 맺고 싶어하지도 않는 사람들이지만, 그럼에도 주민들은 그들이 자신의 안전을 보장해주길 기대합니다. 왜 이런 상황이 발생하는 걸까요?

저는 이렇게 낯선 사람들에게 의존해 자신의 안전을 확보하면서도, 그 낯선 관계를 진정 친밀한 관계로 만들기를 거부하는 것이 우리 사회 구조를 이해하는 좋은 출발점이 될 수 있다고 생각합니다.

먼저 이 세 가지 질문을 드립니다.

위험은 '오염'에 대한 두려움

허와피 경비는 중국이 21세기 초 상품주택 시대로 접어든 후에 등장했습니다. 이전에는 친척이나 가족이 함께 살거나, 한 마을 한 생산대가 함께 살며 모두 서로를 잘 알았죠. 또 가령 단웨이單位의 공동주택에서는 간부와 부하 직원이 함께 살았고, 경비원도 같은 단웨이의 직원이었습니다. 상품주택이 생기면서 서로 다른 사람들이 경제적 소득에 따라 공간상 분류되기 시작했습니다.

상뱌오 선생님도 쓰셨듯이, 중국의 중산층은 매우 다양합니다. 외국의 일부 중산층이 공통점을 지니는 것과 달리, 중국의 중산층은 대체로 소득 수준에 따라 분류되기에 교육 수준과 직업 유형이 매우 다양합니다. 공통점은 자신만의 부동산, 주로 상품주택을 보유하고 있다는 것입니다. 1990년대 후반 주택이 상품화된 후 모든 아파트 단지에 상품화된 경비원이 등장한 것은 아니었습니다. 주택 가격이 같은 소득 수준의 사람들을 하나의 공간으로 분류하면서, 고급 아파트 단지의 주민들은 경비원이 거주 공간 사람들의 안전을 지켜주고, 외부인이 들어와 자신들의 신체와 재산에 피해를 입히는 것을 막길 바라게 되었습니다.

점차 시간이 흐르면서 거의 모든 아파트 단지에 경비원이 생겼습니다. 아주 낡은 단지에조차 경비원이 있었는데, 다만 나이 든 경비원이란 점이 달랐습니다. 이때 경비원의 역할은 이전의 범죄 예방에서 주택 가격을 유지하는 쪽으로 바뀌었습니다. 이 경비원들의 일상 업무는 아파트 단지 내 공용 시설, 예컨대 잔디밭이나 운동 시설이 외부인에 의해 사용되지 않도록 하고, 주차장이 외부 차량에 점유되지 않게 하며, 공동 임대나 자격 없는 사람, 초대받지 않은 사람이 들어오는 것을 막는 일입니다. 이는 사실상 단지 내 계층의 동질성을 유지하고, 주택 가격을 유지하는 역할을 하는 셈입니다.

경비원의 상황도 일정한 변화를 겪었습니다. 상하이를 예로 들면, 과거에는 주로 현지 중·노년이 주를 이루었다면, 몇 년 전부터 점점 더 많은 민간 경비 회사가 아파트 단지의 경비 업무를 맡게 되었습니다. 이 회사들은 비용을 줄이기 위해 대부분 외지에서 온 농민공을 고용했습니다. 따라서 주민들에게는 기존의 친숙한 사회적 메커니즘이 무너진 셈입니다. 예전의 상하이 현지 출신 경비원들은 급여가 낮았지만 근처에 자기 집이 있고, 어떤 의미에서는 주민들에게 '자기 사람'이나 다름없었습니다. 하지만 지금의 경비원들은 완전히 낯선 사람들이면서도, 주민과 밀접하게 관련된 매우 중요한 경비 역할을 맡게 된 것입니다.

영국의 인류학자 메리 더글러스는 오염이 종종 위험으로 여겨진다고 말한 바 있습니다.[2] 공동 임대의 위험성은 사실 원래 여기에 속하지 않는 사람들이 이미 경계를 넘어 자신의 영역으로 들어왔다는 것을 인식하게 됨을 의미합니다. 가령 공동 임대인들은 아파트 단지 주민과 같은 소득 계층에 속하지 않습니다. 단지 내 거주 자격이 있는 사람들은 고급 주택을 사거나 비싼 임대료를 지불할 수 있는, 일정한 경제적 수준을 보입니다. 반면 공동 임대인들은 아주 적은 임대료만 내면 들어올 수 있습니다. 이는 사실상 단지 내 계층의 동질성을 훼손하는 일종의 '오염'인 셈입니다.

경비원은 매우 흥미로운 집단입니다. 그들은 주민들에게 '초대'받

2 더글러스의 『청결과 위험*Purity and Danger*』(Routledge, 1966)은 다양한 사회문화 체계에서 '깨끗함'과 '더러움'의 구분이 사회질서를 상상하고 구성하는 데 중요한 역할을 한다고 지적한다. 더러움이란 사회적 규범과 질서에 대한 위반을 의미하며, 위험은 그러한 더러움이 넘어서서는 안 될 경계를 침범하는 것을 뜻한다. 금기, 의례, 선을 넘는 행위에 대한 처벌, 오염 방지 등은 모두 기존 질서를 확립하고 사회 규범을 유지하기 위한 수단이다.

아 단지를 지키러 왔지만, 사실상 단지 안으로 완전히 들어온 것은 아니며, 이 단지에 속하지도 않습니다. 그들은 경계선에 서 있는 것으로 간주됩니다.

더글러스는 위험에는 두 가지가 있다고 말합니다. 하나는 이미 침투한 위험이고, 다른 하나는 경계에 머무는 위험입니다. 주민들의 마음속에서는 경비원을 완전히 신뢰하지 않습니다. "비록 너를 초대해서 이런 역할을 맡겼고, 나는 네게 이런 기능을 빌려주고, 너가 나를 대신해 이 공간을 관리하게 하지만, 너를 우리 일부로 받아들이지는 않아"라는 생각이죠. 그래서 경비원의 위치는 특히 난처합니다. 물리적으로 아주 가까이 있지만, 경제적으로는 격리되고 경계해야 할 계층에 속합니다. 그들은 노숙인이나 폐지 줍는 사람, 혹은 노점상 등을 막지만…… 사실 경비원과 경비원이 막는 이들은 대체로 같은 계층에 속합니다. 저는 경비원의 상태가 빅터 터너가 말한 임계와 비슷하다고 생각합니다.[3] 한 상태에서 다른 상태로 넘어가는 중간 상태인 것이죠. 경비원은 제복을 입고 일시적으로 관리자 역할을 하지만 본질은 변하지 않습니다. 제복을 벗으면 여전히 주민이 우려하는 계층에 속합니다. 이 때문에 경비원은 종종 의심을 받는데, 제가 조사한 아파트 단지에서도 전기자전거가 도난당하는 등의 사건이 발생하면, 일부 주민은 경비원이 범인일지도 모른다고 의심

3 임계라는 개념은 상징인류학자 빅터 터너가 처음 제안했다. 그는 임계 단계를 고정된 상태가 아니라 모호하고 불확정적인 시공간, 즉 하나의 과정으로 봤다. 임계 시기에는 의례를 치르는 참여자가 신성한 의례적 시공간으로 들어가며, 이들은 세속적 사회생활에서 존재하던 모든 구분과 분류가 사라지는 중간적 상태에 놓인다.

하기 일쑤입니다.

돤즈펑 우리는 아주 가까이 있는 사람을 낯선 이로 여길 때가 있습니다. 이게 일반적인 현상인지는 잘 모르겠습니다. 적어도 제 생활 경험에서는 비슷한 느낌이 있습니다. 주변 사람을 안전한 위치에 두는 것은 어려운 일인데, 그 사람은 분명 복잡하고, 우리에게 미치는 영향을 예측할 수 없기 때문입니다. 그래서 우리는 종종 가까이 있는 사람을 낯선 이로 만들곤 하는데, 이것이 우리를 안전하게 만드는 한 방법이 됩니다. 동시에 이건 직관에 반하는 일처럼 느껴지기도 합니다. 안전해지려면 우리는 그들을 적극적으로 알고, 이해해야 하지 않나요? 그런데 우리는 그렇게 하지 않습니다. 사회적 관계에서 왜 이런 일이 일어나는 걸까요?

샹뱌오 맞아요, 정말 흥미로운 질문입니다. '안전'이라는 단어를 들으면, 우리는 먼저 국가의 보안 부서를 떠올릴 수 있습니다. 그들의 '안전'은 대규모 조사를 통해 정보를 확보하는 데 기반하며, 더 많은 정보를 가질수록 더 안전해집니다.

외부인으로서 전통적인 커뮤니티나 마을에 들어가면 반복적으로 조사를 받습니다. 우리가 과거 현장조사를 할 때도 이런 상황을 자주 겪었습니다. 보안 부서와 주민들이 생각하는 안전은 모두 정보, 예측, 대비, 상호작용을 기반으로 합니다.

돤즈펑 선생님이 방금 말한 이런 단절적·경계적 안전은 비교적 새로운 개념으로, 그 논리 중 하나는 "나는 너를 알고 싶지 않고, 너도 나를 알지 마라"입니다. 저는 이를 세 가지 관점에서 이해할 수 있다고 생각합니다.

첫째, 우리는 자신을 열어두는 것을 매우 위험하다고 여깁니다. 다른 사람에게 질문하면, 그 사람도 선생님에게 질문할 수 있습니다. 출발점은 스스로를 취약하다고 인식하는 것이며, 전체 환경이 안전하지 않다고 느낄 때 닫혀 있을수록 더 안전하다고 여깁니다. 이는 보안 부서나 마을 주민들의 논리와는 완전히 다릅니다. 보안 부서나 마을 주민들은 자신이 이 사회를 통제할 수 있다고 생각합니다.

둘째, 우리의 안전감은 경계를 긋고, 다른 사람이 들어오지 못하게 함으로써 유지됩니다.

셋째, 사실 앞의 두 가지와 겹칩니다. 낯선 사람과 공간상 매우 밀접하게 거주하게 되면, 우리는 부득이 안전의 예측 불가능성을 최소화할 수밖에 없습니다. 이런 상황에서는 낯선 사람과 말하지 않는 것만으로도 당황하거나 놀라는 상황을 피할 수 있습니다. 예측 불가능성은 여전히 존재하지만, 교류나 접점이 전혀 없다면 무시하고 신경 쓰지 않을 수 있습니다. 하지만 일단 낯선 사람과 교류를 시작하면, 크든 작든 예측 불가능성이 즉각 나타납니다.

현대인들은 신체와 재산의 기본적인 안전을 보장하기 위해 구체적인 전략을 다양하게 사용합니다. 비밀번호나 물리적·비물리적 잠금장치가 그 예입니다. 이는 우리가 논의하는 이른바 통제사회와도 관련 있는데, 기존에 푸코가 말한 규율사회와는 다릅니다. 규율사회는 사람들의 영혼 깊숙이 변화를 일으키는 것인 반면, 통제사회는 다양한 방범 장치와 자물쇠에 의존합니다.[4] 공동 임대자들이 사는 아파트에서 각 방의 자물쇠가 어떻게 처리되는지도 흥미로운 점입니다.

다시 와피 선생님이 말한 고급 아파트 단지로 돌아가면, 이런 단지는 본래 고귀하고 우월하다는 취약성을 가지고 있습니다. 주민들은 그곳에 거주할 수 있다는 사실 자체를 자랑스럽게 여기는 동시에 자신들의 취약성도 함께 자랑합니다. 높은 곳은 추위에 약하고, 외부 사람들이 내부를 노리고 있기 때문에 그 안은 더욱 보호가 필요합니다.

외부와의 단절은 안전을 추구하는 하나의 수단입니다. 그러나 이런 관점에서 보면, 안전 문제는 언제나 존재하며, 단절을 시도할수록 경계 침범과 오염의 위험은 더 커집니다. 따라서 이것은 근본적으로 해결될 수 없는 문제입니다.

와피 선생님이 방금 말한 안전과 오염의 관계로 확장해보면, 가령 일반적인 인식에서 성중촌城中村[5]은 지저분하고 혼잡하며 안전하지 않은 곳으로 여겨집니다. 하지만 실제로 그곳에서 살아보면, 사람들은 기본적으로 안전에 대한 걱정을 하지 않습니다. 그들에게 안전과 지저분함, 혼잡함은 별개의 문제입니다. 제가 예전에 베이징 '저장촌浙江村'을 조사했을 때 그곳 환경은 실제로 지저분하고 혼잡했으며, 일정 기간 범죄 발생률도 상당히 높았습니다. 하지만 거기서 생활하는 사람들은 자신이 위험에 처해 있다고 느끼지 않았습니다.

반면 고급 아파트 단지에서 나타나는 지저분하고 혼잡한 징후, 예

4 통제사회에 관해서는 다음을 참조하라. Gilles Deleuze, "Postscript on the Societies of Control", *October* 59(Winter, 1992): 3-7.

5 도시에 형성된, 국내 이주노동자(농민공)의 밀집 거주 지역을 말한다.—옮긴이

를 들어 공동 임대의 발생은 안전 문제로 직결됩니다. 흥미로운 점은, 그들의 내부 안전감이 매우 취약한 형태적 동질성과 내적 유사성을 통해 유지된다는 것입니다. 이 동질성이 조금이라도 깨지면 그들은 곧장 큰 불안을 느낍니다.

와피 선생님이 경비원의 역할 변화에 대해 말했을 때 저는 세 집단을 비교적 '익숙한 낯선 사람'이라고 부를 수 있을 것 같다고 생각했습니다.

첫 번째 유형은 예를 들어 가사도우미나 간병인입니다. 이들은 거의 매일 고용주를 만납니다. 대부분의 고용주에게 이들은 여전히 비교적 낯선 사람이며, 신뢰도도 제한적이지만, 위험하다고 느끼지는 않습니다. 고용주는 이들의 업무 성격과 이들이 속한 집단의 가치를 기본적으로 동일하게 평가하며, 이들의 일이 중요하다고 여기고, 최소한의 존중을 받을 만하다고 생각합니다. 즉, 이들의 업무와 집단 자체를 인정합니다.

두 번째 유형은, 다소 극단적이지만, 가령 인도에서는 동물 사체를 다루는 사람, 특히 소를 도살하는 일을 하는 사람은 카스트 밖, 즉 '불가촉천민'으로 정의하며 매우 더럽다고 여깁니다. 하지만 그들이 환경을 보호하고 동물 사체를 처리하는 행동은 사실 주변 사람들의 생명을 지키는 역할을 합니다. 즉, 그들의 업무상의 성격과 인격에 대한 사회적 정의는 정반대입니다. 그들의 일은 사회적으로 필수이지만, 그들은 사회에서 배제됩니다. 업무는 인정받지만, 사람 자체는 부정됩니다.

세 번째 유형은 경비원입니다. 그들은 분명 낯선 사람들이지만, 어느 정도 중간 위치에 있으며, 두 번째 유형 쪽에 약간 치우쳐 있습니다. 그들의 업무는 가치 있는 것으로 인정되지만, 집단으로서의 존재 가치는 부정되는 경향이 있으며, 특히 그들 스스로가 자기 부정을 하곤 합니다. 그들의 업무는 내부 주민과 외부 낯선 사람의 관계를 차단해 내부의 안전—사실상 안전감이라고 표현하는 것이 더 적절할 수 있습니다—을 확보하는 것입니다. 안전감은 일종의 질서이며, 실제 위협이 존재하는지와는 직접적인 관련이 없습니다. 경비원이 보호해야 하는 것은 내부의 '순수성'입니다. 모두가 주목했듯이, 팬데믹 기간에 경비원과 택배원, 배달원 같은 사회 계층 출신 사람들 사이에서 자주 다툼이 발생하고, 심지어 상호 증오까지 생겨나기도 했습니다. 경비원의 업무는 어떤 의미에서 자신을 경계하는 것이기도 합니다. 와피 선생님이 말했듯이, 그들은 다른 사람을 보호해야 하지만, 동시에 다른 사람들에게 안전 위협으로 여겨지기도 합니다. 경비원은 적어도 업무상의 의미에서 자기 부정의 경험을 일반적으로 겪는다고 볼 수 있습니다. 앞서 말한 낯섦화와 관련해, 사실 자기 자신에 대한 낯섦화는 훨씬 더 일반적인 현상이며, 강한 부정적인 심리적 결과를 초래할 수도 있습니다. 와피 선생님, 선생님의 연구에서도 경비원의 직업적 명망이 가장 낮게 여겨진다고 언급했죠. 저는 문득 문화적 의미에서 '최하'가 있듯이, 그들의 업무 내용과 사회적 성격 때문에 심리적 의미에서도 '최하'로 여겨진다는 점이 떠올랐습니다. 그들은 직업적 자부심이 부족하고 생활의 안정감도 결여되어 있어, 그 결과로 최하화되는 것입니다.

저는 와피 선생님이 경비원이라는 직업에 대해 더 많은 연구 내용을 공유해주셨으면 합니다.

경비원의 자존감은 매우 낮다

허와피 저는 경비원이 도시 서비스업 가운데 아마 가장 낮은 지위에 속하는 직업 중 하나일 거라 생각하고, 그들 스스로도 그렇게 여깁니다. 제가 연구 과정에서 그들을 인터뷰했을 때, 그들은 매우 놀라워하며 "왜 우리를 인터뷰하러 오셨나요?"라고 되물었습니다. 어떤 경비 반장은 퇴직 후 제게 메시지를 보내 이 사람들을 연구하는 것은 시간 낭비라고 말하기도 했습니다. 제가 쓴 한 청년의 이야기가 있습니다. 그는 20대 초반으로 학력은 고졸이며, 상하이에서 여러 해 동안 경비원으로 일했습니다. 하지만 그는 부모에게 항상 자신이 부동산 회사 중개인으로 일한다고 속였습니다. 사실 그의 집은 고향에서 중산층에 속했고, 가족은 생수 배달 사업을 운영하고 있었습니다. 그가 경비원이라고 말하지 못한 이유는, 이것이 아버지를 부끄럽게 하고, 친척들 앞에서 체면을 세우지 못하게 할 거라고 생각했기 때문입니다.

또 한 명의 사례로 한 부동산 관리 회사의 상하이 출신 하급 직원이 있습니다. 그는 저녁에 경비원들과 함께 식사를 했는데, 경비원 중 한 명이 이 사람에게 아들이 무슨 일을 하는지, 혹시 경비원인지 물었습니다. 사실 이것은 다 아는 농담이지만, 그 직원은 모욕감을 느꼈습니다. 그는 만약 아들이 경비원이라면 때려죽였을 거라며, 아들이 백수가 될지언정 경비원이 되게 하지는 않겠다고 말했습니다. 당시 현장에 있던 다른 경비원들은 다소 난처해 보였습니다.

왜 경비원의 사회적 지위가 이렇게 낮을까요? 표면적 이유는 수입이 적고 진입 장벽이 낮기 때문입니다. 중국경비협회가 발표한 자료에 따르면, 2022년 기준 국내 경비 서비스 업계 종사자 수는 645만 명에 달합니다. 실제 인원은 이보다 더 많을 텐데, 등록되지 않은 경비원들이 다수 있기 때문입니다. 인력이 부족하다보니 경비 회사들은 채용 문턱을 매우 낮게 설정합니다. 제가 조사한 아파트 단지에서도 어떤 경비원은 단지 입구를 지나다가 당직 경비원에게 인력 모집 여부를 물었고, 그날 바로 반장에게 채용되었습니다. 실제로는 신원, 학력, 지식, 기술이 거의 고려되지 않으며, 키와 나이만 평가 자료가 되기도 합니다.

더 깊은 이유로는, 앞서 샹뱌오 선생님이 말씀하셨듯이, 경비원의 업무 자체가 그들에게 자기 부정적인 의식을 갖게 만들기 때문입니다. 또한 경비원과 가사노동자의 뚜렷한 차이점 중 하나는 성별입니다. 가사노동자는 주민에게 '초대'받아 집 안의 매우 사적인 환경에서 노인, 아이 등 취약 계층을 돌보는 낯선 사람입니다. 돌봄을 받는 이들은 일반적으로 반격 능력이 약하고, 표현 능력조차 부족할 수 있습니다. 가족에게 안전감을 주기 위해 대부분의 가사노동자로는 중년 여성을 고용하지, 건강하고 낯선 남성이 아닙니다.

경비 서비스는 남성이 우선 종사하는 드문 서비스업 중 하나입니다. 대부분 외지 출신 농민공이 상하이에 일자리를 찾으러 오면, 건설노동자나 배달원처럼 사람과 직접 대면할 필요가 적은 직업을 선택하곤 합니다. 반대로 사람과 많이 접촉해야 하는 직업, 예를 들어 서비스직, 마사지사 등은 여성 채용을 선호합니다. 남성, 특히 중장년 남성이 상하이에 오면 서비스업에서 구할 수 있는 일자리는 거의 경비원밖에 없습니다. 이러한 40~50대 중장년 남성들은 고향 시골에서는 가정의 가장으로서 전통적인 관습 속에서 존중받는 지위에 있지만 상하이에서 경비원이 되면 단지 안의 누구라도 그를 부릴 수 있습니다. 그의 상사는 경비 회사이고, 경비 회사 위에는 부동산 관리 회사가 있으며, 부동산 관리 회사 위에는 주민들이 있습니다. 주민들은 어른이든 아이든 경비원을 부릴 수 있습니다.

도시 아파트 단지 구조에서 경비원의 지위는 최하층이며, 그는 자신의 이른바 '남성 존엄'이 훼손된다고 쉽게 느낍니다. 많은 경비원이 인터뷰에서 가장 싫어하는 일은 주민과 교류하는 것이라고 말했습니다. 그들은 단지 안의 건축 쓰레기를 옮기거나 연못을 청소하는 일은 기꺼이 하지만…… 자신을 차별하는 주민과는 교류하고 싶어하지 않습니다.

그들은 종종 갈등의 최전선에 놓입니다. 단지 내 주차 문제는 보통 경비원이 해결하지만, 주민들은 경비원이 자신의 차를 막거나 지시할 권한이 없다고 여기기에 곧 갈등이 생겨납니다. 한편 경비원은 다른 외부인, 예를 들어 택배원이나 배달원 등을 막아야 합니다. 경비원은 이들과 비교해 특별한 권한이 있는 것도 아니고, 상대방도 그가 단지 제복을 입었을 뿐 본질적으로 자신과 같은 사람임을 알고 있습니다. 따라서 경비원과 주민, 경비원과 배달원 사이의 갈등은 뉴스에서도 흔히 볼 수 있습니다.

위험이나 공포에 대해 말하자면, 인간은 알 수 없는 것에 대해 두려움을 느낍니다. 사람들이 가장 두려워하는 것은 죽음과 '귀신'입니다. 이 두 가지에 대해 우리는 가장 적게 알고 있기 때문입니다. 우리가 두려워하는 대상은 종종 다른 문화나 다른 사회 계층에 속한 사람들인데, 그들을 충분히 알지 못하기 때문입니다.

저는 가끔 주민들이 왜 경비원과 대화하지 않는가에 대해 생각해 봅니다. 한 가지 이유는 기술과 인터넷의 발전으로 우리의 의사소통 능력이 점점 퇴화해 예전만큼 좋지 않기 때문일 수 있습니다. 또 다른 이유는, 기술의 발전으로 더 이상 거리의 제약을 받지 않고도 인간관계에서 만족을 얻을 수 있기 때문입니다. 예전에는 먼 곳의 사람들을 만나기 어려운 탓에 매일 보는 이웃과만 친구가 될 수 있었습니다. 하지만 이제는 인터넷 덕분에 먼 곳의 사람들과도 친구가 될 수 있고, 실제로 만나거나 잘 알지 못해도 감정적 친밀감에서 오는 만족을 느낄 수 있습니다.

또한 많은 사람이 이러한 서비스업 종사자와 교류하지 않으려는 이유는, 이들과 장기적인 관계를 형성하는 데 에너지를 쓰고 싶지 않기 때문일 수 있습니다. 경비원, 청소부, 혹은 공동 임대인들은 매우 불안정하고 변동이 크지요. 한편 많은 사람은 소통은 평등한 관계에서 이루어져야 한다고 생각은 하나, 실제로 자신과 경비원이 평등한 위치에 있다고 여기지 않으며, 경비원을 경시하는 마음을 가지고 있습니다. 샹뱌오 선생님이 말씀하셨듯이 사람들은 소통할 때 동시에 자기 마음을 열어야 하는데, 이들은 경비원 같은 집단에게는 마음을 열고 싶어하지 않습니다.

된즈펑 저는 이전에 일상생활과 관련된 서비스를 제공하는 사람들, 이를테면 가사노동자나 간병인처럼 다소 힘든 일을 하는 이들은 어느 정도 자신의 직업적 가치를 인식하고 있다고 생각했습니다. 비록 임금은 매우 낮더라도요. 그런데 와피 선생님 말을 듣고 보니, 경비원은 스스로의 가치를 매우 낮게 여기며, 심지어 자신의 자녀가 이 일을 한다고 상상만 해도 화나고 불안해한다는 점이 좀 놀라웠습니다. 또한 배달원, 경비원 같은 직업에는 실제로 남성 종사자가 다수인데, 한편으로는 육체적으로 힘든 일이 많기 때문에, 다른 한편으로는 안전상의 이유로 남성이 더 적합하다고 여겨지는 것 같습니다.

와피 선생님이 아까 말했듯이 사람들이 죽음이나 '귀신'을 두려워하는 이유는 그것을 알 수 없기 때문입니다. 여기서 두 단어, 두려움恐懼과 무서움害怕을 구분하고 싶습니다.

무서움은 구체적인 대상이 있습니다. 예를 들어 저는 뱀이 무섭고, 호랑이가 무섭습니다. 하지만 두려움은 종종 특정한 대상이 없어 저는 무엇을 두려워한다고 말하기 어렵습니다. 이는 손으로 잡을 수 없는 것, 일종의 느낌이나 정서입니다.

아까 샹뱌오 선생님도 언급하셨듯이, 총체적인 불안감은 하나의 느낌입니다. 이것이 상상력과도 관련이 있을까요? 제가 예전에 상하이의 한 청년 전용 아파트에 살 때 이웃들은 자주 바뀌었습니다. 짧게는 2~3일, 길게는 서너 달 정도 머물렀기에 교류하기가 어려웠습니다. 저도 점점 교류를 포기하게 되었는데, 그때는 늘 바쁘고 피곤하기도 했고, 그 사람들을 내 삶의 잠시 스쳐가는 길손처럼 여기기도 했습니다. 이런 상황에서 제 상상력도 영향을 받았고, 주변 사람들에 대한 상상에도 영향을 미쳤습니다. 그렇다면 상상력과 두려움 사이에도 어떤 관계가 있을까요?

우리는 계속 두려움에 대해 이야기하고 있는데, 지금까지의 관점은 중산층이나 도시 주민의 시각이었던 것 같습니다. 와피 선생님, 혹시 경비원 같은 집단이 느끼는 두려움에 대해 알아본 적이 있나요? 만약 우리가 서로 다른 사람들의 두려움을 주제로 논의를 확장한다면, 또 다른 방향들로 이야기할 수 있지 않을까요?

두려움은 일종의 멤버십이 되었다

허와피 두려움은 보통 일종의 스트레스성 생리 반응으로 여겨집니다. 예를 들어 제가 뱀을 봤을 때 순간적으로 죽음을 떠올릴 수도 있고, 심장이 빨리 뛰거나 땀이 나는 등의 반응이 나타날 수 있죠. 사실 이것은 인간의 자기 보호 메커니즘입니다.

하지만 우리가 말하는 두려움은 대체로 좀더 포괄적인 의미로 쓰입니다. 대략 "선생님은 무엇을 걱정하나요?" "무엇이 무섭나요?"라고 번역할 수 있죠. 경비원 관련 조사를 할 때 저는 처음에는 주로 중산층 주민들을 인터뷰했습니다. 그들과 두려움에 대해 이야기하면 아주 오래 할 수 있었어요. 아이 유괴나 빈집털이 같은 범죄부터 식품 안전 문제, 공기 오염에 대한 두려움까지, 안전에 대한 그들의 불안은 매우 다양했습니다.

경비원은 범죄를 예방하는 첫 번째 방어선이기 때문에 저는 자연스럽게 그들에게도 물어봤습니다. "안전에 대한 어떤 걱정이 있나요?" "범죄가 두렵지는 않나요?" 이 질문을 들은 그들은 제가 왜 그런 걸 묻는지 잘 이해하지 못하는 듯했습니다. 그들은 상하이가 아주 안전하고, 자신들이 일하는 단지도 안전해서 두려운 일은 별로 없다고 느꼈습니다. 하지만 제가 한발 더 들어가 '두렵다'는 말을 '걱정한다擔憂'로 바꾸자 그들은 조금씩 마음을 열기 시작했습니다. 아플까봐, 실직할까봐, 늙어서 의지할 데가 없을까봐, 고향으로 돌아간 뒤 수입이 끊길까봐 걱정된다고 했습니다. 그들이 두려워하거나 걱정하는 '안전 문제'는 대부분 생존과 관련된 것이고, 중산층이 관심을 두는 삶의 질 문제와는 전혀 다른 차원이었습니다.

만약 주민들에게 "그렇다면 무엇을 걱정하시나요?"라고 계속 물어본다면, 안전에 대한 그들의 불안 뒤에는 사실 자신의 경제적 지위가 안정적인지에 대한 걱정이 숨겨져 있음을 알 수 있습니다. 그 단지는 주변 아파트 단지들에 비해 집값이 늘 뒤처져 있었는데, 그 이유는 세를 놓는 사람이 많고 인구 구성이 복잡했기 때문입니다. 주민들은 이 점에 큰 불만을 가졌고, 자신의 부동산 가격 상승이 주변보다 더디다는 것은 자산 가치가 줄어든다는 의미라고 여겼습니다. 게다가 부동산은 대부분의 중산층 가정에서 가장 큰 투자이기 때문에 이런 상황은 곧 가족의 경제적 지위가 하락한다는 의미이기도 했습니다.

경비원이든 주민이든 자신이 정말로 걱정하는 것은 더 깊이 감춰둡니다. 우리가 언론을 통해 흔히 듣는 주류 사회의 두려움은 대부분 중산층이 생활의 질과 관련해 느끼는 것들입니다. 하지만 그 이면에는 훨씬 더 기본적인 생존 문제와 관련된, 아직 들리지 않은 많은 목소리가 있습니다.

돤즈펑 맞아요, 사람마다 두려움을 이해하는 방식은 정말 다릅니다. 이번 대화 자체도 사실은 우리가 주변 사람들, 특히 겉으로는 말이 없고 조용해 보이는 이들이 무엇을 생각하고, 무엇을 걱정하는지 더 잘 이해해보자는 취지에서 시작된 거예요.

제가 어느 정도 조사나 인터뷰 경험과 방법을 가지고 있더라도, 낯선 사람에게 먼저 말을 걸면 상대가 쉽게 입을 열지 않으려 할 때가 있습니다. 샹뱌오 선생님과 와피 선생님은 이런 상황에서 대화의 문을 여는 좋은 방법이 있으신가요?

샹뱌오 와피 선생님이 자신의 경험을 조금 나눠준다면 정말 의미 있을 것 같아요. 경비원들과 이야기할 때, 그들의 자발적인 반응을 이끌어내는 데 도움이 된 어떤 돌파구나 특별한 방법이 있었나요? 또 우리가 자신의 아파트 단지 경비원과 대화를 나누고 싶다면 어떤 점들에 유의해야 할까요?

허와피 인류학 연구에서는 참여 관찰이 중요하기 때문에 저는 그들과 꽤 오랜 시간을 함께 보냈습니다. 당시 저는 아파트 관리 회사 인턴 신분으로 그 단지에 들어갔는데, 처음에 경비원들은 저를 상당히 경계했어요. 그들은 제가 관리 회사 사람이라고 생각했고, 자신들을 관리하거나 일하는 모습을 감시하러 왔다고 여겼죠.

천천히 그리고 시간이 지나면서 저는 그들이 일하는 곳에 자주 나타나거나 그들의 숙소를 방문하기도 했어요. 가끔은 함께 셋방에 사는 사람들의 집을 찾아가기도 했죠. 그렇게 오래 지내다보니 서로 익숙해졌고, 그들은 제가 관리 회사 정직원들과는 다르다고 느끼면서 점차 이야기를 털었습니다. 저는 제가 어떤 연구를 하고 있는지 설명했지만, 그들은 대체로 잘 이해하지 못하고 저를 기자 정도로 여겼습니다.

평소에는 주로 제가 그들에게 질문을 던졌습니다. 비록 그들은 친절하고 대화에 응하려 했지만, 일부는 부끄러움이 많거나 약간 열등감을 느껴 자신에 대해 특별히 할 말이 없다고 생각했어요. 신뢰는 시간이 지나야 쌓이는 법이죠. 시간이 지나면서 어떤 이들은 제가 다른 사람과 이야기하는 것을 듣고 자연스럽게 대화에 끼기도 했습니다. 이를테면 점심에 함께 도시락을 먹을 때 자신의 과거를 꺼내기도 했는데, 그중 일부는 다른 경비원들도 처음 듣는 내용이었습니다. 처음에는 그들을 농민공이라고 생각하며 경험이 비슷할 거라 여겼지만, 접해보니 각자 자신만의 이야기가 있었고, 어떤 이들의 경험은 아주 특별했습니다. 예를 들어 전직 수학 교사, 파산한 식당 사장, 파산한 양식업자, 심지어 한 경비원은 예전에 나이트클럽 매니저 일을 하기도 했습니다. 그는 말솜씨가 부족하다고 생각했고 돈도 많이 벌지 못하며, 매일 밤늦게까지 일해야 하는 상황을 피하고 싶어서, 상대적으로 수월하고 규칙적인 근무 시간에 스트레스도 적은 경비원 일을 택했다고 했습니다.

저는 사람들이 주변 경비원들을 이해하고 싶다면, 평소 인사에서부터 시작해볼 것을 권합니다. 가벼운 잡담이 상호작용을 시작하는 좋은 방법이 될 수 있습니다. 그들은 자신이 존중받고 있으며, 상대방이 진심으로 듣고 이해하려 한다는 것을 느낄 때 훨씬 더 편안하게 대화를 나눌 수 있습니다.

돤즈펑 샹뱌오 선생님께 더 여쭙고 싶은 게 있습니다. 경비원들의 일은 매우 불안정하고, 자주 근무지를 바꾸잖아요. 게다가 그들의 생활 경험이 매우 다양하다 해도, 제 입장에서는 그들과 알고 지내는 데서 특별히 새로운 인식을 얻지는 못합니다. 만약 연구 목적이 아니라 그냥 대화하기 위해서라면 솔직히 편하지도 않을 것 같고요. 그렇다면 이런 대화를 시도하는 것은 무슨 의미일까요?

샹뱌오 불편하다면 굳이 이야기하지 않아도 됩니다. 이건 생활의 한 부분이기 때문에 편안함을 전제로 해야 하죠. 왜 이런 일을 하는가? 겉보기에는 직접적인 의미가 없을 수 있지만, 이것 역시 생활의 일부이고 선생님의 생활과 사회를 이해하는 데 매우 중요한 부분입니다. 우리는 자주 영화를 보고, 소설을 읽고, 음악을 듣지만 사실 그것들도 직접적인 의미가 있진 않잖아요. 주변 사람과 대화를 나누는 것은 일종의 작은 소설을 듣는 것과 같고, 한 사람의 작은 이야기를 듣는 것과 비슷합니다. 기능과 의미를 따지자면, 그런 인생의 경험이 존재한다는 것을 알게 되는 것입니다.

저는 여기에 어느 정도 인류학적·사회학적 분석의 관점을 더한다면 이 일을 진행하는 것이 훨씬 더 흥미로워지리라 생각합니다. 와피 선생님이 했던 연구처럼, 경비원이라는 역할을 이해하는 데 새로운 통찰을 줄 수 있겠죠. 물론 구체적인 개인을 보는 것이 중요하지만, 그 개인은 이 순간 특정 역할을 맡고 있는 존재이기도 합니다. 이 역할은 단순히 그들의 업무 내용만 의미하는 것이 아니라, 거기 내재된 복잡하고 미묘한 측면까지 포함합니다—예를 들어 그가 다른 사람을 어떻게 상상하는지, 다른 사람들이 자신을 어떻게 보는지 등입니다. 그는 낯섦화된 존재이면서도 주민들에게 안전을 제공해야 하고, 자신과 비슷한 사람들은 경계해야 하죠. 이러한 사고방식을 도입하면 관찰이 훨씬 더 흥미로워집니다.

가사도우미나 배달원도 이렇게 관찰하고 이해할 수 있을 것입니다.

여기서 다시 역할 분석으로 돌아가면, 성별이 역할에 미치는 영향은 직접적입니다. 가령 대부분의 아시아 국가에서 간호사는 매우 복잡한 역할로 이해됩니다. 일반적으로는 현대의 병원과 연결되는데, 이들 병원은 식민지 시대와도 연관이 있으며, 대체로 선교사에 의해 운영되고 문명적이며 고귀한 장소로 여겨졌습니다. 하지만 생명을 구하고 치료하는 업무 역할 외에도 여성 간호사는 도덕적 의미에서 성적 상상과 연결되며, 이로 인해 자주 의심과 평가의 대상이 되기도 합니다. 한편 사람들은 여성 간호사가 힘들고 더러운 일을 하면서 대중의 안전과 건강을 지키기 때문에 감사해야 한다고 생각합니다. 다른 한편 여성 간호사가 주로 협력해야 하는 이들은 남성 의사들인데, 이 남성 의사들의 지위가 간호사보다 더 높아 보이기도 합니다. 그래서 일부 대중의 도덕적 상상 속에서 여성 간호사라는 역할은 매우 복잡합니다. 특히 여성 환자가 자신을 돌보는 여성 간호사를 그런 방식으로 상상할 때, 이 환자는 자신의 매우 취약한 특권을 의식하며 내적 갈등을 겪습니다.

또 다른 역할로는 승무원, 즉 여성 승무원과 남성 승무원이 있습니다. 중국에서는 비교적 단순하게 인식되지만, 다른 문화권들에서는 그들에 대한 상상도 매우 복잡하게 이루어집니다. 이런 식으로 다양한 사례가 있습니다.

낯선 사람과 대화할 때, 우선 그를 한 인간으로 보고 그의 생각과 행동을 이해하는 것이 기본입니다. 하지만 만약 그가 처한 위치를 구조적 분석의 시각으로 바라본다면 훨씬 더 흥미로워집니다. 단, 절대로 그 역할에 그를 맞춰서 그의 생각과 행동을 이해하려 해서는 안 됩니다. 개인마다 차이가 매우 크기 때문입니다. 그의 다른 역할, 이를테면 아버지나 아들의 역할 등이 그의 삶에 미치는 영향이 경비원이라는 역할보다 훨씬 더 클 수 있습니다.

마지막으로 두려움에 대해 이야기하자면, 이것은 앞으로도 계속 이야기할 수 있는 주제일 것입니다. 걱정이나 무서움은, 돤즈펑과 와피 선생님이 말했듯이, 구체적이고 사건 중심적입니다. 예를 들어 누군가는 은퇴 이후가 걱정입니다. 반면 두려움은 사건 중심적이지 않고, 전반적인 생존 감각이며, 넓게 만연해 있는 느낌입니다.

이론상 작은 문제가 하나 있는데, 아직 해결하지 못해서 여러분의 도움이 필요합니다. 성별 관계를 고려하면, 가부장제 사회에서 남성은 두려움이나 무서움을 느끼지 않는다는 것입니다. 그들은 좌절을 겪으면 단지 화를 내거나 불평하거나 비판할 뿐입니다. 반면 여성은 두려움과 무서움을 느끼는 역할을 맡습니다. 그녀들은 화내지 못하거나 화내는 것이 쉽지 않습니다. 다시 말해 높은 위치에 있는 사람은 일반적으로 두려워하지 않지만 쉽게 화를 내고, 낮은 위치에 있는 사람은 두려움은 쉽게 느끼지만 화내기는 어렵다는 것입니다. 그런데 지금은 상황이 약간 뒤바뀌었습니다. 상위층 인사들이 오히려 두려움과 무서움을 더 많이 느끼고, 하위층 사람들은 적어도 심리적으로 그런 상태를 잘 드러내지 않습니다. 이걸 어떻게 이해할 수 있을까요? 와피 선생님, 조사 과정에서 중산층 주민들의 걱정과 두려움에서도 성별 차이가 나타나는 것을 발견한 적이 있나요? 전반적으로 현재 사회에는 두려움이 일반화되어 있으며, 이는 낯선 사람 사이의 관계에도 영향을 미치고 있습니다.

허와피 중산층 주민들과 이야기할 때 저는 여성들이 확실히 더 많이 이야기하고, 자신의 두려움과 걱정을 표현하는 데 능숙하다는 느낌을 받았습니다. 하지만 어느 성별이 더 많은 걱정과 두려움을 느끼는지 정확히 수치화하기는 어렵습니다.

지금 왜 상층일수록 두려움을 더 쉽게 느끼는지에 대해 이야기하자면, 미국의 두 여성 학자 아비바 브리펠과 시앤 응가이의 연구가 떠오릅니다. 그들에 따르면 1990년대 공포영화의 주인공은 거의 다 백인 중산층이었고, 일반적으로 자기 집이나 휴가용 오두막에서 무서운 일을 겪습니다. 이 연구자들은 두려움이 재산과 결부되어 있으며, 모든 사람이 두려움을 느낄 자격이 있는 것은 아니라고 합니다. 공포영화 속 주인공으로서 두려움을 겪는 하층 흑인은 거의 없었습니다.

그래서 두려움은 두 가지 측면과 관련 있을 수 있습니다. 한편으로는 그것이 우리의 내면적 걱정을 나타내지만, 다른 한편으로는 일종의 표현 권력이기도 합니다. 그렇다면 누구의 두려움이 더 쉽게 들릴까요? 아마 상층에 있는 사람들이겠죠. 그들은 더 다양한 종류의 두려움을 말할 수 있고, 목소리도 더 큽니다. 일부 학자는 두려움이 일종의 멤버십처럼 작동한다고 봅니다. 특정 사회 계층에 도달하거나 그 기준을 충족하는 사람만이 두려움을 표현할 자격을 가지며, 그 계층의 구성원들은 서로 두려움을 공유하고 전달하면서 특정 두려움의 표현을 반복적으로 강화하고, 이를 통해 자신들의 요구를 실현한다고 말합니다. 앞서 언급한 중산층과 마찬가지로, 그들은 범죄에 대한 걱정을 계속해서 표현함으로써 단지 출입 통제를 강화하고, 보안 요원 수를 늘리는 등의 조치를 끌어냅니다. 결국 이는 자신의 신체와 재산상의 안전 및 부동산 가치 보호라는 욕구를 충족시키는 방식이 됩니다. 반면 하층 사람들은 대개 두려움을 표현할 자격이 없거나, 설사 두려움을 표현하더라도 그들의 목소리는 제대로 들리지 않습니다.

저는 이런 걱정과 두려움을 진짜 걱정과 구분할 필요가 있다고 봅니다. 여기서 말하는 것은 한 집단, 한 계층이 두려움을 표현함으로써 갖는 권력인 반면, 진짜 걱정은 각 개인이 실제로 느끼는 감정입니다.

돤즈펑 방금 와피 선생님이 언급한 낯선 사람과의 교류라는 것은 사실 상상력을 다시 수립하는 과정이라고 생각합니다. 낯선 사람을 정적인 상태, 사회 기능적 역할에서 벗어나 동적인 존재로 바라보고, 그가 평범한 인간으로서 가진 면을 이해함으로써 우리가 타인을 상상할 능력을 더 키우는 것이죠. 저는 이것이 매우 가치 있는 일이라고 봅니다.

또한 중산층이 두려움을 더 잘 표현할 수 있다는 점과 관련해서, 저 역시 '몰약 화원' 공식 계정을 볼 때 비슷한 느낌을 받았습니다. 이 계정에는 가사노동자와 관련된 사건, 예를 들어 항저우 보모 방화 사건 같은 게 많이 올라오죠. 이때 댓글들은 보통 이런 살인 사건을 어떤 시각에서 이해하고 있나요?

허와피 저는 우리가 항저우 보모 방화 사건을 다루기 전에도 온라인에서 이미 많은 가사노동자 관련 사건을 관찰한 기억이 있습니다. 초기에는 보모가 가짜 신분증을 이용해 아이를 유괴하는 사례가 있었고, 이후에는 단 며칠만 일하고 한 달 치 월급을 받기 위해 고용주 집에 도착하자마자 돌보던 노인을 살해하고 자연사처럼 위장하는 등 연쇄살인범이 되는 경우도 있었습니다. 이렇게 극단적이고 악성인 사건들이 계속 등장하면서 사람들은 분노와 두려움을 느꼈습니다.

집은 원래 누구에게나 마지막 안전 방어선입니다. 그런데 이런 가사도우미를 집으로 초대하고, 공간적으로 친밀한 관계를 형성하는 것은 신뢰를 전제로 하는 일입니다. 하지만 예상치 못하게 이들이 가족에게 위험과 죽음을 가져오는 일이 일어납니다.

지금 대부분의 사람은 가사도우미를 고용할 때 가사 인력 서비스 회사를 통해 선택합니다. 회사의 보증이 있으니 안전하다고 여기며 안심하죠. 이는 친밀한 사회와는 완전히 다릅니다. 친밀한 사회에서는 서로 잘 알고 있고, '알고 있다'에는 상대의 과거와 인품에 대한 이해가 포함됩니다. 그러나 낯선 사람의 사회에서는, 비록 회사를 통해 서비스를 이용하고, 자격증 유무로 전문성을 판단하며, 신분증으로 신원을 확인한다 하더라도 그 사람을 실제로 아는 정도는 매우 제한돼 있습니다. 낯선 사람의 사회에서는 서비스 제공자를 진정으로 이해하고 탐색하기 어려워 서비스를 이용할 때 불안감이 생길 수밖에 없습니다.

그래서 저는 이것이 도시화 이후 나타난 현상이라고 생각합니다. 매우 표준화되고, 절차적이며, 전문화된 추천 방식이 이전의 친밀한 사회에서 사람 간의 인맥과 신뢰를 기반으로 한 추천을 대체하게 되었고, 그 결과 자연스럽게 일부 위험과 불안감이 뒤따르는 것입니다.

돤즈펑 맞아요, 전문화는 정말 중요한 문제입니다. 경비원은 자격증을 소지해야 근무할 수 있고, 여러 직업 자격 등급으로 나뉩니다. 국가도 전문화된 방식으로 근로자가 야기할 위험을 줄이고, 경비원의 권리를 보호하려는 시도를 하고 있습니다.

방금 샹뱌오 선생님이 말한 두려움의 일반화와 관련해 저는 류츠신의 소설 『삼체三體』에 나오는 어두운 숲을 비유로 들 수 있다고 생각합니다. 즉, 우리 주변은 미지의 공간이고, 위험이 갑자기 닥치면서 두려움이 생겨난다는 거죠. 와피 선생님의 경비원 인터뷰를 보면, 경비원들은 상대적으로 갑작스레 닥치는 위협, 예를 들어 살인 사건에는 두려움을 느끼지 않습니다. 대신 그들은 먹고사는 문제, 의료, 기초 교육 같은 문제에서 두려움과 걱정을 느낍니다. 가령 집안 노인이 병드는 것이 두렵거나, 자녀가 학교에 못 가는 것이 걱정되는 식입니다. 이런 문제들은 장기 지속적으로 존재하는 것입니다.

저는 샹뱌오 선생님과 와피 선생님께 한 가지 질문을 더 드리고 싶습니다. 두려움과 '블라인드 박스盲盒'[6] 사이에는 어떤 연관이 있을까요?

블라인드 박스식의 생활은 두려움의 또 다른 측면이다

샹뱌오 저는 방금 한 말씀이 아주 좋다고 생각합니다. 우리는 보이지 않는 생활 속에서 살아가고 있고, 그 생활은 일련의 기호와 상징을 통해 구성됩니다. 대도시에서는 우리 시선이 점령당해 고층 빌딩 등만 보이기 때문에 생활 자체가 매우 희박하게 느껴지고 구체적인 관계나 생활의 전개를 볼 수 없습니다. 이렇게 보이지 않는 생활 공간에서는 두려움이 강화되고 일반화되기 쉽습니다. 두려움을 느끼면 사람은 자신을 더 열지 않게 되고, 캡슐 안에서 살고 싶어하며, 이로 인해 주변의 사물을 더 잘 볼 수 없게 됩니다.

이 나이가 될 때까지 저는 블라인드 박스를 한 번도 해본 적이 없습니다. 블라인드 박스는 겉으로는 놀라움과 재미를 주어 생활에 약간의 흥미를 더해주는 듯하지만, 그 안에는 무작위적 상상과 놀라움에 대한 갈망이 존재합니다. 저는 블라인드 박스식 생활을 시간 감각에 기반한 경험적 기대를 대신하는 방식이라고 이해하고 있습니다.

이것은 제가 매우 흥미롭게 생각하는 큰 이론적 문제와도 연관됩니다. 바로 하버마스의 '생활 세계'[7] 개념입니다. 그는 서구의 현대화가 모두 합리화되고 기술화되었으며, 민주 제도를 재구성하고 생활 세계를 보호해야 한다고 봤습니다. 그러나 지금 우리는 사실상 보호할 것이 별로 없는 시대에 살고 있는 듯합니다. 생활 세계 자체가 하나의 블라인드 박스처럼 비합리적인 상태로 존재하고 있기 때문입니다. 비합리성에 대응되는 것은 서구 철학의 합리성입니다. 즉, 주체로서 이해하고, 파악하고, 변화를 시도하며, 논의하고, 합리적·비합리적인 것을 기본적으로 판단할 능력을 갖는 것이죠. 그런데 블라인드 박스 시대에 들어서면서 비합리주의가 생활 세계의 주요 부분이 되어버렸습니다.

이것은 어떻게 이해해야 할까요? 만약 우리 과제가 생활 세계를 보호하는 것이 아니라 완전히 새로운 생활 세계를 재구성하는 것이라면, 어디서부터 시작해야 할까요? 물론 우리는 낯선 사람을 바라보는 것이 중요하다고 생각합니다. 그렇다면 이 일을 어떻게 계속해나갈 수 있을까요? 진심으로 모두가 함께 참여하기를 바랍니다. 왜냐하면 우리는 많은 구체적 실천이 필요하고, 경험을 나눈 뒤 다시 정리하며 끊임없이 추진해나가야 하기 때문입니다.

허와피 방금 미지와 두려움에 대해 이야기하면서, 저는 사람이 가장 두려워하는 것은 아마 자신이 잘 알지 못하는 것이지 않을까 생각했습니다. 보이지 않는 곳에서는 상상으로 그것을 채울 수밖에 없고, 이 상상은 대체로 개인적인 경험과 사회적인 경험의 총합에서 비롯됩니다.

6 2019년경부터 폭발적으로 인기를 얻은 소비 트렌드다. 문구, 인형, 화장품 등이 담긴 박스로, 구매자들에게 '놀라움'을 함께 판매하는 제품이다. 2025년 한해 유행했던 라부부 인형 역시 이러한 방식으로 판매되기도 했다.—옮긴이

7 '생활 세계'는 처음에 후설에 의해 제시되었으며, 이후 슐츠와 하버마스 등의 발전을 거쳐 현상학과 정치철학의 중요한 범주가 되었다. 생활 세계란 사람들이 일상생활에서 상호 교류를 이루는 무대를 가리키며, 이는 사람들에게 이해와 합의를 가능케 하는 배경지식을 제공한다. 이러한 배경 속에서 사람들은 서로를 이해하고 컨센서스를 형성하게 된다. 생활 세계는 행위 주체들이 협상하고 상호작용하며 사회 규범을 수호하는 '신념 저장고'다. 동시에 생활 세계는 이러한 의사소통 활동의 실천 속에서 형성되며, 생활 세계와 의사소통 행위는 상호작용적이면서 변증법적 관계를 이룬다.

하지만 많은 돌발 사고나 사건 또한 사회적 경험을 형성합니다. 좋든 나쁘든 모두 경험의 일부가 되는 것이죠. 방금 샹뱌오 선생님이 말했듯이, 블라인드 박스는 사실 경험적이고 합리적인 것을 끊어버리는 역할을 하며, 그 안에는 일종의 무작위성이 있습니다.

저는 도시생활에서 많은 부분이 표준화되고 전문화된 질서를 회복하는 것과 관련 있다고 생각합니다. 다시 말해 생활이 완전히 무작위적인 방식으로 흘러가지 않도록 하는 것이죠. 방금 언급한 경비원 자격증처럼, 이미 수년 전부터 경비 업무를 수행하는 사람은 자격증을 취득해야 했습니다. 하지만 현실에서는 이를 피해갈 여러 방법이 있습니다. 또한 원칙상 경비원은 고용되거나 퇴직할 때마다 공안 기관에 보고하고, 지문을 채취하는 등의 절차를 거칩니다. 이런 방법과 규칙들은 모두 블라인드 박스식 생활의 위험을 줄이기 위해 마련된 것입니다. 하지만 결국 이것이 샹뱌오 선생님이 말한, 생태적 맥락에서 형성되는 경험이 주는 신뢰감이나 안전감을 대체할 수는 없습니다. 낯섦화의 시공간에 도달했을 때 안전감은 질서화되고 표준화된 절차를 통해 재구성될 수 있지만, 실제로는 매번 발생하는 돌발 사건이 우리 상상 속에서 확대되어 본래부터 약했던 안전감과 신뢰감을 깨뜨립니다.

돤즈펑 맞아요, 완전히 예측할 수 없는 상황에서 우리는 어떻게 새로운 생활 전략을 다시 세울 수 있을까요?

두 가지 경로가 있습니다. 하나는 생활에 대한 통제감을 강화하는 것입니다. 방금 와피 선생님이 언급했듯, 사회의 직업화·규범화·절차화는 적어도 우리 일상을 어느 정도 예측 가능하게 만듭니다. 다른 하나는 신뢰감을 강화하는 것입니다. 앞서 우리는 두려움과 상상력의 관계에 대해 이야기했죠. 때로 사건 당사자는 침착하지만, 관찰하는 사람은 많은 두려움을 느낍니다. 상상에 대한 두려움을 극복하려면 생활을 조금 느슨하게 잡고, 통제감을 낮출 필요가 있습니다. 자신의 상상을 시험해보고, 자신의 추측을 끊임없이 재평가할 기회를 주어야 할지도 모릅니다. 지금 이 둘의 관계를 명확히 말할 수는 없지만, 저는 이것이 매우 고민할 만한 문제라고 생각합니다.

마지막으로 두 분 선생님, 덧붙이고 싶은 말씀이 있나요?

샹뱌오 사실 저는 방금 이야기한 주제에 대해 더 많은 친구의 피드백을 보고 싶습니다. 예를 들어 수용, 직면, 포기의 관계처럼 말이죠. 사실을 수용하지 않는 것은 비현실적이지만, 때로 수용은 동시에 포기를 의미하기도 합니다. 포기형 수용은 캡슐화로 이어지는데, 이는 개인이 스스로를 닫아 삶의 평온을 유지하고 안전감을 만들어내는 방식입니다. 이것은 우리가 일상생활을 어떻게 구성할 것인가라는 문제로 다시 연결되며, 무엇을 단절하고 무엇을 단절하지 않을지를 고민하게 합니다.

허와피 제가 하고 싶은 말은, 여러분을 두렵게 만드는 일이나 두려운 사람에 대해 더 알아보는 시도를 해보라는 것입니다. 더 많이 알면, 그들이 상상한 것과 많이 다르다는 점을 발견할 수도 있습니다. 어쩌면 두려워하는 결과는 단지 상상 속의 일일 뿐이며, 실제로 일어날 가능성은 매우 낮을 수도 있습니다.

제3장 조립 라인에는 역사가 없고, 사마터를 할 때만 있다

샹뱌오와
다큐멘터리 감독 리이판의 대화

샹뱌오 어떤 의미에서, 그(사마터)의 전략도 자기 스스로를 낯설게 만드는 것이었습니다. 그는 자신을 크게 눈에 띄는 모습으로 만들어 밖으로 나가 '과시'하고, '인기를 얻으려' 했습니다. 그는 말하길, 착한 아이들은 괴롭힘을 당하므로, 자신을 나쁜 아이 이미지로 만들면 괴롭힘을 당하지 않는다고 했어요. 머리를 세우면 마음속으로 안전하다고 느끼는 것입니다. 이는 자신을 주류 사회가 보는 낯선 존재, 단순히 익명의 낯선 존재가 아니라 이상하고 특이한 낯선 존재로 만들며, 이로써 자신만의 인정과 동의, 자신감을 얻으려는 것입니다.

리이판 그들(사마터)은 "기러기는 울림을 남기고, 사람은 이름을 남긴다"고 말하곤 했습니다. 그들은 자신의 존재 의미에 큰 불안을 느끼고 있습니다. 제 생각에, 그들은 몸에서부터 출발해 사회와 시대, 개인의 처지에 대해 절망을 느끼는 듯했습니다. 사실 그들의 희망은 더 허망한 것일 수도 있는데, 이를테면 역사적 감각 같은 것입니다. 이런 면에서 저는 오히려 그들이 때로 지식인과 더 닮았다고 봅니다. 따라서 우리는 여전히 그들을 제대로 이해하지 못한 셈입니다.

이번 대화는 조금 새롭게, 다큐멘터리적 시각에서 낯선 사람과 어떻게 연결될 수 있는지, 그리고 촬영 과정에서 낯선 사람과의 관계는 어떻게 발전하는지를 논의하는 방식으로 진행될 것이다.

예술가이자 다큐멘터리 감독인 리이판이 제작한 다큐멘터리 「사마터, 너를 사랑해」가 2019년 12월 개봉된 직후 사회적으로 뜨거운 논쟁을 불러일으켰다. 이 다큐멘터리를 촬영하기 위해 리이판과 그의 팀은 광둥, 구이저우, 윈난 등지에서 많은 사마터 청년을 인터뷰하고 관찰했다. 리이판의 다큐멘터리는 오랫동안 중국 농촌과 현 단위 소도시 사람들의 생존 환경을 주목해왔다. 예를 들어 2005년작 다큐멘터리 「잠겨버림淹沒」은 삼협댐 공사 과정에서 오래된 소도시 펑제奉節가 이전되고 사라지는 과정 및 이후 사람들의 상황을 기록했다.

대화는 먼저 왜 「사마터, 너를 사랑해」와 같은 다큐멘터리를 찍게 되었는지에서 시작된다.

왜 「사마터, 너를 사랑해」를 촬영했는가?

리이판 2010년에서 2011년 무렵, 예술은 미술관 체제에 의해 전시와 표현의 권리를 통제받고 있었고, 자본에 의해 가격이 결정되었습니다. 모든 사람은 예술이 거의 단일한 방식으로만 존재한다고 느꼈고, 우리는 이런 상황에 큰 불만을 품었죠. 당시 저는 충칭에서 '외성 청년外省青年'이라는 사회 참여형 예술 프로젝트를 진행하고 있었는데, 형태는 일부 젊은 예술가가 사회나 일상생활 속으로, 자신이 흥미롭다고 느끼는 곳 어디든, 사회와 다른 사람들과 교차할 수 있는 곳으로 들어가 무언가를 해보는 것이었습니다. 사람들이 와서 구경하기도 했습니다.

이 프로젝트를 할 때 우리는 몇 가지 개념을 가지고 있었습니다.

첫 번째 개념은 '직접 경험肉身經驗'입니다. 이전의 예술은 주로 책과 여러 거장으로부터 나왔습니다. 그들은 우리에게 그림 그리는 법, 보는 법을 가르쳤죠. 하지만 이번에는 '직접 경험'이 매우 중요하다고 강조했습니다. 이 경험은 전통적인 지식 체계에서 오지 않습니다. 지식 체계가 필요하긴 하지만 그것만으로는 충분하지 않습니다.

두 번째 개념은 '문화 자치文化自治'입니다. 우리는 우리 가치를 스스로 결정하겠다고 다짐했습니다. 이것이 당시 우리에게 가장 중요한 주제였습니다. 우리는 끊임없이 논의했고, 모든 포스터에 '자기정의自我定義'라는 개념이 들어 있었습니다.

이 프로젝트를 진행하던 중 한 친구가 제게 한 무더기의 사진을 가져왔습니다. 모두 사마터 사진이었는데, 전혀 본 적이 없던 것이라 굉장히 흥분했습니다. 이 사람들은 정말 대단했고, 자기 자신을 희화화하는 것을 즐기며, 자신을 공개적으로 놀릴 용기가 있다는 느낌을 받았습니다.

제 친구는 기자였고, 사회적 접촉 범위가 저보다 넓었습니다. 당시 그의 판단에 따르면, 이들은 소도시나 농촌에서 태어나 삼류 대학이나 사립 전문대학을 다니고, 도시에서는 재미를 느끼지 못해 스스로를 희화화하며 놀고 있었습니다. 처음에는 스스로를 희화화할 수 있다는 점만으로도 자신에 대해 일정한 자신감을 가지고 있다고, '자기 정의' 및 '문화 자치'와 특히 관련이 있다고 생각했습니다. 이미 누군가가 우리보다 앞서나가고 있고 '문화 자치'를 실천하고 있었지만 우리는 그것을 보지 못했고, 그들의 '문화 자치'를 이해하지 못했을 뿐이라고 느꼈습니다.

이 첫째 단계에서 저는 전적으로 이런 관점에서 사마터를 이해하기 시작했습니다.

자기 희화와 사마터는 다르다

돤즈펑 리 선생님, 말씀하신 '자기 희화自黑'라는 것은 무슨 뜻인가요?

리이판 우리가 온라인에서 본 대부분의 사마터 관련 영상, 노래, 콘텐츠는 사마터를 조롱하는 것이었습니다. 모두 자신을 가지고 장난치는 형태였고 다른 사람들을 웃게 만들기 위한 것이었죠. 하지만 훨씬 뒤에야 우리는 깨달았습니다. 당시 유행했던 사마터 조롱 노래나 세워 깎기洗剪吹 같은 것을 진짜 사마터들은 부른 적이 없고, 사마터 중 그 누구도 그런 걸 좋아하지 않았다는 사실을요.

돤즈펑 그러니까 이 층위에서 보면, 그들은 스스로를 완전히 희화화하는 상태에 있는 것은 아니군요? 제가 이해하는 '자기 희화'는 자기 자신을 조롱하며 직접 영상을 제작하는 것을 뜻하는데 선생님 말씀을 들으니 사실 온라인에서는 그들이 계속해서 조롱당하고 있었던 거네요.

리이판 제 영화에서 아주 중요한 차별화는 "자기 희화와 사마터는 다르다"라는 점입니다. 이것은 사마터가 제게 알려준 내용이기도 합니다. 우리가 온라인에서 보는 자기 희화화하는 사마터들은 실제 사마터가 아닙니다. 오히려 다른 사람들이 그들을 가지고 노는 거죠. 우리가 보는 것은 사마터를 소재로 장난치는 사람들이나, 그들이 전달한 사마터의 일부일 뿐입니다.

제가 만난 사마터는 수백 명으로 매우 다양했습니다. 실제로 우리 인터뷰에 응한 사람은 70~80명 정도입니다. 각자가 말하길, 자기 희화화하는 이들은 사마터가 아니랍니다. 이는 제가 처음 생각했던 '문화 자치'와는 완전히 다른 것이었습니다.

돤즈펑 선생님, 처음 사마터를 접하게 된 계기는 무엇이었나요?

리이판 2011년, 2012년경부터 저는 사마터를 찾는다는 메시지를 광범위하게 보냈습니다. 제 학생들이 QQ[1] 그룹에서 찾아주기도 했고, 여러 친구에게도 부탁했지만 계속 실패했죠. 결국 거의 포기할 수밖에 없었습니다. 사마터가 어디 있는지 전혀 찾을 수 없었으니까요.

몇 년 후 한 사마터가 제게 말하길, 사실 자기는 우리 집에서 불과 몇 킬로미터 떨어진 곳에 있었고, 선전深圳과 둥관東莞에 있었다고 합니다. 제 친구들도 대규모 사마터 무리에서 10킬로미터도 채 떨어지지 않은 곳에 있었지만 본 적이 없다고 했어요. 공장 구역 안으로 들어가지 않으면 그들을 볼 수 없었던 것이죠.

2016년 저는 선전에서 건축 전시회에 참여해 '6환은 5환보다 1환 더 많다六環比五環多一環'라는 프로젝트의 대담과 교류 활동을 하게 되었습니다. 이 프로젝트는 한 예술가가 베이징 5환로와 6환로[2] 사이의 마을들을 직접 조사하며, 자기 몸으로 그 거리를 측정하는 방식

1 텐센트에서 출시한, 중국 최초의 SNS다.—옮긴이

2 베이징의 도시 간선도로는 자금성을 중심에 두고 순환도로로 구성되었다. 5환로과 6환로 사이는 베이징의 외곽 지역을 말한다.—옮긴이

으로 진행한 작업이었습니다. 그 활동 중 갑자기 한 친구가 제게 자기가 뤄푸싱羅福興이라는 사마터를 안다고 말했고, 그렇게 시작된 것이죠.

제가 아는 사마터는 모두 뤄푸싱으로부터 관계가 시작되었습니다. 그 전까지는 오프라인에서 진짜 사마터를 본 적이 없었습니다.

사마터는 하나의 가족이자 의미의 공간이다

돤즈펑 이 집단에 들어가서 그들과 접촉하는 것은 정말 어려운 일 같습니다.

샹 선생님, 사마터를 주제로 한 리이판 선생님의 다큐멘터리를 보고 어떤 느낌을 받으셨나요?

샹뱌오 리이판 선생님이 말씀하셨듯이, 사마터와 접촉하는 과정이 실은 가짜 자기 희화화 이미지를 보는 데서 시작되었고, 다른 사람들이 사마터를 빌려 자기 희화화를 말하지만 그게 사실과 다르다는 것을 알게 된 점이 매우 인상 깊습니다.

이것은 중국 사회에서 남의 자기 희화화를 빌리면서 그 속에서 다른 사람을 억압하는 발화 방식의 한 형태입니다. 한편으로 사회는 우리가 경쟁에서 실패하는 것을 허용하지 않습니다. 다른 한편 실패를 표현하는 언어는 매우 흔합니다. 가장 초기의 '댜오쓰屌絲' '주차이韮菜'에서부터 '다궁런打工人' '반좐런搬磚人' '뉴마牛馬'까지 있는데, 저는 지금 와서 '댜오쓰'나 '주차이'라고 자칭하는 사람들이 정말로 자기 희화화를 하는 것인지 아니면 단지 이미지를 빌려 다른 무언가를 말하는 것인지 의문이 듭니다.

우리가 실패를 다루는 방식이 매우 미묘하다는 것을 알 수 있습니다.

저는 남에 의해 포장되고 자기 희화화된 사마터 뒤에는 이런 일련의 실패와 자기 희화화 언어가 시작되는 매우 중국적인 지점이 있을지도 모른다고 생각합니다.

그래서 리이판 선생님께 두 가지를 묻고 싶습니다.

첫째, 이 다큐멘터리를 통해 그들과 상호작용하면서 알게 된 사마터는 어떤 모습인가요? 그들에게 자신감이 있나요? 그 자신감은 어느 정도인가요? "사회와는 놀 수 없으니 나 자신과 놀겠다"는 요소가 있나요, 아니면 전혀 없나요? 또 그들의 헤어스타일을 어떻게 해석하나요?

둘째, 2011년 전후로 사마터를 '까던' 사람들은 누구인지 알 수 없지만, 그들은 사마터를 '깜'으로써 사회에 무엇을 말하고 싶었던 것일까요? 저는 그들의 처지가 사마터와 크게 다르지 않았을 수 있다고 생각합니다. 그렇다면 왜 굳이 사마터라는 이미지를 빌려 영상을 만든 걸까요?

리이판 첫 번째 질문에 대해 답하자면, 저는 사마터 개인에게는 그다지 자신감이 없다고 생각합니다. 그들은 자신이 속한 집단에서 멀리 떨어진 곳, 가령 도심 한복판 같은 데는 쉽게 가지 못합니다. 일부는 영상이나 사진을 찍기도 하지만 기본적으로 익숙지 않은 지역에는 잘 가지 않습니다. 도시라는 낯선 사회를 그들은 크게 두려워합니다.

사마터가 가장 자주 하는 말은 "사마터는 하나의 집이자 가족이다"입니다. 실제로 그들은 바로 이런 가족적 배경, 모두가 같은 부류라는 개념 아래서야 자신감을 가질 수 있습니다.

비록 이것이 그들 스스로 만든 환상, 하나의 의미 공간이더라도 바로 거기서만 그들은 자신감을 가질 수 있습니다. 하지만 현실에서 그들의 자신감은 문제를 안고 있습니다. 그래서 우리가 그렇게 가까이 있어도 사마터를 발견하지 못했던 것입니다.

두 번째 질문에 대해 말하자면, 사실 사마터를 가장 심하게 공격한 이들은 '댜오쓰'였습니다. 우리가 관심 있는 내용이나 사회는 디지털화되어 분절되었고, 사회도 우리를 여러 개의 작은 집단으로 나누죠. 그래서 우리는 사마터가 어디 있는지 알 수 없었고, 사마터들도 사회가 도대체 무엇을 하고 있는지 알지 못했습니다. 많은 사마터는 2008년에서 2013년 사이, 자신들이 세상에서 가장 크게 유행한 집단이라고 착각했다고 제게 말했습니다.

하지만 그들은 나중에 '리이바李毅吧'[3]를 발견했습니다. 거기에 있는 사람은 모두 자신을 '댜오쓰'라고 자조하고 있었고, 심지어 사마터보다 그 수가 더 많았습니다. 원래 사마터는 '리이바'에 들어가 영향력을 확대하려 했지만, 거기 들어가자마자 자신들에 대한 진짜 광범위한 공격이 시작된 것입니다.

저는 당시 '댜오쓰'의 심리를 이해하려고도 해봤습니다. 그 시점에 그들은 자신보다 더 어려운 삶을 사는 사마터가 있다는 것을 발견했

3 축구 국가대표 출신 리이 이름으로 된 온라인 남초 게시판.—옮긴이

고, 이들의 현대 도시생활에 대한 이해 방식이 우습게 보였던 겁니다. 바로 이 사마터 집단이 그들의 분노와 불만을 표출할 대상이 된 것이죠. 사마터는 더 낮은 위치에 있는 존재로 취급받았고, 심지어 '댜오쓰'조차 그들을 놀림감으로 삼았습니다.

사실 사마터 자신들은 그렇게 생각하지 않았습니다. 그들은 사마터 '가족'을 매우 중요시하고 사랑했습니다. 헤어스타일에 대해서도 많은 이가 마음속에서 신성하고 숭고하며, 마치 종교적 신앙과도 같은 의미를 부여하고 있었습니다.

사마터는 '댜오쓰'와 다르다

샹뱌오 사회경제적 지위나 도시·농촌 관계 속에서 리 선생님은 '댜오쓰'와 사마터 두 집단의 차이를 어떻게 그려내고 계신가요?

리이판 저는 사마터가 완전히 절망감을 느끼고, 희망이 없어서 그냥 탕핑躺平[4] 상태에 들어간 느낌이라고 봅니다. 탕핑의 첫 집단이 사실 사마터 노동자들이었는데, 그들은 이미 절망했고, 자신이 쓸모없다고 느꼈기에 모든 걸 포기하고 아무렇지 않게 장소를 옮겨 놀자는 식이었습니다. 나는 우리 가족의 마지막 세대다, 뭐 이런 느낌이었죠. 그때의 '댜오쓰'는 사실 절망하지 않았습니다. 그들은 불만을

4 바닥에 평평하게 드러눕는다는 뜻인데, 실제로 드러누운 상태를 말하는 것이 아니라 일종의 자포자기 상태를 뜻하는 말이다.—옮긴이

갖고 여전히 몸부림치고 있었죠. 기회가 주어지면 '댜오쓰'는 여전히 움직입니다. 사마터는 자신에게 기회가 없다는 것을 아주 잘 알고 있습니다. 그들은 교육 수준이 낮고, 대부분 초등학교나 중학교 1~2학년 정도만 졸업했으며, 출신 배경도 거의 다 농촌입니다.

샹뱌오 죄송하지만 이건 제게 조금 충격적이네요. 뤄푸싱이 다큐멘터리에서 아주 명확하게 말한 것 같아요. "우리는 차도 살 수 없고, 집도 가질 수 없다. 우리는 머리카락밖에 가지고 놀 수 있는 게 없다." 당시에는 이 설명이 완전히 타당하다고 여겼지만, 지금 다시 생각해보면 그가 이런 말을 했을 때는 이미 조금 나이가 들었어요. 실제로 사마터가 활동할 당시 많은 사람은 15~16세, 혹은 17~18세였습니다. 선생님이 말한 절망감이나 무기력감이 사마터가 이런 행동을 하게 된 중요한 요인일까요? 둘 사이에 정말 인과관계가 있는 걸까요?

한마디 덧붙이자면, 제가 이렇게 끼어드는 이유는 세계적으로 이른바 청년 반문화 운동들이 실제로는 희망이 있는 상황에서 발생했기 때문입니다. 특히 1960년대 서유럽에서 노동계급 청년들 사이에서 성장한 반주류 문화 운동들이 그렇습니다.

그래서 또 다른 가능성은, 사실 그들이 당시에는 막연하고 미숙한 상태이지 않았을까 하는 겁니다. 억압을 느끼긴 했지만, 사마터적 행동은 그들 내면의 잠재적 외로움이나 개성을 표출하는 방식이었을 수 있습니다. 즉, 사후적으로 우리는 그 행동을 '절망'과 연결짓지만, 실제로는 절망하지 않아도 충분히 그럴 수 있었을지 모릅니다.

선생님이 이 문제를 어떻게 보는지 저는 잘 모르겠어요. 젊고, 현재 진행형인 사마터와 직접 교류할 때 그들의 절망감을 어떻게 느꼈나요?

리이판 처음에는 사마터에게 더 큰 하위문화적 배경이 있었는데, 비주류라고 불렀어요. 저는 이게 샹 선생님이 말한 반주류 문화와 비슷하다고 생각합니다. 가령 작은 도시나 마을의 청년, 중2병 청년 모두 비주류를 좋아했어요. 비주류는 머리 모양을 꾸미거나, 댄스팀 활동을 하거나, QQ 공간을 꾸미는 등 비슷한 활동을 했습니다.

사마터는 비주류에서 발전해 나온 하나의 가족입니다. 이 가족의 특징은 매우 과장되어 있으며, 그들의 요구는 예전의 비주류와는 조금 다르고, 노는 방식도 완전히 똑같진 않습니다.

왜 사마터가 이렇게 과장되었냐 하면 첫째, 그들이 일을 시작할 때 나이가 아주 어렸고, 돈도 별로 못 벌었으며, 늘 괴롭힘을 당했기 때문입니다. 둘째, 이렇게 사는 것이 몸과 마음 모두 힘들게 한다고 느꼈습니다. 셋째, 대부분의 사마터는 약간 예술적 기질과 개인적 의지가 있어, 여느 노동자들과는 달랐습니다. 그들은 조립 라인에서 평생을 보내는 것에 순응하지 않았는데요, 어쨌든 이런 게 사마터의 특징입니다. 사마터마다 각자 조금씩 특별한 것이 있습니다.

처음에는 몸이 더 이상 못 하겠다고 신호를 보냈습니다. 그들은 부모님처럼 돈을 벌기 위해 하루 종일 쉬지 않고 일하는 것을 견딜 수 없었습니다. 이 아이들은 그 전까지 진짜 육체노동을 해본 적이 없고, 이전 세대의 농민공과는 달랐습니다. 그들은 초등학교와 중학교 시절에는 학교를 다녔기에 농사일도 해본 적이 없습니다. 반면 이전 세대 농민공은 어릴 때부터 돼지 먹이 먹이기, 장작 패기 등 온갖 농사일을 도왔습니다. 심지어 사마터 세대의 많은 마을 초등학교가 통합되어, 마을 학교가 아닌 읍내 학교에 다녔습니다. 중학교까지 다니다보면 갑자기 학교를 다니는 게 의미가 없다는 것을 깨닫습니다. 어차피 대학에 못 들어갈 거고, 그러면 결국 일하러 나가야 한다는 것을 알게 되기 때문입니다.

이런 배경에서 그들은 갑자기 도시로 던져졌습니다. 진짜 도시는 아니고, 공장 단지 안으로 던져진 것이죠. 그들은 전통적인 의미에서의 승진 경로에 대해 대개 희망을 갖지 않았고, 대부분 도박에 빠졌습니다. 그래서 영화 속에서 제가 본 사마터들이 가장 좋아하는 옷 중 하나는 앞면에 '무엇으로 근심을 풀까何以解憂'가 쓰여 있고, 뒷면에는 '오직 벼락부자唯有暴富'가 적혀 있었습니다. 그들은 일해서 돈을 벌 수 있다고 믿지 않았고, 이런 생각은 매우 일반적이었습니다. 15~16세의 아이들도 '무엇으로 근심을 풀까? 오직 벼락부자'라는 것을 알고 있었습니다.

실제로 나중에 우리가 보게 된 '싼허대신三和大神'[5] 같은 사람들 중 많은 이가 도박 때문에 신분증까지 담보로 걸고, 결국 일당으로 근근이 살아가고 있었습니다.

그리고 사마터 중 비교적 문예적인 사람들은 아직까지 도박을 한 적이 없습니다. 제가 만난 이들 중에서는 도박하는 사람이 한 명도 없었어요. 아마 도박하는 이들은 '싼허대신'이 되었고, 도박하지 않고 계속 버티는 이들은 나중에 단편 영상을 찍는 쪽으로 방향을 튼 것 같아요.

돤즈펑 제가 배경지식을 조금 보충하자면, 리 선생님이 말한 '댜오쓰'와 '리이바'는 바이두 게시판을 기반으로 한 표현이고, 지금 주로 사용하는 웨이보나 위챗과는 다릅니다. 두 개의 인터넷 언어 환경이 상당히 다르다는 점을 알아둘 필요가 있습니다.

지금 우리는 '탕핑'과 비슷한 표현들을 알고 있습니다. 하지만 바이두 게시판이 성행하던 시기, 즉 2010년에서 2015년 사이, 심지어 그보다 더 전인 2000년대 초반에는 '탕핑'이라는 말은 물론 '네이쥐안內卷' 같은 개념도 없었습니다. 당시에는 리 선생님이 말한 '댜오쓰'와 '진우퇀勁舞團'[6] 등과 비슷한 언어적 표현들이 있었습니다. 사마터가 '댜오쓰'와 '탕핑'을 연결할 수 있었다는 점은 매우 흥미롭습

5 선전시 룽화구龍華區의 싼허인재시장 주변에 모여 사는, 일용직 노동으로 생계를 유지하는 주변부 집단을 가리킨다. 이들은 대부분 외지에서 온 노동자로, 90후 및 00후 세대가 주를 이룬다. 학력이 낮고 기술이 부족해 일당으로 계산되는 단순 육체노동 외에는 할 수 있는 일이 많지 않으며, 매우 낮은 생활비로 근근이 살아간다. '싼허대신'의 생활 방식에 대해서는 논란이 많다. 그들은 "하루 일하고 사흘 논다"는 식의 생활을 추구하며, 일할 때도 가볍고 돈이 빨리 들어오는 것만 고른다. 그들은 온라인 세계에 몰두하며, 주로 PC방에서 시간을 보내고 인생에 대한 장기적인 계획이 없다. 이러한 상태는 외부에서 흔히 '탕핑'으로 조롱되기도 하고, 어떤 이들은 이를 생활에 대한 일종의 '자포자기'로 해석하기도 한다. '싼허대신' 집단의 등장은 여러 사회적 요인이 얽힌 결과다. 그들 중 많은 이가 불법 중개 업체나 무자격 공장의 사기와 착취를 겪으며 현실에 대한 실망감을 느꼈고, 그 결과 사회로부터 도피하는 길을 선택했다. 동시에 싼허 지역의 낮은 생활비는 그들에게 최소한의 생존 공간을 제공했다. 이 집단의 존재는 사회가 주변부 집단의 생존 상태에 대해 다시금 주목하고 성찰하게 만드는 계기가 되었다.

6 '진우퇀'은 한국 만화 「오디션Audition」에서 유래한 게임이다. 이 게임은 음악과 춤을 완벽하게 결합해 큰 인기를 얻었다. 초기에는 여성과 사마터 문화 애호가들이 주로 참여했으며, 게임이 '사교' 중심으로 발전하면서 그 시대의 젊은이들에게 더욱 사랑받았다. 그러나 2006년 이후 청소년들이 '진우퇀'을 하며 조기 연애나 심지어 임신과 낙태를 하는 사례가 있다는 뉴스가 잇따르면서 사회적 논란의 중심에 놓였다. 2008년에는 한 네티즌이 '진우퇀'을 하지 못한다는 이유로 쓰촨 대지진 피해자를 욕하는 사건이 발생했고, 관련 영상이 인터넷에 퍼지면서 부모들의 오랜 불만과 여론의 비판이 폭발하는 가운데 인기가 점차 하락했다.

니다. 사마터와 '탕핑' 청년들은 여전히 약간의 차이가 있지요.

리 선생님이 언급한 사마터의 '탕핑'은 훨씬 더 절망적입니다. 그들은 신체적으로나 심리적으로나 이런 환경을 견딜 수 없기 때문입니다. 지속 불가능함을 감지하면서 "더 이상 할 수 없어, 나는 안 되겠어, 도망쳐야겠어"라는 선택을 하게 되는 것입니다.

리이판 한마디 끼어들자면, 우리가 일상에서 말하는 '탕핑'은 사실 일종의 능동적인 포기의 의미를 담고 있습니다. 사마터 가족 대부분은 여전히 소위 긍정적 에너지를 선택하고 싶어하며, 마음가짐 자체도 능동적입니다. 다만 신체가 이를 견디지 못할 뿐이라는 것입니다.

벼락부자, 포부, 복수

샹뱌오 저는 여기 담긴 의미가 매우 풍부하다고 생각합니다. 예를 들어 사마터의 이런 절망을 어떻게 이해할 것인가? 직관적인 절망감은 몸이 보내는 신호이지만, 그들은 여전히 꿈을 품고 있고, 적어도 '오직 벼락부자'라는 기대는 가지고 있습니다. 그래서 저는 세 가지 동음어를 떠올렸습니다. 하룻밤 사이의 '벼락부자暴富', 우리가 원래 젊은이들에게 항상 강조했던 이상과 '포부抱負', 지금 사회에 대한 많은 '복수報複' 행위 등[7]입니다.

가장 초기의 이상인 '포부'에서 '벼락부자'라는 꿈, 그리고 '복수'에

7 이 세 개의 중국어 발음은 모두 같다.—옮긴이

이르기까지 모두 깊이 생각해볼 만한 주제입니다. 하층민이나 고군분투하는 사람들은 진정한 절망을 갖기 어렵습니다. 진정한 절망은 이 체제에 대해 명확히 인식하고, 과감히 떠나며, 그로 인해 새로운 세상을 찾을 가능성이 있다는 것을 포함합니다. 그러나 하층의 절망은 그렇지 않습니다. 그들은 희망이 없다고 느끼지만, 여전히 꿈을 가지고 있으며, 다만 실현할 수 없을 뿐입니다.

'다오쓰'와 사마터의 영상 제작은 사실 우리에게 하층민의 절망에 대한 하나의 사례를 제공합니다. 이런 허황된 꿈은 자기 자신에 대한 부정을 담고 있으며, 스스로를 경시하지만 동시에 어떤 형태의 자기 선언을 하고자 하는 욕구를 포함합니다.

저는 다큐멘터리를 보고 큰 감명을 받았습니다. 선생님은 특히 공장 노동을 강조했는데, 언뜻 공장 노동과 사마터의 헤어스타일은 직접적인 관련이 없어 보입니다. 하지만 다큐멘터리를 보면 두 요소는 단순한 연관을 넘어 거의 주요한 관계를 갖습니다. 머리를 세우는 것은 곧 공장 체제에 대한 반발을 의미합니다. 다큐에서는 많은 사람이 헤어스타일을 고수하기 위해 공장에 들어가길 꺼린다는 점을 언급했는데, 공장에 들어가면 머리를 잘라야 하기 때문입니다. 저는 이 부분에 깊이 공감했습니다.

또 하나 궁금한 점이 있습니다. 다큐멘터리에서는 그들이 밤에 어디서 자는지와 같은 생활의 세부 사항을 다루지 않았습니다. 제가 1994년 둥관 칭시淸溪에서 노동자 조사를 했을 때 그들은 기숙사에서 지냈습니다.

리이판 칭시도 사마터의 본거지였습니다.

샹뱌오 그래요? 우리가 거기 있을 때는 분명 아니었습니다. 그때는 모든 공장이 아직 군대식으로 운영되고 있었죠. 우리가 조사할 때 기숙사가 매우 중요한 공간이라는 걸 어렴풋이 깨달았습니다.

그때(1994년) 저는 우리가 조사하던 노동자들과 나이가 비슷해서 어떤 일들에는 둔감했습니다. 그래도 그들이 제게 여러 가지를 알려줬습니다. 예를 들어 기숙사는 갈등이 가장 많이 모이는 곳이라는 거예요. 거기서 생기는 갈등이 작업장에서 생기는 갈등보다 훨씬 더 많았습니다. 갈등의 양상에는 성별 차이도 있는데, 적어도 우리가 인터뷰한 내용을 보면 여성 노동자들의 기숙사에서 생기는 갈등이 남성 노동자들의 기숙사에서보다 더 많았습니다. 남성 노동자들은 주로 작업장에서나 식사하러 나갔을 때 다투곤 했어요. 반면 여성 노동자들의 갈등은 대부분 기숙사에서 일어났습니다. 이를테면 아침에 화장실을 쓰는 문제나 머리를 감느냐 마느냐 같은 사소한 일에서 비롯되죠. 이런 기숙사 내의 갈등은 종종 그들이 끊임없이 직장을 옮기는 이유가 되었습니다. 나중에 우리가 이 점을 분석해보니, 동료들 사이의 아주 작은 갈등조차 해결할 장치가 없기 때문에 이직만이 유일한 해결책이었던 거예요. 그래서 그들은 매우 높은 이동성을 보였고, 안정된 우정을 맺거나 함께 행동하는 것이 불가능했습니다.

우리는 그때까지만 해도 그런 점에 주목하지 못했습니다. 나중에야 알게 됐죠. 기숙사나 성중촌 같은 곳에 사는 노동자끼리는 거의 교류가 없다는 사실을요. 이건 참 이상한 일입니다. 노동자들뿐 아니라 일부 대학생이나 청년 아파트에 사는 사람들도 마찬가지입니다. 그들은 화장실과 부엌을 함께 쓰지만, 서로 이름만 아는 정도예요. 이런 일은 인류사에서 흔치 않은 현상일 겁니다. 그들은 완전히 사적인 공간에 있으면서도 낯선 사람으로 남아 있습니다. 서로 낯선 관계를 의도적으로 유지하는 거죠. 여기에는 낯섦과 낯섦화의 문제가 있는데, 둘은 서로 다릅니다. 낯섦화는 의도적인 거예요.

리 선생님께 여쭤보고 싶습니다. 선생님께서 사적인 공간에는 들어가지 않는다는 원칙을 가지고 계신 걸로 알고 있는데, 그 때문에 다큐멘터리에 기숙사 장면이 나오지 않는 건가요? 저는 늘 궁금했습니다. 그들은 그렇게 머리를 한 채 어떻게 잠을 자고, 그렇게 붐비는 기숙사에서 어떻게 생활하는지요? 또 함께 지내는 룸메이트들과의 관계가 그들의 자의식에도 영향을 미치지 않았을까요?

진입이 어려운 기숙사

리이판 첫째, 우리가 사마터들을 촬영하러 갔을 때, 공장이나 기숙사 안으로 들어가는 게 정말 어렵다는 걸 알게 되었습니다. 관리상의 이유로 외부인은 함부로 들어갈 수 없었죠. 그냥 잠깐 들어가는 정도는 어떻게든 됐지만, 촬영하는 건 거의 불가능했습니다.

둘째, 대부분의 사마터는 공장 안에 살지 않고 밖에서 작은 방을 빌려 지냈습니다. 공장 지역 근처는 집세가 비교적 저렴하거든요.

셋째, 저도 폭스콘 기숙사를 가본 적이 있는데 보통 한방에 여섯 명이 함께 살고 있습니다. 어떤 사람이 잠자러 돌아올 때면 다른 사람은 막 일하러 나갈 시간이죠. 서로 마주칠 틈이 거의 없습니다.

넷째, 많은 사마터가 제게 이런 얘기를 했습니다. 가령 한마을에서 다섯 명이 함께 일하러 왔다고 하면, 공장은 반드시 이들을 서로 다른 작업장이나 근무조로 배치한답니다. 한곳에 모이면 문제를 일으킬까봐 그렇게 하는 거예요.

제 생각에는 더 중요한 이유가 하나 있습니다. 요즘 사람들은 대부분 온라인에서만 소통하고, 자기만의 정보 거품 속에서 살고 있습니다. 가족이나 같은 고향 사람들과만 이야기하고, 남는 시간엔 게임하거나 잠을 잡니다. 주변 사람들과 굳이 관계 맺을 필요를 느끼지 못하는 거죠. 그때 제가 휴대폰으로 찍은 장면이 하나 있는데, 일하러 갈 준비를 하는 노동자들이 1000명, 2000명쯤 됐는데, 모두 한가지 일만 하고 있었습니다—전부 휴대폰을 보는 거예요, 서로 아무 말 하지 않고.

예전에 우리는 출퇴근하는 인파를 촬영하고 싶어했지만, 지금은 그렇지 않습니다. 노동자들은 15분 단위로 한 무리가 들어가고 15분 뒤 다른 무리가 나와서, 모든 게 아주 철저하게 구분돼 있습니다. 그래서 1000명, 2000명이 있어도 조금 지나면 몇 명이 들어가고, 또 조금 지나면 다른 몇 명이 들어가고, 전부 휴대폰만 보는 거죠. 사마터들이 서로를 모르는 것도 당연하다고 생각합니다. 그들의 연결은 휴대폰 속에서 이루어지고 있으니까요.

심지어 뤄푸싱과 안면을 튼 후에야 저는 그에게 오프라인 사마터 친구가 한 명도 없고, 오로지 온라인에만 있다는 것을 알게 되었습니다. 뤄푸싱은 대부분 침대에 누워서 휴대폰을 보고, 근무하지 않는 시간에는 아무것도 하지 않으며, 그냥 먹고 휴대폰만 본다고 해요. 저는 이것이 오늘날 현실에서 사람들 간의 연결이 줄어든 이유 중 하나라고 생각합니다.

공장이 밀집된 지역, 예를 들어 둥관 칭시에는 사마터들이 모이는 장소가 있어서 거기서는 연결이 좀더 많습니다. 평소 생활에서는 단지 머리카락이 조금 긴 정도로만 다릅니다. 하지만 주말이나 명절처럼 의례가 필요하고 밖에서 '과시'해야 하는 때가 되면 머리를 세웁니다. 둥관의 스파이石排, 칭시 같은 곳에서는 명절마다 많은 오프라인 활동이 조직되곤 합니다.

돤즈펑 참 우연이네요. 샹 선생님과 리 선생님이 같은 장소에서 다른 시기에 비슷한 조사를 하셨는데 방법은 달랐습니다. 두 분의 말씀을 통해 몇 가지 변화를 엿볼 수 있습니다. 하나는, 샹 선생님은 당시 기숙사가 갈등이 발생하고 직접 소통이 이루어지는 중요한 장소라는 것을 발견했지만, 리 선생님이 2010년경에 갔을 때 그 공간은 훨씬 더 분산되어 있었고, 심지어 기숙사에서 갈등이 생길 가능성이 직접적으로 사라지기도 했다는 점이에요.

낯섦과 낯섦화의 차이

샹뱌오 즈펑 선생님에 이어 두 가지를 덧붙이고 싶습니다. 첫째, 기숙사는 이제 완전히 잠만 자는 공간이 되었고, 사람들 사이에는 아무런 교류가 없습니다. 이건 예전 조사에서도 이미 징후가 나타났지만 지금은 훨씬 더 뚜렷해졌습니다. 둘째, 리 선생님이 말한 출퇴근 장면은 우리 조사 때는 볼 수 없었고, 그 정도도 아니었죠. 지금은 아마 생산 라인의 보급과 다양한 관리, 기술 수단의 활용 때문에 집단적으로 공장에 들어가거나 퇴근하는 장면이 사라진 것 같습니다. 우리는 이를 분배식이라고 볼 수 있을 듯합니다. 모든 것, 사람까지 포함해서 특정 시간에 특정 일을 하도록 가장 '합리적인' 상태로 고르게 분배된 거죠.

이건 제가 리 선생님 다큐멘터리를 볼 때 떠올린 개념 하나를 생각나게 했습니다. 바로 낯섦화입니다. 낯섦화와 관련해 간단히 몇 가지 말씀드리겠습니다.

첫째, 낯섦화는 하나의 지속적인 배치로 존재합니다. 간단히 말해 이런 기숙사 체제나 출퇴근 방식은 모두 인위적인 배치와 노력의 결과로, 사람들 사이의 만남을 최소화하도록 설계된 거예요. 그래서 사람과 사람 사이의 관계는 단순히 물리적 거리에서 오는 낯섦이나 서로의 익명성뿐만 아니라 의도적인 행동으로 낯선 상태를 유지하는 것이기도 합니다.

둘째, 제가 떠올린 낯섦화는 영어의 소외alienation와 관련 있습니다. 저는 왜 우리가 소외라는 개념을 갖고 있지 않은지, 그리고 공장에서 사마터들이 느끼는 이 감정을 설명할 다른 개념이 떠오르지 않는지 계속 생각했습니다. 물론 공장은 그들에게 익숙한 곳입니다. 생산 라인 작업이니까요. 하지만 다큐멘터리에 나오는 노동자들은 공장 정문 앞에 서 있어도 들어가고 싶어하지 않고, 배가 고파도 들어가려 하지 않습니다. 이런 의미에서의 낯섦화는 무엇을 의미할까요? 어떤 대상이 그와 관련이 없는 것뿐만 아니라, 그 의미를 이해할 수도 없고, 오히려 강한 압박감과 왜곡된 느낌을 주는 거예요. 저는 소외라는 의미에서의 낯섦화가 점점 더 심해지고 있다고 봅니다.

셋째, 흥미로운 점은, 이런 낯섦화 상황에 맞닥뜨린 사마터들이 무엇을 하고 있을까 하는 것입니다. 어느 정도 그들의 전략 역시 자기 낯섦화입니다. 자신을 아주 눈에 띄는 모습으로 꾸미고, 밖에 나가 '과시'하고, '거리를 휘젓는' 거죠. 다큐멘터리에서 저를 감동시킨 한 장면은, 그들이 이렇게 하는 주된 동기가 착한 아이들은 괴롭힘 당하니까, 스스로를 나쁜 아이로 만들면 괴롭힘 당하지 않는다고 말한 것이었습니다. 머리를 세우면 마음이 아주 안전하게 느껴진대요. 이는 스스로를 주류 사회가 보는 낯선 사람으로 만드는 겁니다. 단순히 익명의 낯선 사람이 아니라, 이상하게 눈에 띄는 낯선 사람이 되는 거죠. 이렇게 함으로써 자신만의 인정, 동의, 자신감을 얻는 거예요. 리 선생님은 사마터들이 이런 의례적 행동을 하며, 그들에게 강한 사회적 성격이 내포되어 있다고 말했어요. 그들은 가족처럼 지내고 있고, 거리에서 서로 알아볼 수 있죠. 이러한 자기 낯섦화는 하나의 대응 전략입니다.

또 한 가지 기억나는 장면이 있습니다. 다큐멘터리에서 한 남학생이 말했는데, 사마터 활동을 할 때 자신이 춤추는 영상을 찍었답니다. 이후 영상을 다시 봤을 때, 그게 자기 자신이라는 걸 전혀 알아볼 수 없었고, 오히려 그 춤추는 자기가 자신에게 가장 편하고 여유로웠다고 합니다. 그는 스스로를 완전히 낯선 사람으로 만든 거예요.

현재 중국 사회의 전반적인 상황은 첫 번째 의미에서의 낯섦화입니다. 다양한 비집단화, 분산화를 통해 사람들 사이의 관계를 의도적으로 낯설게 유지하는 상태가 형성되고 있습니다. 이것은 사실상 익명화입니다. 사람과 사람 사이가 연결되지 않고, 서로를 알지 못하며, 함께 무언가를 하지 않습니다. 모두 익명화되고 원자화되어 각 개체는 시스템 안으로 바로 흡수되고, 시스템과 개체가 직접 대응하며, 개체와 개체는 교류하지 않습니다. 이런 의미에서의 낯선 사람은 익명화·분산화, 혹은 원자화된 상태입니다.

익명화는 사실 하나의 통치 기술입니다. 하지만 문화심리적 측면에서 보면, 사회에서 낯섦화는 단순한 익명화가 아닌 이질화와 라벨링으로 나타나는 경향도 있습니다. 예를 들어 사마터가 스스로를 희화화하는 단계에서는 더 이상 익명의 사람이 아니고, 하나의 라벨이 형성돼요. 라벨이 생기면 그에게 다양한 의미가 강제로 부여됩니다. 이 논리 또한 주목할 만합니다. 우리가 원래 서로 몰랐던 사람, 익명이던 사람에게 어떻게 라벨을 붙이고 다양한 의미를 부여하는가 하는 문제인데, 이는 단순히 이해 부족·무지·차별이 아니며, 그 뒤에 감춰진 심리적 메커니즘은 매우 복잡합니다.

이 점에 대해 저는 리 선생님과 사마터들의 생각을 듣고 싶습니다. 어떤 사람들은 선생님이 '사마터사殺馬特史'를 찍었다고 말하지만, 선생님은 여기에 동의하지 않고, 본인이 찍은 것은 그들의 정신사, 개인 생활사라고 하셨죠. 단순히 사마터뿐 아니라 전체 90년대생 농민공을 다룬 거예요. 저는 전적으로 동의합니다. 선생님의 작품은 역사적 감각이 매우 강합니다. 처음 사마터를 만났을 때, 그들이 스스로를 희화화한다고 느꼈지만 나중에는 그들이 사회에 무엇을 선언하려는 게 아니라, 단지 자기 자신을 위해 볼 수 있는 뭔가를 만드는 것뿐임을 알게 되었죠. 그런데 그들이 낙인찍히고, 억압받고, 사라지면서 그렇게 두려워하게 되었고, 그 두려움 또한 매우 충격적이에요. 2017년, 그들은 콰이서우快手[8]에서 갑자기 많은 돈을 벌 수 있게 되었습니다. 그들의 태도는 애매했죠. 돈 벌 기회가 있다는 것은 나쁘지 않다고 생각했고, 다른 사람이나 같은 가족들도 후원하거나 응원해주었습니다. 하지만 동시에 이게 원래의 사마터가 아니란 것도 알고 있었습니다. 그들은 춤추고, 공연을 시작했으며, 때로는 어쩔 수 없이 스스로를 희화화해야 했습니다. 예를 들어 진흙탕 속에서 구르거나, 시멘트 위에 누워버리는 등 플랫폼에서 호응과 칭찬을 받기 위해서였죠.

제가 흥미롭게 생각하는 점은, 2017년 유료로 볼 수 있었던 사마터와 2013년 스스로를 희화하며 공격받았던 사마터가 모두 라벨링된 존재라는 거예요. 그렇다면 이 두 종류 사마터의 불일치를 어떻게 이해해야 할까요? 콰이서우에서 갑자기 인기를 얻은 사마터들은 마치 섬광처럼 잠깐 나타났다가 오래 지속하지 못했으며, 소수만이 계속 활동했습니다. 리 선생님, 콰이서우에서의 사마터를 어떻게 보셨나요? 그리고 그들 자신은 이를 어떻게 생각하고 있을까요?

8 주로 짧은 영상을 올리는 중국의 플랫폼.—옮긴이

콰이서우의 사마터

리이판 2013년경 스스로를 희화화하던 사마터들에 대해서는 제가 잘 알지 못하지만, 그때는 사실 직접적인 경제적 이익이 많지 않았습니다. 대부분의 사람은 성취감을 얻기 위해서 했죠. 그들은 인플루언서가 되어 사람들을 욕하면서 스스로 쾌감을 느꼈어요. 그런데 2016년과 2017년 콰이서우에 후원 기능이 생기면서 사마터 내부는 두 가지 의견으로 갈라졌습니다. 한쪽은 콰이서우에서 가발을 쓴 이들은 진정한 사마터가 아니라고 생각했습니다. 사마터는 '원교조적原教旨'이어야 한다는 거죠. 다른 한쪽은, 어쨌든 그들이 이런 활동을 하는 것은 사마터를 사랑하고, 사마터를 좋아하며, 사마터를 알리는 것이라고 봤습니다. 사마터가 여전히 존재한다는 것 자체가 대단하다는 거죠. 사실 후원하는 사람 대부분도 예전에 사마터였습니다. 심지어 한 아이는 한 달 월급이 3000위안 남짓이었는데, 자신이 좋아하는 사마터에게 후원하기 위해 5000위안을 썼습니다.

우리는 때로 사마터들이 단순히 동물처럼 자신을 표현한다고 오해하는데, 그건 그들을 제대로 이해하지 못한 거예요. 한 사마터가 제게 한 말이 특히 인상 깊었는데, 그는 생산 라인에는 역사가 없고, 사마터를 해야만 역사가 있다고 말했습니다. 그들은 이렇게도 말합니다. "기러기는 소리를 남기고, 사람은 이름을 남긴다." 그들은 자신의 존재 의미에 대해 큰 불안을 느끼고 있습니다. 저는 그들이 몸에서부터 시작해 사회와 시대, 개인적 처지에 대해 절망을 느낀다고 봅니다. 사실 그들의 희망은 더 허황될 수도 있습니다. 예를 들어 역사적 감각 같은 것이죠. 이 점에서 그들은 오히려 지식인과 더 비슷하다고 생각합니다. 그래서 우리는 여전히 그들을 진정으로 이해하지 못한 거예요. 일부 사마터가 라이브 방송을 하는 것도 전적으로 돈 때문만은 아닙니다.

오히려 최근 1~2년 사이 사마터들이 조금 변한 것 같습니다. 당시 뤄푸싱이 자신은 앞으로 어떻게 해야 할지 물었을 때, 저는 생계는 현실적인 문제니까 라이브 방송으로 돈을 벌어라, 공장에서 일하거나 이발 일을 하는 것보다 훨씬 수익이 높을 거라고 말했습니다. 그는 그 말에 크게 거부감을 드러냈죠. 자신이 수년간 쌓아온 이미지를 갑자기 팔아버리는 듯해 받아들일 수 없다고 했습니다. 하지만 지금은 한 회사에서 라이브 방송을 하면서 생활비를 벌고 있습니다. 저는 이 2년 동안 라이브 방송이 하나의 생존 수단이 되었다고 생각합니다. 제가 있는 대학의 한 반장에게 나중에 예술가가 되어야 한다고 말했더니, 그는 그게 매우 허황되다는 반응을 보였습니다. 그는 자신이 유행을 만드는 것이지, 왕훙[9]을 만드는 것은 아니라고 말했습니다. 유행을 만드는 것은 하나의 직업이고, 왕훙은 완전히 다르다는 거죠. 사마터 중에도 이런 관점으로 라이브 방송을 하는 사람들이 있습니다.

샹뱌오 리 선생님, 선생님 경험에 따르면, 콰이서우에서 어떤 종류의 영상이 후원을 많이 받나요? 콰이서우 시청자들은 무엇을 보고 싶어하는 걸까요? 그들이 공감을 하는 건지, 단지 멀리서 호기심을

9 인터넷 스타.—옮긴이

갖고 보는 건지, 아니면 우월한 위치에서 내려다보는 건지 잘 모르겠습니다.

리이판 다큐멘터리 「사마터, 너를 사랑해」의 시청률은 꽤 높았습니다. 하지만 실제로 이 다큐를 보거나 그에 대해 이야기하는 사람들은 대부분 도시의 대학생들이었죠. 사마터 중 일부는 보고 나서 매우 기뻐하고 감동을 받았지만, 다른 사마터들은 별로 할 말이 없고, 전혀 놀랍지 않다는 반응이었습니다. 청두시대미술관에서 이 다큐멘터리를 처음 상영했을 때, 한 사마터는 40분 만에 나왔습니다. 왜 더 안 보느냐고 물었더니, 자신이 너무 비참하게 느껴져서 볼 수 없다더라고요. 이 다큐에 공감할 수 있는 사람들은 4~5선 소도시 출신에 베이징, 상하이 같은 대도시에서 대학을 다닌 이들 같습니다. 이런 사람들은 대학 졸업 후 고향으로 돌아갈 수도 없고, 대도시에서 자리 잡기도 어렵죠. 사실 '탕핑'하는 건 아니지만, 적어도 재능을 발휘하지 못한 상태이기에 그들의 감정과 반응이 가장 강렬합니다.

샹뱌오 리 선생님이 말씀하신 내용은 저한테 정말 중요합니다. 제가 묻고 싶었지만 아직 하지 못한 질문에 답해주셨어요. 제가 제대로 설명하지 않았는데, 저는 사마터의 콰이서우화가 대체 무엇을 의미할까 생각하고 있었습니다. 사마터가 콰이서우에서 또 다른 라벨, 상징, 이미지가 된 것을 선생님은 어떻게 보시나요? 시청자들은 그를 경멸 사다리鄙視鏈(비스롄)[10]의 상위 이미지로 보고 있는 걸까요?

10 사회 각 분야에서 보이지 않는 등급이 나뉘고, 상위 그룹이 하위 그룹을 무시하거나 우월감을 느끼는 현상.—옮긴이

사람들이 콰이서우에서 사마터가 직접 찍은 짧은 영상을 보는 이유는 공감해서일까요?

리이판 2022년 저는 광시에서 뤄푸싱과 함께 콰이서우에서 활동하는 사마터의 두 번째로 큰 왕훙 그룹을 보러 갔습니다. 이들은 농촌에서 짧은 영상을 찍고 라이브 방송을 하는 그룹으로 열 명 남짓이었고, 광시 난닝南寧과 라이빈來賓 경계에 있는 한 마을에 살고 있었습니다. 우리가 도착했을 때 그들은 스포츠카를 몰고 마중 나왔고, 시골 밭길을 엄청 빠르게 달렸습니다. 그곳은 여전히 예전 시골의 허름한 집이었는데 내부는 엉망이고, 화려한 컴퓨터 몇 대가 갖춰져 있었습니다. 그들은 사실 꽤 부유하고 돈을 막 쓰기도 합니다. 다른 영상들도 많이 찍는데, 이제는 사마터와 큰 관련이 없습니다. 예를 들어 그들은 좡족이라서 영상에서 류싼제劉三姐를 흉내 내며 노래를 주고받기도 하죠. 오늘날 사마터식 자기 희화화와 패러디는 온라인 라이브 방송에서 시선을 끌고, 유행을 만들며, 돈을 버는 하나의 일반적인 방법이 되었습니다. 우리가 처음 생각했던 인터넷상의 자기 희화화는 다른 사람들이 사마터를 비하하는 것이었지만, 지금은 전혀 다릅니다. 사마터들도 이 점을 잘 알고 있으며 이제는 자기 희화화를 이용해 수익을 내기 시작했습니다.

그 광시 아이들은 예전에는 사마터였지만 지금 그들이 하는 일은 사마터와 아무 관련이 없고 머리 모양도 신경 쓰지 않습니다. 대신 농촌식 유머를 다루고 있죠. 제가 구이저우에서 촬영할 때 600만 팔로워를 가진 전 사마터를 만난 적이 있습니다. 그는 아주 외딴 산골에서 영상을 찍는데도 여전히 많은 사마터가 그를 찾아와 '긍정 에너지의 코미디 영상' 촬영법을 배우고자 했습니다. 물론 이런 배우기 과정은 유료입니다. 현재 온라인에서 여전히 스스로를 사마터라고 부르는 사람들은, 제가 예전 촬영 때 본 사마터와는 완전히 달랐습니다.

각자에게는 모두 긴박감이 있다

돤즈펑 자기 희화화와 관련해서, 처음에는 그들이 아마 자기 희화화를 하는 것이 아닐 거라고 생각했습니다. 하지만 이야기를 나누다 보니 오늘날의 상황에서는 오히려 그들이 진짜로 자기 희화화를 시작했다는 것을 알게 되었죠. 이것은 인터넷의 발전이나 변화와도 관련이 있습니다.

예를 들어 '댜오쓰' '주차이' '비주류'는 초기 인터넷 개념입니다. 어떤 면에서는 네티즌들이 어렴풋한 기준으로 다른 사람들을 분류한 것이고, 동시에 네티즌들이 사회가 어떻게 작동하는지 이해하는 방식이기도 합니다. 지금까지 이런 상황은 계속 확장되어 라벨은 점점 더 다양해지거나 깊어지고 있습니다. 예를 들어 '댜오쓰'는 톄바貼吧[11]와 함께 생겨났습니다. 그런데 톄바가 쇠퇴한 후 이런 용어는 거의 쓰이지 않고 다른 인터넷 용어들이 등장했습니다. 이 인터넷 용어들은 현재 사회에서 다른 사람을 이해하고 정의하려고 시도합

11 바이두에서 제공하는 SNS 플랫폼.—옮긴이

니다. 저는 이런 발전 과정을 연결해서 보는 것이 매우 흥미로워요.

샹 선생님께서 말씀하신 콰이서우화 문제와 관련해 리 선생님께 한 가지 질문을 드리고 싶습니다. 선생님은 다큐멘터리를 찍을 때 영상 자료를 정보 전달의 방식으로 사용하시잖아요. 그렇다면 같은 사마터를 다룬 영상이라도 선생님이 찍은 것과 사마터들이 직접 찍은 것은 왜 서로 다른 반응을 불러일으킬까요? 선생님의 영상은 성찰을 불러일으키지만 사마터들의 영상은 자기 희화화에 빠지거나, 혹은 자기 비하를 통해 유행과 수익을 얻는 방식이에요. 이 둘 사이의 차이는 어디에 있을까요?

리이판 사실 우리가 처음 사마터들에게 다큐멘터리를 찍겠다고 했을 때, 대부분의 사마터는 다큐멘터리가 뭔지 몰랐고 이해하지 못했습니다. 그래서 뤄푸싱이 통역을 도왔죠. 그가 다큐멘터리는 긴 영상이라고 설명해야 이해했습니다. 그들은 다큐를 따로 본 적도 없고 관련 지식도 없었습니다. 지금 둥관 스파이 지역에도 영화관이 있는데 많은 사마터에게 가본 적 있냐고 물으니, 왜 오락을 돈 주고 해야 하냐고 묻더라고요. 휴대폰으로도 충분히 즐길 수 있다면서요. 한 장에 19위안짜리 인터넷 카드 하나만 사면 뭐든 할 수 있다고 했습니다. 즉 그들에게 다큐멘터리나 긴 영상은 별로 와닿지 않았습니다. 저는 그들에게 각자 더 긴박한 일이 있다고 생각합니다. 사람마다 처지가 다르니까요. 예를 들어 저는 뤄푸싱이 라이브 방송을 하는 것을 크게 지지했습니다. 그에게 우리와 함께 배우거나, 예술가가 되거나, 다큐멘터리를 만들라고 말하지 않았습니다. 사람마다 각자의 과제가 있고, 자기만의 긴박감이 있는 거예요.

두 가지 이야기를 해볼게요. 자기만의 긴박감이 있다는 게 무슨 의미인지에 대해서입니다.

제 학생 한 명은 2004학번이고, 2008년에 졸업했습니다. 그해 어떤 화랑에서 그와 계약하고 싶어 10만 위안을 제안했습니다. 당시 10만 위안은 적지 않은 금액이었는데 그는 한 달 동안 망설이다가 돈을 돌려줬습니다. 그 후로 저는 그가 계속 사업을 하고, 인테리어를 하고, 벽화를 그리는 등 늘 거리에서 뛰어다니는 모습을 봤습니다. 저는 그의 선택을 잘 이해하지 못했죠. 몇 년 후 그의 사업은 꽤 잘되었고, 집도 사고, 차도 사고, 아내와 아이도 생겼습니다. 어느 날 술자리에서 그는 저에게 어떻게 학교에 다니게 되었는지 이야기했습니다. 그는 대학시험을 매우 잘 봤고, 장시성에서 상위권이었대요. 시험이 끝나고 성적이 나오기 전에 광저우의 한 유명한 미국 치약 회사에서 치약을 포장하는 일을 하러 갔답니다. 떠날 때 어머니가 그에게 말했대요. 입학 통지서를 받으면 돌아오고, 못 받으면 계속 치약을 포장해, 그리고 평생 치약 포장 일을 하도록 해.

두 달 후 그는 입학 통지서를 받고 마을로 돌아왔습니다. 2004년 쓰촨미술대학 유화과 1년 학비는 1만5000위안이었고, 기숙사비 1800위안을 합쳐 총 1만6800위안이었습니다. 하지만 그가 아르바이트로 번 돈과 집안 저축을 합쳐도 2000~3000위안밖에 안 됐습니다. 그래서 집에서는 돼지 두 마리를 잡고, 마을에서 같은 성씨 사람들이 사당에 모여 '입학 식사'를 함께 했습니다. 거기서 약 1만 위안 가까운 축의금을 받았는데, 50위안짜리 지폐 한 장조차 없이 전부 잔돈이었답니다. 그의 어머니는 친정에 가서 세 명의 삼촌에게 각

2000위안씩 빌려서야 1만6800위안을 겨우 마련할 수 있었습니다. 그가 입학할 때 아버지는 가장 싼 휴대폰 하나만 사주고 돌아갔죠. 그는 그때 수업에 자주 빠졌는데, 나중에야 알게 된 사실은 그가 화장실 청소를 하는 근로장학생이었기 때문입니다. 당시 그의 긴박감은 우리와 달랐던 거죠.

또 다른 이야기로, 제가 「향촌 당안鄉村檔案」을 촬영할 때, 마을의 늙은 회계사가 항상 자기 아들 자랑을 했습니다. 아들은 전문대를 졸업했고, 충칭의 한 오토바이 부품 회사에서 일하며, 월급이 5000위안이라는 거예요. 장래에는 완저우萬州에 부모님 집을 사줄 예정이라면서, 아들은 마을 전체의 자랑거리가 되었습니다. 이것 또한 그의 아들의 긴박감이에요. 그의 미션은 우리와 완전히 다릅니다.

우리 중 일부는 어릴 때 비록 고기를 많이 먹지 못했지만 굶주린 적이 없고, 부모님도 우리에게 돈을 벌어 집안에 보태라고 한 적이 없습니다. 오히려 우리가 버는 돈이 충분한지 물었을 뿐이죠. 저는 저 같은 도시 청년이나 지식인 중 상당수가, 제 학생이나 늙은 회계사의 아들이 겪는 그런 압박을 경험하지 않았기 때문에 우리 사고를 외부 세계에 더 많이 집중할 수 있는 거라고 생각합니다.

뤄푸싱의 어머니가 밖에서 청소 일을 할 때 팬데믹 때문에 수입이 예전의 절반밖에 안 됐습니다. 그런데 뤄푸싱은 아주 뿌듯해했죠. 지금 자신은 어머니에게 용돈을 줄 능력이 있기 때문입니다. 이것이 바로 그의 처지예요.

제 처지에서, 주변의 일부 지식인이 오랫동안 자료만 뒤지고 직접 검증은 하지 않는 모습을 보면서 저는 답답해졌어요. 이것이 제 긴박감이었죠. 저는 오늘날 중국에서 발생한 일을 제대로 이해하려면 먼저 실증해야 한다고 생각합니다. 그래서 사마터를 촬영하기 전 다른 성 출신 청년들을 찍을 때 직접 경험을 강조했고, 당시 '이차 경험 반대'라는 구호도 내세웠습니다. 많은 사람의 경험이 모두 이차, 삼차, 심지어 몇 차 경험인지 알 수 없는 정도였기 때문입니다.

즉, 제가 사마터를 촬영할 때는 이런 긴박감을 안고 있었습니다. 제 처지에서는 반드시 이 일을 해야 했고, 따라서 제가 찍은 영상은 그들의 것과 확실히 다릅니다. 또 제가 찍은 내용은 지식인을 대상으로 연구할 때도 유용합니다. 저는 이것이 처지와 크게 관련 있다고 생각합니다. 만약 우리가 사마터의 처지를 이해하지 못한다면, 사마터를 볼 때 저렇게 머리를 하고 어떻게 잠을 자지 싶어서 이상하게만 느낄 거예요. 하지만 가까이 다가가 그들의 처지를 이해하려고 하면 그들이 미친 것이 아님을 믿게 되고, 평가도 완전히 달라집니다.

돤즈펑 리 선생님 말씀 훌륭합니다. 영상은 단순히 촬영 대상에 관한 것만이 아니라 촬영자의 처지와도 관련이 있습니다. 영상은 한편으로는 절박한 생존 상황을 보여줄 수 있고, 다른 한편으로는 선생님의 다큐처럼 오늘날의 문제에 대해 응답할 수도 있죠. 정말 진솔한 답변입니다.

방금 말씀하신 '직접 경험'이라는 개념을 좀더 설명해주실 수 있나요? 이게 우리가 낯선 사람을 바라보는 방식과 관련이 있을 것 같습니다. 아까 말씀하셨듯이, 추상적으로 바라보는 것이 아니라 실증적인 방법이 필요하다는 거죠.

리이판 예를 들어 사마터를 촬영할 때 처음에는 꼭 둥관 스파이에 머물 필요가 없다고 생각했습니다. 그냥 그 사람들을 인터뷰하면 된다고 봤죠. 하지만 나중에 깨달았습니다. 반드시 스파이에 머물러야 한다는 것을요. 그곳에 있어야만 사마터가 처한 환경을 직접 체험할 수 있거든요. 끝없이 펼쳐진 공장, 어디에서나 절어 있는 기름 냄새, 하루 종일 울리는 굉음. 직접 체험한 느낌은 완전히 달랐습니다.

공장 부분 촬영을 마치고 저는 그들의 고향도 살펴봐야 했습니다. 제가 처음 구이저우와 윈난의 산골에 간 것은 1985년, 쓰촨미술대학 부속고등학교에 다닐 때였습니다. 선생님이 우리를 데리고 향토 회화를 하러 간 거죠. 2005년「잠겨버림」촬영을 마치고「향촌 당안」을 찍을 때 다시 한번 그곳에 갔습니다. 그런데 또 10년이 지나, 저는 여전히 그곳에 가서 그들의 고향이 정말 변했는지 보고 싶었습니다. 이 일이 중요한 이유는 제가 촬영한 여러 방면의 자료들이 가진 무게가 어떤 것인지 진정으로 이해하게 해주기 때문입니다.

예를 들어「사마터, 너를 사랑해」장편을 촬영하다가 중간에 갈라쇼의 한 영상 섹션에 참여해야 해서 먼저 22분짜리 단편을 편집했습니다. 이 단편의 핵심 주제는 “미적 자유가 모든 자유의 출발점이다”였습니다. 하지만 제가 공장과 그들의 고향을 다녀온 후, 최종 편집한 장편에서는 각 요소의 비중이 처음 생각과 완전히 달라졌습니다. 가령 영상 속 공장 표현에는 기계적인 반복이 많아요. 이는 반드시 그렇게 반복해야만 당시 제가 느낀 감정을 전달할 수 있었기 때문입니다. 만약 제가 공장에 직접 가지 않았다면 공장 촬영은 대충 넘어갔을 거예요. 고향 부분도 마찬가지입니다. 그들의 고향에 가지 않았다면 아마 '남겨진 아이들' 부분을 이렇게 큰 비중으로 편집하지 않았을 거예요. 제가 직접 그들의 고향에 가서 봤기에 새로 지은 집 한 채, 거의 텅 빈 집 안, 침대 위에서 할아버지, 할머니와 아이들이 모두 휴대폰으로 영상을 보고 있는 모습을 봤던 것입니다. 그저 이야기만 듣는 것이 아니라 그 환경 안에 직접 있으면서 자연스럽게 작품 속 각 요소의 비중을 바꾸게 된 거예요.

그래서 저는 이런 직접 경험을 매우 강조합니다. 현장에 가봤는가? 냄새를 맡아봤는가? 그들과 함께 밥을 먹어봤는가? 이런 경험들은 확실히 다릅니다.

돤즈펑 방금 리 선생님이 언급한 몇몇 장면은 저로서는 정말 상상하기 어렵습니다. 이를테면 그들이 스포츠카를 몰고 밭길을 달리는데 집은 매우 허름한 그런 장면이죠. 많은 의문이 생겨요. 돈이 있는데 왜 주거 환경을 더 좋게 만드는 대신 스포츠카에 쓰는 걸까? 반드시 직접 봐야 그 복잡한 장면이 실제로 어떤 모습인지 알 수 있을 것 같습니다.

저는 선생님의 다큐멘터리 촬영이 정말 오랜 시간에 걸쳐 있다는 것을 알게 되었습니다. 심지어 연 단위로도 설명할 수 없을 정도죠. 그래서 묻고 싶습니다. 촬영하지 않을 때는 뭘 하고 계신가요? 예를 들어 사마터가 있는 공장처럼 아주 복잡한 환경에서는 어떻게 흥미로운 지점을 찾아내나요? 사실 그 환경에 완전히 묻혀버리면 아무것도 두드러지지 않잖아요. 중요한 지점은 결국 그 속에서 추려내는 것이고요.

리이판 우리 세대처럼 예전에는 모두 엘리트 교육을 받았죠. 제가 대학 1학년 때, 간양甘陽 선생님이 사회학 강의를 했는데, 저는 한마디도 알아듣지 못했습니다. 하지만 베이징에서 학교를 다녔기 때문에 베이징사범대나 베이징대학에서 어떤 교수의 강의든 들을 수 있었습니다. 우리는 이런 배경에서 자랐습니다. 예술계에서도 최고의 평론가 후추이하이胡吹海와 자유롭게 이야기할 수 있었죠. 지식을 얻는 데 부족함이 없었습니다. 저는 이런 지식 체계를 이해하는 것도 필수라고 봅니다. 사회학과 인류학 책도 봤죠. 예를 들어 1980년대 후반에는 『황금가지』를 읽었습니다.[12] 저는 판단 능력을 이미 갖추고 있었지만 그것만으로는 일을 할 수 없었어요.

제가 정말로 움직이기 시작한 것은 「잠겨버림」을 촬영할 때입니다. 2000년 전후, 제가 충칭에 돌아갔을 때 눈앞에는 많은 실업자가 보였습니다. 그들은 사소한 일에도 도로를 막곤 했죠. 그제야 저는 현대화의 대가를, 구체적인 한 명 한 명에게서 나타나는 대가를 진정으로 체험하기 시작했습니다. 그들이 왜 이 대가를 기꺼이 치르는지, 혹은 치를 수밖에 없는지를요. 저는 대학 졸업 후 광저우로 배치되어 일했고 생활은 괜찮았습니다. 우리는 1960년대생으로, 굶주림이나 가난이 뼛속 깊이 새겨진 기억은 있지만, 이 사회가 나 같은

12 『황금가지』는 영국의 인류학자 제임스 프레이저가 저술한 인류학 저작으로, 1890년에 출간되었다. 주술과 원시적 관습을 연구한 책으로, 원시 종교, 신화, 주술, 의례, 원시인의 심리를 탐구하며 원시인 개인의 주체적 활동을 살펴보고 종교의 기원을 탐색한다. 프레이저는 인간의 사유가 진화하는 일반 과정으로 주술 단계-종교 단계-과학 단계라는 발전 모델을 제시했다. 또한 역사적 비교 연구 방법을 활용해 세계 각 민족의 원시 신앙 자료를 체계적으로 정리하고, 이를 바탕으로 하나의 엄밀한 체계를 구축했다.

사람을 굶겨 죽일 리 없다는 걸 알고 있었죠. 하지만 금세 깨달았습니다.

충칭에 돌아가 보니, 투완土灣 방직 노동자 구역에 많은 실업자가 생겼습니다. 우리 친척 한 집도 대여섯 식구가 한 공장에서 동시에 실직했죠. 이 일은 제게 큰 충격이었고, 제 지식과 현실 사이에 커다란 간극이 있다는 것을 깨닫게 해줬습니다. 호기심 때문일 수도 있고, 제 직접 경험과 지식 사이에 단절이 생겼기 때문일 수도 있습니다. 당시 제 지식으로는 이 일을 설명할 수 없었기에 반드시 알아야겠다 싶었죠. 나중에 깨달은 것은, 지식 생산은 이미 있는 지식 속에서 나오는 것이 아니라 바로 이런 단절 지점에서 생겨난다는 것입니다. 그래서 저는 그곳에 가서 판단하고 느끼고자 했습니다.

다큐멘터리를 찍을 때도 먼저 작은 계획을 세웁니다. 계획이 없으면 뭘 찍어야 할지 알 수 없으니까요. 하지만 그 계획은 10일, 20일마다 현실에 의해 깨지곤 해서 계획을 재조정해야 합니다. 현실은 계획대로 움직이지 않으니 저는 계속해서 계획을 새로 세우고, 이걸 왜 찍나, 어떤 의미가 있나를 스스로에게 끊임없이 묻습니다. 이렇게 고민하며 일을 해나가죠.

돤즈펑 이 부분은 류샤오둥 선생님이 언급한 것을 떠올리게 합니다. 그의 관찰은 처음에는 직관에 의존할 수밖에 없고, 무엇을 그려야 할지 바로 포착해야 했죠. 이 두 상황을 함께 이해하면 꽤 흥미로워요. 오랜 시간 그 속에 몸담으면서 끊임없이 수정해나가는 과정이니까요.

사마터와 부모 세대의 간극은 해소될 수 있을까

샹뱌오 리 선생님 말씀을 듣고 난 뒤 제가 느낀 점을 간단히 정리해 보겠습니다.

첫 번째는 단절, 즉 지식의 단절입니다. 많은 젊은 친구가, 저 자신을 포함해서, 흔히 겪는 큰 문제 중 하나는 이 단절을 보지 못한다는 것입니다. 머릿속이 몇 마디 말이나 이른바 이론으로 가득 차 있어 직접 경험이 충격을 주지 못하게 되는 겁니다. 직접 경험이 자신에게 충격을 주는 것은 결코 즐거운 일이 아닙니다. 왜냐하면 세계관이 조금 흔들릴 수 있기 때문이죠. 그래서 사람은 본능적으로 눈으로 본 것을 빠르게 기존 인식에 맞게 길들입니다. 이 일은 매우 쉽게 일어납니다. 모든 강력하고 주류적인 지식과 담론이 계속 힘을 발휘하는 이유도 바로 여기에 있습니다. 이미 있는 담론 체계로 우리는 쉽게 삶이 평온하다고 느끼니까요. 그래서 저는 단절에 주목하게 되었습니다. 방금 리 선생님이 말씀하신 단절은 한 번에 메워질 수 있는 게 아니에요. 가장 흥미로운 점은 단절이 겉으로 보이는 균열 한 가닥이 아니라, 들어가보면 바닥없는 구멍 같아서 끊임없이 수정해 나가야 한다는 거예요. 하지만 재미도 바로 여기에서 옵니다. 그래서 우리는 낯선 사람을 볼 것을 적극 권장합니다. 단지의 경비원이나 아침 장사를 하는 이들처럼 주변 사람들을 보는 거죠. 한 번에 다 보려 하지 말고 계속해서 관찰해야 합니다. 매번 새로운 것을 발견하게 되며, 기존 이해와 다를 수도 있습니다. 이 과정은 정말 흥미로운 경험이 될 거예요.

두 번째는 리 선생님이 말한 직접 경험입니다. 저는 이것도 매우 중요하다고 생각합니다. 우리가 실제로 공장 옆에 앉아 8시간 동안 이어지는 기계 소음을 견디지 않는다면 그 감각이 어떤지 상상조차 할 수 없을 거예요. 물론 연구를 하지 않거나 다큐멘터리를 찍지 않는다면, 그런 경험을 실제로 하기는 어렵습니다. 하지만 낯선 사람을 이해하려면 최소한 그 사람이 그 일을 할 때 어떤 기분일지 상상할 수 있어야 합니다. 즉, 상상 속에서나마 몸으로 느끼는 경험을 가져야 한다는 거예요.

방금 즈펑 선생님이 질문했듯이, 리 선생님의 작품과 사마터의 자기 표현이 왜 다른가에 대한 답을 저는 세 번째 요점에서 찾을 수 있다고 봅니다. 바로 리 선생님이 말한 처지입니다. 우리는 그들의 감정과 행동을 그들의 처지 속에 놓고 관객에게 하나의 상황을 제공하죠. 이건 단순한 상황이 아니라 당시의 배경, 역사, 주변 환경까지 포함된 것이에요. 이게 바로 우리가 부근을 강조하는 이유입니다. 부근을 이해한다 함은 이런 일들이 어떤 처지에서 발생하는지를 아는 것이죠. 먼저 구체적이고 가까운 상황을 포착한 뒤 이것을 확장해야 합니다. 리 선생님이 말씀하셨듯이 고향에 돌아가서 무엇을 봤는지, 고향 집을 보고 자전거를 수리하는 사람의 행동을 단번에 이해하게 된 것처럼요. 이렇게 부근을 보면서 새로운 이해가 생기는 거죠. 리 선생님께 매우 감사드리는 바입니다. 우리에게 일종의 시범을 보여주신 셈이니까요.

또 리 선생님께 꼭 하고 싶은 질문이 있습니다. 다큐 전체에 걸쳐 주된 흐름은 공장이지만 부차적인 흐름은 가족 관계입니다. 결국 다큐는 가족 관계, 그들의 남겨진 정체성, 부모와의 관계로 끝나죠. 이것이 많은 생각을 하게 만듭니다. 다음 세대는 어떻게 될까? 사회는 어떻게 앞으로 나아갈까? 제가 조금 '평범한' 질문을 하나 드리자면, 이 사마터 청년들이 점차 부모 세대 나이에 이르면 부모와 이른바 화해하려는 의지가 생길까요? 아니면 그건 불가능하다고 보시나요? 혹은 남겨진 세대의 상처가 서서히 아물 방법이 있을까요?

리이판 솔직히 저도 잘 모르겠습니다. 먼저 그들이 자기 부모 세대를 천천히 이해해야 한다고 생각합니다. 예를 들어 사마터들에게는 '25세 이후에는 사마터를 하지 않는다'라는 말이 있습니다. 물론 그 나이가 넘어서도 사마터를 하는 사람이 있지만 극히 드물고 특별히 집착이 강한 사람들입니다.

왜 25세가 특히 중요한 경계일까요? 공장은 48세 이상을 채용하지 않습니다. 즉, 부모 세대는 그 나이가 되면 마을로 돌아가야 한다는 뜻이죠. 부모가 마을로 돌아간 뒤, 사마터들은 가정을 부양해야 할 책임을 지기 시작하고, 심지어 부모의 노후를 책임져야 하는 문제에도 직면합니다. 제가 아는 몇몇 사마터는 모두 집으로 돌아가고 싶어했습니다. 자녀들이 본인처럼 방치된 상태에서 자라지 않도록, 집에서 아이와 함께 성장하겠노라고 다짐했죠. 하지만 실제로 많은 사람은 몇 개월 혹은 1년 정도 있다가 다시 일하러 나갑니다. 특히 경제 상황이 좋지 않으면 오히려 일하러 나가는 사람이 더 많습니다. 때로 마을에서 어장이나 투계장을 운영하거나, 진 또는 현에 가서 단기로 일을 하기도 하지만, 거의 성공하지 못하죠. 몇 년 전까지만 해도 농촌에 건설 공정이 있어 일거리가 조금 있었지만 최근 몇 년간은 그런 일이 줄어 다시 둥관이나 저장 등지로 일하러 나가게 되었습니다.

저는 이 과정에서 그들이 부모 세대의 선택[13]을 서서히 이해하게 될 거라고 생각합니다. 하지만 부모와의 정서적 유대는 잘 형성되지 않습니다. 어린 시절의 정서는 조부모가 채워주었기에 부모에 대한 신뢰, 성격을 맞춰나가는 것, 서로 간의 친밀한 관계를 쌓는 일은 이미 너무 어렵습니다. 그들이 부모 나이에 이르고 자신이 외지에서 일하며 아이를 집에 맡기게 된다면 비로소 부모 세대의 선택을 이해하게 되겠지만, 그뿐이에요.

돤즈펑 방금 샹 선생님도 말씀하셨듯이, 사마터는 사실 청춘 시기나 나이와 매우 직접적인 관련이 있습니다. 이 나이대가 지나면 그들의 처지 자체도 변합니다. 저는 20세에서 30세까지가 성장과 노화가 동시에 일어나는 시기라고 생각합니다. 이 나이대 사람들은 분명히 변해가는 과정을 경험하고 있습니다.

지식과 처한 환경의 단절

샹뱌오 저는 리 선생님이 실증 연구에 대해 어떤 기대를 갖고 있는지, 구체적인 연구 주제도 몇 가지 알려주실 수 있는지 정말 궁금합

13 부모가 자신을 농촌에 남겨두고 도시에 일하러 가서, 자신은 조부모와 살며 힘든 유년기와 청소년기를 보낸 경험, 그로 인한 부모와의 거리감을 말함.—옮긴이

니다.

리이판 사실 저도 아직 탐색 중입니다. 오랜 세월 형성된, 책만 보면 된다는 판단을 극복하려 노력하고 있죠. 현대 미술에서 미학적 패러다임, 관람 방식, 시각적 패러다임 대부분이 서양에서 왔고 번역 문제를 포함한 여러 요인이 우리의 오독을 만들어내기도 합니다.

저는 예술계에서 많은 활동을 하면서 예술이 사회 속으로 들어가야 한다는 점을 계속 강조해왔습니다. 우리는 조금이라도 흥미로운 것을 창조해야 하고 완전히 지식 체계에 갇힌 사람이 되어서는 안 됩니다. 한 사람은 먼저 자기만의 핵심 지식을 형성해야 합니다. 저는 학생들에게 자주 묻습니다. "결국 너는 무엇을 하려고 하니?" 이 질문이 매우 중요합니다. 저는 단순히 어떤 글에서 예술이 어떠해야 한다고 쓰여 있다고 해서 믿지 않습니다. 그런 걸 믿지 않습니다.

저는 우리 교육이 책 속 지식을 너무 맹신하게 만든다고 생각합니다. 그래서 많은 사람이, 학생이든 지식인이든 문 앞 경비원이 무슨 일을 하는지조차 모르고 왜 채소를 파는 사람이 채소를 팔러 오는지도 모릅니다. 제가 사는 곳은 도시와 농촌이 만나는 경계 지역인데, 거기서 허름한 작은 땅을 가지고, 어떤 노인들은 꼭 농사를 지으려 하고, 또 채소를 팔러 나갑니다. 사실 거의 돈도 되지 않는데, 왜 그 일을 하는 걸까요? 아무도 이런 질문을 하지 않아요, 그 자신조차요. 제가 많은 사람에게 물어봤더니, 그들이 그 땅을 가꾸는 것은 의미 있는 일이고, 그로 인해 자신이 아직 늙지 않았고 여전히 가치 있다고 느낀다더군요. 우리는 그저 그들이 돈만 밝히는 줄 알았지만 사실 그렇지 않았습니다. 많은 사람은 이렇게 생각하는 법을 모르고,

때로는 그냥 당연시할 뿐입니다.

이게 제가 하루 종일 분주하게 움직이는 이유입니다. 다큐멘터리를 찍지 않을 때는 사회적 예술 운동을 합니다. 저는 개인전을 하나 열었는데 이름을 '환상에 저항하다'라고 지었습니다. 이 이름을 붙인 이유는 제가 어릴 때부터 대학 안에서 자랐고, 대학생활도 수월하게 했으며, 돈 버는 것도 힘들지 않았기 때문이에요. 이렇게 순조롭고 지루하게 살아온 제가, 그저 책만 읽는다면 너무 재미없다고 느꼈습니다. 결국 뭔가를 발견해야 한다고 생각했죠.

돤즈펑 리 선생님이 말씀하신, 지식과 우리가 처한 환경 사이의 단절이라는 주제를 이어가자면, 저도 제가 자란 환경을 이해할 수 없다는 것을 깨달았어요. 제게 그 환경은 공백이고, 설명해줄 지식이 필요했습니다. 예를 들어 '댜오쓰'나 다른 몇 가지 개념에는 주변을 이해하려는 동기가 숨어 있습니다. 제 지식으로 누군가가 어떤 사람인지 설명할 수 없을 때, 저는 항상 하나의 단어를 필요로 했고, 그 단어가 주변을 해석하는 방식이 되었습니다. 하지만 분명히 그 방식은 사람을 분류하면서 지나치게 단순화된 방향으로 흐르기도 합니다.

리 선생님의 다큐 「잠겨버림」을 볼 때면, 만약 제가 다큐멘터리를 찍는 사람이라서 그 환경 속에 던져진다면, 대체 무엇을 찍고, 그 사람들을 어떻게 바라봐야 할까를 상상하곤 합니다. 한편으로 이 다큐멘터리의 소중한 점은 몇 가지 세부 사항을 남겨두었다는 것입니다. 어떤 장면은 어린 시절 아버지를 따라 공장에 돈을 받으러 간 기억 같은 것도 떠올리게 합니다. 다른 한편 저는 그 안에서 무엇을 분석할 수 있을까요? 이것은 다음 문제, 즉 우리가 일상생활에서 사람을 어떻게 바라보는지와 관련이 있습니다. 또한 리 선생님께 묻고 싶은데, 촬영 현장에서 몰입해서 바라보는 것과 일상생활에서 바라보는 것 사이에는 차이가 있을까요?

그들의 생활 현장에 가자

리이판 「잠겨버림」을 찍은 뒤 저 자신이 많이 달라졌습니다. 예전에는 미술대학에서 학생들에게 영화 수업을 할 때 가르치는 지식은 오로지 영화에 관한 것뿐이었고 몽타주가 뭔지, 어떻게 편집해야 하는지 등 모두 고전을 기준으로 설명했습니다. 그런데 「잠겨버림」을 찍고 나서는 사람에 대한 이해가 생겼고, 이후 학생들에게 수업할 때 일상생활, 영화, 현대 미술 등 다양한 지식을 연결해서 가르칠 수 있게 되었습니다. 얼마 전에도 누군가 자료를 복사하려 해서 「잠겨버림」 테이프를 다시 꺼내 봤는데, 처음 다섯 개의 테이프는 전통 다큐멘터리 시각과 똑같았지만 나중으로 갈수록 완전히 달라졌고, 그 부분이 특히 인상 깊었습니다. 촬영할 당시 저는 갑자기 뭔가 잘못됐다는 느낌을 받았습니다. 익숙하게 규율화된 시각으로 보는 것은 실제 일상 경험과 완전히 달랐기 때문입니다. 그래서 나중에는 촬영하면서 기존 방식에서 과감히 벗어났습니다. 예를 들어 붐 마이크를 제거하고 마이크로 무작위 녹음을 했습니다. 붐 마이크가 있으면 사람들의 행동이 변하기 때문에 저는 소리를 희생하더라도 사람 그대로를 담고 싶었습니다. 또 처음에는 밤에 조명을 켜서 촬영하려 했지만 나중에는 조명을 켜지 않았습니다. 덜 보이더라도 그들이 변하는 것보다는 있는 그대로를 담고 싶었기 때문입니다. 이런 모든 변화는 현장에서 천천히 익숙해지고 분석하면서 나온 결정이었습니다.

한번은 한 학생이 저를 찾아와 카메라를 고장 냈다면서 하루 종일 8시간씩 촬영했다고 말했습니다. 저는 학생한테 「잠겨버림」을 촬영할 때 저는 300일 동안 단 143시간만 촬영했다고 말했습니다. 하루에 채 반시간도 안 되는 분량입니다. 사실 저는 매일 일찍 나가고 늦게 돌아왔지만 모든 시간을 다큐 감독의 시각으로 촬영한 것은 아니었습니다. 그곳에서 생활하는 평범한 사람의 시각으로 참여하고 관찰한 시간이 훨씬 더 많았습니다. 예를 들어 어떤 노인이 제게 손가락으로 점 세는 법掐指一算을 가르쳐줬는데, 처음에는 왜 손가락 세 개만 쓰는지 전혀 몰랐습니다. 알고 보니 그건 바로 구궁九宮과 관련된 것이었고, 그 과정에서 저는 이 노인에게 가르침을 받았습니다.

저는 하루에 12시간을 바쁘게 보내지만 실제로 촬영하는 분량은 단 30분에 불과했습니다. 나머지 11시간 30분은 그들과 함께 시간을 보내며 놀았습니다. 그들이 앉아 있는 곳에 저도 앉았고, 담배가 마음에 안 들어도 피웠으며, 맛없는 술이어도 마셨습니다. 우리는 서로의 생각에 대해 이야기도 나누었고, 저는 마치 그곳에서 실제로 사는 사람처럼 생활했습니다. 저는 그들에게 공감하고, 그들이 내린 선택이 합리적이라고 믿으며, 그들 나름의 이유가 있다고 믿는 게 특히 중요하다고 생각합니다. 그 과정에서 작품 속 인물들의 비중을 모두 재분배했고, 제 지식 체계도 다시 조립했습니다. 그 재조립이 없었다면 지금의 제가 되지 못했을 겁니다. 제가 사마터를 촬영한 것도 서남부 농촌에 대한 깊은 이해를 바탕으로 한 것이었습니다.

2008년에 저는 '798'에서 '당안檔案'이라는 개인전을 열었습니다. 그 전시 속 대부분의 '당안'은 당시 제가 복사한 약 1만 부의 노동 분쟁과 산업재해 관련 문건이었는데, 이 또한 직접 경험에 해당됩니다. 몇 년 동안 저는 저우리타이周立太[14]와 아주 친하게 지내면서 하루 종일 이런 이야기를 나누곤 했습니다. 만약 이런 준비가 없었다면 사마터들과의 대화는 불가능했거나, 매우 공허하게 흘러갔을 것입니다.

돤즈펑 선생님께서 이전에 제가 한 질문에 답해주셨네요. 즉, 그곳에서 일하지 않을 때 무엇을 하고 있었는가인데, 말씀하신 것처럼 일하고 있는지 여부를 구분하기 어려운 상태로 계속 그 안에 자신을 두는 과정이군요.

예전에 샹 선생님이 쓴 『경계를 넘는 공동체』를 읽을 때 떠오른 것이 있습니다. 그 책에 나오는 한 문장이 깊은 인상을 남겼는데, 요지는 구체적인 방법으로 자료를 수집하는 것이 아니라, 이곳('저장촌')에서 그들과 함께 오랜 시간 생활하면 자연스럽게 이곳을 이해하게 된다는 내용이었습니다. 이 점이 매우 시사적이라고 생각합니다. 대부분의 사람은 다큐멘터리 감독도 아니고 학자도 아니어서, 그렇게

14 충칭重慶 소재 '저우리타이 변호사 사무소'의 소장으로, 취약 계층을 위한 소송 전문 변호사로 널리 알려져 있다. 보도에 따르면 그는 200명 이상의 장애 노동자에게 무료로 거처를 마련해준 적이 있다고 한다.

엄밀한 환경에서 조사할 시간을 충분히 갖기 어렵습니다. 하지만 자신의 일상 속에서도 충분히 자기 삶을 이해하려고 노력할 수 있다는 점이 중요합니다.

리이판 맞습니다. 저도 샹 선생님이 말한 '방법으로서의 자기'라는 표현이 정말 마음에 듭니다. 저는 바로 몸을 방법으로 삼습니다.

젊은이들은 어떻게 자신의 생활에 대한 해석 체계를 형성하는가

샹뱌오 저는 이 점이 정말 큰 영감을 준다고 생각합니다. 왜냐하면 이것은 단순히 추론으로 나온 것이 아니라 리 선생님이 자기 몸으로 행동하며 쌓아올린 경험이기 때문입니다. 즈펑 선생님이 말했듯이 이것은 많은 젊은이와 관련이 있습니다. 매일 수많은 일이 일어나고, 낯선 사람을 어떻게 보는가와 같은 문제까지 포함해, 우리는 자기 삶에 대해 하나의 해석 체계를 형성할 수 있어야 합니다.

제 생각에 가장 중요한 것은 먼저 분석하지 않고, 거기에 무슨 의미가 있는지 보지 않는 것입니다. 생활의 가장 큰 의미는 대부분의 시간이 의미 없이 흘러간다는 데 있습니다. 의미는 오랜 시간의 축적을 통해, 여러 원인을 거쳐 마침내 나타난 결과에서 드러납니다. 그 결과를 우리는 의미 있다고 생각할 수 있습니다. 하지만 지금 당장 의미를 부여하면 그에 대한 이해를 방해합니다.

이 점에서 저는 다큐멘터리, 영화, 민족지 모두 생활에 대한 통찰을 줄 수 있다고 생각합니다. 직접 관찰법을 사용해서 먼저 분석하지 않는 것. 또한 리 선생님이 말씀하셨듯이 우리 교육에는 큰 문제가 있습니다. 모든 일에 곧바로 의미를 부여해야 하고, 의미가 있어야만 볼 필요가 있다고 생각하게 만든다는 점입니다. 하지만 먼저 보고 그 맛을 느껴야 하는 것입니다. 우리는 맛이 아니라 의미만 이야기합니다.

저는 리 선생님의 한 인터뷰가 아주 흥미롭게 느껴졌습니다. 뉴스를 볼 때 소리를 끄면 그 뉴스가 무엇을 말하는지 알 수 없습니다. 대체 이 사건의 어떤 점이 재미있는가? 왜 뉴스가 되는가? 왜 지금 방송되는가? 몇 장면만 봐서는 그 이유를 알 수 없습니다. 소리를 켜야만, 아나운서가 대개 정확한 발음과 열정, 의미를 담은 목소리로 세상을 전하고 있는 것을 들을 수 있습니다. 그래서 우리가 접하는 세계는 전문 아나운서가 포장한 세계인 것입니다. 이것은 우리의 소통방식 일부를 조롱하는 것이기도 합니다. 점점 우리 머리를 의미 없는 것으로 만들어버립니다. 마치 반찬이 없으면 밥을 못 먹고, 소금이 없으면 음식을 못 먹는 것처럼요. 사람과 사람 사이의 따뜻함을 보고, 다른 사람들의 고민을 보고, 생활 속 다양한 흥미로운 것들을 볼 수 있는 그런 열린 마음가짐을 어떻게 기를 것인가? 이것이 깊이 생각해볼 문제라고 생각합니다.

리 선생님께 추가로 묻고 싶은 게 있습니다. 아까 이해, 앎, 직접 관찰에 대해 말씀하신 것을 듣고, 선생님이 언급하신 갈라쇼의 22분짜리 사마터 영상이 떠올랐습니다. 그 영상의 주제는 "미적 자유는 모든 자유의 출발점이다"였죠. 지금 돌아보면, 이것은 미적 자유의 문제가 아닐뿐더러, 심지어 자유의 문제도 아닌 것 같습니다. 사마터의 미적 선택은 자유로운 선택이 아니라 생활의 경험에 대한 직접적인 반응이며, 때로는 완전히 의식적인 반응이라고도 할 수 없습니다. 따라서 자유나 미와는 딱히 직접적인 관계가 없지요. 지금 되돌아본다면 그 문장을 어떻게 바꾸시겠습니까?

리이판 생각해본 적은 없습니다. 당시에는 제 초점이 사마터가 허용되지 않는다는 그 층위에만 맞춰져 있었고, 사실 그들이 어떻게 사마터가 되었는지에 대해서는 충분히 고민하지 못했습니다. 그리고 미적 자유 부분은 어느 정도 문화 자치의 층위로 돌아가면서 주관적인 요소가 많아졌습니다. 처음에는 깊이 이해하지 못했고, 그 판단에는 저 자신의 처지가 많이 반영되어 있었습니다. 지금은 한 문장으로 사마터를 요약할 수 없습니다. 그들은 꽤 복잡합니다.

샹뱌오 이 점도 우리에게 하나의 시사점을 줍니다. 때로는 사실을 적게 알수록 글을 쓰기가 오히려 쉽고, 많이 알수록 오히려 어려워진다는 점입니다.

리이판 맞아요. 그래서 제 수업에서 학생들에게 무엇을 하거나 하지 말아야 한다고 말하지는 않지만, 두 가지는 계속 강조합니다. 하나는 이른바 현장에 깊숙이 들어가 몸으로 직접 체험하는 것, 다른 하나는 이를 통해 자신의 인식론을 조정하는 것입니다. 이건 본원론도, 단순한 방법론도 아닙니다. 방법은 인식 속에서 자라납니다. 물론 지식도 매우 중요합니다. 선배들의 모범이나 경험은 특히 중요해서, 적어도 어떤 문제에 대해서는 매번 새롭게 정리할 필요 없이 바로 이해를 열어줄 수 있습니다. 하지만 직접 경험이 없으면 기존 경험이 옳은지조차 분간할 수 없고 그 중요도를 어떻게 배분해야 할지도 알 수 없습니다.

리이판 사마터를 찍을 때 저는 전통적인 서사 방식을 완전히 내려놓았습니다. 제가 그 상황을 직접 체험하면서 오직 이런 표현 방식만이 옳다고 느꼈기 때문입니다. 최종 결과물이 다큐멘터리인지, 미술관에서 상영될 수 있는 영상인지는 전혀 중요하지 않았습니다. 저는 이것이 오늘날 학문이나 예술을 할 때 지녀야 할 태도라고 생각합니다.

생활에 대한 우리의 이해는 왜 질감이 없을까

샹뱌오 이어서 한 가지 더 말씀드리고 싶은 것은 가중치라는 개념에 관한 것입니다. 즈펑 선생님도 언급했듯이, 우리의 지식과 개인적인 생활의 경험 사이에는 종종 큰 간극이 있습니다. 현대 교육은 우리가 이른바 합리적 지식, 문서화된 지식이라고 부르는 것과 우리 주변의 실제 생활을 서로 다른 두 세계처럼 만들기 때문입니다.

매우 중요한 점은, 리 선생님께서 방금 말씀하셨듯이, 우리가 세상과 생활을 이해하는 방식은 대체로 추론이나 논리적 연역을 통해서가 아니라는 것입니다. 논리나 추론은 보조 도구일 뿐입니다. 더 중요한 것은 경험으로부터 형성된 전체적인 그림, 즉 총체적 도식입니다. 바로 이 그림에 대한 지식 덕분에 가중치 문제를 다룰 수 있습니다. 어떤 것이 주된 모순이고 부차적인 모순인지 알 수 있는 거죠. 한 사건이 겉보기에는 매우 요란해도, 전체 그림 속에서는 20퍼센트의 비중만 차지한다면 우리는 거기에 0.2의 가중치를 부여합니다. 그렇게 해야 최종적으로 보이는 것이 진실에 가까워집니다.

일상생활에서 젊은 친구들의 생활에 대한 이해는 대개 질감質感을 갖고 있지 않습니다. 그런데 말은 많이 하죠. 질감이 없으면 오히려 말하기 쉽습니다. 논리적 사슬을 길게 이어갈 수 있고, 다양한 틀을 사용할 수 있기 때문입니다. 하지만 질감이 있다는 것은 경영식經營式이어야 합니다. 즉, 생활의 요소들이 얽히고설켜 있는 복잡성을 보고, 그 복잡성 속에서 혼란스러워하지 않고, 각 요소에 가중치를 부여하며, 직관적 판단을 내릴 수 있어야 합니다. 직관적 판단은 많이 보고 경험하면서 생겨납니다. 그래서 낯선 사람을 많이 보고, 자신에 대해 많이 생각하며, 분석을 줄이고 서술을 많이 하는 것이 중요합니다. 이렇게 해야 사물을 명확히 정리할 수 있습니다. 좋은 지식은 결국 글로 표현될 때는 서술이 되고, 영상으로 표현될 때는 기록이 되는 것이라고 생각합니다.

돤즈펑 감사합니다, 두 분 선생님. 이번 회차에서는 사마터에서 시작해 사마터가 자신의 부근을 어떻게 구축하는지, 그 부근이 어떻게 사라지는지, 그리고 다큐멘터리를 통해 사람을 보는 방법을 탐구한 뒤, 결국 일상생활에서 사람을 보는 방식으로 돌아왔습니다.

리이판 아마 다른 사람들은 우리 대화에서 '꼰대' 같다는 느낌을 받을 수도 있을 겁니다. 하지만 이것들은 단지 우리의 경험과 인식일 뿐입니다. 다만 한 가지 더 말하고 싶은 것은, 우리가 강조하는 객관성과 비판적 의식은 각자의 뼛속에 자리하고 있다는 점입니다.

샹뱌오 저는 이런 점이 문제가 될 거라는 생각은 아직 못 해봤습니다. 제 표현이 다소 책 읽는 느낌이 날 수도 있겠지만 청년들은 우리 이야기를 환영할 거라고 생각합니다. 왜냐하면 이것은 교화가 아니라 공유하는 방식의 토론이니까요. 감사합니다, 리 선생님.

제4장 왜 낯선 화원은 우리에게 기쁨을 주는가?

상뱌오와
도시 사구 활동가 류웨라이의 대화

샹뱌오 대도시를 처음 접할 때, 그것을 규모로만 바라보면 사람은 몹시 무기력해지고, 두려움과 공포를 느낍니다. 하지만 이를 뒤집어 자신을 기점으로 '내 앞 500미터'에서 시작해 서로 다른 규모들 간의 관계를 명확히 이해하려고 하면 이 대도시의 일상에서 의미를 다시 발견하고 좀더 아름다운 생활을 하는 것과 직접적으로 연결될 수 있습니다.

류웨라이 우리는 아마 이런 규칙을 찾아야 할 것입니다. 점차 더 많은 가능성이 경계에서 출발해 서서히 스며들도록 만드는 것입니다. 마치 대나무 뿌리나 덩굴 시스템처럼 서서히 맥락을 따라 성장하며 하나의 네트워크를 형성하는 것입니다. 이렇게 하면 여러 작은 것이 모여 큰 것이 되고 그 큰 것은 더 이상 공허하지 않으며 우리 각자와도 연결됩니다.

이전 몇 차례 대화의 주제는 모두 '낯선 사람을 어떻게 바라볼 것인가'였지만, 이번에는 샹뱌오가 퉁지同濟대학 건축도시계획대학 부교수이자 박사 지도교수인 류웨라이와 함께 '낯선 사람과 어떻게 함께 무언가를 할 것인가'를 주제로 대화를 나눈다.

류웨라이는 풍부한 실무 경험을 가진 학자로, 장기 지속 가능한 조경 계획과 설계, 사구[1] 화원 및 사구 조성 관련 교육, 연구와 실천에 참여해왔다. 그는 퉁지대학 사구 화원 및 사구 조성 실험센터 소장과 상하이 사엽초당四叶草

1 소규모의 도시 주민 지역.—옮긴이

堂 이사장을 맡고 있으며, 최근 몇 년간 상하이에서 다수의 사구 화원 조성 실험을 진행하고 지역 기반의 주민 자치 조직 구축을 추진해왔다. 류웨라이는 상하이에서 사구 조성 활동에 매우 활발히 참여하고 있으며, 이번 대화가 이루어진 2023년 3월 기준으로 그의 팀은 상하이 12개 구에서 200곳 이상의 사구 화원 및 사구 조성 프로젝트를 진행했다. 또한 900명의 주민이 참여한 미니 사구 화원 창작 활동을 지원하고, 1300회 이상의 사구 화원 및 사구 조성 워크숍을 개최했다. 그는 팀과 함께 사구의 설계조성관리 및 교육 전략을 활용해 다양한 도시 사구 구축에 참여하며, 지역 기반의 시민 참여와 혁신적 운영 모델을 탐구하고 있다.

두 사람은 사구 조성의 구체적인 경험을 바탕으로 심층적인 대화를 나눈다.

류웨라이 먼저 사엽초당의 현재 진행 상황을 소개하면서 배경을 보충하는 방식으로 말씀드리겠습니다.

현재까지 조성된 모든 화원은 우리 팀이 공동으로 노력한 결과입니다. 가장 처음은 2010년, 바로 상하이세계박람회 때로, 저는 판하오양範浩陽 선생님과 함께 소규모 공간 개선을 기반으로 한 작은 사무소를 설립했습니다. 이후 저는 학교에서 가르치면서 동시에 작은 경관공간설계를 진행했는데, 그 이유는 정부나 투자자, 권력이나 자본은 대규모 프로젝트에는 큰 관심을 갖는 데 비해 이런 소규모 프로젝트에는 관심이 없다는 것을 알았기 때문입니다. 오히려 이런 프로젝트에서 우리는 더 큰 자율성을 누릴 수 있다고 생각했습니다.

자율성이란 뭘까요? 사실 이것은 샹 선생님이 말씀하신 '부근의 재건'과 연결됩니다. 우리는 사람들이 함께 나와서 무언가를 해볼 수 있지 않을까 고민했습니다. 특히 노인과 아이들은 사구에서 보내는 시간이 많기 때문에 더 그렇습니다. 뭐부터 할까 고민하다가 작은 화원부터 시작하기로 했습니다. 화원은 상대적으로 '사람과 동물에게 해를 끼치지 않는' 프로젝트이기 때문입니다. 처음부터 복잡한 문제를 논의하는 것은 어려우므로 버려진 공간을 개조하는 것에서 시작해 작은 실험들을 조금씩 해나갔습니다. 2014년쯤 되어서야 이러한 프로젝트를 정식으로 사엽초당이라고 부르기 시작했습니다. 이 과정에서 점차 방향 전환이 있었습니다. 단순히 디자인과 컨설팅만 하던 데서 벗어나, 더 많은 사람이 집 근처에서부터 직접 행동할 수 있는 교육 프로젝트로 확장되었습니다(이후 사엽초당은 사회 조직으로 자리 잡았습니다).

첫 번째 프로젝트는 방치된 녹지대를 개조하는 일이었는데, 장소는 바오산구寶山區의 철도농원火車菜園이었습니다. 이후 우리는 양푸구楊浦區 대학로 인근에서 창즈농원創智農園 프로젝트를 진행했습니다. 초기 협력 대상은 기업이었지만 이후 정부 부처도 이런 프로젝트가 사회 관리治理에 일정한 도움이 된다는 점을 알게 되면서 점점 더 많은 사구가 참여했습니다.

현재 상하이의 사구 화원은 260개이며, 주민들이 관람과 학습을 통해 직접 만든 화원은 1300개 이상입니다. 물론 상하이에 국한되지 않고 2021년부터 광시廣西 난닝南寧의 100여 개 소규모 단지에서 우리가 주민들과 함께 설계·조성한 600여 개의 소형 화원도 점차 모습을 드러내고 있습니다.

많은 사구의 이웃들은 원래 서로 낯선 관계였지만, 이렇게 작은 활동을 통해 서서히 연결이 생기고 친숙해지면서 방치된 공간이 개선될 수 있었습니다. 이런 과정에서 많은 주민이 자신이 기른 식물을 내놓자 공공성은 점차 확대되며 사람과 사람 사이의 관계도 가까워졌습니다. 우리는 이를 사구 화원에서 사구 조성의 과정이라고 부릅니다. 물론 우리는 일부 사구의 재조성을 계획하기도 했습니다. 단지 내부의 작은 정원이나 녹지를 개선하는 데서 시작해, 점차 담을 허물고 두 사구 사이에 연결 통로를 만들기도 하며, 심지어 아이들이 등교할 때 지나는 상점들도 참여하게 하면서 서서히 공생 프로젝트로 확장해나갔습니다.

부근의 재건, '손잡이'가 매우 중요하다

돤즈펑 질문이 있습니다. 사엽초당의 정식 명칭은 '사엽초당 청소년 자연 체험 서비스 센터'인데, 왜 자연 체험을 그렇게 강조하나요? 왜 식물에서 시작하게 되었어요?

류웨라이 중요한 이유 중 하나는, 우리 팀이 계속해서 고밀도의 도시를 연구해왔기 때문입니다. 사실 이것은 사람과 공간의 관계에 관한 연구입니다. 우리는 한 가지 자연 법칙을 발견했습니다. 즉, 도시의 밀도가 높을수록 자연성은 점점 더 희박해진다는 것입니다.

주변이 모두 인공물로 둘러싸여 있을 때 인간은 일종의 만족감을 느낍니다. 자신이 대단하다고 생각하게 되죠. 이렇게 많은 고층 건물을 지었고, 모든 것이 우리 설계와 통제 안에 있다고 느끼게 됩니다. 그런데 비가 올 때나 무심코 지나가는 순간, 하늘을 나는 새들이 도시를 지나가며 많은 씨앗을 가져오고, 그 씨앗들은 배설물과 함께 떨어져 발코니나 옥상 위에서 자라납니다. 우리는 이 식물들을 낯설게 느낍니다. 어떻게 갑자기 여기에 나타났을까? 사람도 올라갈 수 없는 지붕 위에 많은 식물이 자라기도 합니다. 이것이 바로 자연의 매력입니다.

저는 전에 샹 선생님이 생태성 문제를 말씀하신 것을 기억합니다. 사실 생태성은 전적으로 우리 통제 아래 있는 것이 아니지만 우리는 그게 매우 흥미롭다고 느낍니다. 인공적으로 설계된 지붕에 물이 새기 시작할 때나, 어떤 건물이 일정 기간이 지나면서 무너지기 시작할 때 우리는 무기력을 느낍니다. 자연의 힘은 매우 크고, 그 나름의 규칙이 있기 때문입니다. 우리는 사람들이 도시에서 이런 자연의 규칙을 인식할 수 있어야 한다고 생각합니다. 도시의 많은 것이 이미 인공적이기에 자연은 매우 중요합니다. 이것이 한 가지 측면입니다.

또 다른 측면은, 지금 도시의 기능성이 매우 강한 상황에서, 우리가 자연 속에서 인간과 인간의 관계가 만나는 지점을 볼 수 있느냐는 것입니다. 사람들은 낯선 곳에 왔을 때 서로를 알지 못하지만 함께 뭔가를 하는 과정을 통해, 설령 한 그루의 식물을 찾거나 심는 데서 시작하더라도, 출발점이 생기고 다른 사람과의 관계를 느낄 수 있습니다. 이 일은 이를테면 배드민턴을 치거나 헬스장에 가는 것처럼 반드시 강한 기능성을 지녀야 하는 것은 아닙니다.

샹뱌오 이거 정말 흥미롭네요. 완전히 인공적이고 고밀도인 도시 공간에서 갑자기 낯설어 보이는 자연 현상을 발견하는 거죠. 발코니에 떨어진 씨앗이 자라 한 포기의 풀이 되듯이 이 풀은 낯설어서 우리에게 놀라움과 기쁨을 안깁니다. 반면 이웃이 새로 이사 와 낯선 사람이라면 긴장하고 거리감을 느끼며 먼저 멀리서 관찰하겠죠. 류 선생님이 한 아주 흥미로운 일은 자연이 주는 낯섦에서 오는 놀라움과 기쁨을 출발점, 일종의 손잡이로 삼아 사람들 사이의 낯섦을 극복하게 만드는 것입니다. 아마 이것은 철학적인 문제일 수도 있어요. 왜 자연의 낯섦은 우리에게 어떤 자극이나 일종의 긍정적 에너지로 다가오는데, 사람과 사람 사이의 낯섦은 두려움으로 느껴지고 관찰하며 처리해야 할 문제처럼 받아들여질까요?

저는 이것이 류 선생님의 작업에서 얻을 수 있는 매우 큰 영감이라고 생각합니다. 동시에 이 영감은 보편적인 의미도 지닙니다. 우리가 사회를 보수하고 부근을 재건하려 할 때, 우선 부근을 보는 것이 중요합니다. 부근의 존재를 인식하고 그 안에 풍부한 생명과 잠재력이 있다는 것을 주목해야 합니다. 이 부근을 발견하는 과정에서 손잡이가 매우 중요합니다. 그 이유는 우리가 놓여 있는 전체 공간이 인공적인 것이기 때문입니다.

이 공간은 선생님의 모든 행동 방식과 다양한 기능을 충족시키는 방법을 매우 명확하게 설정한 기초 위에서 구상되었습니다. 마치 선생님은 철창 안에 갇힌 것과 같습니다. 철창 안에서 생활하는 것은 편리할 수 있지만 생활 방식을 바꾸거나 이런 콘크리트 바닥 위에서 무언가를 자라게 하는 일은 몹시 어렵습니다. 이 과정에서 우리는 다른 길을 찾고 손잡이를 찾아야 합니다. 손잡이는 매우 쉽게 시작할 수 있어야 하며 일단 시작하면 사람들이 자발적으로 들어오게 만들어야 합니다. 문턱은 반드시 낮아야 하고 사람들이 들어온 뒤에는 공간이 점차 확장되어야 합니다. 그래서 저는 이것이 부근을 재건하고 낯선 사람을 보게 만드는 매우 중요한 요소라고 생각합니다.

류 선생님의 자연에 대한 해석은 제게도 이런 영감을 주었습니다. 자연은 사람과 동물에게 해가 없고, 매우 흥미로운 손잡이 역할을 합니다. 이 점을 바탕으로 한 가지 질문을 드리고 싶습니다. 선생님이 말씀하신 기차 농원이나 다른 사례들도 마찬가지인데, 이런 일들을 마치고 나면 외부에서 보는 사람들은 마치 이것이 매우 쉽고 순조롭게 이루어진 일처럼 느낄 수 있습니다. 이 공간들은 원래 공터였고 사용되지 않았습니다. 사용되지 않았다는 것은 많은 이해관계 충돌이 없다는 뜻이죠. 공터를 농원이나 화원으로 바꾸는 일은 겉보기에는 모두가 동의할 것 같은데, 왜 그렇게 오랜 시간 아무도 이 일을 하지 않았을까요? 선생님은 어떤 요소를 투입해서 이 일을 시작하게 만들었나요? 처음에 주민들을 어떻게 동원하셨나요? 어떤 개념으로 설득하셨고, 초기 정비 작업은 어떻게 진행되었나요?

또 선생님은 처음에는 학자였을 뿐이고, 소형 경관설계사무소를 운영하셨습니다. 제가 이해하기로 그때는 디자인과 경관에 비교적 중점을 둔 활동이었죠. 그런데 나중에는 주민들이 함께 무언가를 하도록 생각하게 되었습니다. 지금은 단지 내부를 연결하고, 아이들이 학교 가는 길목의 상점들도 참여하게 해서 새로운 부근 경관을 만들어냈습니다. 왜 이런 전환이 일어났고, 어떤 이유에서 사람들을 밖으로 나오게 하려 했나요? 이 두 질문은 서로 연관되어 있을 텐데,

전체 과정을 듣고 싶습니다.

류웨라이 제 생각에 이건 0에서 1로 나아가는 문제입니다. 최근 10년간의 활동을 돌아보면서 방금 질문하신 부분도 다시 생각해봤습니다. 개인적인 답은 이렇습니다. 원래 우리는 설계, 즉 경관 설계나 공간 계획을 계속해왔지만 설계 당시에는 그 직접적인 대상, 즉 최종 사용자가 누구인지 잘 알지 못했습니다. 그러나 시간이 지나면서 많은 설계의 최종 사용자가 등장하고 실제 사용 과정에서의 문제를 마주하게 되면서 사람들이 공간의 사용 방식을 직접 바꾸곤 한다는 것을 알게 되었습니다. 예를 들어 설계에는 없었던 작은 길을 사람들이 스스로 만들어 걷는다거나, 운동 공간이 부족하면 잔디밭을 운동 공간으로 사용하는 것입니다.

이에 우리는 최종 사용자가 처음부터 공간 생산 과정에 참여할 가능성은 없을까 하고 생각했습니다. 흥미로운 접근이지만 실제 과정은 쉽지 않았습니다. 그래서 제가 처음에 말했듯 작은 프로젝트부터 시작하는 것이 더 용이했습니다. 작은 프로젝트는 모세혈관처럼 골목 구석구석, 작은 단지, 우리 일상과 가까운 공간까지 스며들기에 사람과의 관계가 더 밀접해집니다. 예를 들어 상하이에서 황푸강을 개조하는 프로젝트는 일반인이 참여하기 어렵지만 한 단지 외부의 작은 화원이라면 참여도가 훨씬 높습니다.

그래서 근본적인 논리는, 최종 사용자가 프로젝트 목표 설정과 생산 과정에 참여할 수 있는가입니다. 그럴 수 있다면 실제로 생산 비용을 크게 줄일 수 있습니다. 왜 이렇게 말하냐면, 정부의 공공 투자나 기업 투자가 이루어지는 프로젝트들에서 많은 최종 사용자는 자신을 단순한 소비자로 여기므로 이 환경을 특별히 소중하게 여기지 않습니다. 마음에 들지 않으면 파손하거나 불만을 제기하죠. 하지만 그들이 처음부터 참여해서 이 과정을 충분히 이해한다면 자신의 작품을 매우 소중히 여기게 됩니다. 우리가 처음 몇몇 기업과 협력한 이유도 기업들이 관리 비용을 줄이면서 동시에 더 나은 피드백을 얻고 싶어했기 때문입니다. 우리는 또한 이런 공간의 생산, 사용, 운용 과정에서 최종 사용자가 어떤 변화를 겪는지도 연구하고 있습니다.

우리는 원래 단체 구매 같은 논리로 설계를 했는데 지금은 최종 사용자를 대상으로 한 설계로 바꾸고 있습니다. 우리의 전환은 사실 이것을 기반으로 한 것입니다. 물론 우리는 창작자가 아니며, 민간에서는 이런 공간 생산이 늘 있어왔습니다. 단지마다 일부 주민이 스스로 작은 화원을 만들고 있습니다. 그들이 원래 꽃을 좋아했을 수도 있고, 그들의 농사 기술이 주변으로 확산되기도 하며, 때로는 애정이 넘쳐서 이런 일이 일어납니다. 이는 눈에 보이는 성취감이기에 그들에게도 만족감을 줍니다. 우리는 1층에 사는 많은 주민이 꽃을 심고, 스스로 공간을 점점 확장하며, 직접 채소를 길러 먹기 위해 땅을 둘러싸는 등 공공성이 그리 크지 않은 방식으로 활용하는 것을 봤습니다. 또 어떤 이들은 이 공간을 모두가 들어올 수 있는 개방적인 상태로 바꾸기도 합니다. 이런 풀뿌리적이고 자발적인 민간의 행동은 오래전부터 존재했으며, 우리가 지금 하는 일은 이런 존재의 확산을 확대하고 조직화하도록 돕는 것입니다.

우리 팀 안에는 이런 말이 있습니다. 사실 우리가 무언가를 새로 길러낸 것이 아니며, 원래 꽃을 좋아하지 않는 사람이 나와서 꽃을 심게 하거나, 공공 활동에 관심 없는 사람을 변화시킨 것은 아니라고 말입니다. 우리가 발견한 것은 원래 공공 활동에 참여하기 좋아하는 사람들이 있었는데 다만 예전에는 쑥스럽거나 가족의 이해를 받지 못했을 뿐이라는 것입니다. 우리가 한 일은 하나의 이유를 만들어 함께 어떤 일을 하도록 북돋운 것이고, 그러면 모두가 집단과 조직을 찾았다고 느낍니다.

방금 선생님이 왜 우리에게 이런 일을 하느냐고 물었는데, 사실 민간의 요구는 늘 있었습니다. 다만 조직화가 부족했을 뿐입니다. 설계하는 사람으로서 우리의 참여가 미적으로 조금 더 보기 좋게 만들 수는 있겠지만 그 이상도 이하도 아닙니다. 원래 많은 주민이 화분을 밖에 내놓았고, 그들이 키우는 식물은 꽤 잘 자랐으며, 품종도 다양하고, 꽃 하나하나도 아름다웠습니다. 그러나 이것들을 함께 놓으면 일부 주민은 좀 지저분하다며 지적했습니다. 우리가 참여하면, 모두의 식물을 시각적으로 조직할 방법을 찾아줍니다. 실제 기술은 여전히 민간 전문가들의 것이고, 우리는 계속해서 사구와 자연으로부터 배우고 있습니다.

미학이 한 측면이라면, 조직화도 중요합니다. 조직화는 사실 커뮤니티의 지원, 교육 부문의 지원, 자치 프로젝트, 아름다운 마을 꾸미기 등의 프로젝트 지원이 필요합니다. 우리는 이런 프로젝트에 모두가 함께 만드는 과정을 포함시킵니다. 함께 만드는 것보다 더 중요한 것은 함께 계획하는 것입니다. 마을은 우리 모두의 것이므로 무언가를 심는 것뿐만 아니라, 더 큰 변화를 가져올 수 있는지 고민해야 하며, 이를 위해 자원을 일정하게 통합 관리할 필요가 있습니다.

하지만 주민들이 처음에 집을 살 때부터 사구는 이미 계획되어 있기에 조정할 기회가 거의 없습니다. 우리는 사실 작은 화원에서 시작해, 모두가 합의를 이루고 점차 돌파구를 찾길 바랍니다. 최종 목표는 사구의 계획입니다. 자신의 사구 전체와 주변 거리, 몇 평방킬로미터 내에서 도시의 공공 공간이나 일부 서비스 기능과 더 잘 연결되도록 해 주민들의 생활을 더 편리하게 만드는 것이 목표입니다. 이는 사람들이 얼마나 능동적이냐에 달려 있습니다. 작은 식물 재배 활동부터 시작해 사람들은 성취감을 얻고 연결의 힘을 느낍니다. 실제로 계획 단계에 이르면, 이는 더 깊은 수준의 능동적 참여를 의미하며, 미래에 대한 일정한 기대, 더 많은 자원을 확보하려는 노력으로 이어집니다. 각 개인은 더 이상 수동적으로 선택하지 않고 능동성을 갖기 시작합니다.

사구 화원은 일종의 돌봄이다

샹뱌오 선생님은 세 가지 측면의 작업을 하신 것 같습니다. 첫째는 발견, 둘째는 화원 자체의 정리, 즉 미학적이고 가이드하는 디자인, 셋째는 좁은 의미의 화원을 넘어 더 넓은 범위의 비전이 있는 계획을 수행하는 것입니다. 선생님이 말씀하신 화원의 미학은 매우 흥미로운데, 개인의 기존 능동성을 기반으로 사람들에게 함께 모일 이유를 제공하고 이를 집단적 행동으로 바꾸는 전환점처럼 보입니다. 사실 선생님은 '보기 좋음好看'이라는 개념을 도입하셨고, 뭔가를 보기 좋고 조화롭게 만들기 위해서는 일정한 집단성이 필요합니다. 각자가 자기 화분만 들고 나오는 것이 아니라 호응을 해야 하는 것이지요.

다음은 또 다른 주제입니다. 서로 이질적인 문화 속의 사람들은 화원을 바라보는 관점이 크게 다릅니다. 예를 들어 인류학자 잭 구디[2]는 아프리카와 유라시아 문명의 중요한 차이점 하나를 이야기합니다. 아프리카에는 꽃꽂이나 화원이라는 개념이 거의 없었습니다. 아프리카 사람들은 자연 자체가 이미 화원이라 여기기 때문에 꽃을 꺾어 집 안 꽃병에 꽂는 것을 상상하기 어려워했습니다. 나뭇가지를 꺾는 것은 가을 열매를 잃는 것과 같다고 생각했고 꽃은 밖에서 보는 것으로 충분했습니다. 반면 유럽과 아시아에는 자연을 집 안으로 들이고자 하는 공통된 관념이 있습니다. 가장 전형적인 예가 프랑스식 화원으로, 화원을 통해 자연을 완전히 인위화합니다. 또 다른 예는 일본의 꽃꽂이 예술인데, 이는 사람의 미적 감각을 바탕으로 자연을 투영한 것입니다. 중국의 전통 화원은 또 다릅니다. 중국 화원에는 높낮이가 다른 각종 조석 등이 놓이는데, 유럽인들에게는 이조차 다소 낯설 수 있습니다. 이런 조석들은 작은 우주를 만들어내려는 시도입니다. 물론 민간에서는 화원보다 채소밭이 더 중요할 때가 많습니다. 무엇보다 심는 것은 먹거나 쓸 수 있어야 하기 때문이죠.

저는 전환이라는 부분이 특히 흥미롭습니다. 즉, 개인의 적극성을 집단적인 조정력으로 전환하는 과정입니다. 화원에 적용하면, 이는

2 Jack Goody, *The Culture of Flowers*(Cambridge University Press, 1993).

미학적 요소를 통해서일 수도 있고, 일정한 의미의 '쓸모 있음'을 통해서일 수도 있습니다. 그러면 사람들이 함께 조성하게 되고, 조성된 후에는 더 높은 차원의, 좀더 사회적인 비전으로 이어집니다. 이 과정은 매우 개방적일 수 있으며, 최종적으로 화원이 어떤 모습이 될지는 주민들이 스스로 계속 탐색하며 만들어나가는 데 달려 있습니다.

그렇다면 실제로는 이런 과정이 어떻게 이루어지나요? 개인의 의지를 집단 행동으로 전환하기 위해 구체적으로 어떤 방법을 사용하나요? 예를 들어 선생님이 하나의 화원을 가지고 있어서 각자 4평방미터 정도의 땅을 맡게 하고, 주민들이 심을 식물에 대해 일정한 가이드라인을 제시한 뒤, 모두 함께 앉아 협의하고, 식물학자를 초청해 어떤 식물을 함께 심으면 좋고, 어떤 식물은 피해야 하는지 조언을 듣는 방식인가요? 아니면 주민들이 먼저 자신의 식물을 가져와 정기적으로 워크숍을 열고, 정원을 함께 평가하며 토론하는 방식인가요? 혹은 한 정원 팀이 다른 정원 팀을 방문해 관찰하고 배우면서, 최종적으로 집단적 비전을 형성하는 방식인가요? 선생님의 조직 방식은 어떤가요? 예컨대 분기마다 정원 대회를 열고 조정하는 방식인가요?

류웨라이 우리는 이렇게 합니다. 우선 사구 안에서 같은 관심사를 가진 인근 주민들을 찾아야 합니다. 새로운 사구에 들어갔을 때, 가령 주민위원회나 관리위원회와 아직 접촉하지 않은 상태라면 포스터를 붙이는 방식으로 사람들을 모으고, 기본적인 신청 절차를 완료합니다. 우리가 찾으려는 사람은 되도록 공적인 책임을 기꺼이 맡을 의지가 있는 이들입니다. 그래서 포스터에는 공용 공간에 일정한 시간과 노력을 들일 것, 일부는 비용도 필요할 수 있다는 점을 강조합니다. 그냥 와서 채소를 심고 개인 소유로 만드는 것이 아니라, 공용 공간에 심는 모든 것은 더 이상 개인 소유가 아니며, 공적인 일을 하는 것임을 분명히 합니다. 또 이런 활동에는 안전 문제가 뒤따르므로, 그 책임을 스스로 지는 것이라는 점도 참여자들에게 명확히 알려야 합니다.

그다음 일부 주민들이 신청하면 선별 과정이 시작됩니다. 우리는 전체 회의를 열어 사구 내 문제들을 논의합니다. 대부분 개선이 필요한 장소는 쓰레기가 쌓여 있는 곳이나 방치된 공간입니다. 주민들도 이런 공간에 불만이 있긴 하지만, 복잡한 사구 내 관계 때문에 개인의 노력만으로는 효과가 거의 없고 집단적인 행동이 더 큰 힘을 발휘합니다.

우리는 현장에서 바로 계획을 세우기 시작합니다. 사실상 무엇을 심을지에 대해 모두가 함께 계획하고 설계하는 과정입니다. 원래 서로 잘 모르는 관계지만, 이 과정에서 공감대를 형성하기도 하고 갈등이 생기기도 하는데, 이는 모두 정상적인 것이라 충분히 논의할 수 있습니다. 실제로 우리 팀은 여기서 전문가로서 역할합니다. 주민들에게 비교적 정교하고 자연스럽고, 사구의 성격에 맞는 디자인을 보여줍니다. 식물뿐만 아니라 작은 길, 담장, 울타리, 표지판 등도 포함됩니다. 아름다운 것에 대해 사람들은 얼마간 공통된 가치관을 가지고 있지만, 특정 스타일에 대한 선호나 특정 식물에 대한 금기도 있습니다. 가령 국화를 심는 것을 어떤 사람은 좋아하지만 다른 사람은 좋지 않은 의미가 있다고 느낍니다. 당연히 이런 부분은 서로 소통하며, 우리는 모든 식물이 평등하다고 생각하고, 가격이나 특정인의 취향에 따라 가치를 판단하진 않습니다. 이런 과정을 거치면 사람들은 서서히 공감대를 형성하게 됩니다.

그다음에는 실제로 심는 일, 즉 조성 단계에 들어갑니다. 우리에게 매우 중요한 원칙 중 하나는 이미 가지고 있는 것은 새로 사지 않는다는 것입니다. 물건을 줄일 수 있다면 줄이고, 가능한 한 지역 사구 내에서 해결하는 것이 가장 좋습니다. 우리는 '모으기' 방식으로 목표를 달성하려 합니다. 이를테면 집에 있는 식물을 꺾꽂이하거나, 공원에서 필요 없는 식물을 가져와 심는 식입니다. 이후에는 참여자들에게 식재 기술과 방법을 가르칩니다. 조성 단계에서는 모두의 협력이 매우 중요합니다. 구덩이를 파고, 흙을 뒤집고, 비료를 주고, 식재하는 등 언제, 누가, 어떻게 할지에 대한 세부 협력이 필요하며, 이는 작지만 매우 중요한 일입니다. 이 과정에서 사람들이 시간 약속을 지키는지, 행동력이 있는지, 체력이 있는지, 기술이 있는지, 현장 통제 능력이 있는지 등을 확인할 수 있습니다. 이 과정은 마치 전투와 같아서, 사람들은 전우 관계를 형성하고, 몇 차례 진행하면 서로 점점 더 익숙해지며 소통도 이루어집니다.

한 가지 예를 들어보겠습니다. 재작년에 우리는 전국 대학생들이 참여하는 사구 화원 소규모 경연 활동을 조직했는데, 대학생들이 주민들과 함께 공동으로 화원을 조성하도록 하는 게 목표였고, 가능하면 돈을 쓰지 않고 스스로 방법을 찾도록 했습니다. 1등을 한 팀의 학생들은 식사도 모두 주민들 집에 초대받아 할 정도로 관계가 매우 좋았습니다. 학생들은 주민들을 도와 작은 콘크리트 길도 깔아주었고, 떠날 때 주민들은 몹시 아쉬워하며 학생들에게 콘크리트 바닥에 발자국을 남기라고도 했습니다. 당시는 12월이라 날씨가 조금 추웠는데, 주민들은 집에서 따뜻한 물을 가져와 학생들이 발자국을 남긴 뒤 바로 따뜻한 물에 발을 씻을 수 있도록 해주었습니다. 저는 무척 감동했습니다. 처음에는 학생과 주민들이 서로 전혀 알지 못했고 주민들은 오히려 대학생들을 내보내야 한다고 생각하기까지 했지만, 공동 조성을 통해 학생들이 사구에 실제로 도움이 된다는 것을 경험하면서 서로 잘 어울리게 됐습니다.

이 과정에서 우리와 함께하는 사람들도 계속 확대됩니다. 처음에는 포스터와 모임을 통해 들어온 사람이 많지 않았지만, 조성 단계에 들어서면 점점 사람이 늘어납니다. 현장에서 작업할 때 다른 사람들이 구경하러 오기도 합니다. 일에 익숙하지 않은 젊은이들은 경험 있는 어르신들에게 가르침을 받기도 하고, 어떤 어르신들은 직접 나서서 도와주기도 하는데, 손을 대면 큰 솜씨를 발휘합니다. 시간이 지나면서 점점 더 재미있어지고 새로운 변화들도 생기는데, 이런 변화는 많은 사람이 함께 창조하고, 논의하고, 계속 다듬는 과정에서 비롯됩니다. 사실 이렇게 화원을 함께 만드는 과정을 통해 낯선 관계였던 사람들이 점차 서로를 알게 되고, 공적 공간과 공익에 대한 공감대를 형성하며, 이를 바탕으로 공공 사안에 참여하는 계기까지 이어집니다. 예를 들어 어떤 공간에 주차를 허용할지, 어르신들이 쉴 수 있는 공간을 마련할지 등에 대해서도 자발적으로 요구를 제시하기 시작합니다.

샹뱌오 정말 좋네요. 덕분에 저는 조성의 의미를 한층 더 깊이 이해하게 되었습니다. 처음부터 강력한 공동 설계가 존재한다는 점이 사실 흥미롭습니다. 공공성이 형성되는 측면에서 보면 제가 유럽에서 경험한 상황과도 흥미로운 대비를 이룹니다. 유럽은 녹지가 비교적 많고 대개 이미 마련되어 있어서 화원을 함께 설계하고 조성하는 것보다는, 이런 녹지와 어떻게 관계를 맺을 것인가에 더 초점을 맞춥니다. 즉, 0에서 1을 창조하는 것이 아니라 1에서 2로 연결하는 방식인 셈입니다.

선생님이 말한 조성 과정에는 아주 깊은 의미가 담겨 있습니다. 예컨대 이전에는 무언가를 심으면 그게 내 것이라고 생각했죠. 그런데 지금은 뭔가를 심어도 그건 내 게 아니지만 나는 그것에 대해 책임을 진다는 것입니다. 이는 일종의 양육 관계이자 돌봄 관계이지만 소유 관계는 아니며 대표 관계라고도 할 수 있습니다. 제가 그것을 대표하고 그에 대해 책임을 지는 것입니다. 사실 이것은 간디주의와도 유사합니다. 간디는 사유재산제 아래서, 사유재산을 임시로 맡아 돌보는 수탁자 경영 관계stewardship로 이해해야 한다고 봤습니다. 네가 부유한 것은 세상이 네게 공공 재산을 잠시 맡겨 돌보도록 허락했기 때문이라는 것이죠. 누군가 한 그루의 나무가 자라는 것을 지켜보면서, 잎에 흰 반점이 생기면 마음이 불안해지고, 방법을 찾아야겠다고 생각하게 됩니다. 이는 매우 직접적인 돌봄과 관심이지만 그 나무는 여전히 그의 것이 아닙니다. 저는 이것이 기층 민주적 공동체 조성에 있어 아주 좋은 씨앗이 된다고 생각하며, 무엇보다 그게 직접 경험으로서의 씨앗이라는 점이 흥미롭습니다. 이게 일정한 사유의 정제 과정을 거치면 매우 흥미로운 논의가 될 것입니다.

화원에서 발생하는 문제는 어떻게 처리하는가

돤즈펑 원래 우리는 자기 주변 공간을 조성하는 데 일정한 책임이 있었습니다. 그런데 점점 그 공간을 사용하는 사람으로만 남게 되었죠. 이곳에 살고 있는 저는 부근과 제 생활 공간을 사용하는 사람으로 여겨질 뿐이고, 그 사용도 저와 단절되어 있습니다. 저는 류 선생님이 하시는 일이 사람을 사용자로만 보는 방식을 얼마간 해소하는 쪽에 가깝다고 생각합니다. 즉, 저는 제 부근을 돌볼 책임이 있다는 인식을 회복하게 만드는 것이죠.

또한 함께 무언가를 하는 것이 공공성을 구축하는 매우 중요한 방법임을 알게 되었습니다. 일본 사회학자 미야다이 신지宮台眞司가 언급한 것이 떠오르는데, 한 장소의 공공성이 어떤 모습일지 상상하는 것은 완전히 불가능하며, 친구 중에 그런 사람이 있어야만, 그 사람과 진정으로 친구가 되어야만, 자신과 그 사람 그리고 그 집단과의 관계가 실제로 어떤 모습인지 상상할 수 있다는 것입니다. 저는 이것이 일종의 감정 교육이 뒤따르는 과정이라고 생각합니다.

좀더 구체적인 사례를 듣고 싶습니다. 아까 말씀하셨듯이 누군가 국화를 심었더니 다른 사람이 지적했다거나, 과일을 심었는데 누군가 와서 따 가면 그 사람이 속상해지는 것과 같은 상황은 어떻게 처리하나요? 이런 구체적이고 번거로운 문제들은 어떻게 해결하시나요? 공공의 조성이라고 하면 큰일처럼 들리지만 사실 세부로 들어가면 결국 작은 문제들을 해결하는 과정이기도 합니다.

류웨라이 바로 이런 사례가 갈등이 발생하는 순간입니다. 우리는 대학로의 한 사구에서 프로젝트를 진행한 적이 있습니다. 당시 주민위원회에 약간의 예산이 있었고, 마침 국화가 피는 시기라서 사구 담당자가 화원에 몇 포기를 심었습니다. 이 화원은 주민들이 사는 곳과 가까웠는데, 이튿날 한 주민이 주민위원회에 찾아와 집에 연세가 있는 어르신이 계시는데 국화 기르는 것을 꺼린다고 이야기했습니다. 처리 과정은 사실 간단했습니다. 국화를 다른 것으로 교체했고 굳이 길게 설명하지도 않았습니다. 설명해도 이해시키기 어렵기 때문입니다. 사전에 반드시 공지를 해야 할까요? 꼭 그렇지는 않습니다. 공지 비용도 크고 사람마다 평가 기준이 다르기 때문에 우리는 이런 일은 일단 해보고 과정에서 문제를 발견하면 바로 처리하는 방식이 가장 효율적이라고 봅니다.

사람들이 심은 식물이 뽑히는 일도 종종 있습니다. 이를 해결하는데 가장 중요한 것은 마음가짐입니다. 우리는 공용 공간에 참여자가 심은 식물은 더 이상 개인의 것이 아니라고 처음부터 강조합니다. 돈을 들여 샀든 집에서 가져왔든 마찬가지입니다. 이것은 매우 중요한 전제 조건이며, 받아들일 수 없다면 심지 않는 것이 좋습니다. 왜냐하면 결과에 몹시 속상해질 수 있기 때문입니다. 실제로 누군가 가져가면 우리는 참여자들과 소통합니다. 가령 누군가 이 식물을 좋아하기 때문일 수 있고, 싫어하거나 짓밟은 것이 아니면 문제 될 것이 없다는 식으로 설명합니다. 또 어떤 사람은 정말 돈이 없거나 이런 식물을 구할 수 없어서 가져갔을 수도 있습니다. 결국 누군가 필요한 것을 얻는 것이고 이를 받아들이면 누군가를 도운 셈이 됩니다. 물론 이런 절도 행위를 장려하는 것은 아니며, 우리의 소통은 주로 참여자들이 심리적으로 안정을 얻고 위안받도록 돕는 데 초점을 맞춥니다. 일부에서는 감시 카메라를 설치해 도둑을 잡자는 의견도 있지만 현실적으로 실행하기는 매우 어렵습니다.

물론 우리는 가만있지는 않습니다. 이를테면 그 후에는 식물을 심을 때 미리 사진을 찍어두었습니다. 만약 식물이 사라지면 그 사진을 게시하고 표지판을 붙여 이 식물이 여기서 얼마나 오래 있었는지 알리고, 이후 어디로 갔는지 함께 찾아보거나, 이런 문제를 함께 고민하도록 합니다. 때로 이런 방식이 즉각적인 손실 방지 효과를 발휘하기도 합니다. 처음에는 많은 사람이 우리가 심은 식물을 관리위원회나 주민위원회에서 심은 것으로 생각하고, 원래부터 관리위원회나 주민위원회의 서비스에 불만이 있다거나 해서 분노를 드러내려고 식물을 가져가곤 했던 겁니다. 그러나 이 식물이 어느 한 이웃이 집에서 가져와 심은 것이거나 아주 귀여운 어린애가 세뱃돈으로 사서 심은 것임을 알게 되면 사람들은 부끄러워하면서 점차 공공 조성에 대한 이해와 인식을 제고합니다.

사실 우리는 설명 체계나 안내 체계가 필요합니다. 이를 온라인 단톡방에 게시하거나 안내판을 통해 친절하게 알리는 방식입니다. 우리는 기본적으로 이런 방법으로, 이 식물들은 모두의 것이며 공용 공간에 두는 것이 더 좋다는 점을 전달합니다. 가령 제가 살고 있는 아파트 단지 아래에도 작은 화원을 만들었는데, 그곳에 수국을 심었습니다. 2022년 4월 상하이 팬데믹 기간에 많은 주민이 지나가다 보면서 큰 감동을 받았습니다. 그런데 어느 날 세 그루가 사라졌습니다. 단톡방의 주민들은 모두 불쾌해하며 누가 가져갔는지 찾아내고 CCTV를 확인해야 한다고 했습니다. 저는 CCTV를 확인하지 않고 물품을 나눠주던 종이 상자 안에 『화원 속의 철학花園裏的哲學』이라는 책을 넣고, 옆에 "꽃은 큰 대지 위에서 더 아름답게 핀다"라는 문구를 적었습니다. 많은 사람이 이것을 봤고 누군가는 단톡방에 공유했는데, 이후에는 더 이상 수국을 가져가는 일이 일어나지 않았습니다.

우리가 이런 일을 하는 이유는 사실 모두가 공통된 공공적 가치관을 갖도록 장려하기 위해서입니다. 비난하거나 감시하고 추적하는 방식으로는 공공성이 제대로 형성되기 어렵습니다.

돌파하려거든 그냥 실행에 옮겨라

돤즈펑 샹 선생님도 말씀하셨지만, 이런 일들에는 강한 철학적 의미가 담겨 있습니다. 제가 계속 떠올린 단어는 'common', 즉 공유지입니다. 주민들은 쉽게 소유권 문제를 떠올리며, '정부의'와 '공공의'라는 개념이 완전히 같지 않다고 생각합니다. 예를 들어 관리위원회 소유라면 가져가도 된다고 여기기도 합니다. 어차피 관리위원회가 자신들에게 빚졌다고 생각하기 때문입니다. 그들은 이것이 공공성을 지니지 않는다고 생각합니다. 그런데 선생님이 하는 일은 바로 사람들에게 이런 소유권 문제를 다시 이해하도록 만드는 듯합니다.

파생되는 것은, 예를 들어 선생님이 말한바 모두가 함께 계획을 세우게 하지만 공동 계획이 반드시 어떤 정해진 안대로 실행해야 한다는 뜻은 아니며, 오히려 공감대를 형성하는 과정이라는 점입니다. 사람들을 초대해 함께 앉아 이야기하는 것, 그 결과가 반드시 확정적이지는 않더라도 함께 논의하는 것 자체가 매우 중요한 방식일 수 있습니다.

또 한 가지가 매우 흥미롭습니다. 처음에는 사구에 화원을 만드는 일이 꽤 번거로울 거라고 생각했습니다. 여러 사람을 만나고, 관리위원회도 접촉해야 하고요. 그런데 선생님 말씀을 들어보니 포스터 하나를 붙이는 데서 시작할 수 있을 듯합니다. 포스터 하나를 붙이는 게 어떻게 시작이 될 수 있을까요? 이건 어려운 일일까요, 아니면 아주 단순한 일일까요?

류웨라이 우리 팀은 이 질문을 자주 받습니다. 우리에게는 고객 서비스가 있는데, 이름이 '작고 귀여운 네잎클로버'입니다. 전국 각지에서 많은 분이 이렇게 문의합니다. 만드신 화원이 참 좋네요. 저도 만들고 싶은데 어떻게 시작해야 하나요? 누구에게 먼저 연락해야 하나요? 관리사무소를 찾으면 관리사무소 책임자에게 가라 하고, 책임자를 찾아가면 관리위원회 승인이 필요하다고 합니다. 설사 위원회를 찾았다 하더라도 포스터를 붙이려면 주민위원회 승인을 받아야 한다며 마음대로 붙일 수 없다고 합니다.

계속 생각만 하면 어렵게 느껴지지만 정말 돌파하려 할 때는 그냥 행동을 시작하면 됩니다. 그래서 저는 때로 그냥 심으면 된다, 누구에게도 허락받을 필요가 없다고 답하기도 합니다. 일부 사람들은 이렇게 하는 것이 지나치다고 생각할 수도 있습니다. 결국 공용 공간에서 하는 일이니까요. 하지만 우리에게는 원칙이 있습니다. 어디서부터 행동을 시작할지를 보는 것이죠. 우선 방치된 공간, 쓰레기가 쌓여 있거나 식물이 잘 자라지 않는 곳을 선택하고, 그곳을 변화시켜 더 나아지게 만드는 것이 기본 원칙입니다. 또 정말로 변화를 만들기 위해서는 약간의 기술과 간단한 준비가 필요합니다.

식재 과정에서는 반드시 누군가가 물어봅니다. 처음에는 이웃들이 뭐 하고 있냐고 물어볼 수 있습니다. 그때는 매일 여기 지나가면서 보기가 안 좋아 꽃 좀 심으려 한다고 말하면 대부분 긍정적인 반응을 보입니다. 마음이 따뜻하다고 칭찬하기도 하고요. 또 누군가는 관리사무소 허가를 받았냐고 물을 수도 있지만 굳이 자세히 설명할 필요는 없습니다. 관리사무소도 종종 난처하죠. 바꾸고 싶긴 하지만 예산이 없거나 심어도 관리할 사람이 없을까봐 걱정되기 때문입니다. 선생님이 채소를 심어 개인 소유로 만들지 않는다면 관리사무소는 사실상 눈감아줄 때가 많고 적절히 알아서 묵인합니다. 이때 관리사무소에서 와서 보고 허가 받았냐고 물으면 받지 않았다고 솔직히 말해도 괜찮습니다. 대부분 채소는 심지 말고 파손하지 마라 정도의 주의를 주며, 몇 마디 이야기하면서 끝납니다.

만약 우리가 식재할 때 이웃이 함께 참여하고, 특히 어린아이까지 같이 있으면, 관리사무소는 대체로 지원해줍니다. 심지어 약간 불만을 섞어 이렇게 이야기할 수도 있습니다. 이웃들이 예전부터 바꾸고 싶어했지만 관리사무소에서 아무 조치도 취하지 않아 우리가 스스로 방법을 찾아 하고 있고, 위아래층 이웃들과도 공감대가 형성되었다고 말이죠. 이렇게 말하면 관리사무소도 대개 크게 문제 삼지 않습니다.

사실 이것은 실행의 문제입니다. 일단 행동을 시작하면 모아둔 관심과 참여가 점점 늘어나고 정원 면적도 확장될 수 있습니다. 실제로 잘해낼수록 더 많은 사람이 참여하고 싶어합니다. 심지어 정원에 이름을 붙이고 각자가 한 구절의 시나 정원에 대한 기대를 적어 표지판으로 만들어 이 공간에 놓을 수도 있습니다. 물론 되도록 미학적 원칙을 따르는 것이 좋습니다. 이렇게 하면 자연스럽게 사구 문화 창조로 이어집니다.

생각보다 꽤 쉽죠, 그렇죠?

화원이 아무리 작아도 이름은 있어야 한다

샹뱌오 아까 류 선생님이 말씀하신 어렵고 쉬움의 관계는 매우 흥미롭고, 관련해서 조금 더 이야기할 수 있을 것 같습니다. 첫째, 제가 느낀 것은 선생님이 말씀하신 게 본질적으로 식물 성장의 논리, 특히 대나무나 등나무의 성장 논리와 연결된다는 점입니다. 한 알의 씨앗을 심으면, 먼저 자라고 나서 자연스레 하나의 생태계를 형성합니다. 대나무 뿌리는 땅 아래에서 무작정 퍼지지 않고, 틈을 찾아 들어가고, 그 틈 속에서 작은 생태계를 만들어냅니다. 이것이 '부근'이라는 개념에서 중요한 한 층위이기도 합니다. 사람들은 틈을 찾아야 하며, 마치 철통 같은 공간에 갇혀 있다고 생각해서는 안 됩니다. 사람이 있는 곳이라면 철통에도 틈과 공백이 있기 마련이고, 그 공백을 잘 활용하면 그 틈 하나가 창문 하나로 바뀔 수도 있습니다. 그래서 먼저 행동을 해야 합니다. 하지 않으면 그 틈은 그냥 남아 있을 뿐 확장되지 않습니다. 저는 이것이 매우 고무적인 생각이라고 봅니다.

둘째, 아까 즈펑 선생님이 언급한 '공유지' 개념에 대해 이야기하고 싶습니다. 학계에서도 이 주제는 많이 논의됩니다. 우리 막스플랑크연구소에서도 2022년에 작은 토론이 있었는데, 한 연구원이 교토의 도시 인류학 프로젝트를 진행하면서 매우 중요한 공공재, 즉 공유지에 대해 논의했습니다. 공유지는 단순히 토지 한 조각이 아니었습니다. 그곳에 사는 사람들에게 가장 중요한 공공성은 실제로 '경관'이었습니다. 주민들이 창문을 열고 볼 수 있는 것, 건물 아래로 내려갔을 때 보는 것 모두 강력한 공공성을 지니며, 거기서 쉽게 벗어날 수 없습니다. 눈으로 보는 것과 몸으로 느끼는 분위기 역시 매우 공공적입니다. 경제학에서 말하는 공공성은 주로 자원의 소유 여부와 관련되지만 인류학적 관점에서는 경관이 소유와 비소유로 논할 대상이 아니며, 필연적으로 공공성을 갖습니다. 매일 아침 집을 나서고 저녁에 돌아오는 사람들의 경험은 공공적 복지와 직접 연결되므로, 경관의 공공성 역시 더 깊이 탐구할 가치가 있습니다.

셋째, 저는 새로운 문제로 확장하고 싶습니다. 선생님이 말씀하신 공공성을 구축하고 낯선 사람들이 함께 일하게 만드는 과정으로 돌아가서, 주의력 문제를 떠올렸습니다. 처음에는 모두가 쓰레기장이나 보기 흉한 공간을 보게 되는데, 이는 일종의 부정적 주의력입니다. 보기 싫지만 어떻게 해야 할지 모르는 상태죠. 핵심은 이러한 주의력을 적극적 주의력으로 전환하는 것입니다. 자세히 들여다보면서 무엇을 할 수 있는지 발견하게 하는 거죠. 전체 식재 과정에서 흥미로운 점 가운데 하나는 사람들이 자연스럽게 매우 세밀한 부분에 주의를 기울이게 된다는 것입니다. 예를 들어 상하이에서 겨울에 채소를 심는다면 적어도 광둥과는 다르게 매년 작물을 바꿔야 하며, 이는 노동을 필요로 합니다. 또한 각 식물의 물 요구량도 다르고 미학적 관점에서 볼 때 식물 간의 조화도 다르기에 자연스럽게 주의를 기울일 수밖에 없습니다. 저는 사물에 대한 이 같은 주의력이, 낯선 사람들이 서로 관계를 맺게 만드는 중요한 계기가 될 수 있다고 생각합니다.

류 선생님께서 처음 설계할 때 화원 안에 작은 물건들을 놓는다고 하셨죠. 그 물건 자체는 아주 작은 것이고, 사실 없어도 별문제 없습니다. 하지만 화원 안에 두면 사람들은 자연스레 그것에 주의를 기울이고, 그러면서 서로 이야기하고, 이걸 어떻게 놓을까 고민하면서 공통의 화제가 만들어집니다. 저는 이런 관찰이 아주 흥미롭다고 생각합니다. 이런 주의력 자체가 중요한 공공재가 될 수 있는 것이죠.

제가 이 문제를 꺼낸 이유는, 오늘날 우리 생활에서 특히 젊은이들에게 주변, 즉 '부근'에 대한 주의력이 거의 사라졌기 때문입니다. 모든 것을 인터넷에서 구매하며 모든 사물이 추상적이어서 식물이 실제로 어떻게 자라는지, 계절마다 모습이 어떻게 달라지는지, 언제 어떤 새가 오는지 등을 관찰하지 않습니다. 이로써 주변과 생활에 대해 무의식적인 상태에 머무르곤 합니다. 주의력이 발현되더라도 대부분 부정적 주의력입니다. 이를테면 기분이 나쁘다거나, 어디서 냄새가 난다고 느끼는 식이죠. 부정적 주의력은 지속력이 없고 참기 어렵게 해 빨리 벗어나고 싶게 만듭니다. 그러나 우리는 지속적인 주의력이 필요합니다. 식물이 죽을 때 부정적인 감정이 생길 수 있습니다. 하지만 우리가 식물에 주의를 기울이는 것은 단지 식물이 곧 죽을 때 발견되는 현상이 아닙니다. 우리의 주의력은 사실 지속성이 있습니다. 이런 주의력은 사람에게 직접 향하는 것이 아니라 식물로 향하기 때문에 겉보기에는 사회적이지 않습니다. 하지만 이 주의력 자체가 낯선 사람과 자연스레 대화를 트는 계기가 될 수 있습니다. 따라서 앞서 언급한 '손잡이' '이유', 낯선 사람과 함께 행동을 시작하는 포인트로 돌아가면 이런 세부적인 것에 대한 주의력 자체가 바로 행동을 시작하는 출발점이 됩니다.

류웨라이 맞습니다, 샹 선생님. 사구 안에서 공감대를 형성할 수 있는 다른 활동들도 있습니다. 이를테면 벽화 작업이나 공공 예술 프로젝트죠. 그런데 우리가 손잡이로 사구 화원을 선택한 특별한 이유 중 하나는 화원의 핵심 요소가 자연적이기 때문입니다. 자연적 요소는 참여자에게 쉽게 통제할 수 없는 예기치 못한 경험, 즉 작은 놀라움을 선사합니다.

저는 현대의 젊은이들이 마주하는 많은 것이 이미 대부분 정해져 있는 반면, 식물의 성장은 불확실하다는 점이 흥미롭다고 생각합니다. 가장 간단한 예를 들자면, 우리 화원에 키가 약 2미터쯤 되는 디수이관음滴水觀音(알로카시아) 몇 그루가 있었습니다. 그런데 2021년 겨울 기온이 몹시 낮아 이 식물들은 모두 쓰러지고 얼어 죽었습니다. 많은 주민, 젊은이, 아이들까지도 이걸 보고 안타까워했죠. 왜냐하면 전에는 이곳이 울창한 식물로 가득했기 때문입니다. 그런데 이듬해 3월 중순쯤, 모두가 죽었다고 생각한 이 디수이관음이 새싹을 틔우기 시작했고, 여름까지 1미터 이상 자랐습니다. 이걸 본 사람들은 SNS에 감상을 남기기도 하고, 사구 단톡방에 공유하기도 했습니다. 이런 변화를 접하면 모두 강인한 생명력에 감탄하게 됩니다. 물론 이것 자체가 경관상의 변화이기도 합니다. 천천히 일어나는 변화죠. 울창했다가 갑자기 죽은 듯 보였다가 되살아나는 이 과정 자체가 생명의 중요한 변화입니다. 사실 이게 바로 우리가 넓은 의미에서 말하는 '풀뿌리'의 힘입니다. 땅 위에서 보이지 않는다고 해서 이미 사라진 것은 아니란 뜻이죠.

식물의 이러한 변화가 사람에게 주는 감정적 체험은 매우 강렬합니다. 우리는 더 이상 식물에 의존해 살아가지도 않고, 식물 재배로 생계를 유지하지도 않으니 식물에 크게 신경 쓰지 않는 편입니다. 갑작스러운 기온 하강으로 식물이 마치 죽은 듯 보였다가, 다시 기온이 올라가면 울창하게 자라는 현상 같은 것은 원래라면 쉽게 간과했을 일입니다. 그러나 이런 경험은 새로운 깨달음을 줍니다. 아직 우리가 알지 못하는 게 많다는 것을요.

우리가 사구 화원에서 시작하기로 한 이유는 씨앗부터 심으면 비용이 매우 낮다는 점 때문입니다. 이렇게 하나의 공간을 생산하거나 조성하는 과정에 아주 적은 비용으로 개입할 수 있습니다. 게다가 씨앗 자체에 이미 영양이 있어 적절한 온도와 기본적인 흙, 햇빛만 있으면 성장할 수 있고, 비료를 주거나 특별히 돌볼 필요가 없습니다. 이 점이 매우 중요합니다. 특히 출장을 가야 하는 젊은이들이 돌아왔을 때 이전에 심어둔 식물이 이렇게 크게 자랐거나 심지어 꽃이 피어 있는 모습을 보게 되면 그 변화를 뚜렷이 느낄 수 있습니다.

저는 우리 집 아래 작은 화원에 '이끼 화원'이라는 이름을 붙였습니다. 왜 이런 이름을 붙였냐면, 원래 이곳은 방치된 공간이라서 지나가는 사람들은 아무것도 없다고 생각했지만 제가 쪼그리고 앉아 자세히 보니 향나무 뿌리와 노출된 흙 사이에 작은 이끼 한 줌 있는 거예요. 저는 작은 화원이라도 이름이 있어야 한다고 생각했습니다. 이건 매우 중요합니다. 만약 주민들이 쪼그리고 앉아 이 작은 이끼를 주목한다면, 그들은 적어도 그 순간만큼은 서두르던 걸음을 멈추고, 몸을 숙여 흙과 이끼에 주의를 기울였다는 뜻이 됩니다. 실제로 이끼는 며칠 뒤 꽃을 피웠습니다. 이끼 꽃은 쌀알만큼 작지만 피어났고, 사람들이 이 작은 꽃을 감상하는 것 자체가 매우 특별한 마음 상태를 함께하는 경험이 됩니다.

제가 앞서 든 예들은, 어떤 것은 큰 변화이고 어떤 것은 작지만 모두 우리에게 서로 다른 시야와 경험을 제공했습니다. 이런 경험이 바로 우리가 그들과 함께 있다는 느낌을 자아냅니다.

한 가지 덧붙이자면, 사구 화원 활동은 우리 동료들에게도 큰 변화를 가져왔습니다. 화원을 시작하기 전에는 많은 동료가 비 오는 날을 싫어하고 땅에 고인 물 때문에 신발이 더러워질까봐 찝찝해했습니다. 그런데 식물을 심을 때 정근수定根水라는 흥미로운 개념이 있습니다. 식물을 심은 뒤 첫 일주일 동안은 매일 물을 주어야 한다는 것이죠. 그래서 화원 프로젝트를 시작한 후, 만약 식물을 심은 다음

날 비가 오고 그게 7일간 이어지면 제 동료들은 정말 기뻐합니다. 이전에는 비가 자신과 무슨 상관이 있는지조차 느끼지 못했고 오히려 싫어했지만, 프로젝트에 참여한 동료들은 이제 비가 오길 기다리며 좋아하게 되었습니다. 이들은 작은 공간뿐만 아니라 더 큰 기상 현상에도 관심을 갖게 되었고 새로운 연결이 생겼습니다. 저는 이것이 바로 아까 말씀하신 '주의력'과 깊은 관련이 있다고 봅니다.

식물의 논리는 접힘이 아니라 펼침이다

돤즈펑 저는 다른 사례 하나를 덧붙일 수 있을 듯합니다. 저도 디자이너인데, 가령 포스터나 모델을 만들 때 아무리 디테일을 많이 넣어도 그것이 완성되면 그 순간 이미 죽은 것처럼 느껴질 때가 종종 있습니다.

아까 샹 선생님이 정원의 정리에 대해 언급하셨는데, 정리란 단순히 질서를 만드는 것이 아니라, 이 정원을 이어가려면 더 많은 요소를 안에 더해야 한다는 뜻입니다. 류 선생님이 말한 인공물도 마찬가지입니다. 인공물을 유지하려면 사람들이 큰 비용과 노력을 들여야 합니다. 바닥을 깨끗이 유지하려면 매일 닦아야 하지만, 이런 노력은 눈에 보이지 않습니다. 우리는 매일 길을 걸어도 어떻게 바닥이 늘 깨끗할 수 있는지는 생각하지 않죠. 하지만 식물 자체의 성장은 '유지'를 눈으로 볼 수 있게 합니다. 눈에 보이게 된다는 점은 매우 시사적이며, 특히 도시생활을 하는 사람들에게 큰 깨달음을 줍니다.

샹뱌오 이어서 저도 덧붙이겠습니다. 사실 사람의 요소가 매우 흥미롭습니다. 즈펑 선생님이 든 인공물의 예처럼 누군가는 바닥을 닦지만 우리는 이걸 보지 못합니다. 사람의 노동은 매우 중요하며, 전체 수도, 전기, 하수도 시스템의 작동을 유지하게 합니다. 그러나 도시의 이런 중요한 인공물의 기능을 오늘날 흔히 쓰는 단어로 표현하자면 '접힘'이라고 할 수 있습니다. 접히면 매우 중요한 사람들의 존재와 노동이 보이지 않게 됩니다. 설계가 잘된 건물일수록 접힘이 강합니다. 왜냐하면 복잡하고 지저분한 것이 보이지 않고, 모든 게 자연스러우며 깨끗한 듯하기 때문입니다. 자연 화원은 이 접힘과 반대되는 개념으로 '펼침'입니다. 아까 말씀하신 등나무나 대나무처럼 계속 자라고 펼쳐집니다. 펼쳐지는 과정에서 꽃의 힘이 매일 바닥을 청소하는 노동만큼 강하진 않을 수 있지만, 성장하면서 자신의 흔적을 볼 수 있습니다. 다시 말해 접힘은 사람의 노동 흔적을 없애고 결과만 보이게 하며, 노동 과정은 숨겨집니다. 반면 화원을 만들면 자신이 펼쳐가는 과정을 볼 수 있죠. 꽃은 내일 바로 피지 않을 수도 있고, 반드시 피는 것도 아니며, 죽을 수도 있지만, 그러한 과정 자체는 존재합니다. 사람의 주의력은 접힌 상태와 펼쳐진 상태에서 다르게 나타납니다.

또 두 분이 말씀하셨듯이, 화원은 아무리 작아도 이름이 있어야 합니다. 존재론적이든 인식론적이든 이것은 매우 심오한 문제로 볼 수 있습니다. 어떤 존재가 있기 위해서는 이름과 의미가 필요하다는 것이죠. 처음에 선생님은 이름이 정확하지 않다고 해서 머뭇거리지 말라거나, 언어적·규칙적 논증을 먼저 하지 말고 일단 심으라고 하셨습니다. 일정 수준까지 심고 나서야 이제 이름을 붙여야겠다고 느끼는 것이죠. 이름이 생기면 의미가 생기고, 주의력이 생기며, 사람들을 동원할 수 있습니다. 중국어 문화권에서 이름은 매우 중요한데, 이 점에 대해서는 나중에 더 논의할 수 있을 듯합니다.

그런데 한 가지 궁금한 점이 더 있습니다. 이 화원이 실제로 조성되고 사람들이 함께 꽃을 심기 시작할 때, 선생님은 이런 집단에 대해 비교적 구체적인 규칙이나 규정을 두시나요? 예를 들어 노동 분담이나 물 주기를 누가 책임질지 정해두는 식으로요. 아니면 굳이 필요 없다고 보시는지요? 주민들이 그냥 지나가면서 자연스럽게 신경 쓰게 된다고 보시나요? 특히 세 번째 단계, 즉 선생님이 말한 시스템화된 '부근'의 구축이라는 비전 단계에서는, 특정 소규모 팀을 만들어 일정한 분담과 규칙을 두는 방식으로 운영하시나요, 아니면 그렇게까지 할 필요는 없다고 보시나요?

류웨라이 우리는 실제로 상황에 맞춰 점차 조직화되는 과정을 갖고 있습니다. 조직화도 개인에서 시작됩니다. 예를 들어 한 사람이 먼저 어떤 방식을 독학하고, 행동을 시작할 때 몇 명을 모아야 할 필요성이 생기는 식입니다. 이때 프로젝트가 비교적 작으면, 작은 화원을 하나 만드는 수준에서 끝나기도 합니다. 또 다른 가능성은 작은 화원부터 조금씩 확장해나가는 것이죠. 어린이와 노인도 참여하고, 때로는 몇 명의 이웃이나 옆 건물 이웃까지 참여하며 규모가 커지기도 합니다. 사람이 더 많이 참여하는 프로젝트를 시작하거나, 주민들이 사구에서 더 큰 변화를 기대할 때는 일정한 조직화가 필요합니다. 이때 기본 바탕은 사구 내의 주민위원회나 사구위원회의 지지를 얻는 것입니다. 기존 시스템과 연계해야 하죠. 원래 주민위원회는 주민 자치 조직이지만, 공식 행정 시스템과 연결되어 있습니다. 순수한 풀뿌리 자율 조직이 기존 자율 조직과 연계되면 일정한 자원을 얻을 수 있고, 이를 통해 프로젝트를 더 크게 확장할 수 있습니다.

예를 들어 우리는 상하이 둥밍루東明路 가도街道[3]와 사구에서 이런 실험을 했습니다. 처음에는 주민들의 취미 모임일 뿐이었지만, 점차 이들이 공공 사안에 더 많이 참여하길 원했고, 결국 하나의 사구 계획 소그룹으로 발전했습니다. 이 소그룹은 자연스레 생긴 것이 아니라, 가도 차원의 상향식 지원을 받아, 기존에 주민들이 자발적으로 운영하던 풀뿌리 소규모 조직과 연결되면서 만들어진 것입니다. 결국 모든 사람의 목표는 동일했습니다. 더 많은 이가 자발적으로 책임지고 자치적인 상태를 만들어가는 것이죠.

상하이의 각 가도에는 사구자치사무소가 있으며, 주민들과 함께 다양한 활동을 하면서 관계를 더 원활하게 만듭니다. 우리가 진행한 대표적인 실험에서는 가도 측과 중요한 공감대를 형성했습니다. 즉, 가도 프로젝트, 소프트웨어, 하드웨어, 자치 프로젝트, 또는 공공 공간 개조 프로젝트 등 어떤 형태든 간에 반드시 주민이 직접 제안한 것이어야 유효하다는 뜻입니다. 설계 회사에 맡기거나, 어느 리더가 단번에 결정하는 방식은 유효하지 않습니다. 주민 자치로 형성된 단체를 우리는 계획 소그룹이라고 부릅니다. 사구마다 자체 계획 소

3 행정동과 비슷한 지역 커뮤니티 단위.—옮긴이

그룹이 있으며 이들은 사구 화원 활동을 기반으로 점차 확장됩니다. 이렇게 되면 더 많은 자원을 확보할 수 있고 사구에 더 큰 복지를 가져옵니다. 이러한 소그룹의 가치는 주민들 사이에서 인정받게 되는데, 이는 소그룹이 사구를 위해 자원을 확보해주기 때문입니다.

저는 아까 말씀하신 펼침이라는 개념이 매우 인상적입니다. 이 과정은 펼쳐지는 것이며, 개방된 시스템이죠. 물론 작은 일부터 시작하는 것이고, 큰일은 어느 정도 접힘이 필요할 수도 있습니다. 하지만 이런 작은 일의 펼침과 투명성에 대해 많은 가도도 열린 태도를 보이며 주민들이 모두 볼 수 있도록 공개하고, 신청하게 하며, 일정한 정책 지원도 합니다.

우리 팀은 이 과정에서 매우 중요한 역할을 합니다. 때로는 이를 공동 관리 허브라고 부르는데, 사실상 이것은 권한을 부여하고 함께하는 과정입니다. 이 가도에는 38개의 주거 구역이 있습니다. 우리는 각 구역의 소그룹과 접촉하며 공개 강의, 워크숍 등을 통해 충분히 상호작용합니다. 펼침의 과정은 식물의 성장과 비슷합니다. 처음에는 원래 경직된 조건에서 어려워 보이지만, 우리는 그게 돌파 가능하다는 것을 알게 되었습니다. 틈새에서 작은 화원처럼 서서히 자라나며 나아가 주민들이 이사로 참여하는 비정부기구로 발전하기도 합니다. 이 조직은 민간적이면서도 합리적이고 질서 있는 구조를 갖추게 됩니다. 사구 화원에서 사구 계획, 나아가 사구 공생으로 가는 과정은 실제로 매우 명확하며, 그 성장 경로를 눈으로 확인할 수 있습니다.

지금 우리는 많은 공공 공간, 상업 공간, 주민 공간을 서서히 연결하고 있습니다. 예를 들어 아이들이 학교에 다니며 지나는 공간 중 일부는 자연적으로 성장하도록 둬도 되는 곳이 있습니다. 우리는 참여를 원하는 주민들을 씨앗처럼 활용해 이런 공간들을 서서히 활성화합니다. 이렇게 도시 지역의 작은 단위를 실험실 삼아 천천히 만들고 있으며, 모두가 함께 노동하면서 화원을 만들듯이 지역 전체의 공공성도 펼쳐나가고 있습니다.

'작음'은 종종 탄성이 더 크며, 취약성을 극복하게 한다

샹바오 예전에 논의했던 향신鄕紳 역할이 떠오릅니다. 중국 전통 사회에서 지역사회의 중요한 특징 중 하나는 향신 역할에 의존한다는 점입니다. 그들은 주로 학식 있는 사람들로, 조정과 조율 같은 일을 맡습니다. 이건 류 선생님이 말씀하신 도시 소규모 실험실과 매우 유사합니다. 왜냐하면 목적, 목표, 요구가 하늘에서 떨어지는 것이 아니기 때문입니다. GDP를 창출하거나 규범화된 사구를 만들려는 게 아니라 구체적인 문제를 해결하려는 것이죠. 다양한 구체적 요구를 연결하는 것인데, 이렇게 하고 나면, 효능·효과·효율 측면에서나 새로운 분위기를 형성하는 측면에서나 결과가 완전히 달라집니다.

저도 '사회 복원'이라는 개념이 떠오릅니다. 대나무처럼 펼쳐지고, 뿌리가 얽히듯이 확장되는 특성이 매우 중요할 듯합니다. 처음에 선생님이 말씀하셨듯이 큰 참여와 작은 참여가 있는데, 황푸강 개조 같은 큰 프로젝트에 참여하는 것은 어렵지만 작은 프로젝트 참여는 상대적으로 쉽습니다. 저는 사람들이 작은 프로젝트부터 시작하면서 점차 큰 프로젝트에 대해서도 새로운 이해를 갖게 되지 않을까 생각합니다.

'큰 것'은 항상 다양한 '작은 것'들의 누적에서 비롯됩니다. '큰 것'은 개념적이지만, 실제의 매일은 반드시 '작은 것'에서 시작됩니다. 이렇게 안에서 밖으로, 아래에서 위로 점차 확장되는 과정 역시 앞으로 우리가 논의할 주제가 될 것 같습니다.

저는 설계할 때 계층이나 스케일의 문제가 생긴다고 보고, 지도 그리기에서도 비슷한 문제가 있다고 생각합니다. 스케일의 관점에서 보면, 선생님의 프로젝트 전체가 매우 흥미롭습니다. 시작은 아주 작은 스케일에서 합니다. 한 알의 씨앗, 한 사람, 쓰레기장이 있는 작은 구석 등이 사구에서 한 명 또는 여러 명의 이웃과 관련된 일이 되는 것이죠. 스케일이 변하면 일의 성격도 변할까요? 새로운 방법이 필요할까요? 예를 들어 미학 개념도 사실 스케일 문제라고 생각합니다. 한 사람이 베란다에서 꽃을 키울 때 아름다움의 여부는 그 한 송이 꽃의 문제이지만, 작은 화원에서는 스케일의 문제입니다. 동일한 꽃이라도 베란다라는 스케일과 화원이라는 스케일에서의 효과 및 의미는 다릅니다. 그래서 화원에 이름을 붙이는 것도 스케일 문제입니다. 작은 생태계에 이름을 붙이는 것이죠. 이를테면 이끼 화원처럼 모든 요소가 '이끼'라는 개념을 중심으로 모여 스케일상 하나의 단위가 되는 것입니다.

스케일 관점에서 우리 생활을 이해하면 특히 상하이 같은 초대형 도시에서의 생활은 매우 다르게 느껴질 수 있습니다. 초대형 도시라는 말을 들으면 하나의 커다란 스케일로 인식돼 사람은 몹시 무기력하게 느껴지고 두려움이나 불안이 생기기 쉽습니다. 하지만 거꾸로 '내 앞 500미터'부터 서로 다른 스케일 간의 관계를 명확히 생각하면 일상에서 의미를 재발견하고 더 좋은 삶을 사는 것과 직접적으로 연결될 수 있습니다.

류웨라이 방금 선생님이 말씀하신 '펼침'이 특히 큰 영감을 줍니다. 대나무 뿌리의 틈새가 펼쳐지듯이 마치 문틈 사이로 맞은편 이웃을 보는 것과 같은 상태인데, 참 흥미롭습니다. 방금 말한 이끼도 저는 우연히 발견했지만, 제가 발견할 수 있었다면 분명 다른 사람도 발견할 수 있다고 믿습니다.

선생님이 말한 생태성은 반드시 자연 생태성을 기반으로 한다는 의미가 아니라 기능성의 측면에서 접근하는 것입니다. 사실 그것이 의미가 있느냐, 우리가 그것의 의미를 어떻게 보느냐, 의미를 보지 못하는 부분은 어떻게 할 것이냐와 같은 문제는 그것의 존재를 방해하지 않습니다. 제가 이끼를 봤을 때 이 존재 자체가 우리에게 부담을 주는 것은 아니며, 우리가 특별히 심지도 않았는데 자연스레 자라났고 결국 누군가는 그것을 보게 됩니다. 우리가 하는 일이 처음부터 많은 사람에게 보일 필요는 없습니다. 이 일에 의미를 부여하고자 할 때는 이름을 붙여야 합니다. 이름이 생기면 일부 사람은 더 알고 싶어할 테고, 가령 이끼 화원의 이끼가 어디 있는지 찾아보는 식으로 관심의 진입점이 생깁니다. 사구 화원과 마찬가지로 화원이 어떤 방향으로 발전해야 할지는 우리도 여전히 탐색 중입니다.

스케일 문제에 대해서도 큰 영감을 받았습니다. 큰 것과 작은 것, 먼 것과 가까운 것, 실재와 공허. 우리는 큰 프로젝트에서도 탐색을 하고 있습니다. 아무리 큰 스케일의 대상이라도 경계가 있기 마련인데, 그 경계와 우리 생활이 가장 가까운 부분이 먼저 변할 가능성이 높습니다. 심지어 상하이의 '대강대하大江大河'와 같은 초대형 프로젝트에서도 사구와 맞닿은 부분에서 이미 변화가 일어나고 있으며, 우리는 이로써 공공 참여를 통한 변화를 촉진하고 있습니다.

우리는 이런 규칙성을 찾아야 하고, 점차 더 많은 가능성이 경계에서 출발해 서서히 스며들도록 해야 합니다. 마치 대나무 뿌리나 덩굴 시스템처럼 맥락을 따라 천천히 성장하며 하나의 네트워크를 형성하는 방식입니다. 이렇게 여러 개의 작은 변화가 모여 큰 변화를 만들고, 그 큰 변화는 더 이상 공허하지 않게 되며, 우리 각자와 연결됩니다.

돤즈펑 샹 선생님이 말한 '내 앞 500미터' 개념과, 류 선생님이 자신은 1미터 범위 내에서 활동한다고 한 이야기를 연결해보면, 1미터란 실제로 자신의 실천이 영향을 미칠 수 있다고 느끼는 영역을 의미합니다. 이는 분명 스케일의 문제이기도 합니다. 즉, 무언가를 할 때 손이 닿는 범위, 영향력을 미칠 수 있는 범위는 1미터 안일 수 있지만 그 시야와 투사하는 영향력은 훨씬 더 크게 설정할 수 있습니다.

샹 선생님이 언급한 세 가지 문제는 하나는 발견, 또 하나는 정리, 마지막은 이 틀을 벗어나 새로운 상상이나 행동 방식을 구축하는 것입니다. 우리 대화도 이 방식에 맞춰 진행된 양, 처음에는 실천에 관해 이야기하다가 마지막에는 그 틀을 벗어나 논의하는 방향으로 이어졌습니다.

저는 두 가지 질문을 더 하고 싶습니다. 첫째, 최근 류 선생님이 진행하는 프로젝트가 비교적 큰 규모라는 점입니다. 예를 들어 주차장을 큰 부지로 바꿔 화원으로 만드는 프로젝트는 더 이상 집 앞에 꽃을 심는 수준이 아닙니다. 이런 프로젝트는 어떻게 시작되고 진행되는지, 작은 일에서부터 어떻게 점차 확대해나갈 수 있는지 궁금합니다.

두 번째 질문은 취약성과 관련됩니다. 이런 프로젝트들은 어느 정도 여전히 매우 취약해 보입니다. 화원 프로젝트든 기초적인 지역사회 관계 회복 프로젝트든 쉽게 중단될 법한 특성이 있어 보입니다. 실제로 류 선생님도 이런 취약성 문제에 직면한 적이 있나요?

류웨라이 먼저 첫 번째 질문에 대해 말씀드리겠습니다. 주차장 프로젝트는 우리 팀이 직접 한 것은 아니지만, 발기자가 우리 동문 중 한 명이라 관심을 갖고 지켜보고 있습니다. 그들은 스무 대의 차가 주차할 수 있는 공간을 옆 쇼핑몰로 옮기고, 원래 주차장을 농구장 겸 주민 활동 공간으로 바꿨습니다. 단지 화원만 만든 게 아니라 주민 활동 전체를 위한 공간으로 재구성한 것이죠. 이것은 매우 중요한 자발적 조직화 과정으로 자금 조달, 협상, 조율, 자원 공유 등을 포함하며, 사구 내부에만 국한되지 않고 외부 자원까지 연결했습니다. 이 프로젝트는 동문들이 주민위원회의 지원을 받아, 처음에는 잘 알지 못했지만 점차 "아이들을 위해 더 나은 환경을 만들자"는 공감대를 형성할 수 있었던 이들을 조직해 함께 완성한 사례입니다.

두 번째 질문에 대해 말씀드리면, 우리가 운영하는 많은 사구 화원

중 상당수는 사람처럼 생로병사 과정을 겪습니다. 예를 들어 발기자나 사구를 유지하는 핵심 인물이 병에 걸리거나 이사를 가면 프로젝트에 단절이 생기기도 합니다. 이런 취약성 문제는 꽤 뚜렷하게 나타나며, 우리 프로젝트 진행 상황을 보면 20퍼센트 정도에서 변동이 생깁니다.

또 한 가지 상황이 있습니다. 많은 사구 화원의 조성은 시작할 때부터 계기와 목적이 뚜렷합니다. 가장 중요한 이유는 정부나 다른 협력자, 또는 기부자로부터 자치 재정을 지원받기 때문입니다. 그런데 재정 지원이 적시에 이뤄지지 않으면 그 화원의 지속성 자체가 위협받을 수 있습니다.

반면 우리는 처음부터 아무런 지원 없이 시작했는데도 잘 유지되는 화원이 있다는 것도 발견했습니다. 특히 이 사례를 들고 싶습니다. 2021년 'SEEDINGARDENS' 프로젝트 중 삼엽초 화원三葉草花園이 있었는데, 팀장 즈펑豸峰(본명은 쑨샤오孫曉)이 사구 주민들과 함께 이 화원을 만들었습니다. 저는 지금까지 가본 적은 없지만 듣기로는 화원이 꽤 잘 관리되고 있다고 합니다. 이 화원은 어떤 지원금도 받지 않았습니다. 모든 비용은 주민들 스스로 부담했고, 아이들이 세뱃돈으로 마련한 비용도 포함됩니다. 주민들은 직접 어린이 모래 놀이터를 만들고 벽돌 하나하나에 장식을 하는 등 모든 것을 손수 꾸렸습니다. 이렇게 공동 노동을 통해 이뤄낸 공공 화원은 개개인과 밀접하게 연결됩니다. 연구 결과, 이런 화원들은 대개 위에서 말한 취약성과는 반대로 특별한 탄성을 지니고 있습니다. 이는 정부나 기부자의 지원에 의존하는 것이 아니라 주민들의 창조, 봉사, 지원으로부터 나오는 강한 연결성 덕분입니다.

1년이 채 되지 않는 시간 동안 이 화원 프로젝트에 참여한 이웃들 중에도 여러 이유로 떠난 사람들이 있었습니다. 특히 자전거 보관소를 관리하던 마 아저씨는 자전거 보관소가 스마트 충전소로 바뀌면서 더 이상 관리인이 필요 없어져 실직했습니다. 마 아저씨는 이곳에서 오랫동안 일했고 화원을 함께 만들면서 사람들과 친해질 수 있었습니다. 마 아저씨가 실직했다는 소식을 들은 후 즈펑 선생님 팀은 그분이 새로운 일자리를 찾도록 돕고자 했습니다. 세부 사항은 제가 다 알지 못하지만 이 과정을 통해 사람들 사이의 관심을 확인할 수 있었습니다. 작은 화원을 통해 우리는 사구의 탄성을 볼 수 있었습니다. 이는 단순히 공간을 만드는 데서 끝나지 않고 사람들 사이의 관계를 만들어내는 과정이기도 했습니다. 아마 이게 바로 '내 앞 500미터'를 재건하는 의미일 것입니다. 기반 시설을 구축하는 데 가장 중요한 것은 사람의 마음, 즉 사람들의 합의와 공감입니다. 식물을 심는 과정에서 모두의 사랑과 관심, 그리고 일부 물질적 지원이 필요하며 이를 통해 작지만 하나의 시스템이 구축됩니다. 저는 이 시스템이 취약성을 극복할 수 있다고 생각합니다.

오히려 작은 프로젝트일수록, 그리고 집 바로 앞에서 사람들이 직접 돈과 노력, 아이디어를 내어 만든 것일수록 공간의 지속성 측면에서 더 큰 탄성을 갖는다고 생각합니다. 반대로 규모가 크고, 예산 지원이 많이 들어간 프로젝트일수록 취약합니다. 큰 프로젝트는 전문 서비스를 통해 경관을 유지할 순 있지만 사람들 간의 관계를 촉진하는 데는 취약하며 강력한 지지 기능을 제공하지 못할 때가 많습니다.

돤즈펑 맞아요. 우리는 어떤 공간을 지속적으로 유지하려면 상당한 노력이 들어간다는 점을 쉽게 간과하곤 합니다. 예를 들어 큰 프로젝트는 겉으로 완성되면 끝난 것 같지만 장기적으로 유지하려면 정말 어렵습니다. 반대로 작은 프로젝트에서 파생되는 탄성은 오히려 그 공간을 지속적으로 지켜가는 힘이 됩니다.

사구 조성은 부근을 봐야 한다

류웨라이 저는 샹 선생님의 사구 조성에 대한 이해를 좀더 듣고 싶습니다. 우리도 계속 이 분야에서 활동하고 있는데요. 선생님께서 '내 앞 500미터'를 말씀하실 때 부근의 재건과 사구 조성이 반드시 같은 개념은 아니며, 어떤 의미에서는 서로 반대되는 면도 있다고 하셨습니다.

샹뱌오 선생님 말씀을 듣고 나서 사구 조성에 대한 제 이해는 새로워졌습니다. 원래는 다소 편향되게 이해하고 있었죠. 정부가 점점 사구 조성을 중요시하면서 격자망 관리를 하고, 사구와 '최종 500미터'의 건설에 큰 관심을 두고 있습니다. '최종 500미터'는 물론 상업적 개념이기도 합니다. 전자상거래에서는 각각의 물건을 가능한 한 빨리 가정까지 배송해야 하니까요. 개발업자들도 사구의 활동을 강조합니다. 사구를 일정한 분위기로 만들어야 집이 잘 팔리기 때문입니다. 그래서 때로는 사구 활동가와 협력하기도 합니다. 제 이해로는 이런 사구 조성은 큰 행정적 또는 상업적 힘에 의해 추진되곤 합니다.

예전에 저는 사구 조성에 대해 또 다른 편향된 이해를 갖고 있었습니다. 즉, 이를 매우 전문화되거나 외주화된 방식으로 진행한다고 생각했던 겁니다. 예를 들어 사구 계획은 일반적으로 건축설계 회사에 외주를 주는데, 이들 설계 회사는 모두 아파트 관리 업체의 논리를 따릅니다. 목적은 그저 주민들이 편리하게 생활하도록 하고 주민들이 신경 쓰지 않아도 되게 하는 것이죠.

제가 말하고자 하는 '내 앞 500미터' 개념은 말씀하신 것과 완전히 일치합니다. 외주가 아니라 직접 해보는 것입니다. 처음에는 완벽한 계획이 없어도 괜찮지만, 방향과 기본 원칙은 있어야 합니다. 이번 대화를 통해 저는 사구 조성의 또 다른 의미를 이해하게 되었고 그 중요성도 깨달았습니다. 이전에는 주민 스스로 시작하는 '부근'은 굳이 계획이 필요 없다고 생각했지만 이제는 일정하게 배태된 계획이 중요하다는 것을 알게 되었습니다. 예를 들어 주민들과 함께 울타리를 어떻게 할지, 대나무를 쓸지, 덩굴을 쓸지, 작은 장식을 넣을지 등을 논의하는 과정…… 이런 세부적인 계획은 제가 처음에 '내 앞 500미터' 개념에 포함시키지 못한 내용입니다. 배태된 계획의 효과는 두 가지입니다. 첫째, 좋은 주제를 제공합니다. 둘째, 집합성을 형성하기 시작합니다. 즉, 내 앞 500미터가 더 이상 각 개인에 해당되는 것이 아니라, 서로 다른 내 앞 500미터가 연결되고 겹쳐지면서 공동체적 공간으로 확장되는 것입니다. 사구 조성에 대한 저의 새로운 깨달음과 이해는 바로 여기서 나왔습니다. 정말 감사합니다.

류웨라이 저도 샹 선생님께 감사드립니다. 한 가지 질문이 더 있습니다. 한 푸단대학 학생이 제게 대신 물어봐달라고 했습니다. '부근'과 '사구'의 차이 및 연관성을 알고 싶다고요. 그는 매체 기술이 주민들을 연결하고, 일상 경험을 공유하며, 커뮤니티 생태성을 드러내는 역할을 통해, 거리가 가깝든 멀든 상관없이 사람들을 연결할 수 있다는 점에 주목했습니다. 이런 기술의 활용이 '부근'의 '구축'과 상충되는 것은 아닌지 궁금해합니다. 왜냐하면 '부근'은 일상생활 속 상호작용과 생생한 경험의 중요성을 보여주지만 기술을 활용한 상호작용은 반드시 대면으로 이루어지는 것이 아니기 때문입니다.

샹뱌오 이 학생이 질문한 내용이 매우 흥미롭네요. 부근이란 가까울 수도 멀 수도 있다는 뜻입니다. 때로는, 말씀하신 화원처럼, 화원이 스스로 여기저기 퍼지듯이 서로 다른 화원의 사람들이 오가기도 합니다. 제가 예전에 옥스퍼드에 살 때 주민들이 매년 자발적으로 가든 페스티벌을 열었습니다. 화원은 모두 자기 집 뒷마당이었죠. 가든 페스티벌 기간에 참여를 원하는 사람들은 온라인에 어떤 날 몇 시부터 몇 시까지 집을 완전히 개방할지 표시했습니다. 누구나 그 집에 들어가 화원을 볼 수 있고 손님맞이를 잘하는 집주인은 차나 쿠키를 준비하며 화원 관리에 대한 경험을 나누기도 했습니다. 물리적 공간으로 보면 이미 '부근'은 아니지만 부근과 같은 감각이 생기고 새로운 사회적 동력이 나타납니다.

'부근'과 '사구'의 중요한 차이점은, 제 생각에 아마 세 가지일 수 있습니다.

첫째, 중국의 사구는 이미 행정 단위가 되어 전체 행정 구조를 고려해야 이해할 수 있지만 '부근'은 행정적이지 않습니다. 대개 처음에는 사구의 한구석에서 시작하며 사구 전체를 대표하지 못합니다. 화원이라면 처음에는 네댓 명이 함께 가꾸다가 이후의 참여자는 반드시 사구 내 사람으로 제한되지 않을 수도 있습니다.

둘째, 중국에서 사구는 사람들이 거주하는 공간이자 행정 공간이 되며 여기에는 중요한 경계가 있습니다. 행정적 의미에서는 이해하기 쉽습니다. 관리 업무의 경계가 명확해야 하기 때문입니다. 경계 안이 내 업무 범위인지, 325명을 관리하는지 321명을 관리하는지 등은 분명해야 합니다. 주민들의 생활 인식 측면에서도 경계는 매우 중요합니다. 예를 들어 어디에나 있는 경비원 문제를 들 수 있습니다. 우리는 앞서 허와피 선생과 경비 문제에 대해 대화했습니다. 정확한 통계는 없지만 중국 도시의 범죄율이 낮음에도 경비원이 많은 이유는 경계가 어디인지 분명히 하고 외부인이 마음대로 들어오지 못하게 해 내부 주민들에게 안전한 분위기를 제공하기 위해서입니다. 사구는 주민들에게 선을 그어주며, 이 선은 심리적 의미가 큽니다. 반면 '부근'은 이 선을 깨뜨립니다. '부근'은 실제로 관련 있는 일이나 사람과 연결되어 있으며 사람 간 관계의 실질적 흔적을 확인할 수 있습니다. 실질적 관계가 없다면 '부근'이라고 부르기 어렵습니다. 한편 사구 밖의 상점은 선생님의 '부근'이 될 수 있습니다.

셋째, 중국의 사구는 점점 동질성을 지향합니다. 물론 일부 구도심이 재개발된 이후에는 돌아온 이주민들의 사회적 배경이 다를 수 있지만, 같은 단지의 주민들은 경제적 수준, 사회적 배경, 생활 방식, 사고방식이 대체로 매우 비슷합니다. 거의 똑같은 배경을 가진 사람이라도 여러분의 생활과 실질적인 관계가 없을 수 있습니다. 사실 자주 관계를 맺는 사람은 택배원입니다. 특정한 택배원이 아니라, 택배원이라는 집단이고, 배달원, 아래층 경비원, 자주 가는 식당 직원도 포함됩니다. 이들은 여러분과 매우 다르지만, 실제의 삶과 맞닿아 있어 여러분의 '부근'에 속합니다. 같은 사구 내에서도, 가령 여러분이 1동 305호에 살고, 다른 사람이 18동 501호에 산다면, 같은 영화를 보고 같은 농담을 하더라도 실제 생활에서는 서로를 거의 볼 수 없습니다.

관계를 한마디로 요약한다면, '부근'이 말하는 것은 선생님과 집 앞에서 채소를 파는 사람과의 관계, 지하철역 옆에서 아침 식사를 파는 사람과의 관계입니다. 그래서 아까 말씀하신 마 아저씨의 사례는 제가 보기에 '부근'을 아주 아름답게 보여줍니다. 꽃을 심는 일을 통해 사람들은 그곳에 그렇게 한 사람이 있음을 보게 된 것입니다. 오랫동안 우리는 그 사람이 있다는 건 알고 있었지만 그가 어떤 습관을 가지고 있는지, 어떤 삶의 경험을 해왔는지, 왜 이곳에 있는지, 나이가 들어서는 어떻게 살아갈 것인지에 대해서는 한 번도 생각해 본 적이 없습니다. 이것이 바로 '부근'이며 우리가 깊이 파고들어야 할 대상입니다.

꽃을 심기 시작한 뒤 그 사람이 자주 그 꽃 옆에 있게 됐어요. 그러다보면 가끔 그에게 도움을 청하게 되고, 그는 우리 생활의 상황 속으로 들어오게 됩니다. 우리는 그렇게 그를 보게 되는 것이죠. 그래서 저는 '부근'이 아주 중요하다고 생각합니다. 모든 것은 보는 데서 시작됩니다. 아까 류 선생님이 즈펑 선생님의 질문에 답하면서도 보는 것의 문제를 언급했죠. 작은 프로젝트에 약간의 노력을 기울이면 참여자들은 자신의 노력을 보게 되고, 다른 사람의 노력을 보게 되며, 주변 전체의 반응도 보게 됩니다. 비가 오는 것도 보게 되죠. 예전에는 비가 오면 짜증스러웠을지 모르지만, 자신이 어떤 노력을 기울인 뒤, 그저 작은 식물을 하나 심은 것뿐이라 해도 비의 의미는 전혀 다르게 다가옵니다. 물론 흙도 보이고 옆의 마 아저씨도 보이게 됩니다. 그렇게 '부근'은 자기만의 생명을 갖게 되고, 더 다층적이며 실질적인 것들이 드러나기 시작합니다.

많은 사람이 열심히 일하고 있지만 구매형 노동 분업 제도 아래에서는 자신이 하는 일이 실제로 어떤 의미를 갖는지 볼 수 없습니다. 자신의 노력을 볼 수 없고 다른 사람의 노력도 볼 수 없습니다. 심지어 아예 보고 싶어하지 않게 됩니다. 그렇게 자신의 '부근'은 매우 흐릿해집니다. 때로 이런 흐릿함은 일종의 심리적 자기방어이기도 합니다. 우리는 내면이 접히는 과정을 들여다보려 하지 않는데, 그 접힘을 펼쳐보면 아프고 번거롭기 때문입니다. 그래서 많은 사람이 차라리 보지 않기를 선택합니다.

저는 사구라는 개념 자체가 나쁘다고 말하려는 것이 아닙니다. 다만 현재의 관리 방식이나 조직 방식으로 볼 때, 사구에는 분명한 한계가 있습니다. 반면 '부근'이라는 개념을 통해 우리는 아주 구체적인 생존 상태를 다시 볼 수 있고 자신의 노력과 타인의 존재를 볼 수 있습니다. 적어도 그렇게 함으로써 사구를 더 풍부하게 만들 수 있습니다.

마지막으로 한 가지 질문을 모두에게 생각거리로 남기고 싶습니다. 중국 도시의 사구주민위원회가 반드시 하나의 고정된 형태로만 존재하는 것은 아닐지도 모릅니다. 3년간의 팬데믹 기간에 주민위원회는 매우 큰 역할을 했습니다. 그렇다면 지금은 주민위원회의 조직 방식이나 업무 방식, 적어도 주민들과의 소통 방식을 바꿔볼 수 있지 않을까요? 어쩌면 사구 화원이나 사구 계획 소모임 같은 것이 그 변화를 시작할 수 있는 계기가 될지도 모릅니다. 이는 결국 커다란 사회 관리의 문제, 즉 기층 사회를 어떻게 재구성할 것인가 하는 문제로 이어집니다.

류웨라이 저도 샹 선생님께 깊은 존경을 표하고 싶습니다. 오랜 세월 동안, 특히 도시 재생이라는 큰 흐름 속에서 '부근의 재건'은 커다란 의미를 갖는 일이라고 생각합니다. 공간의 변화 속에서 사람들의 참여와 주체성이 충분히 발휘될 수 있다면 그것이야말로 자연의 이치에 더 부합하는 길일 것입니다. 저는 시골에서 자랐기 때문에 어릴 때는 낯선 사람이라는 개념 자체가 없었습니다. 주변은 모두 아는 사람들이었고 우리 집도 스스로 지었습니다. 그래서 뭔가 조성하는 것에 아주 익숙합니다. 나무 한 그루 한 그루가 어떤 열매를 맺는지, 어떤 효능이 있는지, 민간요법으로 어떤 병을 고칠 수 있는지도 다 알고 있었지요. 우리 마을에는 나이 든 중의사도 계셔서 어린 시절 그분께 이런저런 것을 배웠습니다. 그래서 선생님께서 '부근'을 말씀하셨을 때 저는 바로 어린 시절 살던 그곳이 떠올랐습니다. 지금 제가 상하이에서 사는 이곳은 그저 거처라고만 할 수 있을 뿐 아직은 '제가 속한 곳'이라고 감히 말하기 어렵습니다. 우리가 흔히 "마음이 편안한 곳이 곧 고향이다心安之處卽吾鄕"라고 말하지만, 그 마음의 편안함을 진정으로 이루기 위해서는 결국 '부근'이 필요합니다. 우리가 스스로 '부근을 재건'하는 일이 그 시작이 될 것입니다.

물론 각자 자신이 있는 분야에서 이런 일을 하게 되겠지요. 저는 우연히 공간 디자인을 하고 그것과 관련된 기획과 경관 구현 작업을 해왔습니다. 그래서 제 접근 방식은 사람들이 실제로 체감할 수 있는, 아주 구체적인 차원에서 드러나게 됩니다. 저는 샹 선생님과 연구 차원에서 교류할 수 있기를 정말로 기대합니다. 또 꼭 상하이에 오셔서 우리가 만든 여러 사구 화원 현장을 직접 보셨으면 합니다.

샹뱌오 류 선생님께 감사드립니다. 아마 이것이 우리가 이렇게 분야를 넘나드는 대화를 하는 목적일 수도 있습니다. 연구자로서 저 개인적으로 사회 연구를 선생님의 작업과 같은 이러한 실험적 실천과 결합하고 싶습니다. 사회 복원은 도약적인 돌파가 필요하며, 사유와 연구를 진정으로 실천과 생활에 연결시켜야만 생활을 위한 사회과학이 탄생할 수 있다고 생각합니다.

제5장 동물원에서 동물을 본다는 것은 결국 자신을 들여다보는 일

상뱌오와
'동물의 왕' 선즈쥔의 대화

샹뱌오 사회를 복원하려면 우리가 잡을 수 있는 손잡이, 다시 시작할 수 있는 출발점을 찾아야 합니다. 동물은 그런 출발점 가운데 아주 좋은 예입니다. 이런 출발점을 대할 때는 존중과 주의가 필요합니다. 존중한다는 건 그 존재에게 꾸준히 관심을 기울이고, 그것이 가진 고유한 수요를 인정한다는 뜻입니다. 이렇게 지속적으로 주의를 기울이는 태도, 그것은 생활과 사람을 바라보는 하나의 방식이자 우리가 배워야 할 자세이기도 합니다.

선즈쥔 우리는 끊임없이 사회에 영향을 미치며, 동물원이 생명과 생명이 대화하는 공간임을 느끼게 하고자 합니다. 그것은 단지 사육사들이 야생동물을 돌보고 교감하는 일만이 아니라 사회의 모든 구성원이 함께 하는 일입니다. 서로 다른 생명 집단 사이의 소통 장벽을 허물고, 더 잘 이해하고 더 깊이 존중하며, 더 조화롭고 즐겁게 함께 살아가기 위해서는 좋은 방식의 소통이 꼭 필요합니다.

이번 대화에서는 낯선 사람에 대한 관심에서 출발해, 점차 다른 존재들에 대한 관심으로 시선을 넓혀가고자 한다.

선즈쥔은 난징 홍산삼림동물원紅山森林動物園의 원장이자 중국동물원협회 부회장이다. 그는 2008년 난징 홍산삼림동물원에 합류했으며, 당시 중국에서 가장 젊은 동물원장이었다. 수천 마리의 동물을 책임지는 원장으로서 그는 스스로에게 '동물의 왕百兽之王'이라는 온라인 이름을 붙였다. 그는 여러 해에 걸쳐 동물원의 운영 철학을 새롭게 하고 전시 공간을 혁신해왔다. 그 결과 홍산삼림동물원에서는 동물들의 야성과 본성이 점점 더 자유롭게 드러나고 사람과 동물의 관계도 계속해서 변화하고 있다.

이번 대화는 인간과 동물, 인간과 자연, 그리고 인간과 자기 자신 사이의 관계를 다양한 층위에서 탐구한다.

홍산동물원은 무엇이 다른가

선즈쥔 먼저 홍산삼림동물원에 대해 간단히 소개드리겠습니다.

1954년, 난징시 정부는 쉬엔우호玄武湖 공원의 링저우菱洲섬에 '쉬엔우호 동물원'을 설립했습니다. 그러나 링저우는 면적이 약 96무畝[1]로 비교적 좁았습니다. 1995년 홍산삼림동물원 건립준비위원회가 공식 출범하면서 기반 시설 공사가 시작되었고, 1998년에 전체 공사가 완료되었습니다. 이때 쉬엔우호 동물원에 있던 모든 동물을 이주시키면서 홍산삼림동물원(이하 홍산동물원)이 정식으로 문을 열었습니다.

1998년을 기준으로 하면, 홍산동물원은 스물다섯 살이 되었습니다(2023년). 개원 초기에는 100여 종의 동물이 있었지만 지금은 260여 종, 3000마리가 넘는 동물이 살고 있습니다. 세계 각지의 멸종위기 대표 종들도 이곳에서 돌봄을 받으며 번식하고 있습니다. 그 중에는 중국의 고유종인 쓰촨황금들창코원숭이, 긴팔원숭이를 비

1 1무는 약 666.7평방미터.—옮긴이

롯해 보르네오섬의 오랑우탄, 아프리카, 남아메리카, 오세아니아에서 온 여러 종도 있습니다.

우리가 동물원을 바라보는 인식 또한 끊임없이 바뀌어왔습니다. 처음에는 동물을 잘 길러서 도시의 방문객들이 볼 수 있게 하는 것만으로 충분하다고 여겼습니다. 그러나 점차 각각의 동물 한 마리 한 마리를 존중하고 그 생명을 소중히 여겨야 한다는 생각으로 바뀌었고, 나아가 생태 환경을 존중하고 자연을 존중해야 한다는 방향으로 발전했습니다. 지금의 훙산동물원은 이런 종들을 매개 삼아 그들이 살아가는 야생 서식지의 생태 환경과 그 서식지가 어떻게 보호되고 있는지를 함께 보여줍니다. 이렇게 끊임없이 운영 철학을 새롭게 함으로써 더 많은 도시 사람들이 이 놀라운 생명들과 생태계를 이해하고 다가갈 수 있도록 하고 있습니다.

돤즈펑 선 원장님, 안녕하세요. 예전부터 궁금했는데요, 동물원 원장은 구체적으로 어떤 일을 하나요? 요즘은 주로 무슨 일로 바쁘신지요?

선즈쥔 저는 최근 훙산동물원 곤드와나 전시관에 대해 고민하고 있습니다. 방문객들이 어떻게 체험하고 머무는지, 동물들이 새로운 생활 환경에 얼마나 잘 적응하는지 관찰한 뒤, 이를 바탕으로 시설을 개선하고 보완하는 작업을 하고 있습니다.

또 확장하여 개방할 예정인 구역들도 있습니다. 예를 들어 새로 오픈할 구역이 있을 때 어떻게 시간을 효율적으로 활용해 시설을 완비할지, 동물들이 어떻게 점차 입주하고 환경에 적응해야 할지, 그리고 각기 다른 사육사들이 동물과 어떻게 조화를 이루며 적응해갈지 등 모두 고민해야 할 부분입니다.

저는 홍산동물원의 미래에 대해서도 몇 가지 고민을 하고 있습니다. 동물원은 단순히 동물학뿐만 아니라 영양학, 행동학, 의학, 심리학, 생태학, 식물학, 건축학 등 다양한 학문과 관련됩니다. 심지어 동물 서식지의 인문적 요소나 풍토적 특성까지 연구합니다. 이런 다양한 요소를 유기적으로 통합해야만 방문객과 일반 대중에게 좀더 정확하고, 포괄적이며, 입체적이고 풍부한 정보를 전달할 수 있습니다.

눈은 마음의 창이라는 말, 모든 생명에 적용된다

돤즈펑 선 원장님, 원장님께서 동물원에서 처음 일을 시작하셨을 때, 동물과는 어떻게 소통하셨나요? 완전히 낯선 동물을 어떻게 바라보셨는지도 궁금합니다.

선즈쥔 어릴 때 아버지와 함께 동물원에 간 적이 있고, 제가 아빠가 되면서 아이와 함께 동물원에 가기도 했습니다. 하지만 그때는 동물을 보는 게 그저 오락거리였죠. 홍산동물원에서 원장으로 일하게 되고부터는 동물들의 상태를 주로 관찰하게 되었습니다. 여기서 상태란 단순히 동물들이 걷고, 뛰고, 수영하고, 기어오르는 등의 행동만 뜻하는 것이 아니라 그들의 눈을 통해 드러나는 상태까지 포함합니다.

홍산동물원에 있는 모든 종과 저는 눈을 마주봤습니다. 시간이 오래 지나면 그들의 눈빛만으로도 내면세계를 읽을 수 있습니다. 기뻐하는지, 약간 두려워하는지, 다소 난처한지, 혹은 조금 짜증나는지 말이죠. 특히 사육사들과 함께 생활하면서 더 많이 이해하게 되면 동물이 배고플 때와 배가 불러 만족했을 때 등 각기 다른 상태에서 나타나는 눈빛까지 알아볼 수 있습니다.

돤즈펑 언어로 소통할 수 없는 상황에서 동물이 편안하게 지내는지 여부를 어떻게 파악하시나요?

선즈쥔 '눈은 마음의 창'이라는 말이 있습니다. 이 말은 사람에게만 해당되는 것이 아니라 사실 모든 생명에게 적용됩니다. 특히 포유류라면, 생명이 있고 눈이 있는 존재와 오랜 시간 함께하다보면 그 눈을 통해 내면 깊은 곳에 있는 심리적 언어를 읽을 수 있습니다.

돤즈펑 구체적인 사례를 들 수 있을까요? 언제, 어떤 동물의 눈빛이 특히 인상 깊었는지 궁금합니다.

선즈쥔 예를 들어 우리 동물원에는 이름이 루마이路麥인 아시아코끼리가 있습니다. 그녀의 남편은 마이거麦哥인데 나이가 더 어립니다. 두 코끼리는 연상 연하 커플로, 사이가 매우 좋습니다. 루마이는 나이가 좀 많고 성격이 차분하며 무엇을 하든 침착하고 흔들림이 없습니다. 그래서 그녀의 눈빛에서는 중년의 안정감과 온화함을 느낄 수 있습니다. 반면 마이거는 루마이보다 아홉 살 어리고, 젊은 만큼 장난기가 많습니다. 문을 부수거나 울타리를 부수는 식이죠. 제가 마이거를 볼 때면 때때로 눈에서 경계심과 약삭빠름이 드러납니다. 이건 사람과 가까워지기 싫다는 신호인데, 저는 사육사에게 마이거가 요즘 발정기인가요, 라고 묻습니다. 사육사는 그렇다고 답합니다. 눈빛만으로도 분노나 짜증을 읽을 수 있는 겁니다.

대형 영장류, 특히 오랑우탄과 침팬지 같은 대형 유인원들은 인간과 유전자가 가까워, 인간의 친척이라고 할 수 있습니다. 그들의 눈빛을 통해 오늘 편안하고 만족스러운지, 아니면 조금 불쾌하거나 외로운지 알 수 있습니다. 제가 손을 유리창에 대면 그들도 손을 맞대고, 제가 손등을 뒤집으면 그들도 뒤집습니다. 그 순간 제 마음은 녹아버릴 것 같습니다. 저는 지나가면서 자주 그들을 바라보는데, 그럴 때면 그들이 다가와 제 앞에 앉기도 합니다. 보통은 아주 조용하며, 눈을 마주치면 마치 제 마음속 모든 것을 꿰뚫어보는 듯합니다. 그 눈빛은 평온하고 온화하며, 동시에 지혜롭고 깊이 있어, 그들과 함께 있으면 고민과 번뇌가 모두 사라지는 듯합니다.

돤즈펑 선 원장님, 방금 들으면서 느낀 건데요, 원장님은 단순히 보고 있는 것만이 아니라 일종의 호응을 하고 계신 것 같습니다. 특히 손을 유리에 올릴 때 그들도 손을 올리는 순간처럼요. 이런 호응 관계는 물건으로는 절대 느낄 수 없는, 살아 있는 존재만이 줄 수 있는 감각 같습니다.

우리가 동물원에 갈 때는 아마 잠깐 들러서 한번 보는 정도일 겁니다. 그런데 원장님처럼 오랜 시간 꾸준히 관찰하고 추적하는 것과는 어떤 차이가 있을까요?

선즈쥔 그건 분명히 다릅니다. 자주 보러 가다보면, 며칠 못 가 그리움과 염려가 생기거든요. 특히 어린 동물이 아플 때 제가 직접 가보지 못하면, 그 아이를 돌보는, 엄마나 아빠로 불리는 사육사나 수의사에게 꼭 물어보게 됩니다. 그만큼 정말로 마음을 쓰게 되는 거죠.

가끔 사회 자원봉사자들이 훙산동물원을 돕기 위해 찾아옵니다. 이들은 안내, 상담, 해설 업무를 함께 하거나 때로는 사육사를 도와 동물을 돌보기도 합니다. 이들은 홍산동물원과 동물을 사랑하는 데서 그치지 않고 진심으로 동물원을 생명이 성장하는 공간으로 여기며, 자신의 사랑과 열정을 우리 작은 동물들에게뿐만 아니라 방문객들에게도 전해줍니다.

어떤 동물과 오랜 시간을 함께하면 그 동물에 대한 느낌도 달라집니다. 사실 저는 어릴 때부터 뱀을 엄청 무서워했습니다. 뱀을 보면 얼굴이 창백해질 정도였습니다. 그런데 동물원에 오고 나서는 아마 동료들의 영향도 있었던 것 같아요. 그들이 뱀을 수술하고 돌보는 모습을 보면서 점차 뱀에 대한 두려움이 줄고, 받아들일 수 있게 되었습니다. 저는 이것을 미묘한 심리적 변화라고 생각합니다.

동물을 어떻게 볼 것인가?

샹뱌오 선 원장님, 원장님께서 동물원을 사람들이 가고 싶어하는 공간으로 만드신 건 정말 큰 업적이라고 생각합니다. 예를 들어 방금 말씀하셨듯이 동물원의 사육사 같은 직업을 많은 어린이와 젊은이가 동경하게 만들고, 동물원을 단순히 관람만 하는 곳이 아니라 스스로 성찰하고 몰입하며 자연을 체험할 수 있는 공간으로 만들어 주셨잖아요.

방금 눈을 보는 이야기를 하셨는데, 제 생각에는 일반 방문객들에게는 동물 관련 지식이 많지 않을 듯합니다. 평소 사람의 눈을 볼 때 하듯 희로애락 같은 기본적인 감정을 판단하는 방식을 동물에게도 적용하면서 그들에게 공감할 것 같습니다.

그렇다면 제 질문은, 포유류 사육과 같이, 예를 들어 코끼리나 유인원을 돌보는 사육사와 아까 말씀하신 양서류나 조류를 돌보는 사육사 사이에는 동물에 대한 감정에 어떤 차이가 있는가입니다. 일부 동물, 가령 뱀이나 물고기처럼 우리가 직접적으로 의인화해서 사람으로 상상할 수 없는 경우, 그들에 대한 애정과 몰입은 어떻게 만들어지는지, 더 많은 시간을 필요로 하는지, 아니면 더 많은 지식을 필요로 하는지 궁금합니다.

선즈쥔 사육사마다, 또 동물 개체마다 어떻게 지내고, 어떻게 감정을 쌓는가는 다릅니다. 젊은 사육사를 모집할 때 우리는 이렇게 묻습니다. "동물을 좋아하시나요? 그렇다면 가장 무서워하는 동물은 뭔가요?" 많은 사람이 뱀이나 도마뱀을 무서워한다고 말하고, 일부는 맹수나 뾰족한 부리를 가진 동물을 무서워한다고 합니다. 물론 어떤 동물도 무서워하지 않는 사람도 있죠.

각자가 생물세계에 대해 느끼는 무서움은 다르며, 아마 이것은 유전자 속에 각인된 것일지도 모릅니다. 사육사를 배치할 때, 만약 그가 본능적으로 어떤 동물을 무서워한다면 그 동물을 맡기지 않습니다. 무서움 때문에 제대로 돌보지 못할 수 있기 때문이죠. 무서움이 없다면 종합적인 훈련을 진행합니다. 먼저 각 업무와 다양한 동물, 작업 절차와 안전 규정을 익히게 한 뒤 마침내 정식 배치를 합니다. 대부분의 사육사는 잘 적응합니다. 한편으로는 우리가 의도적으로 새로 들어온 사육사에게 그가 좋아하는 동물을 맡도록 배치하고, 다른 한편으로는 사육사 스스로 느끼는 동물에 대한 애정 덕분인데 마치 연인을 만난 듯 처음부터 서로 잘 맞아하기도 합니다.

또 어떤 사람들은 자신이 무엇을 무서워하는지 말할 수 없다고도 하는데, 그러면 다양한 사육 업무를 맡기며 경험을 쌓게 합니다. 동물과 오랜 시간을 함께하다보면 가족처럼 느껴지고, 자신이 돌보는 동물 집단 속 각 개체를 알아볼 수 있게 됩니다. 우리 동물원에 젊은 여성 사육사가 있는데, 그녀는 한 무리의 코뿔새를 돌보고 있습니다. 제 눈에는 코뿔새들이 다 비슷해 보이지만 그녀는 열아홉 마리 각각에게 이름을 지어주었고, 날아오는 새를 보면 그 이름을 정확히 부를 수 있을 정도로 정성을 기울입니다. 우리가 기르는 미어캣 역시 스무 마리 이상이 한 무리를 이루고 있는데, 사육사들은 각각의 이름과 성격, 좋아하는 음식을 모두 정확히 알고 있습니다.

사육사들은 동물에 대해 깊이 이해할 뿐만 아니라 신뢰 관계도 형성합니다. 우리 동물원의 한 사육사는 둬둬多多와 궈궈果果라는 이름의 흰눈썹 긴팔원숭이 두 마리를 돌봅니다. 이 두 원숭이는 성격이 다릅니다. 긴팔원숭이 집단에서는 암컷이 비교적 강하고 수컷은 억압받곤 합니다. 한번은 수컷 둬둬가 사육사를 기습하려 했는데 암컷 궈궈가 이를 보고 즉시 달려와 공격을 막았습니다. 그렇다면 궈궈의 마음은 어떤 상태였을까요? 우리 동물원에서는 강한 개체가 먹이를 과하게 먹지 못하게 하고 약한 개체가 부족하지 않게 먹는 조화로운 섭식을 실천하며, 개체 간에 이러한 협력을 훈련합니다. 가끔 둬둬가 기분이 좋지 않을 때 사육사가 먼저 맛있는 먹이를 궈궈에게 주는데, 그러면 둬둬가 공격하려 합니다. 그럴 때 궈궈가 둬둬를 한 대 때리며 앞으로는 이렇게 하지 말고 사육사 아빠를 존중하라고 가르치는 것입니다.

사육사들이 이 일에 대해 이야기할 때 우리는 깔깔 웃지만, 다른 관점에서 보면 그들이 돌보는 '털북숭이'들은 각자 개성이 뚜렷하면서도 공통점이 있습니다. 바로 감정을 가지고 있으며 가족과 같은 존재라는 점이죠. 사실 때로는 사육사와 자신이 돌보는 동물 사이뿐만 아니라, 자원봉사자, 조수, 다른 전시관 사육사들 사이에서도 이런 감정이 형성됩니다. 예를 들어 우리와 친분이 깊은 다른 동물원과는 서로를 '친가親家'처럼 여기기도 합니다. 특정 집단의 유전적 다양성을 유지하기 위해 근친 교배를 피하고, 두세 세대 후에는 혈통을 교환하면서 서로의 동물을 돌보는 것이죠. 이렇게 '친가'가 된 사이면, 우리 집 '털북숭이'가 그쪽에서 잘 지내고 있는지 안부를 묻죠. 얼마 전에도 '친가' 동물원에서 흰눈썹 긴팔원숭이가 우리 동물원에 왔는데 기후와 환경, 식습관이 달라 적응하지 못하고 식욕을 잃었습니다. 이때 사육사는 밤낮으로 곁을 지키며 새로운 환경을 받아들이도록 돕습니다.

샹바오 방금 말씀하신 곤드와나 신전시관 이야기를 들었는데, 곤드와나는 정말 흥미로운 개념입니다. 지금의 지구판이 형성되기 전 고대 대륙이 어땠을지 상상한 것이죠. 그래서 각 대륙의 동물들을 한데 모아 전시하는 방식은 상상력이 매우 풍부하며 먼 역사를 떠올리게 하는 동물 배치 방식이라고 볼 수 있습니다.

또한 저는 훙산동물원에서 곤드와나와는 다른 구역도 운영하고 계신 걸 알게 되었습니다. 이곳은 주변 토종 동물을 모아둔 구역으로, 이를테면 예전 난징 지역에서 봤거나 지금도 볼 수 있는 동물들인 노루, 멧돼지, 부엉이 등을 전시하고 있습니다. 사실 방문객들도 이런 동물에 큰 관심을 보입니다. 이 두 가지 전시 방식은 매우 다릅니다. 하나는 먼 곳에서 온, 시각적으로 강렬한 낯선 동물을 보여주는 방식이고, 다른 하나는 우리 주변에 있지만 평소에는 잘 주목하지 않는 동물을 보여줘 낯익지만 낯선 느낌을 주는 방식입니다. 둘 다 많은 반응을 이끌어내는 것 같습니다.

그래서 궁금한 점은, 방문객들이 이 두 관람 방식에서 각각 어떤 반응을 보이는지, 주로 어떤 질문을 하는지입니다. 또한 전시를 설계하는 관점에서 이 두 전시 방식이 각각 어떤 사회적 효과를 가져오길 기대하시는지도 알고 싶습니다.

선즈쥔 우리의 토종 구역에서는 장강 하류 지역에 사는 동물들을 전시하고 있습니다. 이 동물들은 사실 우리 주변에 살고 있지만 많은 사람이 잘 모릅니다. 이는 과거 동물원의 자연 교육이 충분하지 않았기 때문일 수 있습니다. 예전 동물원에서는 호랑이, 사자, 얼룩말, 기린처럼 크고 유명한 동물을 들여오는 데 치중했죠. 반면 우리 주변에 사는 너구리, 오소리, 담비 등은 평소 쉽게 주목하지 못하는데, 몸집은 작아도 생태 환경에서는 매우 중요한 역할을 합니다.

그래서 우리 토종 구역에서는 단지 동물을 우리에 가두어 전시하는 것이 아니라 생태계를 재현해 각 동물이 환경 속에서 자연스레 어우러지도록 보여줍니다. 이를 통해 방문객들은 생태적 균형이 모든 종의 기여 없이는 유지될 수 없다는 사실을 알게 됩니다. 토종 구역의 동물을 보여줄 때 많은 사람이 소개 글을 보고 야생 멧돼지도 있나요, 멧돼지는 뭐가 특별한가요, 라고 묻습니다. 실제로 멧돼지를 보면 사람들이 뉴스에서 보던 것처럼 사납지 않고, 이렇게 생겼구나 하고 이해하게 됩니다. 사실 요즘 멧돼지가 도시에 출몰하는 건, 멧돼지가 도시로 들어오는 것이 아니라 도시 개발이 그들의 집을 침범한 것입니다. 멧돼지는 인간을 공격하지 않으며 우리가 위협할 때만 방어적으로 행동할 뿐입니다. 하지만 사람들은 이를 이해하지 못하고 공격으로 오해하죠. 낯선 존재가 때로는 이런 오해를 불러일으키는 것입니다.

곤드와나 구역은 또 다른 전시 방향을 보여줍니다. 수억 년 동안 지구판의 이동과 해수면 변화로 많은 생물이 바다에서 육지로 이동해야 했습니다. 예를 들어 식물은 육지로 올라오며 관다발이 없는 키 작은 식물에서 관다발이 있는 키 큰 교목으로 진화했고, 바닷속 일부 동물도 육지로 올라와 아가미 호흡에서 폐 호흡으로 진화했습니다. 이런 과정이 지구 생물 다양성의 기반이 되었고, 그 덕분에 인간은 현재 무척 풍요로운 삶을 누리고 있습니다. 우리의 생활 자원 대부분이 자연의 은혜와 선물에서 비롯된 것이므로 우리는 자연과 공존하는 법을 배워야 합니다. 현재 우리는 6차 대멸종 시기에 있습니다. 앞선 다섯 차례의 대멸종은 행성 충돌이나 극심한 한랭 등 자연적 요인으로 일어났습니다. 그러나 과학자의 90퍼센트는 이번 대멸종이 인간의 산업화, 농업화로 인해 동식물 서식지가 파편화되면서 발생한 환경 위기와 기후 위기에서 비롯된다고 보고 있습니다.

그래서 곤드와나 구역이든 토종 구역이든 모든 방문객이 생물 다양성의 중요성을 이해할 수 있어야 합니다. 우리는 방문객들이 인간과 자연이 어떻게 조화롭게 공존할 수 있는지 이해하도록 돕고, 작은 동물들의 서식지를 재조성하며, 지구상의 생명들이 질서 있게 공존하도록 돕습니다. 결국 이는 인간 자신을 돕는 일이기도 합니다.

돤즈펑 이전에 한 번도 동물을 접해보지 않았거나, 양서류나 포유류를 접해보지 않은 사람이 처음으로 동물을 만졌을 때 보통 어떤 느낌을 받나요?

선즈쥔 사실 이것은 심리적 장벽을 극복하는 문제입니다. 우리도 처음에는 뱀이나 도마뱀을 무서워하던 사육사가 있었습니다. 이런 동물이 먼저 사람을 공격하진 않습니다. 다만 외형이나 차갑고 매끄러운 촉감 때문에 무서움을 느끼는 것이죠. 그래서 먼저 사육사에게 이런 지식을 주입합니다. 물론 그 전에 안전 조작 절차를 충분히 익히도록 하고요. 또한 우리는 결코 사육사에게 무서워하는 동물과 억지로 접촉하게 하지 않습니다. 그들이 마음속으로 진정 받아들이고 싶어할 때, 지도 교사가 천천히 안내하며 접하도록 돕습니다.

2012년 영국 브리스틀 동물원에 갔을 때 저는 아주 좋은 자연 교육 수업을 받았습니다. 아이들에게 자연과 접하고 다양한 생명을 이해하도록 가르치는 수업이었죠. 그들은 독이 없는 옥수수뱀이나 거미를 기르며, 아이들이 직접 만지고 생명을 체험하게 했습니다. 저는 원래 거미를 몹시 무서워했는데, 당시 수업에서는 큰 거미를 제 손바닥에 올려놓고 설명과 함께 심리적 가이드를 해주었습니다. 절대 강요하지 않고, 제 마음의 준비가 된 후에야 접촉할 수 있도록 했습니다. 첫걸음을 내딛기만 하면 그 후로는 완전히 마음을 열 수 있게 됩니다.

우리 토종 구역에는 오래된 화덕을 재현한 공간이 있는데, 그 안에 독이 없는 검은눈썹 비단뱀을 키우고 있습니다. 이건 실제 상황을 재현한 겁니다. 시골에서는 검은눈썹 비단뱀이 자주 화덕 근처로 올라오거든요. 이유는 두 가지입니다. 하나는 화덕이 따뜻해 뱀이 온기를 얻기 위해서입니다. 다른 하나는 화덕 위에 남은 음식 찌꺼기를 먹으러 쥐가 올라오면, 뱀이 쥐를 잡기 위해 접근합니다. 어르신들은 뱀을 길조로 여기며 해치지 말라고 말씀하시는데, 이는 모든 생물이 상생과 견제를 이루며, 뱀이 설치류를 억제해 집의 쥐를 없애기 때문입니다. 저는 2021년 국경절, 토종 구역이 막 개방되었을 때 방문객들의 체험을 관찰했습니다. 한 엄마가 아이와 함께 왔는데, 아이가 "여기 뱀이 있어요, 봐야 해요"라고 하자 엄마는 꺼려하면서 뱀이 얼마나 징그럽고 무서운지를 아이한테 설명해주었습니다. 하지만 아이가 꼭 보고 싶어하니 어쩔 수 없이 아이를 안아, 아이만 보게 하고, 자신은 고개를 돌려 보지 않았습니다. 그러다 아이가 "엄마, 봐봐요, 이 뱀 정말 예쁘고 귀여워요"라고 말하자, 엄마는 결국 고개를 돌려 뱀을 보고, 순간 마음이 풀리며 "이 뱀 정말 예쁘네"라고 말했습니다.

동물원은 다양한 장면을 통해 각자가 공감할 수 있는 지점을 찾게 합니다. 원래 좋아하던 동물이든 평소 무섭고 흉포하게 느껴진 동물이든 누구나 공감할 수 있는 접점을 발견하게 되고, 자연과 다양한 생명에 대해 특별한 인상을 받습니다. 이전에 좋지 않게 느꼈던 인상조차 바뀔 수 있죠. 제 생각에 동물원의 신비로움은 바로 이 지점에 있는 것 같습니다.

인간은 범주로 세상을 이해하지만, 동물은 자신만의 방식을 가진다

샹뱌오 선 원장님께서 사육사와 동물의 관계를 말씀하셨는데, 저는 이게 정말 중요하다고 생각합니다. 사육사들의 일상 업무는 사실 아이들이 굉장히 관심 있어 하는 일이지만 우리 주류 사회에서는 사육사가 되는 것이 아이들이 가져야 할 큰 포부나 부모가 자녀에게 권장하는 목표로 여겨지지 않습니다. 그래서 사육사들의 많은 업무가 제대로 주목받지 못하고 있습니다.

방금 말씀하신 것처럼 사육사가 동물과 관계를 형성하는 데 중요한 단계 중 하나는 개체화입니다. 그가 느끼는 진정한 감정과 상호작용은 한 종 전체가 아니라, 반드시 특정 개체를 대상으로 합니다. 사육사가 한 무리의 코뿔새를 구별하는 능력은 그저 오래 지내면서 자연스럽게 생긴 결과가 아닙니다. 이는 적극적인 개체화의 추구일 수 있으며, 개체를 인식하고 감정을 느끼는 과정에서 더 깊이 몰입하게 됩니다. 개체화가 없으면 집단 전체와 정서적 관계를 형성할 수 없지요.

또한 교육 프로그램에서의 스킨십 활동도 바로 이런 구체화의 사례입니다. 구체적인 대상을 보지 못하면 우리는 세계를 이해할 때 큰 개념이나 범주를 통해 이해할 수밖에 없습니다. 예를 들어 '뱀'이라는 범주는 단순한 묘사를 넘어 의미를 만들어냅니다. 인간은 범주를 통해 세계를 정리하는데 이는 단순한 정보의 정리 과정이 아니라 의미상의 질서를 세우는 행위이기도 합니다. 길고 비늘이 있는 기어

다니는 동물을 모두 '뱀'이라고 부르면서 이후 다양한 이야기나 전설, 예술적 이미지가 따라붙어 뱀과 특정 의미를 연결하게 됩니다. 그 결과 뱀은 음흉하고, 예측 불가능하며, 조용하고, 공격적인 존재로 인식되는 이미지가 형성됩니다.

물론 일부 뱀은 독을 가지고 있지만 이 독성은 맹수의 사나움과는 다릅니다. 맹수는 우리가 직접 마주하기 때문에 종종 용기의 상징으로 변환되지만 뱀은 결코 용기의 상징으로 변하지 않습니다. 독사라고 해도 사람들은 뱀을 능숙한 포획 기술을 가진 고수로 상상하지 않고 늘 음흉한 존재로 인식합니다. 따라서 이런 범주화는 명백히 동물세계에 대한 객관적 묘사가 아니라 사실은 인간의 생명 상태를 반영한 것입니다. 우리는 늘 음흉함을 두려워하며 그 이미지를 특정 동물에 투사하죠. 범주화 후에는 이것이 세계를 객관적으로 설명하는 듯 느껴지지만, 사실 그 과정에서 우리는 이미 다양한 상징과 의미를 몰래 주입했습니다. 이를 해방시키는 방법은 구체화입니다. 각 뱀의 개별적 특성을 이해할 때 새로운 이해가 생깁니다.

저는 오늘날 동물원의 의미와 기능이 정말 크게 변했다고 생각합니다. 선 원장님이 하는 중요한 일 중 하나가 바로 동물원의 변화를 계속 추진하는 것이죠. 제가 생각하기에, 중국 고대 문화적 배경에서 야생동물을 먹는 행위에는 깊은 의미가 있고, 때로는 정치적 의미까지 있었습니다. 원래 궁정 문화에서는 중요한 손님이 오면 그를 존중하거나 깊은 인상을 남기기 위해 특별하고 희귀한 동물을 대접했습니다. 이는 권력의 과시로, 오직 나만 이 야생동물을 지배할 수 있다는 것을 보여주는 방식이었죠.[2] 이후에는 개인 동물원이 등장했는데, 중국이나 해외나 마찬가지로 집에서 호랑이 또는 곰을 키우는 것이 또 하나의 정복 행위였습니다. 식민주의 시대에는 일부 사람이 동물 머리를 집 안 홀에 걸기도 했는데, 우리에게는 무섭게 느껴지지만 그들에게는 영웅주의와 정복의 상징이었습니다. 물론 이후 큰 변화가 일어났고, 우리는 동물을 정복의 대상에서 보호 대상으로 보는 태도로 바뀌었으며, 이는 곧 동물 권리를 존중하는 태도로 이어졌습니다.

저는 역사가 참 복잡하다고 생각합니다. 세계 최초의 동물보호법이[3] 1933년 나치 독일에서 제정되었다는 사실을 알고 있습니다. 나치 조직은 동물 보호에서는 선두주자였지만 동시에 유대인과 다른 소수민족에 대해서는 체계적이고 철저하게, 소위 과학적 방법이라는 명목으로 학살과 멸종을 자행했습니다. 따라서 그들의 동물 보호 역시 위에서 내려다보는 태도였다고 볼 수 있습니다. 즉, 내가 너를 보호한다는 관점에서, 내가 정의한 방식으로 네게 일정한 권리를 부여한다는 뜻이죠.

2 James L. Hevia, *Cherishing Men from Afar: Qing Guest Ritual and the Macartney Embassy of 1793*(Duke University Press, 1995).

3 1933년 11월, 나치 독일은 현대 세계의 최초의 동물보호법인 '제국동물보호법'을 제정했다. 이 법은 유럽 역사상 가장 포괄적인 동물복지 법으로 평가되며, 영화 촬영 등으로 인해 동물이 고통을 겪거나 건강이 손상되는 등의 여러 부당한 동물 학대를 금지하고 있다. 한편 '마틴 법'은 인류 역사상 인간의 임의적 동물 학대를 금지한 최초의 법으로, 인간과 동물 관계사에 중요한 이정표로 여겨지기도 한다. 1822년 인도주의자 찰리 마틴이 제안한 '동물학대 금지 법'이 영국 의회를 통과했는데, 이것이 바로 유명한 '마틴 법'이다. 이후 영국은 이 법을 세 차례 보완해 보호 대상 범위를 "사람이 기르는 모든 포유류와 일부 포획된 야생동물"로 확장했다.

하지만 선 원장님이 방금 말씀하신 것은 위에서 내려다보는 게 아닌 경외심이 담긴 보호라고 생각합니다. 동물 자체는 고유한 생태적 상태와 존재 이유를 가지고 있습니다. 우리는 물론 보호도 해야 하지만 그보다 중요한 것은 존중이며, 인간과 동물을 좀더 평등한 위치에 놓아야 합니다. 동물원의 중요한 기능 중 하나는 사람들이 동물을 더 깊이 배우고 이해하도록 돕는 데 있다고 생각합니다.

선 원장님께 또 한 가지 질문을 드리고 싶습니다. 아까 말씀하신 스킨십을 통해 아이들은 독이 없는 뱀을 만지며 뱀이라는 종에 대해 더 풍부하게 이해하고 기존의 범주적·개념적 이해에서 벗어날 수 있는 듯합니다. 동시에 우리는 많은 아이가 동물에 대한 이해를 사실 만지기를 통해 하고 있음을 볼 수 있습니다. 예를 들어 고양이나 개처럼 인간이 길들인 반려동물은 인간과 동물의 관계를 중요한 측면에서 반영한다고 볼 수 있습니다.

선생님께서 말씀하셨듯이 유인원은 손과 눈빛을 통해 사람과 소통할 수 있습니다. 그래서 동물원 속 동물들은 이제 완전히 동물만은 아니라고 볼 수 있습니다. 일정한 의미에서 인간화된 동물이라 할 수 있죠. 사람과 함께 생활하며, 이 과정에서 개체가 더 많은 관심과 돌봄을 받는다는 점에서 동물에게도 큰 이점이 있습니다. 우리는 이를 통해 동물을 더 깊이 이해할 수 있지만 동시에 동물을 완전히 반려동물처럼 만들어 언제든 만지고 안을 수 있는 존재로 만들고 싶지는 않습니다. 이에 대해 선생님은 어떻게 생각하시나요?

세 가지 동물이 있는데, 이 부분에 대해 이야기해볼 수 있을 것 같습니다.

첫째, 야생 상태의 동물입니다. 사실 이 동물들은 인간을 무서워합니다. 아까 말씀하셨듯이 멧돼지가 사람을 공격하는 것도 무서움 때문입니다.

둘째, 인간화된 동물입니다. 동물원 안에서 사람에게 서서히 적응하며, 일종의 과도기 상태에 있습니다.

셋째, 이미 반려화된 동물입니다. 우리는 이들을 생명으로 여기지만, 사실 인간의 상상과 투사를 통해 만들어진 생명이라고 볼 수 있습니다. 이를 다시 세분화하면 닭·소·돼지 등의 가축이나 가금류처럼 산업화된 방식으로 길러지는 동물이 있습니다. 일부 닭은 눈을 가리고 오직 살만 찌우며, 돼지는 완전히 생산 라인식으로 길러집니다. 이런 방식은 극단적이라 할 수 있습니다. 이때 우리는 더 이상 이들을 생명으로 대하지 않고 한 덩어리의 고기로만 취급합니다. 이는 커다란 철학적 문제이기도 합니다.

저는 이 문제가 매우 흥미롭다고 생각합니다. 사실 반려동물과 산업화된 닭, 생산 라인식으로 길러지는 돼지 사이에는 단 한 줄의 차이만 있을 뿐입니다. 왜 우리는 어떤 순간에는 한 동물을 숭배하고 과잉 애정을 쏟다가 순식간에 대규모로 산업화된 닭이나 돼지 생산 과정에서는 생명이라는 개념조차 완전히 지워버리는 걸까요? 어쩌면 우리는 생명에 대한 이해를 좀더 풍부하게 가져야 하는지도 모릅니다. 동물원에서 인간화된 동물은 존재하지만 사람들은 그것들을 완전히 반려동물화하고 싶어하진 않습니다. 이에 대해 어떻게 생각하시나요?

선즈쥔 샹 선생님, 질문이 매우 깊고 철학적이네요. 몇 가지 측면에서 이야기해보겠습니다. 정확하다고 할 순 없고, 제 개인적인 관점일 뿐입니다.

우선 동물원 안의 동물에 대해 말씀드리겠습니다. 먼저 프로젝트 동물이라 불리는, 거미나 뱀처럼 아이들이 손에 올려보고 접하며 알아가는 동물이 있습니다. 국제적으로는 이를 자연 교실이라고 부르며, 업계 윤리와 직업적 소양 측면에서 허용되는 활동입니다. 이런 과정을 통해 사람은 동물에 대한 두려움을 줄이고 탈민감화를 경험합니다. 탈민감화 후에는 이지二指법으로 만지게 합니다. 즉, 학생 한 명이 두 손가락만 사용해 한 방향에서 다른 방향으로 가볍게 쓰다듬으며 체온을 느끼는 방식입니다. 이는 업계에서 통용되는 규칙과 절차로, 동물이 접촉에 익숙해져 스트레스를 받지 않도록 하기 위함입니다. 종사자 관점에서는 직업 윤리이며, 동물 관점에서는 동물 복지라고 할 수 있습니다.

두 번째는 반려동물입니다. 수만 년에 걸쳐 인간은 야생동물을 길들여 동반자로 만들었고, 개나 고양이가 그 예입니다. 연구자들이 이들의 소화기관을 해부해 조사한 결과 야생의 고양잇과 및 갯과 동물과 지금의 집고양이, 집개 사이에는 이미 일정한 차이가 나타나고 있습니다. 앞으로 수만 년이 더 지나면 이들은 완전히 다른 두 종으로 분화될 가능성이 있습니다.

요즘 많은 사람이 고양이와 개를 좋아하고, 이들은 인간 생활의 일부가 되었습니다. 이를 반려동물이라 부르며, 인간의 정서적 공백을 메워주기도 합니다. 반려동물이 인간의 동반자가 되는 동시에 인간도 이들을 함께 돌봅니다. 만약 충분한 준비 없이 반려동물을 키우다가 동물이 집을 망가뜨리거나 문제를 일으켜서 싫어진다면 이는 매우 비윤리적인 문제가 됩니다. 반려동물을 키운다면 입양하거나 가게에서 데려온 그날부터 생애 전체를 책임져야 합니다. 이 과정에서 반려동물은 인간에게 숱한 마음의 위로를 줍니다. 수만 년간의 길들임을 거치며 이들은 인간이 자신을 해치지 않는다는 것을 인식하고 인간에게 거의 경계를 두지 않게 됩니다. 반려동물은 이렇게 오랜 시간에 걸친 장기적 길들임의 산물입니다.

동물원에 있는 이런 야생동물들은 야생에서의 동료들을 대표하며 도시로 온 동물 대사로서 홍보와 교육을 담당합니다. 동시에 이들은 야생 개체군의 동물원 내 연속성을 이어주는 존재이기도 합니다. 따라서 좋은 동물원은 야생동물을 단순히 소비하는 장소가 아니라 야생 연구와 보호를 지원하는 다양한 과학적 연구를 수행해야 합니다. 그래서 사람들이 동물원을 노아의 방주라고 부르기도 합니다. 동물원이 없었다면 많은 야생 종이 사라졌을지도 모릅니다. 예를 들어 자이언트 판다는 중국의 국보이자 한때 멸종 위기종이었습니다. 자이언트 판다 외에도 멸종 위기종은 많습니다. 긴팔원숭이, 백이긴팔원숭이, 백미긴팔원숭이 등은 이미 개체 수가 매우 적습니다. 우리는 동물원에서 이들의 혈통을 이어줄 책임이 있습니다. 앞서 말한 개체군 관리, 즉 정기적으로 혈연을 교체하고 근친 번식을 피하는 것도 그 일환입니다. 이것이 첫 번째입니다.

두 번째는 반드시 이들의 야성을 유지하는 것입니다. 비록 우리 사육사들이 동물과 좋은 호흡과 신뢰를 형성해, 마취 없이 자발적으로 채혈, 심박수 측정, 초음파 검사, 혈압 측정 등을 할 수 있도록 훈련하더라도 이는 단순히 고양이를 쓰다듬는 행동과는 달리 의학적 훈련입니다. 이러한 훈련은 동물이 검사 과정에서 마취로 인해 받는 피해를 줄이기 위해 수행되며, 완전히 동물 복지의 관점에서 이루어집니다. 마취 없이 건강 지표를 확인하는 것은 동물을 위한 것입니다. 동시에 우리는 '반려동물화'를 배제해야 합니다. 즉, 동물원 내 야생동물을 자신의 반려동물로 여기면 이 업계와 직업의 기본 원칙 및 윤리를 위반하게 됩니다. 이들은 우리의 애완동물이 아니므로 일정한 거리를 유지해야 하며, 동시에 그들 본연의 야성을 지켜줘야 합니다. 이것이 바로 자격 있는 동물원이 따라야 할 원칙입니다.

왜 이들의 야성을 보존해야 할까요? 이는 전 세계 각국 정부가 야생 서식지 보호를 하고, 서식지가 회복될 때 동물원 내 개체들이 야생으로 되돌아갈 수 있도록 하기 위함입니다. 이때 동물들은 스스로 먹이를 찾고, 천적을 피하며, 짝짓기하고 번식하며, 새끼를 돌보는 등 생존 능력을 잃어서는 안 됩니다. 그래서 동물원 사람들은 한편으로는 동물과 서로 신뢰하고 조화로운 관계를 맺되, 동시에 일정한 거리를 유지하며 야성을 지켜야 합니다. 이는 야생동물과 자연 서식지의 연관성을 유지하기 위함입니다. 현재 우리 홍산동물원이 강조하는 풍용豐容, enrichment[4]은 전시관을 설계할 때 최대한 야생 서식지를 모방해 동물의 후각, 시각, 청각, 탐험 능력뿐 아니라 천적 회피나

4 동물원 용어로, 사육 환경에서 야생동물의 생활 흥미를 풍부하게 하고, 동물의 생리적·심리적 요구를 충족시키며, 더 많은 자연적인 행동을 드러내도록 하고자 취하는 일련의 조치를 통칭한다.

사냥 능력까지 훈련할 수 있도록 하는 것입니다. 이렇게 하면 향후 10년, 50년, 나아가 100년 후 야생 서식지가 회복될 때, 우리 '털북숭이들'과 그 후손들이 본래의 야성을 유지하며 자연으로 되돌아갈 수 있습니다.

또 다른 범주는 바로 샹 선생님이 말씀하신 사육 동물입니다. 산업화된 사육은 대량 생산 방식으로 이루어지며 인간의 눈에는 그저 한 덩어리의 고기로 여겨집니다. 태어나면서 자연의 햇빛을 한 번도 못 쬐고, 실제 흙을 밟아본 적도 없으며, 거의 일생을 좁은 우리에서 공장식으로 관리받습니다. 심지어 조명조차 인공적인 스펙트럼 조명으로 제공됩니다. 수십 일 혹은 수백 일이 지나면 결국 한 덩이의 고기가 되어 인간의 식탁 위에 오릅니다.

우리 업계에서는 동물원뿐 아니라 동물 사육 농장, 반려동물 판매점 등에서도 동물 복지 기준이 적용됩니다. 동물 복지는 간단히 말해 다섯 가지 측면이 있습니다. 즉, 굶주림과 갈증에서 벗어나게 하고, 피곤하지 않게 하며, 질병과 고통 없이, 스트레스 없이, 자유롭게 자신의 행동을 표현할 수 있도록 하는 것입니다. 농장의 동물들도 마찬가지입니다. 이 동물들에게 생각이 없다고 말하면 안 됩니다. 수십 일이 지나면 결국 식탁 위 고기가 되더라도 동물 복지는 중요합니다. 인간 문명이 지금까지 발전하면서 과학·문화·경제 면에서는 많은 발전을 이루었지만, 동시에 우리는 스스로를 돌아봐야 합니다. 다른 생명과 어떻게 공존할 것인지, 문명은 어떤 영역에서 드러나야 하는지 고민해야 합니다. 예를 들어 현재 일부 낙농장은 소에게 음악을 들려주는데, 음악을 들은 소는 편안해하며 우유 생산량도 증가합니다. 심층 연구 결과, 동물이 장기간 억압받거나 답답한 환경에서 생활하면 체내 호르몬 분비가 불균형해지고 부신피질 호르몬이 높아져 우울증 같은 상태가 되며, 혈액 내 코르티솔 수치가 높아진다고 합니다. 이런 동물이 결국 식탁 위 고기가 될 때 잔류해 있는 호르몬은 인간 건강에도 해로울 수 있습니다. 따라서 사육 동물의 복지가 보장되고 건강해야만 인간에게 제공되는 음식도 안전하고 건강할 수 있습니다.

우리 동물원의 본토 구역에서도, 부상당한 동물에게 좋은 환경을 제공할 뿐만 아니라 농경지 생태계도 조성했습니다. 농경지 생태계는 인간과 자연 사이의 완충지대 역할을 합니다. 인간은 이 구역에서 작업하거나 식량을 얻고, 동시에 일부 동물, 예컨대 새나 다른 초식동물, 소형 포유류도 먹이를 찾으러 옵니다. 그렇다면 우리는 이들을 어떻게 대해야 할까요? 과거에는 오로지 높은 생산량을 위해 농약과 비료를 사용했지만 농약은 벌레를 죽인 뒤에도 얼마간 잔류물이 남아 인간이 섭취하게 되며, 비료를 과다 사용하면 토양의 물리적 성질이 응고됩니다. 토양이 건강하지 않으면 인간의 식량도 건강할 수 없습니다. 따라서 생태계는 순환 구조를 띠며, 이러한 순환을 유지하기 위해 우리는 인간의 최첨단 지혜를 발휘해 신중히 생각해야 합니다.

동물을 이야기하면 사람과 사람의 관계도 달라질 수 있다

돤즈펑 선 원장님 감사합니다. 두 분의 대화를 들으면서, 제가 자연과 사회를 이분법적으로 봐온 관점이 바뀌어갑니다. 예를 들어 우리는 예전에는 이건 자연 환경 속 동물이고, 도시는 인간의 사회나 환경으로만 여기면서 자연과 인간, 사회를 완전히 분리해서 생각했죠. 하지만 선생님 말씀을 들으면서, 사실 그것들이 완전히 분리된 게 아니라 매우 밀접하게 연결되어 있다는 생각이 들었습니다.

방금 선 선생님께서 동물원을 동물의 자연 서식 상태로 회복해야 한다고 말씀하셨는데, 제가 이해하기로 이것은 완전한 회복을 의미하는 것이 아닙니다. 즉 자연 환경을 100퍼센트 재현하는 것이 아니라 가능한 한 자연 환경으로 이어지는 과도기 상태로 조성하는 것을 뜻하는 듯합니다. 이 점에서 동물원은 일종의 경계처럼 느껴집니다. 현재 우리 도시는 자연이 거의 보이지 않고 접근할 수 없는 상태가 되었기에 감각을 회복시키면서 경계를 어떻게 설정할 것인가가 새로운 과제가 되는 듯합니다. 이는 일종의 스펙트럼과도 같습니다. 스펙트럼 한쪽 끝은 반려화되거나 사육 및 인간의 통제가 매우 높고, 다른 끝은 순수 자연, 인간의 간섭이 전혀 없는 상태입니다. 저는 이 스펙트럼이 사실 무척 모호하다고 여겨지며, 인간은 자연 속에서 매우 복잡하고 다양한 역할을 수행하게 된다고 생각합니다.

덧붙이고 싶은 또 다른 질문은 개체화에 관한 것입니다. 개체화를 통해야만 우리는 어떤 존재의 복잡성을 온전히 느낄 수 있고, 그것이 단순히 분류되고 추상화된 것이 아님을 알게 됩니다. 뱀은 뱀이라는 추상적 정의가 아니라, 그 자체로 존재하는 개별적인 뱀인 거죠.

선 선생님께서 언급하신 동물 복지 개념은 각 동물을 어떻게 대할 것인가에 관한 것이지 추상적으로 대하거나 존중하는 것이 아닙니다. 이는 우리 주변의 낯선 사람을 바라보는 방식에도 시사점을 줍니다. 인간을 볼 때도 우리는 어떤 사람이고 어디 출신인지 등으로 분류하려는 경향이 강한데, 역사적으로 이런 분류는 큰 해를 끼친 사례가 많습니다. 이해가 개체화될수록, 즉 개별적인 존재로 인식할수록 그런 위험은 줄어듭니다. 예를 들어 뱀이 반드시 위험한 존재가 아님을 이해하게 되는 것과 같습니다.

이 논의를 바탕으로 두 분께 질문드리고 싶은 것은, 동물원 환경에서 동물에 관심을 기울이는 경험이, 우리가 주변의 낯선 사람을 바라보는 태도나 이해 방식에 어떤 통찰을 줄 수 있을까입니다.

샹뱌오 물론입니다. 동물원은 많은 낯선 사람을 하나로 연결해줍니다. 지난번에 류웨라이 선생님과 도시에서 식물 심는 것에 대한 대화를 나눴는데, 식물 재배가 사회에 아주 효과적인 손잡이를 제공한다고 했습니다. 식물 이야기를 꺼내면 누구나 관심을 갖고 이야기를 나누며 함께 무언가를 할 수 있게 됩니다. 원래는 서로 할 말이 없고 만나도 어색하거나 무서워하던 이들도 어떤 꽃이나 풀을 심는 이야기를 시작하면 다들 흥미를 느끼는 것이죠.

사람과 사람의 관계 측면에서 보면 동물 역시 매우 중요한 주제가 됩니다. 동물에 대해 대화하는 과정에서 사람과 사람 사이의 관계도 변할 수 있습니다.

동물원에는 원래 사람 만나는 걸 꺼리고 사회적 관계에 두려움을 느끼던 사교 불안 성향의 자원봉사자가 꽤 많을지도 모릅니다. 하지만 그들은 동물을 만나는 데에는 아무런 문제가 없을 뿐 아니라 아주 좋아할 수도 있습니다. 어쩌면 바로 그 동물들이 그들을 집 밖으로 끌어내 다른 사람들과 관계를 형성하게 했을 수도 있습니다. 그 관계가 꼭 친밀한 것은 아니더라도 최소한 어떤 상호작용은 생기지요. 그래서 그들은 단지 동물을 보는 데 그치지 않고 동물을 통해 사람을 보게 됩니다. 철학자 피터 싱어는 동물 복지에 대해 이야기하지만,[5] 저는 그가 동물이라는 주제를 통해 새로운 사회적·도덕 철학적 문제들을 제기했다고 생각합니다. 예를 들어 산업화된 사육은 이미 사회 생산의 한 부분이 되었습니다. 방금 선 선생님이 말씀하셨듯이 수만 년의 길들임을 거치면서 늑대는 개로 변했고, 이제 개와 늑대는 전혀 다른 존재가 되었습니다. 사육 자체를 반대하려는 것은 아니지만 산업화된 사육은 과연 어떤 새로운 문제들을 낳고 있을까요?

우리는 고통과 아픔에 대한 개념을 제시하고, 성찰하게 됩니다. 이러한 개념들은 동물이 아닌 인간이 제시하는 것이며, 결국 인간과 인간 사이의 논의입니다. 여기에는 선생님이 말한 동물원의 기능이 어떠해야 하는지, 동물원의 동물들이 야생성을 유지해야 하는지, 동물원 안에서 동물과 사육사의 관계 등도 포함되며, 결국 모든 것은 인간과 인간 사이의 교류로 귀결됩니다.

5 Peter Singer, *Animal Liberation*(Avon Books, 1990).

오늘날의 사회 환경에서는 많은 논점이 분열을 일으킵니다. 많은 사회 이슈에 대해 논의하면 할수록 오히려 의견이 더 갈리곤 합니다. 이런 상황에서 동물이 우리에게 어떤 의미에서 구원을 주기도 할까요? 한편으로는 아주 단순합니다. 동물은 누구나 볼 수 있고, 관심을 끌기 쉽습니다. 다른 한편 동물은 생명이 무엇이고 삶이 무엇인지에 대한 깊은 성찰을 불러일으키기도 합니다. 선 원장님, 혹시 구체적인 사례를 관찰하신 적이 있나요? 가령 사육사의 삶의 경험 변화, 사회적 불안이 있는 청년이 동물과 접촉하면서 자신을 열고 내향성을 극복한 사례, 혹은 어떤 사람들이 특정 동물을 입양하거나 돌보면서 심리적 어려움을 극복하고 타인과의 관계를 다시 형성한 사례 등 이런 측면의 탐구를 진행한 경험이 있으신가요?

선즈쥔 사실 동물원은 사회 전체와 일반 대중에게 결코 낯선 공간이 아닙니다. 1742년 세계 최초의 동물원, 빈 쇤브룬 궁전 동물원이 생긴 이후 200년이 넘는 시간 동안 거의 전 세계 사람들이 동물원의 존재를 알고 있었습니다.

하지만 동물원 종사자 입장에서 보면, 동물원에 오기 전에는 서로 낯선 존재입니다. 동물원에 와서도 각자의 분업 때문에 서로 충분히 알지 못할 때가 많습니다. 저는 2008년 동물원에 왔고, 2009년부터 직원들 사이의 이해를 증진시키기 위해 몇 가지 아이스브레이킹 활동을 시도했습니다. 우선 동물원 내 모든 리더에게 각자 하나의 시설과 연계하도록 하고, 1선 사육사를 도와서 서식 구조물 설치나 자원봉사 활동을 하게 했습니다. 시설 간에도 아이스브레이킹 활동을 진행했는데, 예를 들어 한 시설에서 큰 공사를 할 때 힘쓰는 작업이나 기술 작업이 필요하면 다른 시설의 직원들이 협력하게 했습니다. 이렇게 함께 일하면서 누가 장삼인지, 이사인지, 왕이는 어떤 성격인지, 사회적 불안이 있는지 등 서로를 알게 됩니다. 저는 이것이 매우 흥미로운 일이라고 생각합니다. 한번은 저도 다른 사람들과 함께 원숭이 산에서 큰 공사량인 서식 구조물 설치를 진행했습니다. 굵은 나무를 사용하고, 위에 여러 개의 삼밧줄이나 소방 호스를 배치해 원숭이가 놀 수 있도록 했습니다. 제가 올라가서 나무에 손을 올리면 아래 사람들이 줄을 건네주는 방식으로 했는데, 한번은 제 손에 차갑고 축축하며 끈적거리는 물질이 닿았습니다. 뭔가 이상하다고 생각했는데 알고 보니 원숭이가 남긴 배설물이었습니다. 함께 일하던 사람들은 뭐가 기쁜지 몰려들었고, 어떤 사람은 어느 원숭이가 한 짓이냐고 묻기까지 했습니다. 이전에는 서로 잘 알지 못했고, 심지어 사무직과 1선 작업자 사이에는 원래부터 간극이나 장벽이 있었지만 함께 나무를 들어 서식 구조물을 설치하면서 낯섦이 한순간에 사라졌습니다.

또한 동물에게 생태 매트를 깔아주는 작업도 있습니다. 예전 동물원에서는 이런 개념이 없어서, 시멘트 바닥이 가장 깨끗하고 관리하기 쉽다고 생각했습니다. 배설물을 치운 후 수돗물로 한번 씻으면 끝이니까요. 하지만 동물에게는 좋지 않습니다. 시멘트 바닥이 많은 동물원일수록 악취가 더 나는데, 잔여 배설물이 시멘트에 스며들어 아무리 씻어도 냄새가 남기 때문입니다. 생태 매트는 야생에서처럼 낙엽과 흙이 있는 환경을 모방해 안정적인 발효층을 만드는 방식입니다. 사육사는 매일 오염되거나 배설물이 묻은 부분의 매트를 제거하고, 새 매트를 깔아줍니다. 1~2년이 지나면 매트 전체를 교체합니다. 이 작업은 상당한 양의 노동을 필요로 하며, 다른 과나 시설의 사람들이 와서 돕습니다. 그 과정에서 서로를 알게 되고, 때로는 깊은 우정을 쌓기도 합니다.

직원들은 낯섦에서 친숙함으로 나아갑니다. 서로 다른 시설의 사육사들은 자신의 시설에 어떤 동물이 있고 어떤 이야기가 있는지, 과학 지식을 소개하며 공유합니다. 이렇게 함으로써 다른 시설의 직원들도 동물원 전체의 보호 철학을 더 깊이 이해하게 됩니다.

동물원의 다른 한 그룹은 바로 방문객입니다. 방문객들은 소문을 듣고 찾아오며, 서로 낯선 사이이고, 사육사와 방문객 또한 서로 낯선 관계입니다. 우리는 모든 사육사가 전면에 나서서 방문객과 소통하고 과학 지식을 전달하도록 요구합니다. 처음에는 그들이 매우 수줍어해 방문객들 앞에서 한마디만 해도 얼굴이 붉어졌습니다. 그래서 그들에게 말했습니다. "너무 딱딱하니까 설명문을 외우려고 하지 마세요. 우리는 이 아이들의 사육사 아빠입니다. 이들이 무엇을 먹는지, 어떻게 식단을 준비하는지, 하루 배설량은 얼마인지, 어떻게 치우는지, 이 아이들에게 어떤 이야기가 있는지, 누가 누구를 괴롭히는지, 누가 어떤 성격인지 등을 이야기하면 됩니다. 준비된 설명문은 전혀 필요 없습니다"라고 말이죠. 이렇게 말하다보면 사육사들은 점점 이야기를 들려주는 선생님이 됩니다. 한 이야기 세션이 끝나면 주변에 점점 더 많은 방문객이 모이고, 사육사들은 무대 뒤로 돌아가지 못할 만큼 계속 방문객과 상호작용하며 교류하게 됩니다. 이렇게 해서 더 많은 방문객이 홍산동물원을 이해하게 되고, 더 깊이 있는 지식을 알고 싶어하게 됩니다.

방문객들 간의 관계 변화를 관찰하는 것도 매우 흥미롭습니다. 보통 방문객들은 가족과 함께 오는데, 최근 2년간 그 구성에 변화가 일어난 것을 발견했습니다. 예전에는 주로 할아버지, 할머니가 손주들을 데리고 왔지만 대학생이나 젊은 커플이 점점 더 많아지고, 어린 자녀를 데리고 오는 젊은 부모도 많아졌습니다. 그들은 이곳을 가족이나 친구와 함께 시간을 보내는 장소로 삼아, 햇볕을 쬐거나 잔디밭에 앉아 동물을 보고, 사육사가 하는 이야기를 듣습니다. 또한 점점 더 많은 방문객이 사육사들의 영향을 받아 자발적으로 우리 동물원의 자원봉사자로 참여하기도 합니다. 이 점이 매우 감동적입니다. 자원봉사자들은 다양한 연령, 배경, 특기와 경험을 가지고 있으며, 서로 다른 도시에서 오기도 합니다. 근처인 상하이, 항저우에서 오기도 하고, 베이징, 광저우에서 오기도 합니다. 그들은 휴가를 활용해 일주일 동안 봉사활동을 합니다.

자원봉사자들은 우리 직원들과 상호 보완적인 관계를 형성합니다. 전시관들에서는 안내 시스템, 과학 교육 전시 시스템이 더 많이 필요합니다. 전통적인 방식은 기계로 출력해 패널을 걸어두는 정도였지만 점점 더 많은 자원봉사자가 참여하면서 그들이 손으로 한 땀 한 땀 그린 그림과 쓴 글을 사용하기 시작했습니다. 기계 출력과는 다른 느낌을 주며, 방문객들은 손으로 그린 것이 매우 인간적이고 따뜻한 감정을 전달한다고 느낍니다. 동물 보호는 단순히 우리의 구호나 한 동물원만의 일이 아니라 주변 사람 모두가 참여하는 일입니다. 그들이야말로 진정한 실천가이자 보호자입니다.

또 많은 방문객이 동물원 내 동물을 입양[6]하기도 합니다. 가령 많은 사람이 레서판다를 입양했는데요, 한 입양자는 자신이 입양한 레서판다가 먹이 먹는 모습을 찍고 있는데, 장난기 많은 다른 레서판다가 그 레서판다를 살짝 밀자 툭 하고 바닥에 떨어지는 장면을 목격했습니다. 사실 레서판다는 민첩해서 떨어질 때 몸을 회전시키며 착지하므로 정말로 떨어진 것은 아니며 점프한 것과 같았습니다. 하지만 그 입양자는 이 장면을 보고 우리에게 "우리 애를 다른 집 애가 괴롭혔다"며 조치를 요청했습니다. 또한 많은 입양자가 자신이 입양한 털북숭이의 배지, 피규어, 열쇠고리 등을 자발적으로 제작하고, 동물원 안에서 서로 선물하며 교류합니다. 동물원은 자연스럽게 사람들 간의 만남과 소통의 장이 되었습니다. 순회하면서 가끔 이런 선물을 받습니다. 예를 들어 저는 본토 구역의 담비 배지를 받았는데, 매우 정교하게 만들어졌습니다. 사람들은 정말로 이 경험을 자랑스러워하며, 모두와 함께 나누고 싶어합니다.

우리는 예전에 난징시의 몇몇 특수학교와 함께 자폐아동 심리치료 프로그램을 진행한 적도 있습니다. 특수학교 교사들이 아이들을 데리고 우리 동물원에 와서 동물을 관찰하게 했는데, 그 과정에서 아이들이 자연스럽게 미소 짓는 모습을 볼 수 있었습니다. 동물원은 단순히 사람들이 교류하는 장소, 자연에 대한 갈망을 충족시키는 공간을 제공하는 데 그치지 않고, 보유 자원을 활용해 다양한 집단에

6 집에 데려가는 것이 아니라 동물원 내에서 지정해 형식적으로 돌보게 하는 방법.—옮긴이

특별 서비스를 제공하는 역할도 합니다.

판다관에서 기획했던 활동이 기억납니다. 한 자폐증 소년이 자주 찾아왔는데, 나중에는 다른 방문객들에게 아주 자연스럽게 설명해 줄 수 있게 되었고, 자기 한계를 극복하는 계기가 되었습니다. 자폐증 환자들은 보통 자신을 좁은 공간 안에 가두고 다른 사람과의 소통을 꺼리는 경향이 있지만, 한번 이 발걸음을 내딛으면 그들의 미래와 삶은 훨씬 더 밝고 풍요로워질 수 있습니다.

그 외에 우리는 『곰 있나요熊在嗎』라는 책을 출간했는데, 제작 과정도 매우 흥미롭습니다. 원래는 한 사육사의 발견에서 시작되었습니다. 곰 전시관이 리모델링되면서 작은 언덕까지 포함한 완전한 생태 공간이 되었고, 곰은 이 환경 속에서 더 자연스러운 행동을 할 수 있었습니다. 올라가고 싶으면 나무를 오르고, 먹고 싶으면 먹고, 자고 싶으면 자고, 숨고 싶으면 숨을 수 있었습니다. 게다가 전시관이 아주 커서 방문객들이 종종 곰을 놓쳤죠. 이에 사육사는 창가에 한 권의 기록장을 걸어놓고 방문객들이 곰의 상태를 기록하도록 했습니다. 방문객들은 거기에 "곰이 자고 있다" "곰이 나무를 오르고 있다" "곰이 싸우고 있다" "곰이 밥을 먹고 있다" 등과 같은 내용을 적었고, 때로는 "no bear"(곰이 없다), "Where bear"(곰은 어디)라고 적기도 했습니다. 그림에 재능 있는 이들은 곰이 나무 위에서 자거나 두 마리가 싸우는 모습 등을 그리기도 했습니다. 곰을 보지 못한 방문객들은 처음에는 아쉬워했지만 기록장을 보고는 오히려 흥미를 느끼며 위안을 받았습니다. 결국 우리는 방문객들이 한 장씩 적은 기록들을 모아 완전한 한 권의 책으로 만들었습니다. 저자는 '많은 사람'으로 표기했는데, 이는 500명 이상의 낯선 사람들이 공동으로 완성한 작품이라는 뜻입니다. 저는 이곳이 하나의 사회적 플랫폼이 된 것 같다고 느꼈습니다.

많은 사람이 홍산동물원을 자신의 집처럼 느끼기도 합니다. 특히 『홍산동물원은 나의 집紅山動物園是我家』이라는 책이 출간된 후 더 그렇습니다. 이 책은 우리 13명의 사육사와 그들이 돌보는 작은 동물들 사이에서 일어난 여러 재미있는 에피소드를 기록한 것입니다. 책 속의 소소한 이야기들을 통해 사육사들이 새로 입사해서 동물원에 적응하는 과정부터, 마지막에는 털북숭이들과 가족처럼 깊은 유대감을 형성하기까지의 과정을 엿볼 수 있습니다. 동물원 안에서 각자는 서로 다른 역할을 맡고 있습니다. 처음에는 동물의 마음을 여는 법, 방문객의 마음을 여는 법, 낯선 동료의 마음을 여는 법을 몰라 당황하기도 합니다. 하지만 우리 동물원에는 장벽을 허무는 특유의 방식이 있습니다.

우리는 또 한 권의 흥미로운 책을 출간했습니다. 많은 사람이 침팬지를 몹시 귀여워하며 안아볼 수 있나요, 라고 묻곤 합니다. 제가 안 됩니다, 라고 하면 그럼 나를 대신해서 만져만 주세요, 라고 하기도 하죠. 하지만 이것도 안전상 불가능합니다. 그래서 우리는 『우리는 야수가 아니다我們不是野獸派』라는 책을 기획했습니다. 책 표지는 만지면 털이 보송보송한 소재로 제작되어 있습니다. 저자는 세 마리의 침팬지로 표기됐고, 책 속 그림들은 모두 사육사의 동행 아래 침팬지들이 직접 그렸습니다. 어떤 사람이 책 속 그림을 대학 미술 교수에게 보여주었는데, 교수는 이 학생 대단하다, 키워볼 만하다, 장

래가 촉망된다고 평가했습니다. 그러나 그림이 침팬지의 작품이라고 하자 믿지 못했죠. 미술사학자 왕루이윈王瑞芸 교수는 "예술은 선생님이 정의한다"고 했습니다. 이 말은 정말 철학적 의미가 깊습니다. 난징사범대학의 주잉춘朱赢椿 교수는 우리와 협력해 디자인 작업을 진행하며 침팬지 화가들의 소개를 모두 담은 뒤 각 작품에 번호를 부여했습니다. 번호 부여 방식도 의미가 있습니다. 색깔별로 한 번 번호를 부여하고, 사용 횟수에 따라 다시 번호를 매겨 규칙을 찾아내도록 했습니다. 주 교수는 침팬지 화가들 각자의 성격도 정의했습니다. 어떤 침팬지는 붓질이 대담하고, 열정적이며 자유분방하다고 했죠. 처음에는 이들이 비인간종이라고 생각했지만 함께 오래 지내다보면 이들에게도 생각과 사고가 있음을 알 수 있습니다. 그림을 통해서도 각 침팬지의 개성을 엿볼 수 있습니다.

이런 일을 통해 우리는 사회에 계속해서 영향을 미치고 있습니다. 사회가 동물원을 단순한 볼거리나 전시 공간이 아닌, 생명과 생명이 대화하는 장소로 느끼게 만들고자 합니다. 동물원은 단지 우리 사육사들이 야생동물을 돌보고 이들과 대화하는 공간만이 아니라 여러 종류의 생명 집단이 존재하는 곳입니다. 예를 들어 사육사, 야생동물, 그리고 대중입니다. 우리는 이 다양한 생명 집단 간의 벽을 허물고, 서로를 더 잘 이해하고 존중하며, 더 조화롭고 즐겁게 공존하도록 하기 위해 효과적인 소통 방식을 사용하는 것이 매우 중요하다고 생각합니다.

존중한다는 것은 우리가 지속적으로 주의를 기울이며, 매번 새로움을 발견한다는 의미다

샹뱌오 저는 『곰 있나요』라는 책이 굉장히 흥미롭습니다. 이 책은 때로 우리가 어떤 사건이나 현상을 인식하는 방식이 직접 경험에서 오는 것보다, 낯선 사람의 전언을 통해 얻는 것이 더 재미있을 수 있다는 점을 보여줍니다. 현대 사회에서는 이런 전언이 종종 루머의 출처로 여겨지고, 사람들은 루머를 극도로 불신하며 두려워합니다. 이런 루머는 매우 해로운 것으로 인식됩니다. 하지만 낯선 사람들 사이에서 오가는, 입에서 입으로 전해지는 이야기는 본래 굉장히 아름다운 것이었습니다.

하오난郝楠이라고, 즈펑 선생님과 제가 함께 아는 친구가 있습니다. 그는 경험이 매우 풍부한 자원봉사자입니다. 많은 사람이 2008년 발생한 원촨汶川 지진을 중국 공익 활동의 원년으로 여깁니다. 이해를 기점으로 많은 젊은이가 자원봉사 활동에 참여하기 시작했습니다. 하오난이 원촨 지진을 묘사한 방식은 제게 깊은 인상을 남겼습니다. 그가 말하길, 낯선 사람끼리 만나면 서로가 해결해야 할 문제, 필요한 정보나 자원을 알려주고, 또 다른 낯선 사람에게 이런 요구를 전합니다. 대개 이 다른 낯선 사람들은 일정한 해결 방법을 갖고 있어서, 곧 한 개인의 특별한 어려움이 사회적으로 공동 대응되는 사건으로 변하고, 개인의 제안 하나가 연쇄적인 공동 행동으로 이어진다고 합니다.

선 선생님이 말씀하신 것처럼, 많은 방문객이 동물원에 와서 직접 곰을 보지 못했지만 다른 낯선 사람들이 본 곰을 보면서 더 큰 흥미를 느낍니다. 노트에 다양한 곰이 기록되어 있어서 자신이 직접 본 곰보다 훨씬 더 풍부하며, 다른 사람들이 곰을 어떻게 보는지도 보게 되어 또 다른 의미가 생깁니다. 사람들은 동물원, 특히 홍산동물원에 와서 단순히 동물만 보는 것이 아니라 자신과 동물의 관계를 봅니다. 사람들이 동물 앞에 서서 동물을 볼 때 이 동물은 선생님 앞에 서 있는 동물이고, 선생님 또한 자신을 바라보고 있습니다. 그래서 선생님이 보는 것은 동물이지만, 이미 그 안에 투사가 이루어진 것입니다. 이것은 어려운 이론이 아니라, 아이들도 이렇게 합니다. 아이들이 동물을 볼 때 단순히 귀여운 동물만 보는 것이 아니라 자신을 투사한 모습을 보는 것입니다. 아이들은 이 동물이 자신과 닮았다고 느끼고, 매우 귀엽다고 생각하며, 자신이 동물을 돌볼 수 있다고 느끼고, 이렇게 동물을 바라볼 수 있다는 능력 자체를 매우 즐거워합니다.

아이들이 동물을 그렇게 좋아하는 이유는 단순히 동물의 생김새가 특이해서 시각적으로 즐거움을 주기 때문만이 아니라, 생명과의 상호작용을 통해 자신의 생명과 자아 주체성이 일깨워지기 때문입니다. 그래서 아이는 동물원에 가서 곰을 보고 싶어하지만 실제로는 다른 사람들이 곰을 보는 방식, 다른 낯선 사람들을 보는 경험 자체가 아이에게 큰 즐거움을 줍니다. 『곰 있나요』가 제기한 두 번째 질문은, 왜 낯선 사람들 사이에서 메모 잇기 현상이 생기는가입니다. 그 시작점은 바로 여러분이 곰의 전시장을 개조해 곰이 숨을 수 있게 만들었기 때문입니다. 이곳은 한눈에 다 보이는 구조가 아니며,

방문객 중심이라기보다 일정 부분 곰의 생명 중심으로 설계되었습니다. 모든 방문객은 이를 받아들이며 좋다고 느낍니다. 많은 사람이 와서 곰을 제대로 볼 수 없거나, 오로지 측면만 보거나, 때로는 엉덩이만 보거나, 얼굴의 반만 보거나, 순간 스쳐 지나가는 모습만 보곤 합니다. 바로 이런 불완전함 때문에 낯선 사람끼리 이야기를 나눌 여지가 생기는 것입니다.

여기서 출발점은 사실 곰에 대한 존중입니다. 곰은 사람들에게 보이지 않을 권리를 가지고 있고, 바로 이 존중이 경계를 만들어냅니다. 보고 싶으면 볼 수 있지만, 못 볼 수도 있다는 가능성이 있기 때문에 사람들은 자연스레 이야기를 나누고, 추측하며, 다른 낯선 사람들이 본 모습에 관심을 갖게 됩니다. 바로 이 전시장이 한눈에 다 보이는 구조가 아니기 때문에 이야기할 주제가 많아지고, 하나의 연쇄적 대화 구조가 형성되는 것입니다. 또한 존중이 있기 때문에 사람들은 더 진지하게 몰입해서 이야기를 나누게 됩니다. 그냥 곰 한 마리인데 무슨 할 얘기가 있어, 곰을 너무 오버해서 상상하는 거 아니야, 와 같은 태도가 나오지 않는 것이죠. 존중이 있으면 주제는 훨씬 더 풍부해집니다. 동물은 이야기를 시작하기 쉬운 주제이며, 일정 부분 사회 복원 기능을 갖고 있습니다.

사실 동물이라는 주제는 진입 장벽이 낮아서 누구나 쉽게 발언할 수 있다는 점 외에도 더 능동적인 측면이 있습니다. 동물은 우리에게 끊임없이 새로운 이야기를 만들어내도록 요구합니다. 『곰 있나요』에서도 드러나듯, 곰 자체가 다양한 욕구를 가지고 있어 우리는 자연스럽게 계속해서 이야기를 하게 됩니다. 제가 보기에는 선 원장님이 동물원을 운영하면서 수행하는 매우 중요한 작업 중 하나가 바로 공공 소통입니다. 만약 앞뒤 상황의 변화와 이야기를 풀어내지 않는다면, 예컨대 왜 이 구역을 새로 설계했는지, 사육사와 동물 사이에 어떤 일이 있었는지 등을 설명하지 않았다면 전체적인 관람 경험은 완전히 달라집니다. 소통이 있는 것과 없는 것은 완전히 다릅니다.

제가 이해하기로, 동물원에서 원장님의 소통은 단순한 보조 업무가 아니라 동물을 돌보고 사육하는 것만큼이나 기본적이고 중요한 업무입니다. 제가 생각하는 사회 복원 문제를 고려할 때 먼저 어떤 손잡이나 출발점을 찾아야 하는데, 동물이 바로 좋은 출발점이 됩니다. 그리고 방금 선 원장님 말씀에서도 구체적인 영감을 얻었습니다. 이 출발점을 다룰 때는 동물에 대한 존중과 주의력이 요구됩니다. 존중한다는 것은 동물이 자신만의 요구와 능동성을 갖고 있다는 점을 지속적으로 주목해야 한다는 의미입니다. 동물은 단번에 속속들이 이해할 수 있는 존재가 아니므로 끊임없이 관찰하고 매번 새로운 것을 발견해야 합니다. 이러한 지속적 관찰이 가능할 때 자연스럽게 다양한 이야기와 대화가 열립니다.

선 원장님이 말씀하신 것처럼, 원래 동물 전시장은 높은 곳에서 한눈에 볼 수 있도록 설계되어 있었습니다. 한눈에 보이면 주의력은 즉각적일 뿐입니다. 그런데 전시 공간을 새롭게 설계한 후에는 동물에게 더 나은 자연 환경을 제공할 뿐만 아니라, 우리와 동물의 관계가 완전히 달라졌다는 점을 깨닫게 됩니다. 우리가 동물을 바라보는 방식도 즉각적 관찰이 아니라 지속적이고 반복적인 관심을 필요로 하며, 이 과정은 집단적 주의력으로 이어져서 계속해서 되돌아와 관찰하게 만듭니다.

사회 복원과 낯선 사람과의 관계도 매우 중요한 측면입니다. 우리가 말하는 낯선 사람은 사실 낯섦화의 결과물입니다. 어떤 사람을 자주 만나더라도 여전히 낯선 존재로 남아 있는 경우가 있습니다. 우리가 의도적으로 다가가지 않고 매번 한 번씩만 보고 지나면 마치 상자를 닫아둔 상태와 같습니다. 상자를 열지 않고, 진정으로 그 사람에게 주의를 기울이지 않는 것이죠. 이러한 지속적 관심은 생활과 사람을 바라보는 하나의 방식으로서 배우고 익혀야 하는 태도이기도 합니다.

조화로운 섭식과 적자생존

샹뱌오 선 원장님께 질문 하나를 더 드리고 싶습니다. 원장님께서 말씀하신 조화로운 섭식은 인간이 개입한 결과인데요. 자연 생태계에서는 분명 적자생존의 문제가 존재합니다. 상대적으로 약한 개체를 보호하는 것이 동물원 환경에서는 충분히 이해되지만, 철학적 관점에서는 어떻게 보시는지 궁금합니다. 자연 자체에는 잔혹한 측면과 개체를 도태시키는 메커니즘이 있기 때문입니다. 이러한 도태는 개체에 대한 것이지만, 전체 생태계는 매우 강한 회복력과 지속성을 지닙니다.

사람이 개입하면 앞서 말한 자연 법칙과 다소 모순되는 상황이 생기지만, 저는 이것이 매우 흥미로운 문제라고 생각합니다. 우리는 약한 개체를 보호하고 싶어하지만 이는 본래의 자연 법칙과는 다릅니다. 동물원을 벗어나서 본다면, 조화로운 섭식에 대해 어떻게 생각하시나요? 또 조화라는 개념 자체에 대해서는 어떤 관점을 갖고 계신가요? 아마 자연계에서의 조화와 인간 사회에서 우리가 느끼는 조화는 다른 차원일 것입니다.

제가 왜 이 이야기를 꺼냈냐면, 다시 낯선 사람과의 관계로 돌아가기 위해서입니다. 우리는 때로 낯선 사람에게 동정심을 느끼지 못합니다. 자연 법칙으로 설명하려 하기도 하죠. 낯선 사람이 어려움을 겪는 건 자기 노력이 부족하기 때문이야 혹은 어쩔 수 없는 일이야라고 생각합니다. 사회 전체가 앞으로 나아가기 위해 일부 사람의 이익이 희생될 수 있고, 그렇기 때문에 그들에게 너무 많은 주의를 기울이지 않아야 한다고 여길 때가 있습니다. 각자가 앞서나가면 사회 전체가 좋아질 거라는 사고방식, 즉 사회적 다윈주의 성향은 사람과 사람 사이의 낯섦을 강화하는 주요 원인 중 하나이기도 합니다. 사람과 동물의 관계, 사람과 사람의 관계를 함께 놓고 보면 조금 복잡하지만, 여기서 묻고 싶은 것은 조화로운 섭식의 철학적 기초에 대해 어떤 성찰을 갖고 계신가 하는 점입니다.

선즈쥔 이건 정말 꽤 도전적인 질문입니다. 자연 보호의 관점에서 보면 대자연에서는 반드시 적자생존의 법칙을 존중해야 하며, 비록 잔혹해 보일 수 있지만 인간이 과도하게 개입하지 않아야 합니다. 예를 들어 아프리카 대초원에서 사자가 영양을 잡아먹는 장면을 본다면 그 영양을 보호하겠습니까? 그러지 않겠죠. 왜냐하면 사자도 살아야 하고, 사자가 잡을 수 있는 영양은 대부분 늙거나 약하거나 병든 개체이기 때문입니다. 대규모 집단에서 약한 개체가 도태되고 강한 개체가 살아남는 것은 자연에서 종의 우위를 유지하는 한 방법으로서 긍정적인 의미를 갖습니다. 야생에서는 실제로 이렇게 작동합니다.

동물원 안에서는 상황이 다릅니다. 개체 수가 적기 때문에 그 개체가 집단 내에서 약하다고 해서 자연 법칙에 따라 도태시키는 것은 옳지 않습니다. 동물원 안의 모든 개체는 긍정적인 의미를 가지며 유전자 다양성 측면에서 우리는 각 개체가 존재하도록 유지할 책임이 있습니다. 또한 그 개체의 유전자가 발현되고 후대로 이어질 수 있도록 해야 합니다. 따라서 동물원이라는 제한된 공간에서는 각 개체의 건강을 보장해야 합니다.

또한 동물원 내 큰 집단에는 일부 강한 개체나 그 무리에서의 우세적 지위가 뚜렷이 나타나는 개체들이 있습니다. 가령 집단 내에서 누군가가 우두머리라면 우리는 그것을 인정하고 개입하지 않으며, 그들의 집단 규칙을 따릅니다. 하지만 약한 개체가 그냥 도태되도록 내버려둘 순 없습니다. 막내와 같은 개체에게도 충분한 영양을 공급해 건강을 유지하게 하는 것이 동물원 내 윤리입니다. 또한 필요할 때, 예를 들어 침팬지나 늑대가 패싸움을 할 때도 개입해 패배한 개체를 치료하고 특별 조치를 합니다. 개체가 회복되면 집단으로 되돌려보내는데, 설령 다시 공격받을지라도 개체는 집단으로 돌아가야 합니다. 왜냐하면 집단 안에서만 개체로서의 가치를 지니며, 그것이 개체의 복지이기 때문입니다. 만약 집단으로 돌아가지 않고 인간이 직접 돌보면 역할이 잘못 설정되어 자신이 침팬지인지, 늑대인지조차 인지하지 못하게 됩니다. 매일 인간과 생활하면 먹고사는 데야 문제가 없어 보이지만 이는 규칙에 어긋나는 일입니다. 왜냐하면 개체가 자기 집단으로 돌아가지 못한 상태이기 때문입니다. 이런 과정에서 우리가 말하는 '조화'가 사실상 일정한 사회적 의미와 필요성을 띤다는 것을 알 수 있습니다.

인간을 중심에 두지 않을 때 오히려 더 풍부한 감각과 사유를 얻는다

선즈쥔 앞서 샹 선생님께서 사람과 동물의 관계, 사람들이 동물원에 와서 무엇을 얻을 수 있는지에 대해 여러 말씀을 하셨습니다. 저는 샹 선생님과 사람과 동물의 관계, 그리고 사람과 동물원 간의 관계에 대해 좀더 이야기를 나누고 싶습니다. 동물원은 대체 어떤 존재일까요? 종 보존, 교육, 연구 외에 또 어떤 역할이 있을까요?

동물원은 차갑고 냉정한 기관이 아닙니다. 우리 동물원은 한 가지 철학을 전하고 있습니다. 사람들로 하여금 공감 능력을 키우고, 타인의 감정을 느낄 수 있는 장소를 만드는 것입니다. 예를 들어 제가 순회 관찰을 할 때 자주 보는 광경이 있는데, 금빛들창코원숭이 엄마와 새끼가 서로 안고 털을 다듬어주는 모습입니다. 어떤 금빛들창코원숭이는 아빠가 새끼를 돌보기도 합니다. 저는 종종 관람객 중 젊은 부부가 이야기하는 것을 듣습니다. 아내가 남편에게 말하죠.

저기 금빛들창코원숭이 아빠가 새끼를 돌보는 거 좀 봐. 얼마나 잘해, 라고 말이죠. 이런 공간이 생기면, 샹 선생님이 말씀하신 것처럼 많은 말을 하지 않아도 그들의 행동을 통해 사랑을 주고받는 것을 감상하면서 자연스레 공감 능력이 생기고, 이후의 행동이 자극되며, 잠재적으로 책임감도 깨어납니다.

저는 동물원이 사람들에게 타인의 입장에서 생각하는 법을 가르치는 최고의 장소라고 여깁니다. 사랑이 없을 때, 우리는 항상 자기 관점에서 출발하게 됩니다. 하지만 좋은 동물원은 인간성을 비춰 보여줍니다. 그곳에서 사람은 자기 성찰을 하고, 타인의 입장에서 문제를 생각하는 법을 배웁니다. 낯섦화를 깨뜨리려면 타인의 관점에서 생각하는 법을 익히고, 타인의 입장에서 사물을 바라보는 법을 배워야 합니다. 낯섦화는 사람을 만나도 그저 머리만 끄덕일 뿐 상대방의 세계로 들어가려 하지 않는 것이고, 이는 타인의 관점에서 생각하지 않는다는 의미이기도 합니다. 저는 동물원이 단순히 방문객 중심이 아니라, 동물을 중심에 두는 곳이라고 생각합니다. 이를 통해 인간은 더 친절하게 상호작용하는 법을 배우고, 감화를 받으며, 기대는 하되 예측할 수 없는 미지의 세계를 탐험하게 됩니다. 이렇게 인간은 많은 깨달음을 얻습니다.

샹뱌오 저는 선 선생님이 말씀을 정말 잘하셨다고 생각합니다. 결국 인간을 중심에 두지 않을 때 오히려 우리는 더 풍부한 감각과 깊이 있는 사고를 할 수 있게 됩니다.

돤즈펑 맞습니다. 지금까지 이야기하면서 저는 동물원이 인간에게 주는 가치는 교육적 의미에 있는 것 같다고 생각했습니다. 여기서 말하는 교육은 지식 전달이 아니라, 우리가 다양한 생존 방식을 바라볼 때 그게 당연하지 않음을 깨닫고, 인간의 규범이나 기준이 전부가 아님을 느끼게 해준다는 점입니다.

예전에 선 선생님과 대화할 때 이런 얘기를 들은 게 기억납니다. 인간의 기준으로 동물을 평가할 때, 우리가 좋다고 생각하는 것이 동물에게는 오히려 나쁜 일이 될 수 있다는 점입니다. 동물원은 다양한 기준과 서로 다른 생활 조건을 보여주며, 우리가 살아가는 세상이 단일한 가치로만 이루어진 곳이 아니라 여러 요소가 뒤섞인 세계임을 이해하도록 도와줍니다.

샹 선생님께 질문 하나를 더 드리고 싶습니다. 우리가 이렇게 많은 대화를 하면서 낯선 사람을 어떻게 봐야 하는지, 낯선 사람과 함께 어떻게 무언가를 할 수 있는지에 대해 이야기해왔는데, 이번에는 사람과 동물의 관계에 대해 이야기했습니다. 이 과정에서 선생님은 어떤 영감을 받았는지, 앞으로 더 탐구할 만한 문제는 무엇인지 궁금합니다.

샹뱌오 즈펑 선생님이 방금 타자를 보는 것에 대해 말씀하셨지만, 저는 동물원의 흥미로운 점은 사실 우리가 보는 것이 타자가 아니라 여전히 자신임을 알려주는 데 있다고 생각합니다. 우리가 보는 것은 이미 반쯤 길들여진 동물, 인간화된 동물입니다. 우리가 노력해 그 야성을 유지하려 해도 마찬가지입니다. 원래 동물원은 사람을 즐겁게 하는 장소였지만, 앞으로는 점점 사유와 사색이 강한 장소로 변할 거라고 생각합니다. 왜냐하면 우리가 보는 그 존재가 항상 우리에게 질문을 던지기 때문입니다. 오늘 우리가 던진 많은 질문처럼,

사실 대개는 명확한 답이 없습니다. 우리는 동물 집단 내부의 불평등한 관계를 어떻게 다뤄야 하는가? 인간으로서 무엇을 해야 하는가? 어디까지가 경계이며, 우리가 하지 말아야 할 것은 무엇인가?

저는 이전 몇 차례의 토론에서 한 가지 단서를 얻을 수 있다고 생각합니다. "낯선 사람과 부근을 만들기"라는 말은 단순히 낯선 사람에게 좀더 친절하게 대하고 교류를 늘리자는 의미만이 아닙니다. 낯선 사람이 낯선 사람인 이유는 바로 당신이 당신이기 때문입니다. 당신은 이 낯선 사람 앞에 서면서 다양한 시선, 표정, 행동이 생겨납니다. 어떤 사람들은 낯선 상태를 유지하고, 경계를 지키는 것이 서로를 보호하는 최선의 방법이라고 말합니다. 하지만 낯선 사람은 단순히 또 다른 개인으로 존재하는 것이 아니라 관계로서 존재하며, 그는 당신과의 관계 속에 있습니다. 중요한 것은 우리가 이 관계를 어떻게 사유하느냐입니다. 저는 이러한 관계 탐구가 모든 대화 속에서 하나의 핵심 흐름이라고 여기며, 이번 대화에서는 특히 두드러지게 드러났습니다.

앞으로 계속 논의해야 할 문제가 많다고 봅니다. 이번 몇 차례 대화에서 함께한 분들은 모두 전문적인 분야에서 커다란 성과를 이룬 전문가들인데, 저는 젊은 사람들이 일상에서 겪는 구체적인 경험이 어떤지도 알고 싶습니다. 그들은 외로움을 느낄까요? 우리가 기존에 상상했던 것과는 다른 종류의 외로움일 수도 있습니다. 예를 들어 그들이 느끼는 외로움보다 낯선 사람과 교류해야 하는 압박감이 더 큰 괴로움으로 다가올 수도 있습니다. 이런 부분들은 저도 잘 모르겠고, 분석이 필요합니다.

저는 구체적인 사례로 들어가보고 싶습니다. 예를 들어 낯선 사람들이 계속 마주치는 장소에서 인간관계가 실제로 어떻게 변화하는지 관찰하고 싶습니다. 또 동물 연구를 전문적으로 하지 않는 일반인이 홍산동물원에 가서 동물을 관찰하는 과정이 그들의 인간관계에 어떤 구체적인 영향을 미치는지 보는 것이죠. 다른 상황들도 깊이 탐구할 수 있습니다. 가령 사무실 문화, 기숙사 문화, 조용한 전철 객차 같은 상황입니다. 그리고 중국 특유의 상황 중 하나로, 식당에서 친구들이 모여 앉아 식사하는데 모두 휴대폰만 보고, 서로 사실상 낯선 사람처럼 있기도 합니다.

이 다섯 차례의 대화를 하나의 출발점으로 본다면, 우리는 큼직한 문제들에 직면하게 되었습니다. 다음 단계에서는 이런 큰 문제들이 일상에서 실제로 어떻게 전개되는지 살펴봐야 합니다. 가령 동물이라는 주제와 관련해서 우리는 다양한 동물과 어떤 관계를 맺는지 정말 궁금합니다. 반려동물에 대한 사랑과 산업적 필요에 의해 사육하는 동물에 대한 완전한 무시는, 한 사람 안에서 매우 자연스럽게 공존하는 듯 보이기도 합니다. 일종의 동물 숭배와 동시에 동물 무시가 함께 나타나는데, 저는 한번에 설명하기 어렵습니다. 만약 이 논의가 사람들이 일상생활에서 비슷한 성찰을 하게 만든다면, 이 토론은 의미가 있는 것이겠죠.

돤즈펑 샹 선생님, 감사합니다. 이 다섯 번의 대화에서 어떤 답을 찾았다기보다는 오히려 많은 문제가 막 전개되기 시작했다고 보는 게 나을 듯합니다. 대화에 참여한 전문가들은 여러 분야에 대해 깊이 있는 이해를 갖고 있는데, 이는 전문 지식이나 특정 실천 경험을 바탕으로 한 것입니다. 하지만 우리 일상생활에는 여전히 많은 문제가 존재하며, 전문 지식만으로는 충분히 설명할 수 없습니다. 더 많은 사람이 참여해 일상생활에서 낯선 사람이라는 주제가 어떻게 펼쳐지는지 분명히 이야기해야 우리가 낯선 사람과 어떻게 연결될 수 있을지 더 잘 생각할 수 있을 것입니다. 두 분께 감사드립니다.

제6장

“낯선 사람과 부근을 만들기”는 “부근의 소실” 논의의 연장이다

샹뱌오 물리적 공간으로서의 부근이 존재한다는 것은 자명한 일입니다. 여기서 말하는 '소실'의 의미는, 당신의 머릿속에서 부근이 매우 흐릿하고 공허하다는 것입니다. 한편으로 우리는 늘 자신을 중심에 두고 생각하며 마음 또한 점점 더 예민하고 복잡해지곤 합니다. 다른 한편으로, 소셜미디어를 통해 보는 것은 모두 먼 곳에서 일어나는, 감정이 앞선 큰 사건들뿐이어서 당신의 감정도 계속 따라서 출렁입니다…… 마치 그네를 탈 때 앞뒤로 이리저리 휘둘리는 느낌을 받듯이, 스스로 자기 생활의 균형을 잡을 수 없다는 느낌을 받곤 합니다.

그래서 우리는 '부근을 발견하기' '부근을 다시 보기'를 주문합니다. 이는 자신의 생활이 구체적으로 어떻게 구성되어 있는지, 사회생활이 어떤 구체적인 모습으로 나타나는지를 볼 수 있길 바라기 때문입니다. 이런 방식을 통해 적어도 자신에게 일정한 균형감을 줄 수 있습니다. 생활에 대한 균형감을 갖게 되면 사물을 바라보는 시각도 좀더 균형 잡히고 세밀해지며 불안 역시 줄어듭니다.

이 책의 시리즈 대화를 진행하면서 샹뱌오 교수는 싼롄인문도시출판사와 공동으로 '주변의 낯선 사람을 보기'라는 주제의 이야기 공모 활동도 시작했다. 한 달이 조금 넘는 기간에 네티즌들로부터 수많은 이야기와 공유가 접수되었고, 그중에는 샹뱌오 교수에게 던지는 질문도 적지 않았다. 이 책의 마지막 장에서 샹뱌오 교수는 네티즌들의 통 큰 공유와 질문에 답한다.

질문은 "왜 낯선 사람을 보아야 하는가"에서 시작된다.

샹뱌오 우리가 "낯선 사람과 부근을 만들기"라는 대화를 시작한 데에는 두 가지 고려가 있습니다. 하나는 방식 면에서 어떻게 하면 더 나은 대화를 탐색할 수 있을까 하는 것이고, 다른 하나는 내용 면에서 낯선 사람이라는 주제를 통해 자기 삶을 되돌아보는 것입니다. 먼저, 왜 대화라는 방식을 선택했는지 말씀드리겠습니다.

대화의 주된 목적은 단순히 무언가를 말하고 서로의 경험을 이해하는 데 있지 않습니다. 더 중요한 점은 우리가 하나의 '장'을 마련해 젊은 친구들을 끌어들여 참여자로 만드는 것입니다. 이 장 안에서 대화가 오가다보면 그 사이에 일정한 공간이 생깁니다. 사람들은 이 점에는 동의하고 저 점에는 동의하지 않으면서, 어떤 발언이 자기 경험과 맞는다고 느끼거나, 또 다른 발언은 맞는 것 같지만 자기 경험과는 조금 어긋난다고 느끼면서, 그 어긋남이 어디서 비롯되는지 고민하게 됩니다. 이것이 바로 사고를 자극하는 과정입니다.

비록 대화는 두 사람 사이에 진행되지만, 돤즈펑 선생님과 자둥팅 선생님이 참여하면서 삼자 대화의 방식이 되었습니다. 하지만 가장 중요한 것은 네 번째 참여자인데, 그들이 바로 우리가 사고를 자극하려는 대상입니다. 동시에 우리는 각 대화가 끝난 뒤 참여자들의 반응을 모았고 매우 흥미로운 피드백들을 받았습니다.

샤오훙수에서 온 피드백 하나가 매우 흥미롭습니다. 우리가 왜 대화를 해야 하는지, 왜 낯선 사람에 대해 이야기해야 하는지를 설명할 수 있습니다. 이 친구는 여행할 때 작은 선물을 조금씩 가지고 다니며 현지 아이나 어른들과 대화할 때 그것을 건네 즐거움을 준다고 합니다. 예를 들어 유럽에서 한 박물관을 방문한 뒤, 박물관 자원봉사자 아주머니에게 중국에서 가져온 작은 선물을 주었더니 그분이 매우 기뻐했다고 합니다. 중국의 전통문화에 비춰볼 때 이렇게 낯선 사람에게 작은 선물을 주는 것은 완전히 새로운 행동 방식입니다. 중국 문화에서는 선물이 매우 중요하며, 선물을 '주는' 것과 '받는' 것 모두 높은 수준의 정해진 절차 안에서 이루어집니다. 내가 누구에게 선물을 주는지, 왜 주는지, 어떤 역할로 주고 상대방은 어떤 역할로 받는지, 어떤 상황에서 주는지 등 모두 일정한 절차가 있습니다. 선물을 주는 사람이 반드시 구체적인 목적을 갖는 것은 아니지만, 이유 없이 남에게 주는 일은 없다는 것을 모두가 알고 있습니다.

하지만 낯선 사람에게 주는 작은 선물의 의미는 전혀 다릅니다. 당신은 특정한 개인에게 선물을 주는 것이 아니며, 선물의 대상은 사실 현지 사회 전체가 되기 때문입니다. 그리고 상대방, 즉 낯선 사람이 당신에게 미소 짓거나 포옹해줄 때 당신이 느끼는 것은 단순히 그 개인에 대한 감정이 아닙니다. 당신과 그 개인 사이에는 직접적인 관계가 없기 때문입니다. 오히려 당신은 이렇게 이해할 수 있습니다. 그 낯선 사람은 현지 사회 전체를 대표해 내게 미소를 보내는 것이고, 그래서 나는 현지 사회 전체와 어떤 관계를 맺은 느낌을 받으며, 포옹을 받는 듯한 기분으로 이 사회에 녹아드는 느낌을 받는다고 말이죠. 이런 감정이 당신에게 기쁨을 주는 것은 당연합니다.

이러한 상황들에서 볼 수 있듯, 낯선 사람은 당신과 세계 사이의 매우 중요한 다리 역할을 합니다. 구체적인 낯선 사람과의 상호작용을 통해 당신은 더 큰 세계나 사회와 관계를 맺게 됩니다.

우리가 당시 "낯선 사람과 부근을 만들기"라는 주제를 선택한 이유도 "부근의 소실"이라는 주제의 연장선에 있습니다. 물리적 공간으로서의 부근은 물론 존재하지만, '소실'이라는 의미는 당신의 의식 속에서 '부근'이 매우 흐릿하고 공허하다는 뜻입니다. 한편으로 우리는 늘 자신을 중심으로 생각하며 마음 또한 점점 더 예민하고 복잡해집니다. 다른 한편으로, 소셜미디어를 통해 보는 것은 모두 먼 곳에서 일어나는 감정이 앞선 큰 사건들뿐이어서, 당신의 감정도 끊임없이 출렁입니다. 주변의 일상은 지루하고 볼 만한 것이 없다고 느끼게 되죠. 이렇게 되면 한 가지 결과로, 우리는 자신의 생활이 균형을 잃었다고 느끼게 됩니다. 계속해서 큰 사건이 일어나면서, 우리는 마치 그네를 타듯 앞뒤로 이리저리 휘둘립니다.

생활에 대한 균형감을 잃었을 때 사람들은 어떤 반응을 할까요? 사람은 본능적으로 강한 통제 욕구를 갖습니다. 모든 일이 명확한 계획 안에서 이루어지길 바라며 그 계획을 따라가지 못하면 한발 잘못 디딘 것이 전체를 망칠까봐 두려워하죠. 우리는 긴장을 잘 풀지 못하고, 그로 인해 상당한 수준의 불안을 경험하게 됩니다.

그래서 우리는 '부근을 발견하기' '부근을 보기'를 주문합니다. 이는 자신의 생활이 구체적으로 어떻게 구성되어 있는지, 사회생활이 어떤 구체적인 모습으로 나타나는지를 볼 수 있길 바라기 때문입니다. 이런 방식을 통해 적어도 자신의 생활이 균형을 맞춰가게 할 수 있습니다. 생활이 균형을 이루면 사물을 바라보는 시각도 좀더 균형 잡히고 세밀해지며, 불안감 역시 줄어듭니다.

우리가 "낯선 사람과 부근을 만들기"라는 주제를 선택한 이유는, 이것이 주변이나 부근과 관계 맺는 구체적인 방법을 제공한다고 봤기 때문입니다. 다시 말해, 낯선 사람을 보자는 것입니다. 우리 주변은 낯선 사람으로 가득하지만, 평소 우리는 이들을 보지 못하고 지나칩니다. "낯선 사람과 부근을 만들기"는 낯선 사람과 직접 친구가 되자는 뜻이 아니라 관찰하고, 주목하고, 상상하라는 의미입니다. 이 낯선 사람은 지금 무엇을 생각하고 있을까? 사람을 보는 법을 배우면 주변의 모습이 한층 선명해집니다.

자둥팅 교수님이 말씀하신 선물에 관한 사례가 제게도 많은 영감을 주었습니다. '선물'이라는 주고받음의 본질로 돌아가보면, 그것은 반드시 강한 목적성을 띠진 않지만, 개인과 부근, 그리고 더 큰 사회와 관계를 맺는 중재자이자 다리 역할을 할 수 있습니다. 저도 이번 대화와 이전 다섯 차례의 대화를 통해, 우리 모두가 함께 이런 선물 같은 다리를 찾아갈 수 있기를 바랍니다.

샹뱌오 이야기 공모 활동에 참여한 분들이 우리에게 준 질문들은 모두 자신의 생활 경험과 성찰을 바탕으로 한 것입니다. 저나 우리 프로젝트 팀에게 이것은 일종의 선물이며, 우리는 매우 감사한 마음으로 이를 받아들입니다.

이분들이 우리에게 글을 보내준 것은 저 개인이나 프로젝트 팀의 구성원들에게만 보낸 것이 아닙니다. 사실 이분들은 더 공적인 집단, 더 넓은 세계와 나누기 위해 글을 쓴 것입니다. 그래서 우리는 운이 매우 좋습니다. 이렇게 공적인 위치를 대표하는 자리에서, 이분들이 세계와 나누고자 하는 선물과 사유를 받아볼 수 있으니 말입니다.

낯선 사람과의 교류는 일종의 상황 읽기이자, 자신의 생활 경험을 불러오는 과정이다

자둥팅 그렇다면 먼 곳에서 가까운 곳으로 낯선 사람과 연결되는 순서대로, 물결처럼 이들의 '선물'을 하나씩 펼쳐보겠습니다. 우리가 받은 피드백 중 한 가지 유형은, 낯선 사람을 관찰하거나 그들과 교류한 이야기와 느낌을 공유한 것입니다. 이 유형은 우리가 평소 말하는, 가장 일반적이고 문자 그대로의 의미에서의 낯선 사람과 관련됩니다.

예를 들어 샤오훙수의 네티즌 '꾸이꾸이쑤이쑤이한 나무'는 학교 경비원과 교류하면서, 낯선 사람에서 친구로 한 걸음씩 성장해나갔습니다. 병원에서 아이를 데리고 진료를 보는 한 어머니는 낯선 사람의 도움과 친절을 받았습니다. 슈퍼마켓에서 일하는 한 네티즌은 환경미화원과 교류했고, 그로 인해 새로운 지원자를 소개받았습니다. 또 디디 택시 기사들의 관심이나, 작은 노점 앞에서의 대화 등…… 이런 사례들을 보면 사실 때로는 낯선 사람과의 적극적인 접촉이나 교류가 아니라, 낯선 사람의 호의를 통해 아이스브레이킹 대화가 시작되곤 하며, 그 결과 매우 신기한 대화가 열리기도 합니다.

저는 이것이 사회적 신뢰를 쌓는 첫걸음이라고 생각합니다. 그래서 이런, 낯선 사람에게서 오는 수동적인 친절이 우리의 "낯선 사람과 부근을 만들기" 대화의 의미적 차원에서 일정한 가치를 지니지 않을까 고민하게 됩니다.

샹뱌오 맞습니다. 일상적인 교류 속에서 낯선 사람을 만나는 것은 겉보기에는 다소 수동적인 상황입니다. 우리가 일부러 뭔가를 한 것은 아니니까요. 하지만 일상에서 재미있는 일들은 대부분 비교적 수동적인 방식으로 일어납니다. 흐르는 물처럼 반복되는 우리 일상 속에서도 가끔 작은 물보라가 튀어오릅니다. 핵심은 그것을 볼 수 있느냐 하는 것입니다. 사실 재미있는 일은 언제나 일어나고 있는데, 우리가 그것에 주목하고 있는가 하는 것이죠.

또 다른 일들도 있습니다. 그것이 당신에게 직접 도움을 주는 것은 아니고, 단지 미소 한 번이거나 가볍지만 재미있는 대화 한 토막일 수 있습니다. 그렇다면 우리는 어떻게 이런 감각적 능력을 길러야 할까요? 따뜻함은 항상 그 자리에 있고 공기 중에 흩어져 있습니다. 중요한 점은 당신이 그것을 포착할 수 있느냐 하는 것입니다.

이분들의 공유가 특히 가치 있는 이유는 비록 아주 작은 일일지라도 이들이 주목하고 기록하며 공유했기 때문입니다. 이는 노력과 수고를 들여야 하는 일입니다. 비록 그 순간 낯선 사람과의 교류가 수동적이었을지라도 이러한 노력은 완전히 능동적인 것입니다. 노력을 기울이면 겉으로는 우연한 수동적 순간 속에서도 새로운 무언가가 자라날 수 있습니다.

자둥팅 저는 『싼롄생활주간』에서 10여 년간 사회부 기자로 일했습니다. 우리끼리 하는 말이 있습니다. 취재 과정에서, 특히 부정적인 사건을 취재할 때는 낯선 사람의 선의와 자비에 기대야 한다는 것입니다.

인터뷰 대상을 찾는 일은 일정한 목적성을 수반합니다. 인터뷰 대상자는 우리에게 낯선 사람일 수 있으며, 왜 우리의 이런 깊이 있는 질문에 답해야 하는지 되묻기도 합니다. 문을 두드릴 때 그가 우리에게 어떤 반응을 보일지 알 수 없습니다. 이것이 한 층위의 낯선 사람들입니다. 여기에 더해 그가 속한 사회 관계망, 샹 교수님이 아까 말씀하신 사회 전체와 같은, 여러 겹의 물결이 퍼져나가는 복잡한 사회 현장은 더 넓은 의미의 낯선 사람들입니다. 이런 환경을 겪을 때 우리는 사건에 대해 더 깊이 있는 통찰을 얻습니다. 때로 이것은 글쓰기에서 환경적 증거로 여겨지기도 합니다. 그래서 저는 다양한 사회 현장에서 사회적으로 낯선 사람과 깊이 접촉하고 관찰하며 교류하는 가운데 실제로 낯선 사람으로부터 돌아오는 선물을 깊이 체감할 수 있다고 생각합니다.

심지어 부정적인 사회 사건이라 하더라도 그 이면에는 흑백이 아닌 사회적 복잡성이 존재한다는 것을 체감할 수 있습니다. 낯선 사람의 선의를 느껴본 경험은 이후 생활에서 매우 풍부한 자산이 되며, 저는 이것을 여러분과 나누고자 합니다. 저는 샹 교수님도 사회학과 인류학 조사를 수행할 때 이런 경험을 했을 거라고 봅니다.

샹뱌오 한 가지 더 묻고 싶습니다. 둥팅 선생님께서 기자로 일할 때, 특히 복잡한 사건을 다룰 때 인터뷰 대상자의 지지를 얻는 데 가장 중요한 것은 무엇이었나요? 흔히 중국 사람들은 일을 늘리느니 차라리 줄이는 게 낫다고 생각하죠. 그래서 자신이 아는 사람들의 일이나 시비를 왜 굳이 말해야 하느냐고 여길 거라 짐작합니다. 그런 낯선 사람들에게 선생님이 이 일을 하는 의도나 목적을 이해하고 공감하게 만드는 것이 중요했나요? 아니면 다른 설명 방식을 통해 그들의 지지를 얻었나요?

자둥팅 한편으로 우리는 신분을 숨기지 않습니다. 특히 명확히 인터뷰 의사가 있는 대상이라면, 저는 이 일과 무관한 척하지 않고 진심 어린 태도로 임합니다. 일부 인터뷰는 은밀하게 진행되기도 하지만, 그러면 종종 이후 양측 간의 불신을 초래하고 전체적인 마음가짐에도 변화가 생깁니다.

다른 한편으로 저는 여전히 낯선 사람을 더 이해하고자 노력해야 한다고 생각합니다. 먼저 그의 생활 환경과 현실을 알아야 하고, 그 다음 입장을 바꿔 생각하며 대화합니다. 우리는 사건 속 인물에게 지나치게 목적 지향적으로 질문하지 않습니다. 서로 천천히 소통하면서, 즉 낯선 사람의 생활 층위에서 대화하며 신뢰를 쌓을 수 있습니다. 신뢰가 쌓이면 그가 마음을 열고, 그 문은 열립니다. 이것은 사실 강한 목적성을 가진 소통이 아닙니다. 저는 그런 낯선 사람과의 교류와 대화 과정을 꽤 그리워합니다. 사람과 사람 사이, 심지어 낯선 사람 사이에서도 공통점이 차이점보다 큽니다. 이러한 공감과 공통성은 사실 양쪽 다 체감할 수 있는 것입니다.

샹뱌오 저는 이 부분이 매우 흥미롭게 여겨져요. 방금 말했듯이 그 사람의 생활 상황과 그의 감각을 상상해야 한다는 점이요. 함께하는 시간이 짧으니 때로 우리의 상상이 틀릴 수도 있습니다. 하지만 낯선 사람은 선생님이 이런 노력을 했다는 것을 느낍니다. 선생님이 그가 어떻게 생각할지 상상하려 애썼다는 것을 알게 되면, 그가 선생님을 보는 시각도 달라집니다.

허와피 선생님과 대화할 때 우리는, 요즘 사람들은 인터넷에서 얼굴 모르는 먼 낯선 사람에게는 털어놓지만 주변 사람과는 잘 소통하지 않는다는 점을 언급했습니다. 이 둘의 핵심적인 차이는 바로 선생님이 말한 상황의 차이입니다.

사람들은 먼 곳에 있는, 익명인 완전한 낯선 사람에게는 기꺼이 털어놓습니다. '털어놓음'은 극적으로 변하기도 하는데, 상대방은 당신의 상황이 어떤지, 사건의 전말이 무엇인지 알지 못하기 때문입니다. 사람들은 오직 그 순간의 고립된 감정만 봅니다. 분노, 수치, 또는 믿기 어려움과 같은 감정이요. 이런 감정은 확대되어 사건 전체가 매우 극적으로 느껴집니다.

하지만 주변 사람과의 교류는 다릅니다. 같은 방식으로 사건을 이야기하면 주변 사람은 지루해할 수도 있고, 사건이 그리 극적이지 않다고 생각하거나, 당신도 당시 잘못한 부분이 있을 거라고 여길 수 있습니다. 주변 사람과 깊이 있는 교류를 하려면 이야기를 더 세밀하게 하고, 반성적이어야 합니다.

그래서 방금 둥팅 선생님이 말하셨듯이 낯선 사람을 깊이 이해하려면 반드시 상황 감각을 가져야 합니다. 그 사람의 상황을 상상하고, 그가 어떻게 생각할지 고민해야 좀더 세밀한 대화를 할 수 있습니다. 사건을 폭발적인 뉴스로 만들고 싶다면 사실 인터뷰를 하지 않는 편이 낫습니다. 멀리서 상상할수록 불을 지피는 셈이 되어, 사건은 더 극적으로 변하기 쉽기 때문입니다.

자둥팅 그런 이유로 우리는 그때 현장에 직접 가는 것이 매우 중요하다고 강조했습니다. 얼굴을 맞대고 하는 교류가 중요하다는 것입니다. 직접 대화하는 것에 비해 전화나 다른 온라인 소통, 예를 들어 이메일을 쓰거나, 그 사람이 소셜미디어에 올린 글을 보는 것 등은 효과가 상당히 떨어집니다. 앞서 말한 일상 속에서 이런 교류 능력을 재구축하는 일은 여전히 매우 중요합니다.

많은 네티즌이 질문을 보내왔고, 낯선 사람을 적극적으로 바라보고 그들과 교류한 경험담을 공유한 이들도 있었습니다.

제 메일함으로 이야기 하나가 도착했습니다. '샹이징Xiangyi Jing'이라는 네티즌은 편지 쓰기 시뮬레이션 앱을 사용했는데, IP 주소를 통해 거리가 먼지 가까운지 표시하고, 편지가 도착하는 시간은 이 거리에 따라 달라지는 앱이라고 합니다. 상대방이 가까이 있다면 반 시간 만에 편지가 도착하지만, 해외에 있다면 하루이틀 걸릴 수도 있습니다. 그는 이런 방식을 통해 2년 동안 수십 명의 다양한 사람을 만나고, 여러 층위의 교류를 나누었습니다. 이 과정은 자신의 인식적 경계를 넓히는 데에도 도움이 되었다고 합니다.

또 방금 샹뱌오 교수님이 언급한 것처럼 여행 중 낯선 이에게 선물을 건네는 행동은 그들과 교류할 좋은 다리가 된다고 모두 느낍니다.

샹뱌오 '편지 쓰기 시뮬레이션'이라는 단어를 처음 봤을 때, 저는 인공지능이 편지를 쓰는 건 줄 알았습니다. 요즘 모두가 챗GPT 이야기를 하니까요. 그런데 그게 아니었습니다. 편지는 전적으로 앱 사용자가 직접 씁니다. 이 앱은 옛날 서신을 모방한 것으로, 수신자의 IP 주소를 세계지도상에 위치시켜 거리가 멀면 몇십 시간 걸려야 도착합니다. 예를 들어 런던에 있는 사람이 상하이에 있는 친구에게 인터넷으로 편지를 보내면, 이 편지는 도착하는 데 72시간이 걸릴 수 있습니다. 저는 이 설정이 어떤 의미가 있을까 생각해봤습니다. 시간이 조금 길거나 짧긴 하지만 결국 상대방이 편지를 읽는 것은 마찬가지 아닐까요? 저는 이것이 방금 둥팅 선생님과 제가 이야기한 상황 감각으로 돌아가야 하는 이유라고 봅니다.

소셜미디어는 매우 높은 수준의 추상성을 띠어 시공간을 모두 말라버리게 합니다. 그래서 당신이 보는 것은 당신이 쓴 그 기호들일 뿐이며, 이 기호가 어디서 왔는지는 체감할 수 없습니다. 이 앱을 사용하는 사람은 상대방이 즉시 답장을 보내길 기대할 수 없으며, 기다림이 요구되고, 이로써 기대감이 생깁니다. 교류에는 시간과 인내가 필요하다는 것을 알게 되는 것이죠. 이러한 기다림은 시간과 공간을 직관적으로 느끼게 합니다.

저도 궁금한 점이 있습니다. 이런 감각이 그의 교류 자체를 더 견고하고 면밀하며 현장감 있게 만들까요? 또 더 신중하고 진지하게 만들까요? 왜냐하면 위챗식 즉시형 교류는 일대일로 사건만 다루고 중간에 숨 쉴 틈이나 반성할 시간도 없이 전체 과정이 단순화되기 때문입니다. 이 창의적인 아이디어의 흥미로운 점은 교류의 질감과 상황 감각을 그 과정에 끌어들였다는 데 있습니다.

낯선 사람과의 대화는 사실 상당 부분 상황 읽기라고 할 수 있습니다. 처음에는 그 사람이 누구인지 알 수 없기 때문입니다. 당신이 아는 것은 상황뿐이며, 그 상황을 바탕으로 이전의 생활 경험을 통해 그를 추측할 수 있습니다. 추측을 통해 당신은 자신의 과거 생활과 경험, 생애 여정을 눈앞의 이 사람과 연결하게 됩니다. 여기서 말하는 추측이란 자신을 기준으로 상대를 이해하는 것이며, 일종의 투사적 이해를 형성하는 것입니다. 상대는 이 추측을 느낄 수 있습니다. 당신의 추측이 거만하거나 심판하는 태도를 지니는지, 아니면 진심

어린 것인지, 상대는 당신의 추측 방식과 스타일을 감지합니다. 이것이 대화 결과에 큰 차이를 만들어내죠.

그래서 능동적으로 낯선 사람과 관계 맺을 때 우리가 교류하는 것은 뭘까요? 그건 바로 자신의 과거 생활 경험을 불러오는 것이며, 더 구체적인 상황과 교류하고, 그 상황을 좀더 깊이 있게 읽는 것입니다.

구체적인 손잡이를 찾아
삶의 과정을 체감하며 의미를 느끼기

자둥팅 낯선 사람과 연결하는 과정에서 결과를 만들어낸 사례들도 있습니다. 예를 들어 사구 활동을 추진하는 과정에 '내 앞 500미터를 보다' 워크숍을 한 적이 있습니다. 이는 허즈썬何志森 교수님과 샹뱌오 교수님이 광저우에서 함께 시작한 오프라인 워크숍인데, 몇 가지 사례가 매우 흥미로웠습니다. 예를 들어 목수 장모張默는 주변에 버려진 낡은 의자를 수집해 다시 수리하고, 마침내 재사용할 수 있는 의자로 만들어 사람들에게 돌려줍니다. 또 양춘쉬楊春旭는 광저우의 한 성중촌에 있는 다탕의류공방을 재발견하면서, 천의 이동 경로를 그려내고, 재봉 생태계를 묘사한 작품을 만들어냈습니다.

제가 샹 선생님께 묻고 싶은 것은, 이렇게 작품을 만들기 위해 이뤄지는 연결이 낯선 사람을 깊이 이해하는 데에도 꽤 중요한 역할을 하지 않느냐는 점입니다.

샹뱌오 우리 워크숍은 '내 앞 500미터를 보다'라고 불리며, 그 안에는 정말 많은 이야기가 있습니다. 참가자들은 각기 다른 분야에서 왔지만 공통점은 비교적 젊고, 약간의 주변화 경험이 있으며, 다른 방식의 삶을 찾고 싶어한다는 것입니다. 이들은 극단적이지 않고, 다만 일상에서 마주하는 다양한 문제를 더 이상 지속하고 싶지 않다고 느낄 뿐입니다. 또한 당장 해결해야 할 문제가 있어 급한 것도 아닙니다. 그렇지만 사람에 대해 좀더 탐색할 가능성이 있는지 고민합니다. 워크숍 참가자는 대부분 이런 성향을 가진 사람들이며, 예술 전공자는 거의 없고, 다양한 직업군 출신입니다.

처음에 우리는 약 60명의 참가자를 모집했고, 최종적으로는 40명 이상이 함께 작품을 만들었습니다. 작품 만들기가 목표는 아니었고 그저 하나의 손잡이였습니다. 왜 이런 손잡이가 필요할까요? 저 자신을 포함해 참가자들은 반드시 거대한 문제를 해결할 필요는 없지만, 생활을 좀더 재미있게 하고 싶고, 다른 사람의 생활도 더 풍부해지길 바라서입니다. 눈앞의 문제는 기술적 수단으로 해결하거나 큰 결정을 내려야 하는 것이 아니지만, 우리는 묻고, 마주하며, 많은 질문에 답해야 할 상황을 겪습니다. 예를 들어 친밀한 관계란 무엇인가? 사랑이란 무엇인가? 신뢰란 무엇인가? 이런 질문들에는 아마 영원히 정답이 없겠지만 일부러 생각하지 않으려 해도 마음처럼 되지 않습니다. 질문들이 당신을 쫓아오며 답을 요구하기 때문입니다. 제가 이해하는 인류학도 이런 질문에 답하려고 합니다.

어떻게 대응할까요? 우리는 논리적 추론이나 이미 있는 이론으로 답을 기대할 수 없습니다. 각자의 구체적 상황도 다릅니다. 이런 질문에 대응하려면 유연하면서도 구체적인 방식이 필요하며, 손잡이와 도구가 있어야 합니다.

예를 들어 선생님이 언급한 장모라는 목수는 버려진 의자를 주워 수리하고, 수리가 끝나면 누가 '입양'할 것인지 묻습니다. 구체적인 과정을 보면, 그는 의자를 받고 나서 의자가 얼마나 망가졌는지 살펴보고, 손에 있는 도구를 사용해 수리합니다.

이때 우리는 그의 작업에서 큰 창의성을 발견할 수 있습니다. 그는 단순히 의자를 원래대로 복원하는 것이 아니라, 원래 의자와 닮기도 하고 닮지 않기도 한 작품으로 수리합니다. 이것은 재창조이며, 재창조 속에서의 수리입니다. 그러려면 원래 망가진 의자에 대한 존중이 있어야 합니다. 그렇지 않다면 그냥 버리면 되죠. 원래 의자는 그 자체로 하나의 완전성을 지니고 있으며, 세상에 의자로 존재한 적이 있기 때문에 일정한 존엄성을 갖습니다. 존중을 담아 수리하는 과정에서 의자는 새로운 생명을 얻습니다.

수리가 끝나면 장모는 그 의자의 모습을 자신의 SNS에 올립니다. 그는 "이 의자를 수리했습니다"라는 글과 함께 의자를 어디서 주웠고, 어떤 수리를 했는지 간단히 적습니다. 매우 직설적이지만 흥미롭습니다. 그다음 그는 묻습니다. "이 의자를 입양할 분 계세요?" 입양하려는 사람은 신청해야 하며, 간단히 몇 문장으로 이 의자를 보고 왜 입양하고 싶었는지, 어떤 생각을 했는지, 앞으로 다른 사람에게 넘길 계획이 있는지 등을 적어야 합니다. 그는 이 의자가 계속해서 순환되기를 바랍니다.

그다음 그는 이렇게 적힌 글들을 보고, 그의 말을 빌리자면, 누군가 인연이 있다고 느껴지는 사람에게 의자를 줍니다. '입양 증명서'

또한 만들어줍니다. 삐딱한 시선으로 본다면 이건 쓸데없는 일일 수 있습니다. 의자가 필요하면 그냥 찾으면 되고 의자를 수리했으면 그냥 다른 사람에게 주면 되는데 왜 굳이 입양이라는 절차를 만들고 이유까지 적게 하는 걸까요?

하지만 이 모든 것은 작은 '손잡이'입니다. 이들은 생활 과정 속 의미와 자신의 의미를 느끼게 해줍니다. 사람과 물건의 관계, 사람과 사람의 관계, 어떻게 연결되고 연결된 후에는 어떤 감각이 생기는지 말이죠. 구체적으로 어떤 의미가 있다고 나열할 순 없지만 이 과정은 사람에게 따뜻함을 느끼게 하고 희망과 동기를 줍니다.[1]

다른 몇 작품도 비슷합니다. 형식은 매우 다르지만, 핵심은 참여자가 주변 사람들의 생활 상태를 새롭게 이해하고 손잡이를 찾아 자신과 그들의 생활 상태를 연결하는 것입니다.

'내 앞 500미터를 보다' 워크숍의 작품은 36점이었고, 이 작품들을 제9회 선강도시/건축전시회(2022년 12월~2023년 3월)에 출품해 택배함 콘셉트의 전시품 속에 넣어 전시했습니다. 관객들이 이 작품들을 어떻게 이해할지는 널리 열려 있습니다. 작품은 결론만 전달하려 하지 않기 때문입니다. 의자든 다른 작품이든 모두 하나의 손잡이입니다. 손잡이 뒤에는 무엇이 있을까요? 손잡이 뒤에는 문이 있고, 문을 열면 공간이 있으며, 그 안에는 완전히 정의되지 않은 내용이 들어 있습니다. 따라서 이 작품들은 관객에게 그 문을 열어보도록 초

1 「張默: 我修複不了社會. 但可以修複幾把椅子」, "何志森mapping工作坊" 公衆號, 2022年 11月 19日.

대하는 것입니다.

워크숍과 작품이 제게 준 또 다른 깨달음은, 자기 성찰과 감정 인식도 매우 중요하지만, 구체적으로 뭔가를 해보거나 작은 프로젝트를 실행하는 것도 중요하다는 점입니다. 설령 그것이 어떤 의미를 지니는지 명확히 설명할 수 없더라도 먼저 실행해보는 것이 중요합니다. 진심으로 임하고 그 일이 마음속 어떤 감각과 맞닿아 있다고 느낀다면 진행하는 동안 계속해서 새로운 일이 생겨납니다. "낯선 사람과 부근을 만들기"라는 주제가 그렇듯, 다른 주제들도 마찬가지라고 여겨집니다. 그래서 모두가 이런 방식으로 시도해보길 권합니다.

자둥팅 방금 손잡이에 대해 이야기했으니, 이어서 또 다른 질문을 하고 싶습니다. 바로 손잡이의 유효성에 관한 것입니다. 저는 샤오홍수에서 본 사례 하나를 소개하고 싶은데, 원저우에서 일어난 일입니다. 네티즌 이름은 '만라이성훠慢來生活'로, 아마 단체인 것 같습니다. 이들은 7년 동안 매주 금요일 저녁, 6명의 낯선 사람과 함께 식사하는 활동을 이어왔습니다. 총 178회가 진행되었고, 현재 이 단체에는 1000명 이상이 참여하고 있습니다.

저는 이 사례가 화려하지 않고 큰돈이 들지도 않으며 게다가 그렇게 오랜 시간 반복적으로 행사가 지속되었다는 점에서 진정으로 연결의 유효성을 만들어냈다고 생각합니다.

샹 선생님의 생각을 들어보고 싶은데요. 이런 유효한 손잡이와 연결에는 어떤 공통점이 있다고 보시나요?

샹뱌오 맞습니다. 선생님이 말한 '만라이성훠' 사례처럼 외부에서 들으면 그냥 식사하는 것뿐이라고 생각할 수 있습니다. 하지만 가장 흥미로운 점은 그들이 7년 동안 꾸준히 이어왔다는 사실입니다. 7년이라는 시간은 매우 소중합니다. 제가 믿기로, 그들이 계속할 수 있었던 유일한 이유는 이 활동에 어떤 매력이 있었기 때문이고, 이 지속성은 반드시 내적 동기에서 비롯된 것입니다.

오늘날에는 많은 일이 단기적인 유효성을 추구하고, 의미를 겉으로 드러내야 하며, 일을 시작하기 전에 그 의미를 아주 명확히 설명해야 한다고 여깁니다. 하지만 동시에 우리는 말로 먼저 의미를 명확히 정의할 수 없는 일도 있다고 보는데, 그럴 때는 일단 실행하고 많은 사람이 공감하면 그것은 지속된다고 봅니다. 이런 일은 생활 속의 희망을 느끼게 하고 조용하지만 꾸준히 이어지는 지속 가능한 무언가가 있음을 체감하게 합니다. 이것이 제가 느낀 매우 직관적인 감각입니다.

세대 간의 낯선 사람: 나이 들어가는 부모와 대화하기

자둥팅 우리는 많은 플랫폼에서 '가장 친숙한 낯선 사람'에 관한 글들을 보게 되는데, 다수가 부모와의 관계를 언급합니다. 자녀들이 옛 사진을 뒤적이거나 부모와 대화하다보면, 사실 부모를 잘 알지 못한다는 것을 깨닫습니다. 친밀한 관계 속에서도 자신이 잘 알지 못하거나, 이해하지 못하거나, 심지어 매우 낯선 부분이 존재합니다.

또 어떤 사람들은 노력하기도 했습니다. 예를 들어 '내 앞 500미터를 보다' 워크숍의 린리펑林立風은 어릴 적 광저우의 스파이 성중촌에서 자랐고, 어머니와의 관계는 매우 긴장되어 있었습니다. 이번 워크숍에서 그는 산책 중 들리는 소리, 어머니와의 다툼 소리, 친척과 어머니에 대해 이야기하는 소리, 어머니의 언어 폭력에 저항하는 무언의 소리 등을 녹음해 이런 행동을 통해 어머니에 대한 내면의 원망을 상쇄하고 어머니를 이해하려고 시도했습니다.[2]

또 다른 사례는 루쯔이盧子藝입니다. 그녀도 '내 앞 500미터를 보다' 워크숍 참가자였는데, 프린터로 자신과 어머니의 채팅 기록을 모두 출력했습니다. 이를 통해 그녀는 어머니와의 연결을 다시 느낄 수 있었습니다. 저는 친밀한 관계에서, 특히 자녀와 부모 사이에서 '낯설화'를 깨는 일이 더 어렵지 않을까 생각했습니다. 부모를 독립된 개인으로 바라보고, 이미 뿌리내린 관계에서 벗어나 관점을 바꿔 생각하는 일은 쉽지 않기 때문입니다. 아마 이런 이유로 친밀한 관계 속에는 우리가 직면해야 하는 좀더 깊은 문제들이 존재하는 것이 아닐까 싶습니다.

샹뱌오 먼저 린리펑 사례에 대해 조금 덧붙이고 싶습니다. 정말 감동적인 사례입니다. 공로는 우선 린리펑 자신에게 있습니다. 그는 자신의 경험을 매우 용기 있고 깊이 있게 되돌아봤습니다. 그다음으로는 허즈썬 선생님의 촉매제 역할도 있습니다.

이 워크숍의 초기 주제는 '내 앞 500미터를 보다. 부근을 보다'였습니다. 린리펑의 초기 작품은 주변을 산책하며 찍은 사진들이었지

2 「林立風：散步是我逃避家庭暴力的唯一方式」, "何志森mapping工作坊" 公眾號, 2022年 12月 12日.

만, 이 장면들은 우리에게 익숙한 것이었습니다. 허즈썬은 그에게 “이 ‘부근’에 어떤 특별함이 있나요? 당신은 대체 무엇을 말하고 싶은 건가요?”라고 물었습니다. 처음에 린리평은 이렇게 답했습니다. “그저 제 부근이에요. 부근이 저한테 중요해서 자주 산책을 합니다.” 허즈썬은 린리평이 ‘부근’에 대해 특별한 몰입을 하는 것 같다고 느끼고 다시 물었습니다. “왜 계속 부근을 산책하나요? 집에 돌아가고 싶지 않아서인가요, 아니면 다른 이유가 있나요?”

린리평에게 ‘부근’이 중요해진 이유는 그가 집에 돌아가고 싶지 않았기 때문이고, 집에 가고 싶지 않은 이유는 어머니와의 관계가 복잡했기 때문입니다. 우리는 그에게 이것이 그의 생활에서 이렇게 중요한 일이라면 마주해야 하고, 이 워크숍을 활용해서 할 수도 있다고 말했습니다. 린리평은 이에 동의했습니다.

그와 어머니는 대화만 하려 해도 싸울 정도로 몹시 좋지 않았습니다. 그는 이것이 자신에게 큰 고통임을 느꼈고, 이 일을 녹음하겠다고 말했습니다.

허즈썬 선생님은 여기에 동의하지 않았습니다. 어머니와 다투는 소리는 결국 모자 사이의 사적인 대화이므로 이를 녹음해 작품으로 만드는 것은 윤리에 맞지 않는다고 생각했기 때문입니다. 하지만 허즈썬 선생님에게는 매우 중요한 작업 원칙이 하나 있었습니다. 지금 하고 있는 일이 중요하다면 먼저 실행하고, 그것이 작품이 될 수 있는지는 일단 그리 중요하지 않다는 것입니다.

그런 후 변화가 나타났습니다. 변화는 녹음 과정이 아닌 편집 과정에서 생겼습니다. 린리평은 그 녹음이 작품이 될 수 있는지 보고 싶어했습니다. 편집하는 동안 그는 대체로 자신이 화내는 말만 하고 어머니는 거의 반응하지 않는다는 것을 발견했습니다. 또한 화내는 과정에서 어머니가 한 많은 말을 제대로 듣지 않는다는 점도 깨달았습니다. 사람과 싸울 때 우리는 종종 상대방의 말을 자신의 옳음을 확인하는 도구로 사용하며 공격을 이어갑니다. 이로써 싸움은 지루해지고 상대가 한 모든 말이 자신의 일방적 서사로 변환됩니다. 자신이 주도권을 쥐고 있다고 느끼며, 상대의 말은 모두 자신의 주장을 검증하는 논리로 전환합니다. 이렇게 대화는 일방향적인 통제 아래서 진행되곤 하는데, 우리는 이런 점에 주의할 필요가 있습니다.

린리펑의 작품으로 돌아가보면, 편집 과정에서 그는 마치 제3자의 시점을 갖게 된 양 둘의 대화를 다시 바라보게 되었습니다. 그러면서 이전에는 전혀 듣지 못했던 많은 말이 들려오기 시작했습니다. 즉, 물리적으로는 귀에 들어왔지만 뇌에서는 완전히 이해하지 못했던 말들입니다. 그의 머릿속에는 많은 질문이 떠올랐습니다. 어머니는 왜 이렇게 행동하실까?

원래 그는 이런 질문을 해본 적이 없고 그저 “어머니는 왜 나한테 이렇게 못되게 굴까?”라고 생각했을 뿐입니다. 이는 질문이 아닌 결론일 뿐이어서 답도 필요 없고 대응할 필요도 없었습니다. 하지만 지금은 달라졌습니다. 그는 생각하기 시작했습니다. 어머니가 나한테 무섭게 굴긴 하지만 한 인간으로서 그녀의 삶은 어땠을까? 무엇이 그녀를 이렇게 참을성 없게 만들었을까? 만약 그녀가 여느 어머니와 다르다면 그 이유는 뭘까? 그녀가 나를 해석할 때 나는 물론 잘 받아들이지 못했지만, 뭔가 합리적인 면이 있는 것은 아닐까?

그래서 그의 전체 작품은 '부근'을 발견하는 데서 시작해 자신의 진정한 아픔이 어디에 있는지 이해하고 그 아픔을 발산하는 방식으로 감정을 드러낸 뒤, 다시 그 아픔을 관찰하고 반성하며 새로운 질문을 제기하는 방식으로 이어졌습니다. 이 모든 과정은 자연스럽게 발생하며, 사전에 설계할 수 없고, 과도한 드라마틱함도 없습니다. 전환점들이 있긴 하지만 이것은 한 사건이 다른 사건과 연결되는 과정에서 자연스럽게 생겨났습니다.

이상은 제가 그의 이야기에 덧붙인 설명입니다.

자녀 부모 관계에 관한 한 중국의 상황은 확실히 조금 특별합니다. 특히 우리 세대와 부모 세대(1970년대생과 1950년대생), 그리고 현재 30~40대와 부모 세대(1980년대생과 1960년대생) 사이의 관계가 그렇습니다.

중국에서 이 두 세대의 부모가 겪은 변화는 매우 큽니다. 가령 결혼을 보면, 그들은 자유연애를 경험했지만, 동시에 지금 인민공원의 맞선 코너[3]에서 가장 활발히 활동하는 세대이기도 합니다. 그들 스스로 많은 변화를 겪었고 거기서 혜택을 얻기도 했지만 동시에 자녀에게 한 발짝이라도 잘못 내디디면 앞으로 계속 잘못된다, 지금 절대 실수하면 안 된다, 이 나이에는 반드시 이렇게 해야 한다며 매우 높은 요구와 기대를 부과했습니다. 하지만 그들이 자기 삶을 실제로 어떻게 살았고, 당시 어떻게 생각했는지에 대해서는 거의 상황화

3 자녀 결혼을 위한 중개 시장으로, 부모, 특히 어머니들이 자녀의 조건을 공유해 맞선을 보게 한다.—옮긴이

된 서사가 없고, 사건 중심의 단편적인 기억만 있을 뿐입니다. 그들이 하는 이야기는 대개 "우리는 예전에 많이 힘들었어, 너는 지금을 소중히 여겨야 해, 우리 때의 고생을 너는 겪지 말아야 해" 정도입니다. 현재 부모 세대의 또 다른 주요 특징은 생활을 강자식 마인드로 대하는 태도입니다. 반드시 노력해야 하며, 노력만으로 꼭 보상이 따라오지는 않더라도, 어쨌든 노력은 해야 한다고 생각합니다. 또한 그들은 이른바 '비주류적' 삶의 방식을 잘 받아들이지 못할 뿐 아니라, 도덕적 차원에서 강하게 비판하기도 합니다.

젊은 세대는 먼저 자기 서술 능력을 잃지 않는 법을 배우는 게 중요하다고 생각합니다. 이런 서술은 반드시 상황화되어야 하며, 자신의 구체적인 상황을 명확히 이야기해야 자기 경험과 감각을 제대로 전달할 수 있습니다. 그래야 다음 세대가 당시의 생활 상황에 몰입하고, 그들이 전달하려는 의미를 이해할 수 있습니다. 이런 서술 능력은 자기 자신에게만 중요한 것이 아니라 다음 세대에게도 중요합니다. 그렇게 하지 않으면 우리 다음 세대는 무한한 사랑과 기대를 자녀에게 부여하지만, 동시에 침묵하는 부모라는 부담을 또 떠안게 됩니다. 우리는 다음 세대가 이런 무거운 짐을 지지 않기를 바랍니다.

둘째, 부모가 자기 생활을 서술하지 않거나, 혹은 지나치게 단순화해 이해하는 것도 여러 이유에서 비롯된 것이므로 이것이 전적으로 그들의 잘못만은 아닙니다. 사진을 함께 보거나, 그들의 이야기를 들어주면서 부모에게 작은 손잡이를 제공해 그들이 이야기하도록 자극할 수 있습니다.

현대인의 수명 연장은 우리 부모나 우리가 은퇴 후 상당히 긴 기간

둘 또는 혼자서 생활해야 함을 뜻합니다. 부모가 생각하고, 말하고, 소통하도록 자극하는 것은 그들의 노년 생활의 질을 높이는 데도 매우 중요합니다. 어떻게 부모를 자극하고 사고를 열게 할지는 하나의 연구 과제로 삼을 수 있습니다.

이것은 우리 모두가 앞으로 맞이할 중요한 생활 과제 중 하나입니다. 바로 점점 나이 들어가는 부모와 서로를 자극하며 대화하는 방법 말입니다.

아프고 나서야 비로소 온전한 자신을 마주하게 된다

자둥팅 관계를 다시 구축하는 것은, 독립된 자아를 새롭게 인식하는 것을 기반으로 해 자신을 기존의 얽매인 관계에서 분리해내는 것입니다.

이제 '낯선 사람'이라는 주제의 다음 단계, 자기 자신으로 돌아가기에 대해 이야기해보겠습니다. 낯선 사람과 관계를 맺는 것은 결국 자기 자신으로 되돌아가는 과정입니다.

제가 공유하고 싶은 글은, 한 독자가 이메일로 보내온 38페이지 분량의 일기 형식입니다. 작성자는 샤오루이小芮(가명)로 자기가 해온 일들을 적고 있습니다. 시리아와 터키 지진 당시 유엔난민기구를 통해 구호 물자를 보내고 이웃과는 포스트잇으로 메시지를 주고받거나 과일을 나누는 등의 활동을 했다고 합니다.

또한 그녀는 2023년 외상후 스트레스 장애PTSD 진단을 받은 특별한 경험도 이야기했습니다. 아직 치료 중일 수 있지만 그녀가 병을 앓는 동안 환우, 친구, 가족, 심리상담사와 함께한 경험을 세세히 공유한 것을 보면 이 과정이 그녀로 하여금 자기 자신을 다시 알아가는 계기가 되었음을 알 수 있습니다.

그녀가 특히 깊게 감명받은 구절을 공유하고 싶습니다.

> 제가 과거에 함께 지냈던 친구나 동무들은, 아마 거대한 교차형 생산라인의 공간 속에 머물러 있었을 것 같습니다. 그런데 병원에서의 입원생활은, 어떤 면에서는 이 보이지 않는 공간을 깨뜨렸습니다. 마치 제 기억 속의 그 평범한 단층집처럼, 사람들의 감정이 서로 통했습니다. 고통, 억울함, 괴로움, 죄책감, 그리움, 즐거움, 기쁨이 모두 통했습니다. 돈이 많거나 직장이 있는 사람도 병에 걸릴 수 있고, 학력이 높거나 낮은 사람도 함께 앉아 이야기를 나눌 수 있으며, 나이가 많은 사람과 젊은 사람도 서로 공감할 수 있습니다. 간호사 언니도 병원에서 환자들과 함께 탁구를 칠 수 있었습니다. 우리는 공동의 감정과 돌봄, 좌절과 상처를 공유했습니다. 다만 우리는 스스로가 병들었다는 사실을 받아들이고, 마음과 뇌가 쉴 시간이 필요하며, 자신을 돌볼 여유를 가져야 한다는 점을 더 잘 받아들일 수 있었습니다.

입원 경험이 오히려 그녀에게 잠시나마 진정 자기 자신에게 돌아가 마음속 문제를 정리할 기회를 준 듯 보입니다. 우리도 이런 기회와 공간을 가져야 하지 않을까요? 일상에서도 스스로에게 이런 시간과 공간을 마련해, 자기 자신을 돌아보고 생각할 여유를 줘야 하지 않을까요?

샹뱌오 샤오루이가 보내준 이 긴 편지에 정말 감사드립니다. 편지에는 그녀의 많은 경험과 사유가 담겨 있습니다. 둥팅 선생님, 방금 말한 부분이 제게도 깊이 와닿습니다. 병원에서는 오히려 마음이 편안해지고 자연스러움을 느꼈다고 하죠. 그러고는 한마디 덧붙였습니다. 병원에서야 비로소 자신을 의식하게 되었다고요.

이 말은 처음 들으면 모순처럼 느껴질 수 있지만, 사실 전혀 이상한 일이 아닙니다. 앞서 말한 자기 낯섦화와 관련이 있습니다. 직장이나 회사에서 일할 때 우리는 제도와 규칙에 의해 규정되고 동료들과의 관계 속에서 서로 판단합니다. 끊임없는 평가 속에서 자기 자신조차 낯선 사람이 되어버립니다. 왜냐하면 계속해서 연기하고 스스로를 증명하며 외부 평가에 부응해야 하기 때문입니다.

병원에서는 그녀에게 틈이 생겼습니다. 이 틈은 무엇을 의미할까요? '병'이라는 특별하고 강렬한 신체적·인지적 위기를 통해 자신의 존재 방식 내부의 단절을 볼 수 있게 된 것입니다. 병원에서는 자신과 주류적 일상 사회 사이에도 간격이 생기며, 이 간격을 통해 내부 단절을 메울 수 있습니다. 단절을 바라보면서 그녀의 인지와 신체 감각은 다시 하나로 맞닿기 시작합니다. 평상시 또는 입원 전에는 몸이 아파도 의식이 빨리 극복해야 한다, 더 잘해야 한다고 계속 이야기하죠. 하지만 병원에 오면 마음이 풀어지고, 스스로를 열 수 있으며, 다른 사람들을 볼 수 있게 됩니다.

샤오루이의 편지가 제게 특히 가치 있는 이유는 아주 길기 때문입니다. 길게 썼다는 것은 그녀의 역사를 알게 해주고, 다양한 감정의

굴곡을 보여주며, 결국 단절된 감정의 갑작스러운 폭발이 아님을 알게 해줍니다. 우리는 그녀가 어릴 적 어떤 교육을 받았는지, 끊임없이 순위가 매겨지는 가운데 비교와 판단을 당해야 했던 압박을 어떻게 견뎌왔는지 알 수 있습니다. 사회에 나와서도 그녀는 모든 것이 생산 라인처럼 반복되는 관계라고 느꼈고, 친구와의 관계도 마찬가지였습니다. 이렇게 한 사람의 성장 과정을 전체적이고 풍부하게 이해할 수 있게 된 것입니다.

또한 그녀는 자원봉사자로서 다른 사람을 돕기 위해 도시 속을 거닐 때, 여기저기 쓰인 커다란 표어들을 보고 불편함을 느꼈다고 했습니다. 일종의 도덕적 강요를 받는 느낌이라는 거죠. 한편으로 그녀는 자원봉사 같은 실제 활동을 통해 다른 사람을 돕고 있었고, 다른 한편으로는 구호식이거나 도덕적 압박을 주는 표현에는 민감하게 반응했습니다.

저는 이것도 매우 흥미롭다고 생각합니다. 그녀가 다른 사람을 도울 때는 완전히 추상적이거나 숭고한 가치를 실현하려는 것이 아니라, 자신의 병과 아픔을 의식하면서 매우 구체적인 방식으로 다른 사람을 돕는 행동을 통해 편안해지고자 한 것입니다. 그녀는 한 번 돕고 끝내는 것이 아니라 지속적으로 관심을 기울였습니다. 그 사람들이 도움을 받았는지, 생활 상황이 어떻게 개선되었는지, 혹은 여전히 어떤 어려움이 있는지 알고 싶어했습니다. 제가 보기에 그녀는 NGO처럼 수요를 조사하는 방식으로 접근한 것이 아니고, 그저 그 사람들의 상황을 직접 알고 싶어한 것입니다.

저는 샤오루이 자신에게 있어서 다른 사람에게 관심을 갖고 돕는 것도 매우 구체적인 존재, 심지어 신체적 요구와 연결된 필요 때문이라고 생각합니다. 이런 순간에 그녀가 눈을 들어 그 표어들을 봤으니 몹시 거슬렸던 것입니다.

샤오루이는 그 표어를 거슬려했지만, 스스로는 아주 긴 글을 쓸 수 있습니다. 이것이 바로 우리가 '부근'을 쓰고, 논픽션 글쓰기로 우리 주변의 낯선 사람을 써보자고 강조하는 이유이기도 합니다. 어떤 의미에서 이는 우리의 한어를 살리는 일이기도 하고, 한어에 약간의 산소를 불어넣는 일이기도 합니다.[4] 언어와 우리의 신체 감각, 생활 감각이 자연스럽게 다시 연결되도록 하는 것입니다. 언어가 마치 큰 겉옷처럼 우리 위에 강제로 덮이지 않도록 말입니다.

젊은이들의 '유리 멘탈', 좋은 일이다

자둥팅 아까 샹 선생님이 낯선 사람과 더 깊이 교류하려면 어떻게 해야 하느냐고 말씀하셨는데, 그와 관련된 한 사례를 들은 적이 있어요. 그 이야기가 제게 꽤 인상 깊게 다가왔습니다.

제9회 선강도시/건축전시회에서 '내 앞 500미터를 보다' 워크숍의 작품은 택배함의 형태로 전시되었습니다. 그 택배함 주변은 경비원들이 지키고 있었는데, 허즈썬 선생님은 사람들이 사진을 찍을 때

4 한어가 중국의 주요 언어인 것은 맞지만 하나의 민족 언어일 뿐이고, 이 책의 저자는 자기 민족 언어의 위축을 우려해 한어라고 명시했기에 중국어가 아닌 한어로 번역함.—옮긴이

이 경비원들이 화면에 나오지 않게 의식적으로 피하는 경향이 있다는 점을 발견했습니다. 그래서 그는 어떻게 하면 이 경비원들도 보이는 존재로, 다시 말해 '내 앞 500미터'의 범위 안으로 끌어들일 수 있을까 고민했습니다. 이에 허 선생님은 두 번째 '내 앞 500미터를 보다' 워크숍에서 경비원들과 함께 하나의 작품을 완성하는 기획을 선보였다고 합니다.

이 경비원들은 당시 전시회의 공식 스태프이기도 했습니다. 그런데 근무 중에 다른 활동에 참여했다는 이유로 징계를 받지 않도록 하고자 전시장 안에서 토론할 때 허즈썬과 학생들은 그들을 '장 관리자' '왕 관리자' 식의 별명으로 불렀습니다. 하지만 예기치 않게 그 대화가 이 경비원들에게 들렸고, 그들은 이런 호칭 방식에 분노했습니다. 이후 그들은 학생들과의 교류를 중단했고, 이로 인해 워크숍에 참여한 학생들은 큰 상처를 받았습니다. 심지어 일부 학생은 워크숍이 끝나기 전 중도에 떠나기도 했습니다. 제가 듣기로는 샹 선생님이 그때 중재에도 참여하셨다고 했습니다.

물론 그 뒤 이야기가 어떻게 되었는지는 저도 잘 모릅니다. 하지만 허 선생님은 이게 사실 의도된 설정이기도 했다고 말했습니다. 낯선 사람과 깊이 교류하려 할 때는 필연적으로 어떤 갈등이 생기고, 그게 꼭 유쾌하거나 따뜻한 방식의 소통만은 아닐 수 있음을 모두가 깨닫길 바랐던 것이죠. 그렇다면 우리는 이런 걸림돌과 갈등을 어떻게 마주해야 할까요?

샹뱌오 이 사례 자체를 명확히 설명하려면 꽤 복잡하지만, 허 선생님의 관찰은 매우 훌륭합니다.

우리 전시작은 일반적인 전시품과는 달랐어요. 그것은 하나의 작품집 형태로, 총 36개의 작품이 부피가 꽤 큰 택배함에 함께 들어 있었습니다. 주최 측은 그 택배함을 위해 따로 경비원을 배치했죠. 그러니까, 만약 그 택배함이 없었다면 그 자리에 경비원도 없었을 겁니다.

경비원은 줄곧 그 자리를 지키고 있었어요. 때로는 사람들이 다가와 그에게 묻기도 했고, 경비원은 작품에 대해 간단히 설명해주기도 했습니다. 늘 그 자리에 서 있었으니 공간상 경비원과 그 택배함 작품은 분리될 수 없는 하나의 전체가 되었죠. 하지만 관람객들은 그 경비원을 거의 의식하지 않았습니다. 한편으로는 어디서나 경비원을 쉽게 볼 수 있기 때문이고, 다른 한편으로는 이 작품과 경비원 사이의 관계를 이해하지 못했기 때문입니다.

우리에게 중요한 것은 '내 앞 500미터를 보기', 다시 말해 '부근'을 보기였어요. 그래서 참가자들은 자연스럽게 경비원을 이 안으로 끌어들이고 싶어했죠. 그렇게 오랜 시간 그 자리에 앉아 있는 그가 우리 작품을 어떻게 바라보는지, 또 이 전시를 찾아온 관람객들의 행동을 어떻게 느끼는지 알고 싶었던 겁니다.

이 사례는 아주 상징적이에요. '내 앞 500미터' 안에는 당연히 갈등이 존재하죠. 예를 들어 기자로서 어떤 일을 하거나 인터뷰를 진행할 때 누군가에게 거절당한 경험이 있을 겁니다. 혹은 처음에는 잘 이어지던 인터뷰가 어느 순간 상대의 비협조로 끊기기도 하고, 때로는 기자 자신이 잘못 이해하거나 실수로 말 한마디 잘못해 상대에게 상처를 주기도 하죠…… 이 사례의 성격도 그런 상황과 비슷하다고 봅니다.

그렇다면 우리는 여기서 무엇을 배울 수 있을까요? 낯선 사람과의 교류가 결코 쉬운 일은 아니라는 것입니다. 올바른 의도만으로는 충분치 않아요. 거기에는 분명 일정한 능력이 필요합니다. 그 능력이란, 제가 보기에 상황을 추측하고 읽어내는 것입니다. 이것이 바로 우리가 앞서 이야기했던 부분이기도 합니다.

우리는 경비원을 이 작품 안으로 초대했습니다. 그런데 이 초대는 과연 그에게 무엇을 의미할까요? 물론 우리는 사람들이 그를 보길 바라지만, 그는 정말로 보이고 싶어할까요? 어떤 방식으로 보이고 싶어할까요? 이런 것은 모두 상호작용과 교류를 통해서만 알 수 있습니다. 동시에 어떤 언어로, 어떻게 그에게 다가가 이야기할지도 고민해야 하죠…….

하지만 너무 많은 추측과 상상을 하다보면 오히려 긴장하고, 그 사람과 마주쳤을 때 몸이 떨릴 수도 있습니다. 이 사례에서 제가 얻은 한 가지 교훈은 평소에 끊임없이 관찰하고, 실제 교류할 때는 가능한 한 직접적이고 자연스럽게 하는 것이 가장 좋다는 점입니다. 사람을 관찰하고 읽는 일은 일부러 하려 하기보다는 일종의 감각으로 익히는 것이죠. 이웃을 관찰하며 능력을 쌓을 수도 있습니다. 어느 순간 자연스럽게 교류가 가능하다고 느껴지면 그때 교류가 일어나도록 두면 됩니다. 그 과정에서 약간의 좌절이나 대화가 잘 안 이어지는 문제가 생겨도 괜찮습니다. 그것 역시 학습 과정이니까요.

자둥팅 낯선 사람과의 교류가 그렇게 쉽게 불쾌한 경험으로 이어진다면 어떤 사람들은 요즘 젊은이들이 너무 연약한 것 아니냐고 되묻기도 합니다.

샹뱌오 제 또래들은 종종 젊은 사람들을 '유리 멘탈', 즉 정신이 매우 연약하다고 말하곤 합니다. 요즘 젊은이들의 감정을 보면 확실히 우리 세대가 20~30대였을 때보다 더 예민합니다. 하지만 저는, 젊은 사람들이 '유리 멘탈'인 게 오히려 좋은 일이라고 생각합니다.

왜냐고요? '유리 멘탈'과 대비되는 것이 '강철 멘탈'입니다. 우리는 '강철 멘탈'이 어떻게 단련되는지 잘 알고 있죠. 그런데 '강철 멘탈'을 만드는 대가는 너무 큽니다. 그것은 본인만의 희생이 아니라, 때로는 세대를 넘어서는 희생을 요구하기도 합니다. 새로운 세대가 '유리 멘탈'을 가지고 있다는 것은 적어도 그들이 다양한 일에 민감하게 반응한다는 것을 의미합니다. 물론 그들이 모든 상황을 잘 분석한다거나 감정을 잘 다루면서 직면하지는 못할 수 있습니다. 하지만 그들은 감정을 무턱대고 억누르며 자신을 다시 '강철 멘탈'로 만들려 하지 않습니다.

이 얘기는 허황되거나 사소해 보일 수 있지만, 사회의 혁명적 변화는 종종 특정 감각이나 감정이 정당화될 때 일어나곤 합니다. 지금 우리가 아이들을 대하는 태도는 200년 전과 완전히 다릅니다. 아이들은 기분이 좋지 않으면 떼를 씁니다. 오늘날 아이의 '떼'는 아주 강한 정당성을 가지며, 어른들은 이를 진지하게 받아들입니다. 과거에는 어땠죠? 아이의 '떼'는 관리 대상이고, 이 아이를 '착하게' 만들어야 했습니다. 과거와 달리 아이의 역할이 달라진 덕분에 아동심리학이나 아동교육학 같은 학문이 생겨난 것이죠. 이는 곧 우리가 생명을 이해하는 방식 자체가 달라졌다는 의미이기도 합니다.

지금 노인에 대한 태도도 마찬가지입니다. 전통사회에서 노인은 권위를 가진 존재였지만 그 권위 때문에 노인의 내면, 욕망, 감정 등은 거의 다루어지지 않았습니다. 노인은 질서와 존엄, 지혜, 나아가 사회 전체를 대표해 우리를 통제하는 상징이었죠. 하지만 이제 우리는 노인도 연약하며 다양한 감정과 요구를 가진 존재로 받아들입니다. 아직은 진행형이지만 이제 우리는 점차 노인의 감정에도 주목하고 있습니다. 노인의 감정과 인식의 정당성이 널리 인정받게 된 것은 사회 변화 과정에서 의미하는 바가 매우 큽니다.

사실 모두가 예전보다 더 '유리 멘탈'이 된 셈입니다. '유리 멘탈'이 쉽게 상처받는 것은 맞습니다. 하지만 상처받는 이유를 이해하고 그것을 어떻게 마주하고 분석할지 아는 것은, 적어도 우리를 성찰하게 만드는 매우 직접적인 원동력이 됩니다.

생활이란 온갖 '불필요한 것'이다

자둥팅 낯선 사람과 연결되는 전형적인 사례가 하나 있습니다. 만약 누군가가 선생님 앞에서 주먹을 내민다면, 다른 나라에서는 지나가던 사람이 주먹을 맞대며 상호작용을 시도할 수도 있습니다. 하지만 중국에서는 대부분의 사람이 경계하며 손을 내저으면서 참여를 꺼리거나, 이게 무슨 행동인지 몰라 급히 자리를 떠버립니다.

물론 여기에 동양 사회의 전통적 요인이 작용하기도 합니다. 게다가 발전 과정에 있는 사회에서는 모두가 바쁘고 끊임없이 움직여야 하므로 낯선 사람에게 시간을 할애하기가 어렵습니다. 그래서 상호작용이 발생하면 사람들은 대개 시간이 없다는 이유로 이를 거절하며 최소한의 비용으로 평소의 평온을 유지하려고 합니다.

우리는 '불필요한 것'이라는 말을 종종 사용합니다. 어떤 일을 해도 나쁘지는 않지만 다른 기회비용이나 감정적 비용이 발생할 수 있으므로 굳이 하지 않아도 되는 것으로 여기죠. 그렇다면 어떻게 이 '불필요한 것'의 악순환에서 벗어날 수 있을까요?

샹뱌오 만약 인간의 삶이 진보했다고 말할 수 있다면, 그것은 생활 속에 점점 더 많은 불필요한 것, 즉 없는 일을 만들어 하는 여유가 생겼다는 뜻일 겁니다.

'필요한 것'의 원인은 전통적인 농경사회와 관련이 있습니다. 가정이 안정되고 아이를 낳으면, 그 아이를 키워야 하고, 그러려면 더 많은 곡식을 경작해야 합니다. 이렇게 생활은 하나의 순환 구조를 이루며, 항상 '필요한 것'에 의해 추진되는 상태였던 거죠.

물론 농경사회에도 농한기 같은, 다양한 짧은 '불필요한 것'이 존재했습니다. 마셜 샐린스의 조사에 따르면, 농경사회 이전 인간의 시간 대부분은 '불필요한 것'에 쓰였다고 합니다. 노래하고, 잠자고, 놀이하는 것이죠. 수렵사회에서는 사냥이 많은 투자를 필요로 하지 않았고, 낚시나 식물 채집 등을 통해 '필요한 것'을 충족하는 데 드는 시간과 에너지가 많지 않았습니다. 따라서 대부분의 시간은 여가였던 겁니다.[5] 하지만 농경이 시작되면서 여가는 희소해졌고 대부분의 시간을 필요한 일을 하는 데 사용했습니다. 주요 원인 중 하나는 농경사회에서는 사람들이 특정 지역에 정착하고, 인구 밀도가 높아지며, 권력이 집중되었기 때문입니다. 경제적으로도 분화가 일어나 대규모 전문 종교인과 행정 계층이 등장했고 기생적인 거대한 상층이 잉여 생산물을 필요로 했습니다. 농민들이 해야 하는 많은 일은 단순히 자기 생계를 위한 것이 아니라 황제에게 세금을 바치기 위한 필수적인 행위였던 것이죠.[6]

우리 모두 1930년 케인스가 50년 후에는 주 6일 근무가 필요 없고, 주 3일 근무만으로도 충분할 수 있다고 한 말을 알고 있습니다.[7] 기술적으로 보면 맞는 말입니다. 현재의 물질적 생산 조건에서는 비교적 짧은 시간 안에 '필요한 것'을 충족할 수 있고, 사람에게는 많은 여유 시간이 생기기 때문입니다. 하지만 현실은 정반대입니다. 우리가 체감하는 것은 모든 여가가 사라졌다는 것이고, 생활이 단순히 가득 차 있는 정도가 아니라 넘쳐흐른다는 느낌마저 듭니다. '야근 문화' 또한 비교적 새로운 현상입니다. 제가 사회 초년생이었을 때는 이런 야근 문화가 없었습니다. 이것은 전적으로 인간이 만들어낸 현상입니다.

아까 말씀드렸듯이, 모두가 바쁘다고 느낍니다. 바쁘고 시간이 없다는 것은 사실 주관적 인식의 문제입니다. 그렇다면 시간은 무엇일까요? 시간은 완전히 상대적인 개념입니다. 물리학적 의미에서 시간은 공간에 의해 결정됩니다. 시간은 지구가 태양계 안에서 공간적

5 Marshall Sahlins, *Stone Age Economics*(Routledge, 2017).

6 James Scott, *The Art of Not Being Governed*(Yale University Press, 2010).

7 John Maynard Keynes, "Economic Possibilities for Our Grandchildren", *Essays in Persuasion*(W.W.Norton & Co., 1963), 358-373.

으로 이동하는 결과죠. 사회적 관계에 비유해도 마찬가지입니다. 만약 당신이 매우 중요하게 여기는 사람, 예를 들어 중요한 상사와의 관계를 잘 유지하려 한다면 거기에 쓸 시간은 많다고 느낄 수 있습니다. '바쁨'은 무엇보다 주의력 분배의 문제이며, 주관적으로 '필요한 것'과 '불필요한 것'을 어떻게 구분하느냐와 관련이 있습니다.

어떤 제도가 사회생활을 통제하려면 사람들의 주의를 특정한 방식으로 조정해야 합니다. 그 제도는 당신으로 하여금 어떤 일을 크게 주목하게 만들고, 그 일이 좋고 나쁨을 판단할 필요조차 없게 합니다. 단지 당신의 주의를 그 일로 집중시키고, 다른 것들은 의식에서 사라지게 만드는 것만으로도 이미 큰 통제가 이루어지는 것입니다.

이것은 또한, 겉보기에 거대한 구조나 역사, 문화도 결국 각 개인을 통해서만 작동한다는 것을 의미합니다. 하지만 주의력은 우리 자신의 것이므로 완전히 남에 의해 통제되어서는 안 됩니다. 우리는 스스로 무엇이 필요하고 불필요한지 정의하는 데 주의를 기울여야 합니다.

타인의 매력과 힘은 사실 자신에게서 나오는 것이다

자둥팅 샹 선생님이 "매력은 어디로 갔는가?"라는 문제를 언급한 적이 있는데, 선생님이 한 답변 중 하나가 꽤 흥미로웠습니다. 선생님은 사실 소셜미디어에서는 모두가 자신의 가장 이상적인 생활 상태를 보여준다고 말했습니다. 보정된 사진, 신경 써서 맞춘 옷차림

등은 우리 삶에 '부드러운 느낌'을 주고, 팔로워 수가 늘어나는 것도 한 사람의 매력을 입증합니다. 지금 이 시대에는 이런 인상이 우리의 첫 번째 외피가 되고 인터넷에 드러난 모습이 어느 정도 우리의 매력을 결정짓는다는 것입니다.

샹뱌오 저도 이전에 제가 던진 "매력은 어디로 갔는가?"라는 질문에 대해 많은 친구가 한 반응을 봤습니다. 제가 어릴 때는, 친구가 많으면 매력이 있는 거라고 생각했죠.[8] 그런데 많은 친구가 매력은 친구 수와 상관없다, 매력은 겸손함, 예를 들어 튀지 않거나 열정적임과 같은 것이라고 피드백을 주었습니다. 이것은 제가 원래 이해했던 것과 많이 달랐습니다. 저는 '매력'이라는 개념이 인간 생활의 일부로서, 단순히 개인의 내적 특성으로 귀속될 수 없다고 봅니다. 매력은 관계적 특성입니다. 즉, 매력이란 다른 사람과 공명할 수 있는 능력입니다. 예를 들어 청소년을 보면, 장난이 심한 아이들이 오히려 매력 있습니다. 이는 개인이 뛰어난 내적 자질을 가졌는지와는 큰 관계가 없습니다. 정말 뛰어난 사람도 매력이 없을 수 있죠.

이전에 예술가 류샤오둥 선생님과 '쿨함'에 대해 이야기했을 때, 우리는 '쿨함'도 일종의 매력이라고 말했습니다. 왜냐하면 쿨하다는

8 원래 질문은 매력은 어디로 사라졌는가, 였다. 내가 젊었을 때(30년 전) 자랑할 거리 중 하나는 누구 친구가 더 많나였다. 친구가 많다는 것은 자신의 능력이 뛰어나고 매력이 있다는 의미였다. 하지만 지금은 친구 수가 생활에 미치는 영향이 예전만큼 크지 않은 것 같다. 대신 젊은이들이 자신의 능력을 드러내는 방식은 완전히 개인의 성과를 중심으로 이루어진 것이 아닌가? 사람들은 그동안 쌓아온 개인적인 매력을 어떻게 보여줄 수 있을까? (혹은 요즘 사람들은 매력이라는 개념 자체를 지운 것일까? 아니면 더 이상 자랑하지 않는 것일까?)

것은 다른 사람들이 인정하긴 하나 쉽게 하지 못하는 일을 한 사람이 보여주는 것이기 때문입니다. 그것은 일종의 끌림이자 연결을 만들고, 공명을 일으킵니다. 이것은 그 사람이 겸손하거나 고결한지와는 직접적인 관련이 없습니다.

그래서 저는 이렇게 하나의 경향을 보는 것 같습니다. 본래 관계적이고 공명적이었던 특성이 점점 더 개인적이고 내적인 특성으로 이해되고 있다는 것입니다. 우리는 다른 사람을 평가하고 인식할 때 매력 같은 자극적 특성을 통해서가 아니라 오히려 품성으로 판단합니다. 이 사람은 뛰어난가, 이 사람은 성실한가처럼요. 만약 이것이 대부분의 사람의 생각을 반영한다면, 우리는 매력이 사라졌을 뿐만 아니라, "어떻게 하면 매력이 있는 것인가"라는 인식 방식 자체도 사라졌다고 볼 수 있습니다.

한 친구가 이런 글을 공유한 적이 있습니다. 그는 자신이 둥베이 지역 출신이라 술을 마시고, 꼬치 구이를 먹고, 허풍을 떨며 노는 것이 그들의 표준이라고 말했습니다. 그들에게는 '야오런搖人'이라는 표현이 있는데, 중학생 때 매력의 표현 방식은 '야오런'이었어요. 작은 손짓만으로도 많은 친구가 모이는 일종의 매력이었던 것이죠. 그런데 고등학생이 되자 매력은 신발이나 집안 환경에 대한 평가로 바뀌었습니다. 모두 교복을 입기 때문에 신발이 유일하게 자신이 선택할 수 있는 물건이었고, 중요한 지표가 된 겁니다. 성인이 된 후에는 매력이 체면으로 바뀌었습니다. 원래 공명하고 상호 자극하는 관계적 특성에서 이제는 어떻게 평가받는지가 매력의 기준이 된 것이죠. 즉, 체면, 직업, 수입, 옷차림 등 외적인 요소가 중심이 되었습니다.

물론 부분적으로는 이른바 내적 품성, 가령 행동이 점잖은지, 겸손해 보이는지와 같은 것도 포함될 수 있습니다.

우리가 원래 어떤 사람에게 끌릴 때는, 보통 먼저 끌리고 나서야 왜 이 사람이 재미있다고 느꼈지 하고 뒤늦게 생각했습니다. 사람을 끌리게 하는 것은 한눈에 보이는 특정한 품성이 아니라 그 사람이 보여주는 어떤 내적 힘이나 자유로움 같은 것입니다. 다른 사람의 '쿨함'은 사실 자기 내면에서 쿨해지고 싶고, 쿨함을 통해 자신에게 힘을 주고 싶어하는 욕망의 투사이기도 합니다. 즉, 타인의 매력과 힘은 사실 나 자신에게서 나오는 것이죠. 하지만 지금은 우리가 매력을 이해하는 방식이 점점 상호 자극적이지 못하고, 그저 이 사람은 나의 롤모델이니 배워야 한다는 식으로 변하고 있습니다.

자둥팅 낯선 사람이라는 개념은 얼핏 단순하고 평범해 보이지만, 샹 선생님은 이를 매우 깊이 있게 풀어내며, 층층이 설명해나가고 있습니다. 제 경험으로 볼 때 낯선 사람은 하나의 손잡이와 같습니다. 우리는 이미 정해져 있고, 지금 당장 필요한 명확한 답을 찾는 것이 아니라, 오히려 먼저 이런 질문들을 던져보는 것이 더 중요합니다. 무엇을 보고 느끼는지가 첫 번째 단계이자 가장 중요한 단계이기도 합니다.

낯선 사람이라는 개념은 거시적·미시적으로 볼 수 있습니다. 즉, 그 범위가 넓기도 하고 좁기도 하죠. 미시적 차원에서 보면, 이는 구체적인 문제입니다. 경비원, 청소부, 택배 기사처럼 하나하나 추상적인 개념으로만 보는 것이 아니라 주변의 한 개인을 구체적으로 바라보는 것이 필요합니다. 그 사람의 얼굴을 알고, 이름을 알고, 경험을 이해하는 것이죠.

거시적 차원에서 보면, 낯선 사람은 매우 포괄적인 개념으로, 사실상 어디에나 존재한다고 할 수 있습니다. 저는 이 개념에 대한 인식이 우리로 하여금 주변의 다양한 관계를 깨닫고 감지하게 만든다고 생각합니다. 가족에서 지역사회, 나아가 더 먼 곳의 사람들, 심지어 온라인상의 사람들까지 포함해서요.

결국에는 자신에게로 되돌아와, 자신과 타인 사이의 다양한 관계를 성찰해야 합니다. 이것이 아마 우리가 이런 대화적 실천을 시작한 목적이기도 할 것입니다. 우리는 모두가 정말로, 생활 속에서, 현장에서의 연결을 다시 만들 수 있도록 영감을 주고 촉발시키고자 합니다.

오직 용기 있게 자신을 열 때, 비로소 다른 사람도 자신에게 마음을 열 수 있습니다. 왜냐하면 자신도 다른 사람에게는 낯선 존재이기 때문이죠. 결국 모든 것은 우리 자신으로 돌아와야 합니다.

후기 대화의 장을 "만들다"

자둥팅

'부근을 보기'에서 '낯선 사람을 보기'로

2025년 현재 '낯선 사람과 부근을 만들기' 시리즈 대화를 돌아보면, 저는 다시 2023년의 '정체점滯點'의 순간으로 돌아가게 됩니다. 사람과 사람 사이가 강제로 단절된 상황에서, 우리는 만나서 이야기하며 서로의 몸과 마음이 자극되는 경험을 더 갈망했습니다. 주름진 일상적 공공생활을 그리워했죠. '부근'이 다시 발견되었고, 낯선 사람을 어떻게 볼 것인가에 대한 이 시리즈 대화도 당시 큰 반향을 불러일으켰습니다.

우리가 다시 공공의 공간으로 돌아왔을 때, '낯선 사람을 보다'는 더 이상 성립될 가치가 없는 시도가 된 것은 아닐까라는 걱정이 있었습니다. 하지만 실제 느낌은 그렇지 않았습니다. 낯선 사람과 다시 마주하면서, 우리는 오히려 서로를 보지 못하고 있는 현실을 더 깊이 깨달았습니다. 그 배경에는 구석구석 스며든 디지털 네트워크로 인해 모든 것이 투명하고 평면화된 사실이 있습니다. 이는 마치 구속 없는 새로운 '자유'처럼 느껴지지만, 결국 현실에서의 진짜 사회적 교류는 체계적으로 파괴되고 있었죠.

1845년, 소로는 월든 호숫가에서 은둔생활을 할 때 방 안에 세 개의 의자를 두었습니다. "혼자 있을 때 하나, 친구와 함께 있을 때 두 개, 사교할 때 세 개"였습니다. 셰리 터클은 이 세 개의 의자가 각각 성찰, 공감, 그리고 좋은 스승과 친구라는 세 가지 덕목을 상징하며, 이들이 함께 선순환을 이룬다고 봤습니다. 하지만 기술은 이 선순환을 깨뜨렸고, 그 파괴는 혼자 있는 순간부터 시작되었습니다. 단 몇 분이라도 사람들은 혼자 있는 것을 견디기 힘들어하며, 무심코 휴대폰을 들여다봅니다. 이렇게 세 개의 의자가 만들어내던 선순환은 무너지고 말았습니다. 혼자가 되는 것을 두려워한 나머지, 우리는 모든 주의를 자기 자신에게만 집중하고 타인에게 관심을 기울이는 능력을 잃은 것입니다.[1]

오늘날 챗GPT와 같은 인공지능 도구들은 마치 새로 놓인 네 번째 의자 같습니다. 우리는 이제 기계를 통해서만 대화하는 것이 아니라 기계와 직접 대화하기도 합니다. 이 과정은 눈에 보이지 않게 자아의 소외를 가속시키고 있습니다. 변화는 피할 수 없지만, 그 속에서 우리는 새로운 순환을 찾아야 합니다. 낯선 사람을 보는 것, 그것이야말로 대화를 회복하고, 자기 자신을 회복하는 첫걸음이 될 수 있을지도 모릅니다.

다년간의 제 기자 경력을 돌아보면, 사실 저는 항상 낯선 사람들의

1 雪莉·特克爾, 『重拾交談』, 中信出版集團, 2017年.

호의에 기대왔습니다. 아무리 온라인에서 정보를 얻을 수 있다 해도 직접 뉴스 현장에 가서 사람과 마주하며 대화하는 것을 대신할 수는 없습니다. 말하자면 낯선 사람에게는 본래 신비, 유혹, 차이, 배척 등이 내재되어 있고⋯⋯ 대화를 통해 '낯섦'을 깨는 과정은 마치 한 편의 신비로운 모험을 하는 것과 같았습니다. 이 경험은 단순히 파편적인 정보를 얻는 것을 넘어 인지의 깊이, 두께, 온도를 크게 높여줍니다.

낯선 사람은 멀리에도 있고 가까이에도 있습니다. 심지어 샹뱌오 선생님이 말했듯이, '나' 역시 낯선 사람입니다. '낯선 사람을 보다'의 제안은 인공지능의 충격을 받고 있는 지금, 더 필요하고 더 절실합니다.

'낯선 사람과 부근을 만들기' 대화 시리즈는 2022년 허즈쎤 선생님과 샹뱌오 선생님이 공동으로 시작한 '내 앞 500미터를 보다' 워크숍에서 비롯되었으며, 이들은 싼렌인문도시를 참여자로 초대했습니다.

'부근을 보다' '내 앞 500미터를 보다'는 싼렌인문도시의 철학과 맞닿아 있습니다. 우리가 추진하는 것도 여러 차원에서 사람과 도시, 사람과 사람 사이의 연결을 재구축하는 것입니다. 그 전에 샹뱌오 선생님이 제안한 '부근의 재건'은 이미 대중에게 심리적 공명을 불러일으켰지만, 실제로 '사라진 부근'을 어떻게 재구축할지는 막막했습니다. 우리는 오프라인 워크숍을 출발점으로 보고, 대중 미디어 플랫폼을 활용하면 이 논의를 한 단계 더 진전시키고, 더 폭넓은 대중 참여를 이끌어낼 수 있다고 판단했습니다. 이에 따라 샹뱌오 선생님을 싼렌 플랫폼에 초대해 새로운 주제의 콘텐츠 제작과 통합적 확산을 공동으로 추진하게 되었습니다.

주제 설정에서 '부근'이든 '내 앞 500미터'든, 듣기에 상대적으로 추상적이며 물리적인 공간을 떠올리기 쉽습니다. 대중은 공공 공간에 대한 인식은 약하지만, 사람과 사람 사이의 관계에 대한 인식은 강합니다. 그렇다면 논의를 사람 중심으로 시작할 수 있지 않을까? 그래서 우리는 '낯선 사람과 부근을 만들기'라는 주제를 확정했습니다. 공간 재건에서 사람 재건으로 나아가면 더 실천력이 생기고, 인사말을 건네는 식의 문장 구조도 더 확산성이 있습니다. 샹뱌오 선생님이 말했듯이, "낯선 사람을 보고, 부근을 보고, 자신을 보고, 사회를 보는 것. 이 보는 것은 존재의 기초이자 생활 능력"입니다.

'정성을 다해 꽃을 심다'와 '신경 쓰지 않아도 버드나무는 자란다'

소로가 말했듯, 공적 대화에는 '세 개의 의자'가 필요합니다. 우리가 해야 할 일은 좋은 장소를 찾고, 의자를 잘 배치하고, 사람들을 초대해 앉게 함으로써 대화가 일어나도록 하는 것입니다. 여기에 몇 개의 빈 의자를 더 두어 관객도 그 안에 들어올 수 있게 해야 합니다. 이것은 무엇보다 먼저 '정성을 다해 꽃을 심기'의 과정입니다.

'낯선 사람과 부근을 만들기'라는 주제가 정해졌다면, 이에 맞는 콘텐츠 유형과 확산 방식도 필요합니다. 그렇다면 기존의 단일 서사

방식을 깨고 개방형 대화를 시도할 수는 없을까요? 참여자는 전문가나 학자뿐만 아니라, 더 폭넓은 대중의 참여를 촉발할 수 있는 다양하고 교차적인 인물이 될 수는 없을까요? 또한 다양한 플랫폼과 반복적인 빈도로 이 내용을 확산할 방법은 없을까요?

대화가 가진 장점은 무엇일까요? 한 명이 지식을 전달하는 방식과 비교할 때, 둘 또는 세 명 사이에서 오가는 대화는 더 큰 공감과 몰입감을 줍니다. 짧은 영상과 달리 긴 오디오나 긴 영상의 대화는 과도하게 꾸며지지 않아 더 진실되고 친밀하며 몰입감을 줍니다. 또한 롱테일 효과도 있습니다. 말하자면 대화는 단순히 감정적 가치를 제공하는 새로운 형태의 '디지털 짠지電子榨菜'[2]가 아니라, 영양가 있는 정신적 양식이기도 합니다.

'낯선 사람과 부근을 만들기'의 목표는 주변, 부근의 관계를 탐색하는 방법을 모색하고, 다양한 분야, 다양한 층위, 다양한 플랫폼에서 대중의 참여를 촉발하며, 사람들에게 관찰하고, 주목하며, 상상하는 능력을 길러주는 것입니다. 이러한 고려에서 시작하다보니 가장 적합한 콘텐츠 전달 방식으로 '대화'를 선정하게 되었습니다.

롱테일 효과를 가진 IP를 만들고 일회성이 아닌 지속적인 콘텐츠를 추구하려면 '대화'라는 방식을 어떻게 심화할지에 대해 더 깊이 고민해야 합니다. 여기에는 시리즈 대화의 주제와 관점 설정, 대화자 선정, 주제 연구, 질문지 설계, 확산 전략 결정, 플랫폼 통합 등이 포함됩니다. 이러한 목표를 실현하려면 대화는 즉흥적이어서는 안

2 식사하면서 휴대폰으로 보거나 듣는 콘텐츠로, 일종의 반찬이라는 의미.—옮긴이

되며, 위의 모든 과정이 철저하고 세심하게 설계되어야 합니다.

우선 시리즈 대화의 다양한 확장의 방향성을 설정해 주제가 지속적으로 함의와 외연을 넓히도록 해야 합니다. 우리는 '낯선 사람'이 사회학 분야에서는 이미 정의된 학술 용어임을 인식했습니다. 이를 대중 매체에서 더 확장하려면 추상적 틀 안에만 머물러서는 안 되며, 주제의 방향을 다양한 분야와 생활 현장으로 끌어와야 합니다.

그렇다면 어떤 분야가 '낯선 사람'과 가장 긴밀하게 연결되며, 낯선 사람과의 관계 형성에 영감을 줄 수 있을까요? 상상해보면 예술가는 사람을 관찰하고, 사회학자는 사람과 사람 사이의 관계를 탐구하며, 다큐멘터리 감독은 인간성을 통찰하는 등 각자의 전문성을 담은 연결된 시각을 제공할 수 있습니다. 주제를 더 확장하면 사람과 식물의 관계, 사람과 동물의 관계 등도 인간관계를 확장하여 생각해 볼 수 있는 영역이 됩니다.

대화자는 주제 및 분야를 고려해 상호 보완적으로 선정했습니다. 중요한 기준 가운데 하나는, 대화자가 이론적 관점에만 머무르지 않고 실천적 차원에서 공공성과 연결되며, 독창적인 통찰을 지니고 있어야 한다는 점입니다. 그래야 대화를 생활 현장 속으로 깊이 확장할 수 있습니다. 이에 따라 우리는 다섯 분야에 종사하는 분들을 모시고 인접 학문 및 지식이 오가는 다섯 차례의 전문가 대화를 마련했고, 한 차례의 대중 참여 대화를 별도로 기획했습니다.

효과적인 대화를 실현하려면 주 대화자 간의 충분한 논쟁이 핵심입니다. 이번 시리즈에서 샹뱌오 선생님은 대화를 시작하고, 의견을 제시하며, 행동을 촉발하는 역할을 맡았고, 우리는 여기에 질문자

한 명을 더 추가하기로 했습니다. 이는 어떤 의미에서는 대화를 받쳐주는 역할로, 회차마다 저나 디자인 연구자 돤즈펑 선생님이 번갈아 맡았습니다.

각 차례의 주제와 대화자가 정해진 후에는 주제 연구와 질문지 설계도 매우 중요합니다. 일반적인 텍스트 형식의 대화 문장과 달리 질문과 답변은 후속 작업에서 재가공이 가능해야 하며, 순서를 바꿔 논리적으로 재배치할 수 있어야 했습니다. 이번 '낯선 사람과 부근을 만들기' 시리즈 대화는 먼저 싼롄영상라이브플랫폼에서 진행되고, 이후 다른 콘텐츠 형태로 전환될 예정이므로, 사전 질문 개발과 설계, 현장 대화의 논리성과 완결성, 질문과 답변의 질 모두에 더 높은 수준이 요구됐습니다.

우리의 사전 자료 준비는 두 가지 측면에서 이뤄졌습니다. 하나는 주 대화자 중심이고, 다른 하나는 주제와 관련된 공공 활동을 중심으로 했습니다. 첫 번째 시리즈인 샹뱌오와 류샤오둥 선생님의 대화를 예로 들면, 핵심 키워드는 '낯선 사람을 보는 방법'입니다. 류샤오둥 선생님을 선택한 이유는 그가 예술가라는 신분으로 '보기'의 특권을 지닌 사람이기 때문이 아니라, 그가 가지고 있는 현장에 대한 인식 때문이었습니다. 지난 10년 동안 그는 세계 각지의 다양한 지역을 방문하며 구체적이고 살아 있는 가정 속으로 들어가 현지 사람 및 사건과 연결되었고, 그 현장에서 관찰·이해·묘사함으로써 사람을 보는 것에 대한 깊은 성찰을 이뤄냈습니다. 이에 상응하는 것은 주목받는 여러 공공 활동입니다. 예를 들어 팬데믹 기간 전 세계에서 진행된 '창경 교환窗景交換' 활동, 지하철에서 지속적으로 펼친 '낯선 사람 한 명 그리기畫一個陌生人' 실천, 소셜 계정에서 운영된 '일반인 박물관普通人博物館', 이론적 차원의 '보이지 않는 망토 착시隱形鬥篷錯覺' 등입니다.

대본 설계도 첫 번째 대화를 예로 들어 설명할 수 있습니다. 사람을 보는 방법을 탐구하려면 먼저 '보기'를 층층이 분석하는 접근이 필요합니다. 가장 겉층은 '관상 보기'나 '얼굴 보기', 그다음은 '몸 보기', 그다음은 '생활 감각 보기'입니다. 따라서 질문 설계는 왜 류샤오둥 선생님을 선택했는가라는 도입에서 시작해, 그림 속 관찰, 일상 속 관찰, 예술가의 인간 분류, 현장에서 관찰의 중요성, 몸 보기와 얼굴 보기의 차이, 창작을 방법과 행동으로 삼기, 낯선 사람을 보는 개인적 경험 공유 등의 주제로 이어집니다.

앞서 이러한 '정성을 다해 꽃을 심다' 과정을 마친 후, 우리는 '신경 쓰지 않아도 버드나무는 자라는' 결과를 기대하게 됩니다. 대화의 매력은 언제나 자연스럽게 발생하고 자연스럽게 진행되는 데 있습니다. 말하자면 '정성을 다해 꽃을 심지 않으면', '신경 쓰지 않아도 버드나무는 자란다'라는 것은 있을 수 없는데, 후자는 대체로 계획하거나 예측할 수 없는 영역입니다. 대화의 가장 흥미로운 부분은, 새로운 질문에 이끌려 더 깊고 먼 곳으로 나아가거나, 무심코 다른 길로 접어들어 더 아름답고 널따란 풍경을 발견하는 순간에 있습니다.

샹뱌오 선생님과 류샤오둥 선생님이 진행한 첫 번째 대화에서, 두 분은 예술가의 전문적 시각에 머물지 않고 사람의 생활감을 어떻게 볼 것인가에 초점을 맞췄습니다. 류샤오둥 선생님은 "사람을 보는 것은 사회적 지능"이라고 말하며, 사람을 본다는 것이 관상을 보거나, 겉모습과 얼굴을 보는 것이 아니라, 실제로는 내면의 생활 축적을 보는 것이라고 설명했습니다. 이는 자연스럽게 "생활 감각은 어떻게 구성되는가"라는 주제로 확장되며, 관객들의 폭넓은 공감을 불러일으켰습니다.

두 번째 대화자는 실제 범죄 분석과 서스펜스 추리를 다루는 웨이신 공식 계정 '몰약화원'의 운영자 허와피 선생님이었습니다. 인류학 박사로서 그녀의 실천은 공공 사건을 중심으로 이루어집니다. 가깝게는 아파트 단지 경비원 집단에 대한 조사, 멀리는 극단적 범죄 사건 조사까지 포함됩니다. 여기에 더해 우리는 공공 여론에서 주목받는 '부근의 소실과 부근의 낯섦화'를 결합해 이 대화의 방향을 사전에 설정했습니다. 주제는 도시 속 낯선 사람과 안전감의 관계를 중심으로 이루어졌습니다. 이 주제 설정하에서 질문도 설계됐습니다. 예를 들어 두려움과 낯선 사람의 관계, 사구 안전감의 구성, 성별에 따른 두려움의 원인 차이 등을 어떻게 탐구할지 구체화했습니다. 현장에서는 많은 중요한 주제가 새롭게 발견되고 논의되었습니다. 가령 왜 우리는 가까이 있는 사람에게는 무심한데 멀리 있는 사람에게는 마음을 털어놓는가라는 것입니다. 여기에는 친밀한 관계 속에서의 낯섦화와 낯선 사람의 경계 문제가 함께 얽혀 있습니다.

세 번째 대화는 다큐멘터리 「사마터, 너를 사랑해」의 감독 리이판 선생님과 했습니다. 이전에는 사마터가 비주류 집단으로 인식되었고, 사회는 그들에게 그런 라벨을 붙였습니다. 그러나 이번 대화에서 우리는 사마터에게서 보편성을 발견했습니다. 예를 들어 그들은

"조립 라인에서는 역사가 없고, 사마터를 할 때만 있다"고 언급했는데, 이는 사실 불안에 대한 보편적인 표현입니다. 또한 샹뱌오 선생님은 사마터가 자기 자신을 낯설게 만드는 집단이라는 점을 지적했으며, 그들이 스스로를 낯설게 함으로써 사회 속에서 자신의 안전감을 확보한다는 사실을 이야기했습니다.

네 번째와 다섯 번째 대화에서는 각각 상하이 사구 화원 창립자 류웨라이 선생님과 난징 훙산삼림동물원 선즈쥔 원장님이 참여했습니다. 사구 화원 대화에서는 주제가 사구 화원을 어떻게 조성할 것인가에 그치지 않고, 식물이 어떻게 사구 속 낯선 사람들을 연결하는가, 그리고 왜 식물이 이런 연결을 가능케 하는가로 확장되었습니다. 동물원과 관련된 대화에서는 주제가 사람과 동물의 새로운 관계, 그리고 동물과 동물의 관계가 낯선 사람 간의 상호 인식에 주는 시사점으로 전환되었습니다. 선즈쥔 원장이 말했듯, 동물을 관찰하는 것은 사실 자기 자신을 보고, 자신과 타인의 관계를 보는 것입니다.

이 다섯 차례의 대화는 먼저 소셜미디어의 영상 라이브를 통해 진행되었고, 회차마다 수십만 회의 조회 수를 기록했습니다. 하지만 이것만으로는 충분하지 않았습니다. 우리는 이 다섯 차례의 대화가 여전히 전문 영역 안에서만 티키타카를 할 뿐이니, 진정한 대중적 '파급 효과'를 이루려면 현장 관객들의 '의자'를 추가하여 대화 공간을 확장할 필요가 있다고 판단했습니다.

대화의 장을 확대하다

대화의 의미를 논할 때, 샹뱌오 선생님은 대화자 간의 상호 자극도 중요하지만, 더 중요한 것은 대화를 통해 '장'을 설정하고 더 많은 일반인을 끌어들이는 것이라고 했습니다. 이 장 안에서 대화가 오가다 보면 중간에 틈이 생기고, 사람들이 참여하게 되며, 생각이 자극됩니다. 동의하거나 반대하면서, 혹은 자신의 경험과 맞는다거나 어딘가 어긋난다고 느끼면서, 그 어긋남이 어디서 비롯된 것인지 고민하게 되는 과정입니다. 이것이 바로 '대화의 장'을 통해 촉발되는 과정입니다.

이런 의미에서 두 사람이 주요 대화자가 되고, 질문자는 제3자가 되었지만, 더 중요한 것은 잠재적 제4자, 즉 우리가 자극하려 하는 일반 대중입니다. 그렇다면 이러한 확장과 자극 효과를 어떻게 실현할 수 있을까요? 우리는 두 가지 방법을 택했습니다. 첫째, 대중의 자극과 참여 메커니즘을 설정하는 것, 둘째, 멀티미디어 플랫폼을 활용한 통합적 확산입니다.

대중의 자극과 참여 메커니즘은 어떻게 설정했을까요? 우선 몇 차례의 라이브 대화 전에 우리는 다양한 분야의 전문가를 초청해 자기 일상에서의 구체적 경험을 공유하도록 했습니다. 주제는 부근 보기, 낯선 사람 보기였고, 공유자는 디자이너, 식물학자, 건축가, 작가, 만화가 등으로 구성되었습니다. 이들은 도시의 글, 소리, 식물, 포장마차 등을 출발점으로 삼아 자신의 접근법과 방법을 공유했습니다. 이러한 공유는 위챗 문장의 형식으로 발행되어 대중에게 아이디어를 던지는 역할을 했습니다. 또한 우리는 샤오훙수 등 협력 플랫폼과 연계해 각 회 라이브 방송 후 샤오훙수, 싼롄 위챗 공식 계정, 중두中讀 앱, 싼롄 공용 이메일 등에서 대중의 피드백과 질문을 받았습니다. 마지막으로 수집된 대중의 질문을 선별·분류·정리해 하나하나 '질문 보따리'로 만들고, 최종 회 대화에서 '샹뱌오, 응답하라' 코너를 만들어 제가 대중을 대신해 샹 선생님께 질문하는 방식으로 추진했습니다.

최종 회 대화 전까지 샤오훙수 플랫폼에서 우리는 대중과 활발하게 소통했습니다. 조회 수는 2500만 회를 넘어섰고, 각 플랫폼에 달린 댓글 수는 거의 1만 건에 달했습니다. 많은 네티즌의 질문과 피드백은 매우 길게 작성되었으며, 모두 자신의 생활 경험과 성찰을 바탕으로 한 것이었습니다. 샹뱌오 선생님은 이를 사회학적 의미에서의 '선물'이라고 표현했습니다. 이 글들은 그저 특정 개인에게 보내는 것이 아니라, 더 공공적인 집단, 즉 더 넓은 세계 및 사람들과 나누고자 하는 마음을 담고 있다는 점에서 의미가 있었습니다.

대화의 장을 더 확장하고 대중과 효과적인 상호작용을 하려면 먼저 수천 수만 건에 달하는 관객의 피드백, 즉 질문 데이터베이스를 정리해야 했습니다. 우리는 사회학적 방법을 참고해 낯선 사람과의 연결을 멀리서 가까이 이어지는 순서로, 마치 물결처럼, 대중이 보낸 '선물'을 하나씩 분류·선별하고, 나아가 논의했습니다.

멀리서 가까이로, 첫 번째 범주는 낯선 사람을 관찰하고 낯선 사람과 교류한 이야기와 경험입니다. 이 범주는 가장 일반적인 의미에서 낯선 사람과의 소통으로, 예를 들어 택시 기사와의 배려 어린 대화,

포장마차 앞에서의 소소한 교류 등이 포함됩니다. 사실 이런 접촉은 대부분 수동적이지만 낯선 사람의 선의를 통해 종종 매우 흥미로운 대화가 시작되곤 합니다. 두 번째 범주는 능동적으로 낯선 사람을 보고 접촉한 이야기입니다. 예를 들어 한 네티즌은 편지 쓰기 시뮬레이션 앱을 개발했는데, IP 주소를 통해 거리를 표시하고, 이 거리에 따라 편지 도착 시간이 달라지게 하는 방식입니다. 세 번째 범주는 낯선 사람과의 연결 과정에서 구체적인 결과가 나타난 사례입니다. 가령 원저우의 한 단체는 매주 금요일 저녁 6명의 낯선 사람과 함께 식사를 했고, 7년 동안 이 행사를 178회를 개최했습니다. 네 번째 범주는 '준낯선 사람'과의 교류로, 주변 동료나 학교 친구, 지인과의 교류를 포함합니다. 다섯 번째 범주는 친밀한 관계 안에서조차 익숙하지 않고, 잘 알지 못하며, 심지어 매우 낯선 사람, 특히 많은 사람이 언급한 '가장 익숙한 낯선 사람'인 부모와의 관계에서 오는 혼란 등을 다룹니다. 마지막 여섯 번째 범주는 자기 자신으로 되돌아가는 것입니다. 낯선 사람과 관계 맺는 일은 궁극적으로 자기 자신을 돌아보는 과정과 연결됩니다.

이처럼 층층이 깊어지고 개개인의 구체적인 고민과 경험을 담은 공유에 대해 샹뱌오 선생님은 공감과 통찰이 가득한 답변을 했습니다. 마지막 회차인 이 대화의 효과는 즉각적으로 나타났으며, 싼롄주간의 공식 계정에서 이 영상은 단일 회차 67만 명 동시 시청이라는 기록도 세웠습니다.

대중 참여 방법을 설정함과 동시에 우리는 멀티미디어 플랫폼을 활용한 통합적 확산 전략도 병행했습니다. 대화의 가장 직접적인 확산 방식은 라이브 영상으로, 주제를 폭발적으로 확산시키는 역할을 했습니다. 이후 콘텐츠를 정리해 팟캐스트로 제작해 2차 발효를 유도하고, 롱테일 효과를 발생시켰습니다. 또한 연속적인 위챗 기사를 통해 깊이 있는 회고를 제공하고, 대중 참여를 촉구했습니다. 짧은 영상 클립도 제작해 대화의 주요 장면을 다시 보여주고 영향력을 확대했습니다. 현재 이 시리즈 대화는 책으로도 취합되고 있으며, 앞으로는 동일한 주제의 온오프라인 행사를 기획해 확산 범위를 더 넓힐 계획입니다.

특기할 점은, 온라인 대화에서 도서 출판으로 이어진 과정이 또 한 번의 콘텐츠에 대한 전방위적 심화 과정이었다는 것입니다. 도서 체계에 맞춰 우리는 6회의 대화 내용을 새롭게 편집·정리하여 주요 장을 구성했습니다. 샹뱌오 선생님은 1만 자가 넘는 서문을 추가해 탄탄한 이론적 틀을 세우고, 대화 발생의 '심도景深'를 제공했습니다. 이 서문은 더 긴 시간적 차원과 더 종합적인 사회적 배경에서 '낯선 사람'이라는 주제를 바라보며, 동시에 낯선 사람을 '나'로 반사함으로써 독자가 현재시점에서 이 문제를 탐구할 수 있는 좌표계와 체감성을 구축하도록 도왔습니다. 저 또한 후기를 추가해, 이 시리즈 대화가 일어난 과정과 그 속에서 미디어가 수행한 역할을 되돌아봤습니다.

층층으로 확장되는 이 시리즈의 콘텐츠 생산 과정에서 많은 사람이 마음과 힘을 보탰습니다. 먼저 샹뱌오 선생님께 특별히 감사드립니다. 선생님의 예리하고 직관적인 주제 발견, 대중, 특히 젊은 세대의 구체적인 문제에 대한 관심과 공감, 그리고 각 주제의 해체와 통찰력이 없었다면 이렇게 뜨겁고 지속적인 대중의 반응을 얻을 수 없었을 것입니다. 또한 여러 차례의 대화에 참여해주신 류샤오둥, 허와피, 리이판, 류웨라이, 선즈쥔 등의 선생님, 진행을 함께한 디자인 연구자 돤즈펑 선생님, 기획 자문을 제공한 허즈썬 선생님께 감사드립니다. 이분들은 각자의 전문 지식과 실천 경험으로 기여해, '낯선 사람'이란 주제가 구체적인 현장에서 전개되고 깊이를 가질 수 있도록 해주셨습니다. 또한 각 플랫폼에서 자신의 생애 경험을 아낌없이 공유해주신 관객과 독자분들께 감사드리며, 덕분에 '낯선 사람과 부근을 만들기'가 더 넓은 세상으로 확장될 수 있었습니다.

제 동료들에게도 감사드립니다. 싼롄생활미디어유한공사의 출판 편집자인 자오추이趙翠는 세심하고 꼼꼼한 소통과 편집 작업을 담당해주었고, 출판 총괄 뤄단니羅丹妮는 귀중하고 핵심적인 전문 의견을 제공해주셨습니다. 싼롄중두三聯中讀 콘텐츠부의 장톈젠張天健, 위리사俞力莎는 팟캐스트 플랫폼을 지원해주었습니다. 무엇보다 처음부터 끝까지 다양한 복잡한 백스테이지 작업에 헌신해준 싼롄인문도시팀의 동료들, 위안샤오쉐袁瀟雪, 예즈葉子, 예자리葉嘉莉, 왕페이위王菲宇, 위빙루俞冰如, 쑹양宋洋, 우페이산吳佩珊께 깊이 감사드립니다. 감사합니다!

'선물'이라는 주고받음의 본질로 돌아가자면, 이번 시리즈 대화를 시작한 초심은 개인과 부근, 그리고 사회적 관계를 연결하는 중개자를 세우고, 선물과 같은 다리를 찾는 것이었습니다. 이 책이 출간된 후 '낯선 사람과 부근을 만들기'라는 주제가 새로운 방식으로 출현하고 새로운 주제의 참여를 촉진하면서 지속적으로 성장해나갈 것으로 믿습니다.

옮긴이와 샹뱌오의 대화

열려 있는 도구함

샹뱌오 교수는 사회학과 인류학 분야에서 미시적인 접근을 통해 사회의 다양한 결을 포착하고 이를 이론화하는 연구자이자, 연구를 이론에만 머물게 하지 않고 다양한 사회적 실천을 통해 지식을 생산하는 실천가다. 중국의 뿌리 깊은 사회 문화에서 출발한 그의 통찰은 세계적으로 인정받아왔으며, 학창 시절은 베이징대학과 옥스퍼드대학에서, 교직생활은 옥스퍼드대학과 현재 막스플랑크연구소에서 이어지고 있다.

이번 책은 대화 방식으로, 오늘날 중국 사회의 다양한 층위에서 나타나는 낯섦화의 문제들을 드러내고, 동시에 낯선 사람과 부근을 구성하는 가능성을 탐색하려는 시도다.

2024년에 출간된 『경계를 넘는 공동체』의 역자로서 한 이번 작업은 샹뱌오 교수와 협업한 또 하나의 결과물이다. 2025년 여름, 샹뱌오 교수와 서울에서 만나 이야기를 나누었다.

이 책이 대화 형식을 띠는 만큼 옮긴이 후기도 책이 추구하는 지향점과 핵심 메시지, 그리고 한국 독자들에게 전하고 싶은 바를 샹뱌오 교수와 함께 대화하는 방식으로 준비했다.

박우 『주변의 상실』『경계를 넘는 공동체』에 이어 『낯선 사람과 부근을 만들기』도 한국에서 출간되었습니다. 한국 독자들에게 점점 깊이 각인되고 있는데 소감이 어떠신지요?

샹뱌오 몹시 기쁩니다. 사실 해외에서 가장 먼저 이 책의 번역을 제안한 곳이 한국의 출판사이기도 합니다. 특히 기쁜 이유는, 이 책이 한 권의 저작을 넘어 더 큰 사유 및 문제의식과 연결되기 때문입니다.

처음부터 이 책을 쓰려는 계획은 없었습니다. 저와 몇몇 협업자는 여섯 차례의 공개 대화를 진행하고 있었을 뿐입니다.

제가 이 대화 프로젝트를 기획한 이유는 사회과학 연구에 있어 '공동의 관심사'라는 접근을 발전시키려 했기 때문입니다. 여기서 '공동의 관심사' 접근이란 연구의 출발점을 학계 내부의 논쟁이나 정책적 요구에서 찾는 것이 아니라, 일상에서 사람들이 겪는 관심사와 고민들에서 시작해야 한다는 것입니다.

연구 결과 역시 학술적 이론이나 정책 제언에만 머물러서는 안 됩니다. 그보다는 대중이 자신의 생활을 스스로 사유하고, 그 속에서 힘을 얻도록 돕는 개념과 언어를 만들어내야 합니다.

우리가 수행하는 연구가 대중에 '관한' 연구로만 남아서는 안 됩니다. 대중을 '위한', 대중에게 '닿는', 대중과 함께 '만들어가는' 연구가 되어야 합니다. 저는 이 일련의 대화가 저와 같은 연구자들이 대중에게 유용한 개념과 표현을 발견하고 발전시키는 데 도움을 줄 거라고 생각했습니다. 그리고 청중이 그 대화에 참여해 스스로 생각을 열어가도록 초대하는 과정이기도 합니다.

그렇다면 제가 왜 굳이 '공동의 관심사'를 제기했을까요? 2020년대 들어 대중의 교육 수준과 사유 능력이 비약적으로 높아졌다는 사실을 뚜렷이 인식했기 때문입니다. 현재 전 세계적으로 중등 교육을 받은 사람 중 약 40퍼센트가 고등 교육 기관에 진입합니다. 중국에서는 이 비율이 2025년에 이미 60퍼센트를 넘어섰습니다. 반면 사회학과 인류학이 근대 학문으로 성립되던 19세기와 20세기 초 세계 인구의 대부분은 문맹이었고, 고등 교육을 경험한 사람은 극소수에 불과했습니다. 그런데 이제 사회 구조가 이렇게 달라졌다면 사회과학 연구 또한 바뀌어야 하지 않을까요? 전문 연구자들만이 사고하고, 대중은 그 사고의 대상이 되는 시대가 아니라는 것입니다.

세계 어느 나라에서 이런 변화가 가장 뚜렷이 나타나고 있을까요? 의심할 여지 없이 한국이 대표적인 국가 중 하나입니다. 한국 사회가 교육에 투입하는 자원과 기대는 매우 높으며, 젊은 세대는 교육을 받으며 그것이 주는 압력 또한 크게 감당해왔습니다. 이들은 감각적 이해나 사고 능력 면에서 연구자들에게 결코 뒤지지 않습니다. 오히려 이들이 던지는 질문은 종종 연구자가 문헌을 탐색하며 도출하는 것보다 더 깊고, 생활에 더 밀착해 있습니다. 오늘날의 젊은 세대에게는 자기 생활을 둘러싼 무수한 의문이 존재합니다. 그러나 그들이 바라는 것은 '객관적 진리'나 전문가가 내려주는 해답 같은 게 아닙니다. 그들은 자기만의 방식으로 문제를 사유하고 싶어합니다. 그들에게 필요한 것은 더 나은 사고 도구와 표현 수단입니다. 그 도구들을 통해 스스로를 분석하고, 자기 목소리를 내며, 공적 논의의 장에 더 능동적으로 참여하는 것입니다. 이 책이 한국에서 출판될 수 있다는 사실은, 제가 찾으려 했던 더 많은 대화 상대를 만나게 되었다는 뜻이기도 합니다.

또한 한국어판 출간을 두고 설레는 이유는 이것이 일종의 실험이기도 하기 때문입니다. 즉 '공동의 관심사'에서 그 '공동'이 어디까지 확장될 수 있는가를 확인해보려는 시도입니다. 이 책에서 대화를 나누는 사람은 모두 중국인이며, 논의의 초점 또한 중국 사회를 향하고 있습니다. 그렇다면 한국 독자들은 여기에 공명할 수 있을까요? '공동의 관심사'에서 '공동'이란 추상적이고 거대 담론적인 문제가 아닙니다. 예컨대 불평등이나 기후변화처럼 전 지구적 의제를 뜻하는 것이 아닙니다. 오히려 매우 구체적이고 일상적인 생활 조건 속에서, 특정한 사회 집단과 환경에 밀착해 형성되는 문제의식이 바로 그 '공동'입니다.

저는 이렇게 생각합니다. 일상의 압박을 어떻게 감지하는가, 자유와 존엄을 어떻게 이해하는가와 같이 지극히 구체적인 문제일수록 오히려 전 인류가 연결될 가능성이 큽니다. 그렇지만 이런 연결은 추상적인 이론을 통해 이뤄지지 않고 구체적 경험과 감각을 통해서만 다다를 수 있습니다. 그렇다면 중국인들의 생활에서 길어올린 구체성이 과연 더 넓은 곳에서 보편적 논의로 확장될 수 있을까요? 그리고 이를 통해 '공동의 관심사'를 더 많은 사람에게 더 깊게 이야기할 수 있게 될까요? 만약 우리가 문화와 사회의 경계를 넘어 소통하면서 더 깊은 차원에서 서로가 공유하는 것을 발견할 수 있다면, 우리는 동아시아의 매우 구체적인 경험으로부터 세계적 의미를 지닌 사유를 발전시킬 수 있을 거라고 믿습니다.

박우 『경계를 넘는 공동체』를 번역하게 된 것도 실은 제가 추구하는 연구 방법론과 사회를 바라보는 시각이 선생님과 매우 흡사하고, 그 책에서 많은 것을 배웠기 때문입니다. 특히 우리는 현장의 중요성, 개인의 생활 경험, 그리고 이 개인들 사이의 관계를 직접 눈으로 확인하고 몸으로 느껴야 한다는 전제를 공유하고 있습니다.

연구 방법론상 흔히 질적 연구라고 부를 수 있지만, 이 작업이 꼭 사회학·인류학만을 위한 것은 아니기에 이 표현을 자주 쓰진 않겠습니다. 그럼에도 이러한 현장 참여 자체는 하나의 연구적 실천으로 여겨집니다. 선생님 또한 실천을 기반으로 연구하는 실천적 연구자로 보이고요.

그렇다면 이 책에서 택한 대화 방식 역시 하나의 실천으로 이해해도 될까요? 그렇다면 이 '대화라는 실천'을 통해 전달하려 한 메시지가 무엇인지 듣고 싶습니다.

샹뱌오 맞습니다. 『낯선 사람과 부근을 만들기』는 어떤 연구 프로젝트의 산물이 아니라 하나의 실천을 기록한 책입니다. 그 실천이란 여섯 차례의 대화와, 그 대화가 촉발한 소셜미디어상의 논의입니다. 이 대화의 목적은 공적 사유와 토론을 자극하는 데 있었습니다. 우리는 개인의 생활에서 비롯되는 감각, 특히 혼란과 곤혹을 출발점으로 삼아 구체적 경험에 기초해 그 경험을 다시 사유하고자 했습니다. 이를 통해 대중이 자신의 생활을 좀더 선명히 이해하도록 돕고자 했습니다. 생활의 경험이란 뒤엉킨 혼돈도, 무질서도, 두려움도 아니라는 것을 깨달을 때 사람들은 생활을 스스로 형성할 힘을 발견할 수 있을 것입니다.

이번 실험은 비교적 좋은 성과를 거두었습니다. 대화 주최자인 『싼롄생활주간』의 통계에 따르면, 여섯 차례의 온라인 생중계에 총 117만 명이 넘는 시청이 이루어졌습니다. 『싼롄생활주간』은 이 대화를 다시 팟캐스트로 제작했는데, 2023년 3월, 즉 대화가 막 끝나고 마지막 회차가 업로드되기 전 단계에서 이미 앞선 5회차의 재생 수가 51만을 넘어섰습니다. 같은 시점을 기준으로 소셜미디어에서 이 대화와 관련해 게시된 기사들의 누적 조회 수는 21만2000회를 넘었으며, 여러 플랫폼에서 남긴 댓글과 상호작용의 수도 8000여 건에 달했습니다. 바로 이런 반응을 바탕으로 일련의 대화를 책으로 묶어봐도 좋겠다는 생각에 이른 것입니다.

'대화라는 실천'이 전하려는 메시지, 그리고 이 실천이 다다르려 하는 효과는 뭘까요? 이는 제가 중국 사회를 어떻게 판단하고 있는지, 다시 말해 우리가 지금 마주한 '공동의 관심사'를 어떻게 파악하고 있는지와 직결됩니다. 2020년대의 중국은 많은 사람에게 불확실성으로 가득한 시기로 다가옵니다. 특히 젊은 세대에게 "나는 어떤 삶을 원하고, 어떤 사람이 되어야 하는가"라는 질문이 그 어느 때보다 더 날카롭고 시급하게 다가오고 있습니다. 이런 물음을 탐색하기 위해 대중은 새로운 방식으로 바라보고, 감각하고, 사고할 수 있어야 합니다. 또한 자기 경험을 묘사하고 감정을 표현할 새로운 언어가 필요합니다. 그러나 오늘날 중국에는 이런 게 크게 결핍돼 있죠.

박우 중국 사회의 불확실성은 사실 많은 연구와 공적 논의에서도 다뤄지고 있습니다. 급변하는 사회·물질적 풍요로움과 별개로 확산되는, 대중적 차원에서 느끼는 집단적 감각으로서 결핍, 이 둘 사이의 균형을 어떻게 맞춰갈지가 중요해진 지 오래되었습니다. 그런데 대부분의 불확실성과 결핍에 대한 논의는 경제적 문제와 연결시키던데, 선생님은 그 외의 문제에 대해 통찰을 한 것 같습니다. 그렇다면 선생님이 보신 불확실성과 결핍을 구체적으로 이야기해줄 수 있나요?

샹뱌오 사람들이 체감하는 불확실성은 일상의 모든 층위에 스며 있습니다. 경제는 하강 압력을 받고 있고, 일자리를 찾는 일은 갈수록 어려워지고 있습니다. 젊은이들은 공무원 시험을 준비해야 할지, 해외로 나가야 할지, 아니면 대학원에 진학해야 할지조차 결정하기 어렵습니다. 국제 정세의 변화 또한 세상에서 과연 어느 곳이 진정 안전하며 미래를 대표할 수 있는지 확신할 수 없게 만듭니다.

이런 불확실성 자체는 개인의 힘으로 바꿀 수 없습니다. 우리가 변화시킬 수 있는 것은 불확실성에 대응하는 능력이며, 지금 결핍되어 있는 것도 바로 이 능력입니다. 젊은 세대가 불확실성을 두려워하는 이유는 일자리를 구하기 어려워졌기 때문만이 아닙니다. 그보다는 오랜 시간 열심히 공부하면 좋은 직업을 얻을 수 있을 거라는 믿음을 가지고 살아왔고, 삶의 경로가 분명하며 대체할 수 없는 '정답'처럼 존재해왔는데 이 전제가 갑자기 무너졌다고 느끼기 때문입니다. 그래서 그들은 배신당한 듯, 사회로부터 '두들겨 맞은' 듯한 감각을 경험하며, 이러한 불확실성의 시대에 어떻게 의미를 발견해야 할지 알지 못합니다. 나아가 자신이 겪는 억압과 답답함을 어떻게 분석하고 표현해야 할지 몰라 난감해합니다.

요즘 흔히 말하는 '실어失語' 혹은 '무어無語' 상태에 놓인 주요 원인 중 하나는, 공적 영역에서 사용되는 한어의 표현 방식이 점점 경직되고 있으며, 특히 공식 매체와 소셜미디어에서 통용되는 언어와 개인의 경험 사이에 커다란 단절이 있기 때문이라고 생각합니다. 또한 소셜미디어상의 언어는 갈수록 극단화되는 경향을 보이면서 사람들의 미세한 감각과 정동을 조직화하고 해석하지 못하고 있습니다. 특정 표현 방식은 특정 사고방식과 불가분한 관계입니다. 소셜미디어의 댓글 문화를 관찰해보면, 그곳의 '사고'는 종종 타인을 옳고 그름으로 재단하고, 나아가 자기 자신에 대해서도 "나는 제대로 하고 있는가, 충분히 잘하고 있는가"와 같은 질문을 끊임없이 던지는 '판단'으로 대체되고 있습니다. 이런 사고방식은 대체로 평면적일 뿐 아니라, 정서상 과잉 반응적 성향을 띤다는 점에서 문제가 있습니다. 현재 결핍된 것은 경험에 기반한 분석적 사고이며, 이는 '무엇이 어떻게 일어나고 있는가'를 명료하게 서술하는 능력의 부족으로 나타나고 있습니다. 표현 방식과 사고방식의 이 같은 변화의 배경에는 생활양식 자체의 변동이 있습니다. 일상적 생활 경험은 점차 희박해지며, 특히 청년 세대는 자기 삶을 둘러봤을 때 흥미롭거나 생동감 있고 힘을 부여하는 요소들을 발견하기 어렵다고 느낍니다. 때로 자극적인 사건들이 있지만 전반적으로는 공허감이 큽니다. 사람들은 생활의 결 속으로 침잠해 일상에서 축적되는 지혜를 포착하고 체화하는 방법을 알지 못하게 되었습니다. 이런 문제의식을 공유하고 논의함으로써 우리는 '보충 학습'을 시도하고자 합니다.

박우 이 대화에 참여한 분들은 대학에만 소속된 학자가 아니라, 각자의 전문 분야에서 활발히 활동하는 실천가들입니다. 이 구성이 의도된 것인지 궁금합니다. 또한 각 대화자가 한 역할과, 대화의 흐름 속에서 그들이 지닌 특성이 어떤 매력과 흡인력을 만들어냈는지 알고 싶습니다.

샹뱌오 처음부터 저와 『싼롄생활주간』은 대학 내 전문 연구자들을 초청하기보다 디자이너나 예술가처럼 서로 다른 '전문성'을 지닌 인물들과 대화하기로 결정했습니다. 이들은 특정한 일을 하는 실천가이며, 연구자들이 개념화에 치우치는 것과 달리, 수행자 관점에서는 구체적이고도 세부적인 차원을 이야기하기 때문입니다. 동시에 이런 '전문적' 실천가들은 체계적으로 활동하는 이들이기에 일반 대중보다 한층 더 직접적이고 실제적인 경험을 제시할 수 있습니다. 저는 이런 서술 방식이 매우 중요하다고 생각합니다. 도시에서 꽃을 심는 행위처럼 그 자체로는 아주 사소해 이야깃거리가 없어 보이는 활동이라도, 그 일을 어떻게 수행했고 그 후 어떤 변화가 일어났는지 구체적으로 서술함으로써 우리는 많은 일이 실제로 가능하며, 그것들을 흥미롭고 의미 있게 만들어낼 수 있음을 체감하게 됩니다. 이런 서술은 실천을 지속할 힘을 부여합니다. 말하지 않고 행하는 것만으로는 충분하지 않으며, 행하지 않고 말만 하는 것 역시 지속성을 갖기 어렵습니다. 수행과 서술이 병행될 때 비로소 실천은 점점 더 활력을 얻습니다. 이런 구체적 서술을 바탕으로 저는 중국 사회 생활의 몇 가지 기본 특징을 정리하고자 합니다. 예컨대 겉으로는 투명하지만 실제로는 숨 쉴 틈 없는 "투명하지만 숨 막히는"

환경, 생활 방식은 갈수록 다양하고 정교해지지만 정작 삶은 더 억압적이고 공허해지는 경험, 범죄율이 상당히 낮음에도 끊임없이 '안전'을 염려하는 정동적 분위기입니다. 이런 대화들은 또한 사회 집단을 가로지르는 공동의 문제의식을 떠올리게 합니다. 가령 화이트칼라 직업을 획득한 "지방의 개천용"과 농민공 집단의 자의식 문제, 도시 아파트 단지에서 중산층 거주민과 경비 노동자 모두가 자신의 생활 세계가 불안정하다는 점에서 공유하는 불안 등이 있습니다. 이는 어쩌면 일본의 오즈 야스지로, 타이완의 허우샤오셴, 한국의 이창동, 중국의 자장커 감독 등 동아시아 감독들의 고도로 사실주의적인 영화 미학과 유사한 측면이 있을 수 있고, 담담한 서술 속에서 삶의 철학이 자연스레 드러나도록 하는 시도라고 할 수 있습니다.

이런 실천가들의 서술은 실천 속에 축적된 지혜를 좀더 직접적으로 발굴하며, 이를 통해 무엇을 할 수 있는가라는 질문에 응답하고자 합니다. 예컨대 다큐멘터리 감독 리이판은 "지식 생산은 지식 내부가 아닌, 직접 경험과 기존 지식 사이의 단절 지점에서 이루어지므로, 바로 그 지점으로 가서 판단하고 감각해야 한다"고 강조합니다. 화가 류샤오둥은 인간을 어떻게 바라보고 감지할 것인가를 논하고, 사구 활동가 류웨라이는 낯선 이들끼리 어떻게 함께 행동하도록 만들 것인지를 공유하며, 동물원 원장 선즈쥔은 인간 중심주의를 넘어 인간과 동물 간의 연결을 구축하면서 인간과 인간 간의 연결 또한 증진하는 방식을 제시합니다.

박우 앞의 질문에 대해 선생님은 한어가 경직되고 있고, 매체와 실

생활 사이의 언어가 단절됐다고 하셨는데요. 하지만 요즘 인공지능의 등장으로 언어가 더 다원화되고, 사람들이 여러 정보를 손쉽게 접할 수 있게 된 측면도 있습니다. 이런 기술적 진보가 대중이 경험하는 결핍을 해소하는 데 도움을 줄 수 있지 않을까요?

샹뱌오 저는 인공지능 기술의 발전이 언어를 다원화하고 있다고 생각하지 않습니다. 오히려 우리 사고와 표현 방식이 더 단일해지고, 생활 경험과의 연결로부터 한층 더 멀어지고 있다고 판단됩니다.

AI는 방대한 정보를 요약하고 통계적 규칙성과 패턴을 발견함으로써 일정한 틀을 제시할 수 있으며, 문장을 매끄럽게 구성할 수도 있습니다. 그러나 AI가 생성하는 언어에는 '사람 냄새'가 없습니다. 오늘날 대중은 단순히 '객관적 사실'의 배열이 아닌 자신의 감각과 정서를 표현할 언어를 찾고, 자신이 어떤 방식으로 대응하면서 스스로를 어떻게 더 풍부하게 만들어갈지 모색합니다. 다시 말해 연구란 거울이 아니라 모터이고, 카메라가 아니라 엔진입니다. AI는 다양한 정보를 한데 모아 파노라마처럼 제시할 순 있지만, 거기에 어떤 의미가 잠재되어 있는지, 우리는 그걸 어떻게 이해하거나 또 어떤 방식으로 대응해야 하는지, 나아가 개인의 감각과 경험을 어떤 언어로 표현할 수 있을지는 가르쳐주지 못합니다. 지금과 같은 AI 정보의 범람과 AI가 만들어내는 담론은 오히려 인간으로서의 표현 언어를 잠식하고 있으며, 이런 상황은 위험하게 여겨집니다.

박우 매우 흥미로운 지점입니다. 언어적 조건의 연장선에서 더 이야기해보자면, 이 책이 대화 방식으로 이뤄졌는데요, 중간에 논리가 다른 방향으로 새어나가곤 합니다. 이번 대화에서는 건설적인 대화의 파장을 만들어내기 위해 어떤 방법을 택하셨나요? 또한 논리적 도구라 할 수 있는 것들은 뭔지 궁금합니다. 사회과학 연구를 하다 보면 종종 구체적인 사례나 접근할 지점이 필요한데, 이들 대화에서 우리가 주목할 포인트가 무엇인가요?

샹뱌오 맞습니다. 대화 방식에는 하나의 주제에서 다른 주제로 쉽게 이동하면서 전체적 논의가 산만해질 수 있다는 문제가 있습니다. 그런데 이 지점은 사실 매우 중요하며, 바로 '공동의 관심사' 연구가 어떻게 '대중과 함께 사유할 것인가'라는 방식상의 문제와 연결됩니다. 대중의 사유 목적은 이론을 구축하는 데 있지 않고 각자 직면한 문제들을 어떻게 감당할 것인가를 모색하는 데 있습니다. 현실의 문제들은 서로 다른 장면과 맥락에서 등장하며, 그 사이에는 명확한 논리적 연계가 없을 수도 있습니다. 그래서 우리는 어떻게 해야 각기 다른 구체적인 문제들을 포착하는 동시에, 일정한 수준의 총체적 인식으로 나아갈 수 있을까를 고민했습니다.

대화 과정에서 저는 줄곧 일종의 '집을 지어가는' 작업을 하고 있다고 느꼈습니다. 상대에게 질문하고, 가설적 해석을 제시하며, 그들이 자기 경험을 바탕으로 어떻게 답하는지 지켜봅니다. 이 과정을 통해 하나의 의제를 기하학적 입면으로 파악하고자 합니다. 가령 화가 류샤오둥과 사람이란 무엇인가, 어떻게 바라보는가를 논의했을 때, 저는 그의 관찰 속에 즉각적 판단의 강렬함과 동시에 인간의 생애 과정에 대한 깊은 관심이 존재함을 주목했습니다. 그는 개인의 특성을 즉시 포착해야 하지만, 동시에 작품 속에서 집단적 특질 또한 드러내야 합니다. 제가 요약해낸 이런 여러 측면이 과연 타당한가, 또 이들 상이한 측면은 어떤 관계를 맺고 있는가를 질문하면서, 각각의 입면이 연결되고 맞물려 하나의 입체적 구조, 즉 하나의 '집'이 구성되어간다고 생각합니다.

동시에 저 스스로 언제나 일종의 '손잡이'를 찾고 있다고 느낍니다. 이를테면 류샤오둥과의 대화에서 언급된 '쿨함'은 제게 사유를 이끄는 하나의 손잡이였습니다. 그것은 명확하고 손에 잡히며, 더 큰 사유를 지렛대처럼 들어올릴 수 있는 개념적 지점이기 때문입니다.

사유 과정에서 말하는 '손잡이'에는 네 가지 의미가 있습니다. 첫째, 논의 속에 등장하는 공통 지점을 추출해내는 것입니다. 공통 지점은 유사한 주제일 수도 있지만, 서로 다른 경험과 주제를 하나로 이어주는 모순적 결절점일 수도 있습니다. 둘째, 이질적인 논점을 하나로 불러 모은다는 것은 우리가 새로운 관점, 더 높거나 깊은 차원에서 사유해야 함을 뜻합니다. 이런 의미에서 손잡이는 우리 사고를 새로운 방향으로 전환시키는 일종의 조향장치처럼 기능합니다. 셋째, 손잡이는 사고의 흐름을 끊임없이 조이고 조율하기 위한 것입니다. 경험적 서술의 밀도가 높아지는 순간 그 밀도를 포착하려면 사유의 밀도 또한 따라와야 합니다. 경험의 밀도가 다층적이고 다차원적인 누적을 통해 형성된다면, 사고의 밀도는 하나의 분명한 실마리 혹은 문제(즉 손잡이)를 붙들고 끝없이 추궁하는 과정에서 구축됩니다. 넷째, 무엇보다 중요한 것은 저는 논의를 통해 그 당시에 다뤄진 구체적인 의제들을 넘어 일정한 보편적 의의를 지닌 개념, 관점, 사고방식, 혹은 질문을 추출해내려 한다는 점입니다. 그것은 이후 유사한 사유를 다시 지렛대처럼 들어올릴 수 있는 손잡이가 되어야 합니다. 따라서 사유의 '손잡이'는 키워드, 닻, 렌즈 등과 전혀 다릅니다. 손잡이는 단순히 개념화하는 데 그치지 않고 다른 사유를 '지렛대처럼' 움직이게 해야 하기 때문입니다.

다른 손잡이로는 허와피와의 논의에서 제기된 '단절' 개념, 그리고 리이판과의 대화에서 나온 '희화화' 개념 등을 들 수 있습니다. 대화들에서는 또한 실천적 의미에서의 '손잡이'도 계속 언급되었습니다. 예컨대 꽃을 가꾸는 일, 동물에 대해 이야기하는 일처럼 쉽게 '손에 잡히고' 곧바로 실행에 옮길 수 있으며, 동시에 또 다른 실천들을 이끌어낼 수 있는 행위입니다.

박우 '손잡이'는 사회학 연구가 왜 미시적 장면과 세부적인 상호작용을 꾸준히 해야 하는지 설명하는 데 매우 유용한 개념 같습니다. 거대한 구조와 추상적 담론만으로는 사회 변동을 충분히 포착하기 어려워 연구자는 구체적인 장면 속에서 손에 잡히는 지점을 찾아야 하고, 바로 그 지점이 세계를 이해하고 개입할 수 있는 실험 공간이 됩니다. 질적 연구에서 '손잡이'는 관찰과 인터뷰, 참여 현장에서 발견되는 작은 틈과 의외의 움직임, 사람들 사이의 감정과 감각의 변화 같은 것을 세심히 따라가게 만드는 일종의 안내자와 같습니다. 이를 통해 연구자는 사소해 보이는 행위나 관계의 미묘한 변화를 사회적 의미로 번역해내고, 그 안에서 새로운 가능성, 즉 함께 무언가를 만들고, 공간을 재조직하고, 관계를 재구성할 가능성을 발견하게 됩니다. 결국 '손잡이'는 연구자가 현실의 복잡성과 불확실성 속에서도 분석과 해석, 실천으로 나가도록 붙드는 작은 지점이자, 사회를 재사유하도록 이끄는 실천적 감각이라고 할 수 있습니다.

다음으로 궁금한 점은, 대화 과정에서 『싼롄생활주간』이 파트너로 자주 등장하는데, 여기에 특별한 이유가 있었나요? 아울러 이 잡지사에 대한 소개도 부탁드립니다.

샹뱌오 다섯 차례의 대화와 그에 따른 논의는 중국에서 가장 큰 영향력을 지닌 주간지 중 하나인 『싼롄생활주간』이 주관한 것입니다. 이 잡지의 전신은 1920년대 주타오펀鄒韜奮이 창간한 『생활주간』으로, 그는 잡지를 통해 "독자들이 일요일 아침의 여유로운 시간에 마치 몇몇 벗을 모아 담론을 하듯, 경직됨을 피하고, 가볍고 생동감 있게, 간결하고 정제되면서도 흥미롭게 대화할 수 있도록" 하는 것을 목표로 삼았다고 말했습니다. 언뜻 평범해 보이는 이 말이 오늘날 중국에서는 많은 이가 쉽게 닿을 수 없는 삶의 이상이 되었습니다. 정치적 통제를 둘러싼 환경뿐 아니라 소셜미디어의 독점과 특히 AI가 가져온 충격 속에서, 많은 젊은이는 자기 삶에서 비롯되는 문제를 "가볍고 생동감 있으며 흥미롭게" 논의하는 데조차 큰 제약을 받고 있기 때문입니다.

『싼롄생활주간』은 고등 교육을 받은 중산층 독자를 광범위하게 보유하고 있지만, 소셜미디어의 거센 충격 속에서 클릭 수와 구독자 수를 어떻게 확대할 것인가라는 과제에 직면해 있기도 합니다. 이 매체는 심층 보도와 대중적 확산을 결합해야 할 필요가 있으며, 이 때문에 영상이나 오디오 등 새로운 전달 방식을 실험하는 데 매우 적극적입니다. 이번 대화를 기획·추진한 것도 이런 동기에서 비롯된 것이라 할 수 있습니다. 저는 한국의 대중매체가 오늘날 공적 사유를 형성하는 과정에서 어떠한 역할을 하고 있는지도 무척 궁금합니다.

박우 한국의 대중매체가 해온 역할은 정치 지형에 따라 매우 다르게 평가될 수 있을 것입니다. 한편으로는 산업화와 민주화 과정에서 정보 확산과 공론장 형성에 기여하며 사회 발전에 긍정적인 작용을 했다는 평가가 있습니다. TV 보급 이후 전국적 동시 시청이 가능해지면서 사회적 의제의 공유가 확대되었고, 1990년대 이후에는 탐사보도, 시사 프로그램, 공영방송의 공적 책무 강화 등이 시민적 감시 기능을 확장하는 데 중요한 기반을 제공했습니다.

그러나 동시에 대중매체는 클릭 수 경쟁, 선정주의, 소비지향적 콘텐츠 확산 등을 통해 공적 신뢰를 약화시키는 문제점을 드러내기도 했습니다. 특히 디지털 플랫폼 기반의 뉴스 생산·유통 체계가 자리잡으면서, 전통 언론의 검증 과정보다는 속도와 노출도가 더 큰 영향력을 갖게 되었고, 그 과정에서 가짜 뉴스와 왜곡된 정보가 빠르게 확산되는 환경이 형성되었습니다. 이런 양면성 때문에 매체에 대한 평가가 정파에 따라 크게 달라지며, 언론의 사회적 책임과 자유, 규제의 필요성을 둘러싼 논쟁도 이어지고 있습니다.

정치적 이슈를 제외하고, 지식 전달과 대중적 참여라는 면에서 한국과 중국의 매체를 비교하는 연구는 흥미로운 의제를 제시합니다. 한국에서는 1990년대 말 이후 인터넷 포털 뉴스, 2010년대의 SNS와 유튜브, 최근의 숏폼 플랫폼까지 이어지는 매체 전환이 빠르게 일어났고, 이 과정에서 시민이 콘텐츠 생산자로 참여하는 구조가 강화되었습니다. 지식 콘텐츠 생산자 역시 다층화되었고요.

중국에서도 플랫폼의 폭발적 성장과 함께 새로운 미디어 환경이 조성되었습니다. 더우인이나 비리비리 같은 플랫폼에서는 과학, 역사, 사회 이슈 등을 설명하는 대중 지식 콘텐츠가 큰 인기를 끌고 있습니다. 위챗, 콰이서우, 샤오훙수 등의 플랫폼도 대중적인 인기를 끌고 있고, 새로운 온라인 담론을 주도하는 기반으로 작용하고 있죠.

따라서 양국의 매체가 대중의 참여 방식, 지식의 형성과 유통 구조, 사회적 신뢰의 구축 또는 약화를 어떻게 다르게 만들어내는지 살펴보는 비교 연구는 단순히 언론 환경의 차이를 확인하는 데 그치지 않고, 동아시아 사회에서 지식이 생산·공유되는 방식 자체가 어떻게 변화해왔는지를 이해하는 데 중요한 관점을 제공할 수 있을 듯합니다.

앞의 이야기로 되돌아와서, 이 대화를 읽는 독자들은 다양한 분야의 종사자일 수 있습니다. 보통 대화 형식의 책은 한국에서는 일종의 '성공학', 즉 어떻게 하면 대인관계를 원활히 하고, 직장생활에서 좋은 평가를 받아 성공할 수 있는지에 대한 내용을 다루곤 합니다. 그런데 제가 보기에 이 책은 이런 자기계발서와 유사점이 있으면서도 다릅니다. 그렇다면 이 책만의 차별점은 무엇일까요?

샹뱌오 중국 독자들도 비슷한 질문을 하십니다. 이 책이 소위 '성공학'과 무엇이 다르냐는 것입니다. 우선 제 연구가 성공학과 본질적으로 완전히 단절되어 있다고 말할 순 없습니다. 우리가 출발하는 지점은 결국 수많은 평범한 사람이 마주하는 동일한 질문이기 때문입니다. 즉, 주어진 조건 속에서 나는 어떻게 살아야 하는가, 변화가 단기간에 일어나기 어려운 현실에서 나는 어떤 방식으로 응답하고 행동해야 하는가라는 물음입니다. 이런 질문을 끊임없이 따라가다보면 결국 중요한 것은 스스로를 어디에 위치시키고, 어떤 사유의 자리와 실천의 기반을 마련할 것인가에 대한 성찰에 이릅니다. 그래서 서론의 제목을 '나는 낯선 사람이다'라고 붙였습니다.

이 책의 목적은 대중이 스스로를 서술·분석하는 능력을 확장하는 데 있습니다. 따라서 이 책은 중국 사회를 객관적이고 전면적으로 기록하기보다 "해야 한다, 필요하다, 반드시"와 같은 설득적 표현들을 자주 등장시킵니다. 전형적인 학술적 글쓰기에 비해 우리 작업은 어쩌면 '성공학'에 더 가까울지도 모릅니다. 이 지점에서 루쉰의 말을 떠올리게 됩니다. 그는 "미신은 존재할 수 있으나, 방사는 반드시 제거해야 한다迷信可存, 方士必去"고 했습니다. 그는 미신이란 결국 평범한 사람들이 자신의 필요에 기반해 취하는 행위라고 본 것이죠. 예컨대 가뭄이 들면 백성은 용왕사에 가서 비를 기원합니다. 반면 방사란 현대적 지식을 가진 지식인을 가리키는데, 그들이 하는 말은 대체로 옳고 과학적 근거도 갖췄지만 정작 백성의 현실적 고민과는 동떨어져 있습니다. 이에 루쉰은 과학이 오히려 미신보다 못할 수도 있다고 말한 것입니다. 미신은 과학적으로 틀릴지언정 최소한 현실의 요구를 진실하게 드러냅니다. 우리가 함께 추구하는 연구는 "미신은 존재할 수 있으나, 방사가 인도해야 한다迷信可存, 方士導之"는 태도를 지향합니다. 즉, 과학적 방법을 통해 미신에 담긴 요구를 따라가며, 그 요구가 좀더 자각적 사유와 분석으로 나아가도록 돕는 것입니다.

우리가 '성공학'과 다른 지점은, 분명한 요령이나 '비법'을 제시할 수 없다는 데 있습니다. 우리는 독자들께 어떤 확실한 정답을 알려드릴 수 없습니다. 대신 지금의 상황을 어떻게 분석할 수 있는지, 그리고 자기 자신이 타인 및 사회 전체와 어떤 관계에 놓여 있는지 더 진지하게 바라보도록 함께 고민하고자 합니다. 특히 우리는 현재의 사회 구조에 존재하는 불합리들이 일상에 어떤 영향을 미치는지 드러내는 데 집중합니다. 이는 지금의 구조에 순응해 그로부터 이익을 얻고, 이른바 '계급 도약'을 이루는 방법을 알려주기 위함이 아닙니다. 오히려 그 구조를 더 분명히 보면서, 스스로가 어떤 위치에 있으며 무엇을 요구할 수 있는 존재인지 성찰하도록 만들려 합니다.

박우 대화에 팬데믹 기간이 자주 언급됩니다. 알다시피 당시 정기적인 코로나 검사를 통해 자신의 '건강'을 증명할 의무가 부과됐고, 그 결과 백신을 맞지 않거나 검사에 응하지 않은 사람, 거주 지역 내에서 배회하는 사람들은 전혀 다른 방식으로 문화적 시선을 받았습니다. 저 역시 당시 이런 상황을 경험하며, 평소 잘 알고 있던 사람조차 '낯선 사람'으로 봐야 하는 강요가 불편하게 느껴졌습니다. 그럼에도 불구하고 이런 '낯선 사람'들과 어떻게 연결해야 할지 고민했지만 결코 쉬운 문제는 아니었습니다.

이 책 역시 일정 부분 2020년대 중국과 팬데믹 상황에서 출발하는 측면이 있는 것 같습니다. 그래서 개인적으로, 어느 순간 낯선 사람이 돼버린 익숙한 사람과의 관계에서 시작해, 주변의 처음 보는 낯선 사람, 나아가 다양한 층위에서 나타나는 낯섦화의 결과들과 어떻게 관계를 맺을 것인가에 대한 실천적 지식이 매우 궁금했습니다.

그렇다면 선생님께서는 이런 주제를 논의하는 과정에서 왜 '낯선 사람'을 택했는지 궁금합니다.

샹뱌오 이 기획의 가장 초기 단계에는 2019년에 제가 제기한 "부근의 소실附近的消失"이라는 문제의식이 있었습니다. 중국에서 자발적 사회 조직이 거의 형성되지 못한 채 일상은 점점 더 원자화되는 상황 속에서 사람들, 특히 청년들은 자기 삶을 통제할 수 없다는 감각을 크게 느끼고, 어떤 거대한 힘에 휘말려들고 있다는 무력감을 호소하고 있었습니다. 청년들은 생활의 질감을 체감하기 어렵고, 감정은 쉽게 소셜미디어와 알고리즘에 좌우되며, 안정되고 편안한 감각을 갖기 어려운 현실에 놓여 있습니다. 그래서 우리는 다른 사람을 다시 '볼 수 있는' 감각을 회복함으로써 생활의 질감을 다시 세워가는 것이 중요하다고 여겼습니다. 2022년 9월 『싼롄생활주간』에서 '부근'을 주제로 특집을 준비하며 몇몇 필자에게 자신이 살고 있는 부근을 글로 써달라고 요청했고, 원고들이 모였지만 대부분 주변환경에 대한 직접적 묘사에 그쳤고 사유의 결은 충분히 드러나지 않았습니다. 우리는 '부근'을 좀더 깊게 논의하기 위해서는 더 구체적인 진입점이 필요하다고 판단했습니다. 마침 그때 소셜미디어에서 하나의 사건을 봤습니다. 상하이의 한 주민이 집 근처 공중전화 부스에 한 낯선 사람이 지내고 있는 모습을 발견했는데, 아마 봉쇄 때문에 집에 돌아가지 못했던 것 같습니다. 그 장면을 사진으로 찍어 온라인에 올리자 큰 관심을 불러일으켰고, 제게도 많은 영감을 주었습니다. 저는 그 사진을 올린 주민이 집 창문에서 매일 그 낯선 사람이 전화 부스에서 생활하는 모습을 보며 "저 사람은 누구일까, 어떻게 하루를 살아낼까?"라고 끊임없이 생각했을 거라 짐작했습니다. 같은 낯선 사람을 두고도 사람마다 다른 상상과 해석을 할 수 있고, 그렇기에 서로의 추측을 이야기로 나눌 수도 있을 것입니다. 이렇게 부근의 '낯선 사람'이야말로 아주 좋은 화제가 될 수 있겠다고 생각했습니다. 그래서 사람들에게 부근의 낯선 사람에 대해 글을 쓰도록 독려하고자 우선 일련의 대화를 기획했습니다. 그런데 그 대화들이 큰 반향을 불러일으키면서 결국 추가로 글을 모집할 여력조차 없어졌습니다.

대화가 그렇게 큰 관심을 불러일으킨 것은 분명 코로나 팬데믹과 떼어놓고 생각할 수 없을 것입니다. 그 기간에 사람들은 모두 생활의 통제력을 상실한 채 심리적으로 크게 억압되어 있었고, 일상에 갑자기 방역 요원과 같은 '낯선 존재'들이 등장했습니다. 이런 낯섦은 두려움 및 불안의 감정과 함께, 우리가 평소 당연시해온 사회적 관계와 생활 세계의 균열을 매우 선명하게 드러냈습니다.

봉쇄 기간에 사람들은 사회적 생활이 강제로 중단되고 인간관계 또한 단절됐다고 느꼈을 겁니다. 모두가 두려움, 분노, 무기력감에 사로잡힌 채 일상의 기반이 흔들리는 경험을 했습니다. 그런 상황에서 이 대화 시리즈는 자신이 처한 변형된 생활을 차분히 관찰하고 각종 비정상적인 현상을 스스로 성찰하도록 돕는 하나의 '잡을 수 있는 손잡이' 역할을 했다고도 말씀드릴 수 있습니다.

박우 그렇다면 이 책이 한국의 대중 독자들에게는 어떻게 읽히길 바라시는지요? 또 한국 독자들에게 특별히 전하고 싶은 메시지는요?

샹뱌오 이 책을 통해 독자들께서 마치 한자리에 앉아 대화를 직접 듣고 있는 듯한 현장감을 느끼실 수 있으면 합니다. 대화란 논증처럼 일직선으로 나아가는 것이 아니라, 한 주제에서 다른 주제로 옮겨갔다가도 되돌아오며, 서로 다른 이야기가 겹겹이 포개지면서 하나의 전체적인 장면과 감각을 만들어내는 방식입니다. 이런 장면은 독자에게 명확한 결론을 제시하기보다 함께 성찰할 수 있는 자리로 초대하는 데 목적이 있습니다. "투명하지만 숨 막히는 생활", 극도로 불안정한 조건, 사람과 사람 사이의 '낯섦화' 진단은 오늘의 생활양식에 대한 사회학적 개념화이고, 사람을 유심히 바라보기, 직접 꽃을 심어보기, 동물과의 관계를 재사유하기와 같은 실천은 다시 '부근' 생활의 감각을 회복하기 위한 손잡이들입니다. 그렇다면 이런 장면과 감각은 한국의 생활 속에서도 감지되는 것일까요? 중국적 맥락에서 제시된 이야기들이 한국 독자들께는 어떤 장면을 떠올리게 하나요? 그리고 이 중 어떤 문제들이 한국에서도 더 깊이 파고들어 생각해볼 만하다고 느끼시는지 여쭙고 싶습니다.

저는 독자들께서 이 책을 다소 뒤섞여 있는 '도구함'으로 받아들여 주셨으면 합니다. 안에는 못도 있고 망치도 있고, 끈도 있고 가위도 있습니다. 각자에게 지금 필요하거나 손에 잡히는 도구를 꺼내 쓰시면 됩니다. 굳이 이 도구함이 전체로서 완결되어 있는지, 모든 도구가 체계적으로 정리되어 있는지를 고민하실 필요는 없습니다. 그보다는 어떤 게 지금 내게 도움이 되고, 어떤 게 내 삶과 사고를 조금이라도 움직이게 만드는지를 찾아 사용하시면 충분합니다.

박우 사회학자이자 인류학자로서 이 대화가 한국의 동류 학자나 이 분야에 관심 있는 독자들에게 어떤 함의를 주길 바라시는지요?

샹뱌오 저는 특히 한국 사회과학계 동료들이 이른바 '공동의 관심사'라는 사유 방식에 대해 어떻게 평가하시는지 매우 궁금합니다. 우리가 이 책에서 제시한 관점들은 서구 전통이 주도해온 사회학 및 인류학 개념들과 직접적으로 연결되지 않습니다. 예컨대 우리는 '신자유주의'도 말하지 않고, '포스트 휴먼'이나 '존재론적 전환'도 논하지 않습니다. 대신 '지방의 개천용'이라는 사회적 형상이나 '투명하지만 숨 막히는' 것과 같은 생활 경험의 이미지에 주목합니다. 이런 개념과 표현들이 기존의 어떤 성숙한 사회 이론과 맞닿아 있는지는 우리도 확신할 수 없습니다. 그러나 우리가 반드시 구축해야 할 것은 스스로의 사유 전통입니다. 수십 년 전부터 중국에서는 '사회과학의 토착화'라는 말로 반복되어왔음에도 그 성과는 여전히 뚜렷하게 체감되지 않고 있습니다.

성과가 미미한 이유는, 우리가 여전히 본토 경험, 특히 대중이 스스로의 경험을 성찰하고 그 속의 모순을 처리하는 과정에 대해 충분히 깊게 파고들지 못했기 때문이라고 생각합니다. 본토 경험을 단순히 기술·분석하는 연구 대상으로만 다룬다면 그로부터 새로운 사유의 전통이 생성되기는 어렵습니다. 우리가 '대중을 위하여' '대중을 향하여', 그리고 '대중과 함께' 연구하고자 한다면, 어떤 현상이 '매우 한국적이다' '매우 중국적이다'라고 지적하는 것만으로는 충분치 않습니다. 대중에게 실제로 '작동하는' 사유 방식과 표현 방식을 탐색해야만 비로소 새로운 이론이 출현할 수 있고 또 다른 사례 연구에만 머무르지 않을 수 있습니다. 다시 말해, 핵심은 대중의 경험 자체의 특수성을 강조하는 데 있다기보다, 대중이 실천 속에서 스스로의 경험을 어떻게 사고하고 처리해나가는지 그 과정을 이론적으로 정식화하는 데 있다고 할 수 있습니다.

마지막으로, 이 책을 읽는 과정은 각 대화자에 대한 이해와 분리될 수 없다고 생각합니다. 그들이 누구이며, 평소 어떤 실천을 하고, 우리가 왜 그들을 초대했는지, 그리고 제가 그들로부터 무엇을 배웠는지를 아는 것이 중요합니다. 이를 위해 「내가 본 대화자들」이라는 내용을 덧붙이고자 합니다.

박우 많은 질문에 대해 자세히 답해주셔서 고맙습니다.

이 책은 완결된 이론을 제시하려는 것이 아니라, 독자가 스스로의 위치를 돌아보고, 주변의 낯선 이들과 다시 연결되며, 사회적 조건 속에서 대응의 방식과 주체성을 모색할 수 있도록 돕는 도식화되지 않은, 열려 있는 도구함입니다. 한국의 독자들 또한 이 도구함을 통해 자기 생활이 놓인 사회적 관계망을 새롭게 성찰하고, 그 속에서 의미 있는 행동을 선택하는 역량을 강화하길, 그런 실천의 장을 경험하시길 기대합니다.

샹뱌오

내가 본 대화자들

먼저 화가 류샤오둥에 대해 이야기하겠습니다.

제가 처음 류샤오둥의 그림을 진지하게 들여다본 계기는 미국에서 박사과정을 밟고 있던 한 중국인 유학생의 말에서 비롯되었습니다. "우리 세대는 당연히 중국의 농민공이나 소도시 청년과 같은 집단을 잘 알고 있습니다. 그러나 그들이 실제로 어떤 얼굴을 하고 있는지는 매우 모호합니다. 류샤오둥의 그림은 이들에 대한 우리 인상을 비로소 선명하게 만들어주었습니다." 오늘날 중국 사회에는 이처럼 정체성은 분명하지만 얼굴은 흐릿한 낯선 사람이 점점 더 많아지고 있습니다.

류샤오둥의 그림을 직접 마주했을 때 저는 그의 작품이 왜 그런 효과를 만들어내는지 즉각 이해할 수 있었습니다. 그의 화풍은 지극히 직접적이며, 화면에 보이는 것이 곧 그것 자체였습니다. 내용이 곧 전부라고 할 수 있습니다. 그림 속 인물들은 우리가 일상에서 마주해온 사람들과 다르지 않으며, 관람자는 즉각적으로 그들을 알아볼 수 있습니다. 그의 작품은 시각적 효과로 인한 혼란, 전도, 설명하기 어려운 억압감과 같은, 비일상적인 감각 경험을 거의 유발하지 않습니다. 다시 말해, 관람자와 그림 사이를 가로막는 어떤 '형식적 장치'가 존재하지 않는 듯합니다. 그러면서도 그의 그림은 아주 '오래 볼 만'합니다. 저는 그의 그림 앞에 오래 머무르고 반복해서 바라보게 되었습니다. 그것은 화면의 구체적 재현 너머에 무언가가 존재한다고 느껴지기 때문입니다. 보이는 신체 뒤에는 진실하고도 풍부한 삶의 경험이 자리하고 있었습니다.

제가 진지하게 처음 바라본 그림은 「위장違章」이었습니다. 상반신을 드러낸 남성 농민공들이 나이도 체격도 서로 다르게, 가스통들과 함께 트럭 뒤 적재함을 가득 채우고 있습니다. 이 장면에 담긴 위험과 고됨은 말하지 않아도 자명합니다. 그러나 그림 속의 모든 인물은 얼굴에 미소를 띠고 있으며, 마치 트럭이 움직이면서 불어오는 상쾌한 바람을 즐기는 듯하고, 동시에 서로가 빽빽하게 기대어 있는 상태 자체를 즐기는 듯합니다. 그림에는 일종의 애매함이 존재합니다. 애매함이란 인간과 인간의 관계가 일정한 정도에 이르렀을 때 비로소 발생하는, 명확히 정의하기 어려운 미묘한 감각을 뜻합니다. 만약 이 사람들에 대한 친밀감이 없다면, 그리고 이들에게 다가가고자 하는 노력이 없다면, 이 애매함을 체감하는 것은 불가능합니다.

제게 깊은 인상을 남긴 그림들은 또 있습니다. 중국과 동남아시아 국경 지역의 성매매 여성들, 베이징에서 꽃무늬 매트리스를 들고 육교를 올라가는 농민공들, 오르도스에서 새로 지어진 아파트 단지를 멍하니 바라보는 한 마리의 당나귀, 무료함을 달래려 쥐를 잡아 불태우는 두 명의 소도시 청년, 그리고 병원에서 받아온 자신의 엑스레이 사진을 들고 논밭 가장자리에서 유심히 들여다보고 있는 두 명의 중년 남성. '삼협三峽 시리즈'에서는 국가적 사업인 거대한 삼협댐이 배경을 이루고, 그 앞에는 지치고 상체 알몸을 드러낸 채 어찌할 바 몰라 하는 노동자들이 서 있습니다. 그러나 그들은 노동 사이의 짧은 틈에서 함께 카드놀이를 하기도 합니다.

류샤오둥의 이런 직접성은 저로 하여금 또 다른 일련의 예술가들, 예컨대 쉬빙徐斌, 왕빙王兵 등을 떠올리게 했습니다. 그들의 작품 역시 사회주의적 사실주의 전통과 연결되어 있어 제게 매우 익숙한 감각을 불러일으킵니다. 익숙하다는 것은, 이 예술 형식이 저를 놀라게 하거나 충격을 주지 않으며, 적어도 형식적 차원에서 '왜 이렇게 표현했는가'를 특별히 의문시하지 않게 한다는 뜻이기도 합니다. 이런 익숙한 형식은 제가 존재한다고 알고 있었지만 이전에는 제대로 바라본 적 없는 다양한 사람의 모습을 보게 만듭니다. 이와 같은 직접적인 방식, 그리고 '다른 사람은 어떤 모습인가'에 대한 열렬한 관심과 명확한 파악은 오늘날 중국 청년들에게 매우 결핍된 태도이기도 합니다.

저는 류샤오둥의 스타일을 '관찰주의'라고 요약하는 것이 적절하다고 봅니다. 그는 무엇을 표현할 것인가, 어떻게 표현할 것인가보다 어떻게 관찰할 것인가, 무엇을 관찰할 것인가를 강조합니다. 그림을 그릴 때 그는 자신의 시선이 대상과 평등해야 한다고 말합니다. 대상이 서 있으면 자신도 서 있어야 한다고 말이죠. 그는 반드시 현장에서, 대상의 실제 작업과 생활 공간 안에서 그림을 그려야 한다고 강조합니다. 관람자는 그의 작업 과정을 직접 볼 수 있습니다.

그의 목표는 자신이 보는 것을 포착하는 것이지, 여기에 부가적인 의미를 부여하는 것이 아닙니다. 그는 대상을 위대하거나 아름답게 표현하려 하거나, 찬사나 동정을 전달하려 하지 않습니다. 그가 인터뷰에서 언급하는 것들은 평범하게 들릴 수 있습니다. 가령 존중, 상대의 입장에서 이해하기 같은 원칙 등이 그렇습니다. 하지만 이런 원칙들은 불필요한 꾸밈과 해석을 막아주며, 결과적으로 '진짜'를 효과적이고 구체적으로 실현하게 해줍니다.

저는 다시 류샤오둥의 다큐멘터리를 봤고, 그가 참으로 매력적인 사람이라고 생각했습니다. 큰 눈으로 사람을 뚫어지게 바라보며, 약간 멍한 표정도 짓고, 계속 담배를 피웁니다. (영상 대화의 생중계에서는 담배가 나오면 안 되기에 그는 카메라를 피해서 피우는데, 화면에 몸과 목만 나온다면 그건 담배를 피우고 있다는 뜻입니다.) 류샤오둥을 본 지 얼마 안 돼 저는 싼롄의 초청을 받아 싼롄 동료들과 제 동료 돤즈펑과 함께 '부근'을 주제로 한 원고 모집 프로젝트를 기획하게 되었습니다. 모집된 원고들은 대부분 부근 풍경에 대한 일반적 묘사에 그쳐 좀더 구체적인 주제('손잡이')가 필요하다고 느꼈습니다. 그때 저는 곧바로 '사람을 보기'라는 아이디어를 떠올렸습니다. 류샤오둥의 사람을 보는 능력이 깊은 인상을 남겼기 때문입니다. 동시에 프로젝트의 첫 번째 대화 상대로 류샤오둥을 초청하는 것을 고려하게 되었습니다.

류샤오둥은 저보다 아홉 살 위입니다. 그는 둥베이 지역의 한 소도시 출신입니다. 지방 출신 청년에서 중앙미술학원 학생을 거쳐 국제적 예술가로 성장하는 과정에서 그는 저보다 훨씬 더 격렬한 변화를 경험했습니다. 그는 스스로 "나는 한 번도 젊었던 적이 없다"고 말했는데, 저는 그 말에 공감할 수 있었습니다. 우리 모두는 남보다 앞서야 한다는 압박 속에서 성장해왔기 때문입니다. 그는 또 오늘날 젊은이들이 다양한 방식으로 젊음을 표현하지만, 타인과 진정으로 소통할 방법은 갖고 있지 않다고 말했습니다. 사람들은 중산층의 생활양식(카페, 소비, 음악당 등) 속에서 살아가지만, 거기에는 생활하는 경험이 결핍되어 있습니다.

류샤오둥과의 대화가 항상 쉬운 것만은 아니었습니다. 그의 말은 언제나 짧고, 장난기가 섞여 있었습니다. 그에게는 어떤 주장을 논리적으로 펼치는 일이 지루한 듯 보입니다. 그가 제게 남긴 인상 중 하나는 고구마처럼 땅속 깊이 뿌리내리고 있어 쉽게 캐낼 수 없으며, 흙 위로 잘 드러나지 않는 존재라는 겁니다. 그는 사람들에게 직접적 관심과 흥미를 갖지만, 사람이나 사건을 정리·평가하는 일에는 소극적입니다. 그의 관심과 배려는 강렬하지만, 이를 일반적 원리나 추상적 개념으로 승격시키지 않습니다. 이런 사람에 대한 직접적인 주목은 그 자체로 외부로 확장되는 힘을 가집니다. 그 확장은 다양한 집단과 국가로 이어집니다. 제가 아는 범위에서 말하자면 류샤오둥은 외국인을 가장 많이 그린 중국 화가이기도 합니다. (독일의 LGBT, 미국의 경찰, 터키의 농민 등) 누구를 그리든 그의 화풍은 일관되게 직접적입니다. 하지만 그가 그린 누구나, 그 사람처럼 보입니다. 이런 직접성 덕분에 그의 작품은 세계성을 지닐 수 있었습니다.

류샤오둥의 직접적인 역할은 그를 매우 '쿨'하게 만듭니다. 이번 대화에서 '쿨함'은 제가 가장 깊은 인상을 받은 지점 중 하나이기도 했습니다. 오늘날 젊은 세대는 점점 덜 쿨해지고 있습니다. 일반적으로 무기력을 느끼고, 망설이며, 결정을 내리지 못하고, 실수를 두려워하며, 직접적이지 못합니다. 그렇다면 '쿨함'이란 무엇인가? 쿨함은 결단할 용기와 자신만의 독특한 결단을 갖는 것입니다. 류샤오둥은 그림을 그릴 때, 자신이 한 사람에 대해 내리는 판단을 바꿔서는 안 된다고 강조합니다. 바꾸면 그림이 그려지지 않기 때문이죠. 그러나 그의 이런 결단은 충동적 반응이 아니라 경험의 축적에 기반한 것입니다. 그는 특히 눈이나 얼굴이 아닌 몸을 보고, 근육과 자세를 관찰해야 한다고 강조합니다. 몸은 거짓말하지 않기 때문이랍니다. 그가 보려는 것은 오랜 생활의 경험 속에서 형성된 몸입니다. '쿨함'은 우회하지 않고, 꾸미지 않으며, 가장하지 않는 것입니다. 류샤오둥의 표현을 빌리면 '간사하지 않고' '성실한' 것입니다. 그는 그림을 그릴 때, 특히 자신이 잘 아는 사람을 그릴 때 반복해서 그리고 다시 고칩니다. 자신의 그림이 실물과 닮지 않으면 허용하지 않습니다. 닮지 않았다는 것은 곧 충실하지 않다는 의미이기 때문입니다. 이렇게 그의 예술적 방법과 관찰 방식은 곧 그 사람의 성격이 됩니다.

그는 '견식見識'의 중요성을 강조합니다. "견식 없는 쿨함은 바보짓이다." 따라서 그는 반드시 현장에 있어야 하며, 상대방의 오랜 생활의 경험을 세심히 살펴야 한다고 강조합니다. 힘 있는 직접성은 역사적 맥락과 현장 상황에 대한 관찰을 필요로 하기 때문입니다. 바로 이 역사와 현장에 대한 감각이 곧 그가 말하는 '견식'을 구성합니다.

공적 논의, 사유, 연구 작업은 류샤오둥의 쿨함을 그대로 모방할 수 없습니다. 우리는 결국 논증과 서술을 전개해야 하며, 하나의 이미지로 사유 과정을 대신할 수 없습니다. 그러나 직접적인 역할의 문제는 여전히 중요합니다. 우리의 사유는 경험 그 자체를 포착하는가, 아니면 프레임과 형식을 만들고, 초월적 의미를 생산하는가에 따라 달라집니다. 사유는 구체적인 존재에서 출발해 점점 멀리, 점점 높이 나아가야 하는가, 아니면 역사와 현장에 대한 관찰을 통해 층층이 벗겨내며 그 구체적인 존재에 다가가 점점 더 세밀하게 논의해야 하는가? '공동의 관심사'적인 연구 접근은 후자를 지향합니다. 직접적인 역할과 구체적인 존재에의 접근은 바로 '공동의 관심사' 연구의 미학적 지향을 대표합니다.

두 번째 대화자는 범죄 사건 블로그를 운영하는 허와피입니다.

허와피는 저보다 열다섯 살쯤 어립니다. 새로운 세대죠. 그녀는 세계 각지에 대한 이해가 더 넓고, 읽고 조사하는 양도 저보다 훨씬 더 많으며, 생활의 취향과 감각 역시 저보다 풍부합니다. 저처럼 단조롭거나 형식적인 유형도 아닙니다. '와피襪皮'는 스스로 지은 필명으로, 인디언 이름이면서 동시에 스웨덴 동화 『창와즈피피長襪子皮皮』(『내 이름은 삐삐 롱스타킹』)의 주인공 이름이기도 합니다. 그녀의 공식 계정명은 '몰약 화원'인데요, '몰약'은 약재나 향료로 쓰이는 수지의 일종이며, 성경에서는 예수가 인류의 죄를 짊어질 때 겪은 고통을 상징합니다. 대다수 중국 독자는 '와피'와 '몰약'이라는 이름의 출처를 잘 알지 못하는 대신, 그저 신기하고, 신비롭고, 기묘하다고 느낍니다. 이것 또한 젊은 세대의 취향과 감각을 잘 보여줍니다.

허와피는 학부에서 신문방송학을 전공했고, 졸업 후 상하이에서 잠시 기자로 근무한 적이 있습니다. 이후 미국 위스콘신대학에서 인류학 박사과정을 밟았습니다. 그녀는 항상 추리, 미스터리 사건에 관심이 많았고, 인류학 박사과정에 들어가기 전 추리소설을 출판한 바 있습니다. 공식 계정 '몰약 화원'에서는 주로 살인 사건을 분석하며, 100만 명 이상의 구독자를 보유하고 있는데, 그중 75퍼센트가 여성입니다. 젊은 세대가 범죄에 관심을 갖는 것은 단순한 호기심이나 자극, 혹은 비판에서 비롯되지 않습니다. 허와피의 글은 극단적 사례를 분석함으로써 인간성의 본질을 탐구하고자 합니다. 그녀는 "한 사람이 다른 사람의 생명을 빼앗거나 자신의 생명을 포기할 때, 그 속에서 드러나는 인물 관계, 감정, 갈등과 충돌은 가장 극단적이고 대표적이다"라고 말합니다. 범죄에 대한 이런 관점은 오늘날 중국의 젊은 세대 사이에서 점차 일반화되고 있는 태도이기도 합니다.

저와 허와피는 먼저 범죄에 대해 이야기를 나누었습니다. 범죄는 사람들이 서로에게 너무 낯설어졌기 때문에 발생하는가? 허와피는 사실 대부분의 살인은 익숙한 사람들 사이에서 일어난다고 지적했습니다. 익숙한 관계에서 일어나는 이유는 그들이 적이 되었기 때문이 아닙니다. 사람이 다른 사람을 죽여야 하는 상황은 때로 관계로부터 벗어나기 위해, 혹은 인생의 한 구간을 바꾸기 위해 발생합니다. 가령 한 아버지가 새로운 결혼을 위해 두 자녀를 살해함으로써 과거의 짐을 덜려 했습니다. 자신을 과거가 없는 사람으로 만들기 위해 사람들은 자신의 생명의 역사와 연결된 타인을 제거해야 합니다. 이처럼 자신의 역사를 부정하고 말살하는 행위는, 자기 낯섦화의 중요한 특징을 드러냅니다.

우리 대화의 두 번째 부분에서는 허와피의 경비원 연구에 대해 이야기했습니다. 이는 그녀의 박사 논문 프로젝트이기도 했습니다. 2014년 중국에는 약 4200개의 경비 회사와 450만 명의 경비원이 있었는데요, 2021년에는 1만3000여 개의 회사와 640만 명으로 증가합니다. 그녀가 경비원을 연구하게 된 계기는 개인적 의문에서 출발했습니다. 중국의 도시 공간은 일반적으로 안전한데, 왜 경비원이 도시 생활의 필수 요소가 되었는가 하는 것이었습니다.

허와피는 경비 산업의 부상이 첫째, 정부의 지원과 엄격한 규제 아래 발전했기 때문이라고 봅니다. 이는 곧 치안 관리 수단의 정밀화를 보여주는 사례라는 겁니다. 정부는 경비원을 비공개 공간에서의 눈으로 활용함으로써 공공 공간에서의 감시를 보조할 수 있으며, 공안 시스템에 추가적인 경제적 부담을 주지 않게 됩니다. 이로 인해 아파트 단지 경비원은 국가 통치 체계와 민간의 불안 심리 사이의 '중개적 존재'가 됩니다.

경비원이 어디에나 존재하게 된 또 다른 이유는, 경비원의 이미지와 행동이 아파트 단지의 취향·부·지위를 상징하기 때문입니다. 공포감은 중산층이 공유하는 문화자본이 되었습니다. "경비원의 임무는 범죄 예방뿐 아니라 더 중요하게는 집값을 지키는 것"이라는 말이 있을 정도죠. 입주민들은 경비원의 나이와 외모까지 크게 신경 씁니다. 만약 자신의 아파트 단지 경비원이 나이가 너무 많다면, 입주민들은 단지의 품격이 낮아 보일 것이라고 우려하며, 이는 단지의 시장 내 포지셔닝을 떨어뜨릴 수 있다고 판단합니다.

경비원은 다층적인 의미의 낯선 사람입니다. 그들은 도시 사회 속에서 낯선 존재로, 매일 열두 시간씩 연중무휴로 근무하며, 먹고 자는 모든 생활을 폐쇄된 아파트 단지 안에서 보냅니다. 대부분의 사람은 도시와 실제적인 관계를 맺지 않습니다. 더 중요한 점은, 경비원은 자신과 유사한 사람들을 경계해야 한다는 것입니다. 경비원과 가장 빈번하게 충돌하는 이들은 단지 안으로 들어오는 배달 기사입니다. 그러나 이들 또한 경비원과 배경, 신분, 성별, 심지어 출신지까지 유사한 집단에 속합니다. "그들은 제복을 입으면 경비원이지만, 벗으면 도둑이 될 수도 있다"는 말이 있듯이 말입니다. 경비원은 입주민에게 무시당하는 존재이지만, 때로는 입주민을 관리해야 하는 역할(가령 주차 단속)을 수행하기도 합니다. 이렇게 그들은 단지 안에서 매우 난처한 위치를 맡습니다. 이러한 위치는 경비원 자신이 자유롭게 자신을 표현하는 것을 어렵게 만듭니다.

경비원이 존재하는 이유는 단순히 상층에 서비스를 제공하기 위해서만이 아닙니다. 사회적 지위가 높은 사람들 자신이 더 많은 불안을 안고 있기 때문이기도 합니다. 즉, 입주민들은 자산 가치를 지키기 위해 경비원의 존재를 필요로 합니다. 그런데 이런 상황의 배후에는 사람의 처지가 자산과 연결되어 있다는 현실이 놓여 있습니다. 이와 같은 다층적 관계, 다시 말해 사람과 자산의 관계, 경비원과 입주민의 관계, 경비원과 자신과의 관계 등 관계의 여러 측면을 명확히 인식할 때 '공동의 관심사'가 드러납니다. 경비원과 입주민은 동일한 역사적 상황에서 공통된 불안을 경험하며, 사회·경제 발전의 동요 속에서 자신의 존재 의미에 대한 불확실성을 마주합니다.

이로 인해 그들은 안정을 찾지 못하며, 심지어 자신의 역사를 어떻게 다뤄야 하는지도 문제로 떠오릅니다.

세 번째 대담자는 다큐멘터리 감독 리이판입니다.

리이판은 1966년 충칭에서 태어났습니다. 1990년대 중앙희극학원 각본 전공을 졸업한 후, 광저우의 문화 기관에 배치되어 광고업에 종사했습니다. 1995년에는 고향인 충칭으로 돌아가 신문사 주필이 됐으며, 같은 해 동생과 함께 농촌 조사 노트를 집필하기 시작했습니다. 2002년, 삼협댐 지역에서 최초로 현지 도시가 폭파·철거되는 사건을 목격하고 큰 충격을 받았습니다. 그는 이를 "중대한 사건으로 느꼈다"(2025년 7월 나와의 대화에서)고 말했습니다. 이에 신문사에서 사직하고, 다큐멘터리 「잠겨버림」을 촬영했습니다. 리이판은 다큐에서 이렇게 말합니다. "국가의 의지와 개인의 의지가 충돌할 때 실제로 무엇이 발생하는지를 표현하고 싶었다. 내가 관심 있는 것은 인간성이 어떻게 잠겨버리는지, 개인이 국가 의지의 압력하에서 어떻게 잠기는지 등이다." 저는 나중에 알게 되었는데, 류샤오둥은 이 「잠겨버림」을 본 후 삼협댐 지역에 가서 그림을 그리기 시작했다고 합니다.

이후 「향촌 당안」을 촬영했습니다. 이 작품은 약 1만 건에 달하는 농민공의 노동 분쟁 및 산업재해 사례를 보여줍니다. 현재 리이판은 쓰촨미술학원 유화과에 재직하고 있습니다.

우리가 리이판을 대담에 초청한 직접적인 이유는 그의 장편 다큐멘터리 「사마터, 너를 사랑해」 때문입니다. 사마터란 16~17세에서 20대 초반에 이르는, 주로 공장에서 일하며, 교육 수준이 대체로 9년 이하인 청년 남녀를 가리킵니다. 이들은 매우 독특한 헤어스타일을 하며, 검정 가죽 재킷과 큰 금속 장식을 즐겨 착용합니다. 그들이 스스로를 '사마터'라고 부르는 이유에 대해 한 가지 설은, 영어 Smart에서 차용했다는 것입니다. 그러나 대부분의 사마터는 Smart가 무슨 뜻인지 거의 신경 쓰지 않고, 다만 '사殺마馬터特'라는 발음이 쿨하며 특별하다고 느낄 뿐입니다.

리이판이 관심을 가진 대상은 농촌에서 도시로 일하러 온 청년층으로, 저 역시 1990년대 초반부터 장기적으로 연구해왔습니다. 지난 30여 년 동안 이 집단은 중대한 변화를 겪었습니다. 전체적인 추세는 더 심화된 주변화입니다. 구체적으로 첫째, 고용 형태가 더 일시적이고 불안정해졌습니다. 원래 농민공은 주로 제2차 산업, 특히 노동집약적 조립 라인과 건설업에 종사하며, 거의 전형적인 노동자 계급을 형성했습니다. 그러나 오늘날에는 서비스업이 주요 산업(점유율 53.8퍼센트)을 차지하며, 식당 일, 배달 라이더 등이 대표적입니다. '긱워크'가 중요한 고용 방식으로 등장했고, 이들 간에는 상호 연계성이 거의 없습니다. 둘째, 집단의식이 더 약화되었습니다. 싼허 대신, 일당, 탕핑躺平(소위 '3일 일하고 4일 휴식'과 같이 최소한의 생계만 유지하며, 정상적인 사회생활과는 단절되어 있는) 상태가 많습니다. 셋째, 농민공 집단에서는 2세대가 등장했습니다. '사마터' 모두 부모는 도시에서 일해 고향의 조부모 슬하에서 성장한 경험이 있으며, 상당수가 초·중학교 중퇴 경험을 갖고 있습니다. 첫 직장 취업 나이 또한 매우 어립니다. 그들은 매일 열두 시간 근무, 한 달에 1~2일 휴식,

월 수입은 3000~4000위안 수준에 불과합니다.

심화된 주변화는 심화된 낯섦화를 초래합니다. 리이판의 「사마터, 너를 사랑해」의 상당 부분은 둥관 칭시진에서 촬영되었는데, 칭시진은 당시(2016년) 사마터의 최대 거점이었습니다. 칭시진은 또한 제가 1994년에 조사했던 곳이기도 합니다. 1994년에 저는 농민공 숙소 안에서 서로 거리를 두는 낯선 감각을 관찰했으며, 이를 설명하기 위해 '부유' 개념을 제안했습니다. 하지만 20년이 지난 후 숙소 내 사람들조차 거의 서로를 알지 못하는 수준으로 낯섦화가 진화할 것이라고는 예상하지 못했습니다.

저는 몹시 궁금했습니다. 한 집단이 이런 변화를 겪을 때 청년 세대는 자신을 어떻게 바라보는가? 이것이 바로 리이판이 탐구하고자 하는 문제이기도 합니다.

사마터에게서 볼 수 있는 것은 일종의 절망감입니다. 여기서 절망은 단순한 실망과 다릅니다. 실망은 계급 상승을 통해 사회 주류에 편입되려는 희망이 실현되지 않거나, 주류의 인정을 얻지 못하는 상황을 가리킵니다. 그러나 사마터는 사회 주류로 들어가겠다는 생각조차 하지 않습니다. 그들은 다만 부모 세대의 노동 방식을 이어갈 수 없을 뿐 아니라 기존 생활도 유지할 수 없다고 느낍니다. 리이판은 강조합니다. 사마터가 가장 강하게 느끼는 것은 "몸이 받아들일 수 없다"는 감각이라고 말이죠. 즉, 현 상황에서 자기 존재를 받아들일 수 없고, 자신의 존재를 느낄 수도 없는 상태입니다. 아주 어린 나이에 일을 시작했기에 그들은 외부로부터 오는 압력을 통해 스트레스를 해소해야 했습니다. 공장에서 엄청난 노동 강도가 그들에게 일종의 해소감을 주듯이 말이죠. 한 사마터는 영상 속 자신을 보고도 자신인지 알아볼 수 없었다고 말했는데요, 영상 속 그 순간이 그에게 가장 편안하고 안락한 상태였던 것입니다. 사마터는 자신의 존재를 느낄 필요가 있었습니다.

이는 단절적 절망으로, 우울보다는 반항을 드러냅니다. 그가 갖고 다니는 흰색 천 가방에는 삐뚤빼뚤한 다섯 글자 '혁명의 하루革命的一天'가 적혀 있습니다. 이는 그가 검정 수성펜으로 직접 쓴 글입니다. 의미를 묻자 그는 처음에는 "대충 쓴 것"이라고 얼버무리다가 곧이어 이렇게 말했습니다. "한 사람이 오늘, 자기 자신에게 어떤 변화나 변화된 행동을 만들어낸다면, 그것 자체가 개인적인 혁명인 거죠." 이런 절망은 폭발적인 성격을 지니며, 매우 강한 저항력을 갖습니다. 그들은 자신의 헤어스타일을 지키기 위해 일자리를 포기하기도 합니다. 이런 절망은 특정 순간에 강력한 방식으로 폭발할 수 있으며, 그들은 강렬하게 몸부림칩니다. 그들에게 운명을 바꾸려는 기대는 없지만, 자신을 표현하려는 격렬한 충동은 있습니다. 스스로의 발전이나 사회적 상승 가능성은 없다고 여기지만, 강렬한 자율성과 자유에 대한 갈망은 있습니다.

리이판은 사마터의 말을 인용하며 이렇게 말했습니다. "조립 라인에는 역사가 없고, 사마터를 할 때만 있다."

그러나 이런 절망 아래의 힘은 매우 취약하기도 합니다. 일부 사마터는 부끄러움 때문에 말을 하지 못할 정도입니다. 사마터의 '대부'로 불리는 농민공 뤄푸싱은 한 번도 아버지의 관심을 받은 적이 없습니다. 당시 아버지의 휴대폰은 거의 연결되지 않았고, 연결되더라도 아버지는 대화할 시간이 없었습니다. 그러나 뤄푸싱은 그 번호를 몸에 문신으로 새기고, 자신의 모든 비밀번호로 사용했습니다. 그들은 권위에 대해 격렬히 반발하면서도, 동시에 권위에 의지할 수 있기를 상상하고 갈망했습니다. 사마터는 현실에서 억압을 받을 뿐 아니라 인터넷상에서도 공격을 당합니다. (인터넷에서 사마터를 조롱하는 사람들은 종종 스스로를 '댜오쓰'라고 칭하는, 루저로 불리는 이들입니다.) 결국 리이판은 이렇게 말합니다. "대부분의 사마터는 자신이 큰 잘못을 저질렀다고 믿고, 결국 머리를 밀고, 성실히 일하며, 생명의 빈곤으로 되돌아간다." 중국 경제가 더 정체되고, 다양한 사회적 갈등이 점차 심화된다면 사마터와 같은 심리 상태가 점점 더 확대될 가능성이 있습니다. 왜냐하면 희망에서 비롯된 실망은, 처음부터 희망조차 없고 현 상태를 유지하기조차 어려운 절망으로 서서히 대체될 수 있기 때문입니다.

사마터와 서문에서 언급한 '지방의 개천용'은 완전히 다른 두 집단처럼 보입니다. 사마터는 전적으로 사회의 주류 바깥에 존재하는 반면, 지방의 개천용은 이미 주류 내에서 일정한 위치를 확보하고 있습니다. 사마터는 자신의 신분을 바꿀 거라는 기대가 없지만, 지방의 개천용은 여전히 희망을 품고 있습니다. 사마터는 때때로 폭발적인 표현을 보이는 반면, 지방의 개천용은 장기적인 분주함과 장기적인 무기력감 속에 존재합니다. 이들은 중국 사회에서 두 가지 전형적인 낯선 사람의 유형을 보여줍니다. 그러나 그들의 심리적 태도에는 많은 공통점이 있습니다. 두 집단 모두 자신이 스스로를 어떻게 바라봐야 할지, 어떻게 서사화할지, 자신이 장악할 수 있는 힘과 희망을 어떻게 찾을지에 대해 불안을 느낀다는 점입니다. 만약 그들이 서로를 볼 수 있다면, 그저 집단적 존재가 아니라 서로의 심리 상태를 들여다볼 수 있다면, 자신이 그토록 낯설다고 느끼지 않을지도 모릅니다. 절망 속에서도 새로운 주체 의식과 행동력을 발견할 가능성이 존재하기 때문입니다.

이제는 류웨라이에 대한 소개로 넘어가겠습니다.

류웨라이는 제 또래로, 1970년대 초 산둥에서 태어났습니다. "저는 시골에서 자랐기 때문에 어릴 때는 '낯선 사람'이라는 개념이 거의 없었습니다. 주변은 모두 아는 사람들이었지요. 우리 집은 집을 직접 지었기 때문에 그런 식의 짓기와 만드는 과정이 자연스럽게 익숙했습니다. 어떤 식물이 어떤 열매를 맺고, 무슨 효능이 있으며, 민간요법으로는 어떤 병을 고칠 수 있는지까지 자연스럽게 알게 되었습니다." 1993년 산둥건축대학에서 원림 전공으로 학사 학위를 받은 뒤 상하이 퉁지대학에서 석사와 박사과정을 이어갔고, 현재는 퉁지대학 건축과도시계획대학의 부교수로 재직 중입니다. 류웨라이는 중국 '도시 화원' 운동을 가장 먼저 이끌어온 사람 중 한 명입니다. 그는 동료들과 함께 2014년 상하이에서 '도시 화원'과 텃밭 실험 프로젝트를 시작했습니다. 2020년에는 SEEDING '씨앗 릴레이' 계획을 발족해 팬데믹 기간에 '씨앗 릴레이'를 통해 이웃 간 상호 지원 네트워크를 구축했고, 이후 이를 전국적 차원의 활동으로 확장했습니다. 2023년 기준, 류웨라이 팀은 상하이 12개 구에서 300여 개의 사구 화원을 조성하고, 2000여 개의 주민 자치 미니 화원을 지원했으며, 1800여 회의 사구 조성 워크숍을 개최했습니다. 같은 해 그는 우루무치시 자연자원국 부국장(서장 지원)으로 임명되어 '꽃피는 우루무치花開烏市' 프로젝트를 발족했습니다. 류웨라이는 자신의 활동을 이렇게 설명합니다. "주민들을 동원하고 조직해 '모두 함께 무언가를 심도록' 하고, 사구 내 여유 공간을 활용하며, 비용을 거의 들이지 않거나 아주 조금만 들여 환경을 개선하는 것이 제 일입니다."

도시에서 '사람들이 함께 무언가를 심는다'는 것이 주목을 받은 이유에는 적어도 세 가지 배경이 있습니다. 첫째는 주택의 상품화와 중국 도시의 수직적 주거 방식입니다. 1990년대 초반부터 주택은 상품으로 기능했습니다. 1994년 분세제分稅制[1] 시행 이후, 도시 정부는 점점 더 농지 기반 재정을 주요 수입원으로 의존하게 되었고, 이에 따라 주택 개발은 급속도로 확장되었습니다. 폐쇄형, 고밀도, 고층 아파트 단지는 이런 발전 모델의 전형으로, 도시 중산층의 주거 이미지를 대표했습니다. 그러나 폐쇄형 단지 내의 모든 공공 업무는 대부분 용역인 소위 '관리 회사物業管理'에 위탁했습니다. 생활은 편리하지만, 이웃 간 교류는 거의 없고, 서로에게 낯선 사람일 뿐입니다. 횡적으로는 가까운 이웃이 거의 없고, 주된 관계는 위아래 층, 가스와 상하수도 배관, 엘리베이터와 같은 수직적 관계에 한정되었습니다. 엘리베이터 안에서는 사람들은 서로의 시선을 피하며, 신호가 잡히지 않을 때조차 휴대폰을 보는 척하며 시선을 낮춥니다. 한 젊은 친구는 이렇게 말했습니다. "젊은이들이 부근을 보지 못하는 이

1 중앙정부와 지방정부 간의 세수 분배 체계를 정립한 제도.—옮긴이

유는, 그 부근이 너무 지루해서 볼 것이 없기 때문이에요." 한편 중국에 오랜 기간 거주한 이탈리아인 친구는 팬데믹 기간에 발생한 자살 사례를 이해할 수 있다고 전했습니다. "작은 방에 갇혀 창밖에 나무 한 그루조차 보이지 않는다면, 자살이 일어날 수도 있어요." 이런 상황에서 도시의 중산층은 자연에 대해 강한 동경과 낭만적 상상을 품게 되었고, '뭔가를 심는다'는 행위는 그런 감정과 욕구에 잘 들어맞았습니다.

둘째, 1999년 이후 중국 정부는 도시 사구의 발전과 통제를 대대적으로 강화했습니다. 각 구와 각 동에서는 연락 책임자를 선출하고, '격자망網格化' 관리를 시행했습니다. 사구 종사자들은 단지 안을 순찰하며, 상황을 즉시 발견하고 보고하도록 했습니다. 정부의 이런 침투는 대규모 철거와 재건에서 점차적으로 '미세한 개조微小改造'로 정책을 전환한 데서도 엿볼 수 있었습니다. 2018년, '사구 조성社區營造'이 빈번하게 쓰이는 용어가 되었습니다. 2021년, 중국 주택건설부가 "도시 재생 사업 시행 시 대규모 철거·재건 문제 방지에 관한 통지關於在實施城市更新行動中防止大拆大建問題的通知"를 발행한 후, 이런 소규모 혁신과 공공 참여가 가능해지기 시작했습니다. 또한 도시 미화와 녹화 강조는 중국 도시 발전에서 중요한 지표로 작용했습니다. 예컨대 다양한 문명 도시 평가에서 핵심 기준으로 자리 잡았던 거죠. 이는 류웨라이의 활동에도 상당한 합법성을 부여합니다.

셋째, 전자상거래 플랫폼과 인터넷 경제 발전 이후 사구는 전자상거래의 최전선이 되었습니다. 사구의 교통 및 전달 기능을 통해 상품을 각 가정으로 신속히 배송하는 방법은 플랫폼 경제가 점점 더 관심을 갖는 분야입니다. 따라서 제가 2019년에 제기한 '부근의 소실'은 중국의 사구 조성이 무시되었다는 의미가 아닙니다. 오히려 '부근의 소실'은 사구가 생활의 장이 아닌 행정 관리와 상업적 유통 단위로 전환되었기 때문에 발생한 현상을 일컫습니다. 시민들은 '부근을 재건'해 자신의 생활 환경을 다시 체감할 수 있기를 바라고 있습니다.

이런 상황에서 '도시 화원' 계획은 시민들에게 환영받는 동시에 정부 지원도 얻을 수 있었습니다. 저는 또 궁금한 게 있었습니다. 도시 화원이 사구의 행정화·상업화·기술화에 대한 저항이 될 수 있는가, 아니면 이런 경향 위에 벨벳을 덮어 합법적이고 정상적인 것으로 만드는 역할을 하는가? 즉, 도시 화원이 사람과 사람 사이의 관계 변화를 가져올 가능성이 있는가, 아니면 시스템 속 장식에 머무는 데 그치는가라는 질문입니다.

'도시 화원' 프로젝트는 사구의 행정화·상업화·기술화의 흐름을 실제로 가로막을 수는 없었습니다. 그렇다고 그 흐름의 장식물로 머문 것도 아닙니다. 오히려 주민들이 주류적 경향과 정면으로 충돌하지 않으면서도 스스로 움직일 수 있는 새로운 공간을 열어주었습니다. 이 프로젝트가 제게 준 가장 큰 통찰은 '틈을 어떻게 찾아내는가'였습니다. 이미 짜여 있는 도시 공간에서 아무도 쓰지 않고 아무도 관리하지 않는 빈터를 발굴해내고, 그곳에서 사람들이 꽃과 채소를 심도록 함께 움직이며 새로운 관계를 만들어가는 일 말입니다. 이는 어떤 의미에서는 공간을 둘러싼 일종의 쟁취이지만, 그 전략은 부드럽고 또한 건설적입니다.

류웨라이는 1993년부터 2000년까지 지방 정부의 계획설계 부서에서 근무했기에 각종 정책을 잘 알고 있었습니다. 작은 빈터를 볼 때면 그는 다른 사람보다 훨씬 더 빠르게 이 땅을 어떻게 활용할지, 어떤 부서와 어떤 전략을 동원해야 할지를 떠올렸습니다. 도시 화원을 운영할 때 정책이 명확하지 않은 상황(가령 완전한 관리사무소나 정부 허가가 없을 때)에서도 그의 전략은 "일단 하고 보는 것"이었습니다. 꽃이 심기고 아름답게 피면 관련 부서도 대체로 이를 수용했습니다. 도시 화원은 '인간과 동물 모두에게 해가 없는' 프로젝트였습니다. 류웨라이는 이런 안전성이 시민들에게 대담하게 행동할 자유를 제공했다고 봤습니다.

화원은 집단적 성격을 띱니다. 개인이 꽃을 심을 수도 있고, 실제로 각자 집에서도 꽃을 가꾸지만, 함께 꽃을 심으려면 조정과 협의가 필요합니다. 도시 아파트 단지처럼 주민이 고밀도로 거주하고 활용 가능한 빈 공간이 좁다면 집단적 논의와 계획은 더 필수적입니다.

식물은 인간과 환경을 잇는 매개이면서 동시에 사람과 사람을 연결하는 매개입니다. 뭔가를 심고 가꾸는 과정은 아주 미세한 감각까지 자연스레 주의를 기울이게 만듭니다. 이를테면 비가 오는 것을 느끼는 방식조차 달라지지요. 또한 사람은 그 과정을 통해 자신의 노동을 보고, 타인의 노동 역시 보게 됩니다. 우리가 느끼는 고독과 서로에 대한 낯섦은 단순히 개인과 개인 사이의 관계만의 문제가 아니라, 사람이 자신이 살아가는 환경과 맺는 관계에도 깊이 연결되어 있습니다. 이 환경 속에서 무엇을 할 수 있고 무엇을 할 수 없는지, 특히 함께 무언가를 해볼 집단적 실천이 가능한지 여부는 사람들 사이의 관계에 직접적인 영향을 미칩니다. 따라서 사람과 사람의 관계를 진정으로 변화시키기 위해서는 지금 주변과 같은 생활 장면 자체를 다시 만들어가는 일이 필요합니다.

마지막으로 선즈췬입니다.

선즈췬은 원래 식물과 원림 설계를 전공한 연구자로서, 2008년 37세의 나이에 난징 홍산삼림동물원 원장으로 임명돼 당시 중국에서 가장 젊은 동물원장이 되었습니다. 2020년 코로나 팬데믹 기간에 홍산동물원은 51일간 휴원하며 2000만 위안이 넘는 손실을 입었고, 이때 다양한 온라인 홍보를 시도해 젊은 세대에게 큰 반향을 불러일으켰습니다. 2024년에는 홍산동물원의 더우인(틱톡 중국판) 조회 수가 16억 회를 넘어섰고, '좋아요'도 580만 건에 달했습니다.

홍산동물원은 하나의 문화 현상으로 자리 잡았으며, 이는 중국 젊은 층의 동물에 대한 태도 변화를 반영합니다. 중국의 반려동물 관련 시장 규모는 2015년 978억 위안에서 2023년 5928억 위안으로 급증했으며, 2025년에는 8114억 위안에 이를 것으로 예상됩니다.[2] 반려동물을 키우는 집단 중에서 '90후'는 41.2퍼센트, '00후'는 25.6퍼센트를 차지하며,[3] 젊은 층이 주요 반려 인력으로 부상했습니다. 단순히 가정에서 반려동물을 키우는 것뿐만 아니라, 동물을 정

2 비마웨이 중국畢馬威中國이 발표한 「2025 중국 반려동물항업 시장 보고2025年中國寵物行業市場報告:"他經濟"的消費升級與市場洞察」.

3 「2025년 중국 반려동물항업 백서(소비 보고)2025年中國寵物行業白皮書(消費報告)」.

서적으로 돌보는 일이 생활의 일부로 자리 잡고 있습니다. 예를 들어 반려동물 카페, 반려동물 치유 공간, 대도시에서 동물을 가상으로 입양하는 동물원 활동(실제 집으로 데려가지 않음) 등이 인기를 끌고 있습니다. 반려동물은 이제 사회와 가정 생활에서 중요한 화제로 떠올랐고, 때로는 가족 세대 간 갈등을 야기하기도 합니다. 가령 부모가 자녀의 반려동물 양육을 반대하거나 심지어 반려동물을 죽이는 사례가 발생하고, 이에 반발해 자녀가 집을 떠나는 사례도 있습니다. 팬데믹 봉쇄 기간에는 방역 집행 인력이 반려동물을 살해한 소식과 영상이 사회적 분노를 촉발하기도 했습니다. 한편 채식주의도 조용히 확산되고 있습니다. 2019년 중국의 채식 인구는 약 5000만 명으로 전체 인구의 3.5퍼센트에 달했으며,[4] 2023~2024년에는 9퍼센트를 차지해 세계에서 다섯 번째로 올라섰습니다.[5]

제 또래에게 반려동물은 생활의 일부가 아니었습니다. 제 배우자가 일본에서 초등학교를 다닐 때 읽었던 글 중 하나가 인상적인데, 도쿄 동물원에서 코끼리가 죽은 이야기였습니다. 전쟁 때문에 코끼리는 먹이를 얻지 못하고 돌봄을 받지 못해 굶어 죽는데요. 이는 제 배우자가 열 살 이전에 전쟁과 정치를 처음 의식하게 된 경험으로, 분명한 반전反戰 의식을 형성하는 계기가 되었습니다. 그때 저는 이렇게 생각했습니다. "전쟁으로 이미 많은 사람이 굶주리고 죽는데,

4 2019년 '頭豹研究院'에 근거함.

5 인도가 가장 높으며(40퍼센트), 영국의 채식주의자는 약 10퍼센트다. Statista 글로벌 조사에 근거함.

왜 코끼리 이야기를 통해 전쟁에 반대하라는 걸까?" 하지만 아이는 먼저 동물에 대한 감각적 경험을 통해 세상을 인지합니다. 아이에게 '인식 수준을 높이라'고 강요해 어른과 동일한 논리로 사고하게 만드는 이런 고도의 합리적 태도가 바로 전쟁을 초래하는 요인 중 하나일 수도 있다는 생각이 들었습니다.

하지만 저는 중국 사회의 동물에 대한 태도 변화에 약간의 우려를 품습니다. 1996년 제가 영국에서 박사과정을 밟을 때 받은 가장 큰 문화적 충격 중 하나는 영국인들의 동물에 대한 태도였습니다. 시민들이 대학의 동물 실험실을 습격하고, 생물학 연구에 항의하며, 육식자에 대해 도덕적 판단을 내리는 것, 특히 "개는 나의 가장 친한 친구다. 사람은 나를 이해하지 못하지만, 개는 이해한다"와 같은 발언이었습니다. 중국의 반려동물 문화가 발전하면, 사람들이 고양이와 개를 볼 때는 특별히 친근하게 느끼는 반면 오히려 사람을 보면 낯설고 긴장하는 상황에 빠지는 것은 아닐까? 사람들은 동물을 의인화하거나 반려동물화해 동물을 인간처럼 상상하고, 심지어 소유물로 여김으로써 자신의 고독감을 강화하지는 않을까? 아니면 사람들은 동물을 그 자체로서 보고, 동물의 생태를 통해 인간과 인간관계에 대한 이해를 깊이 확장할까?

홍산동물원의 인기는 바로 이 균형에서 비롯되었다고 볼 수 있습니다. 선즈쥔의 설명과 홍산동물원의 여러 홍보 자료에서는 동물을 의인화하는 전략을 활용합니다. 홍산동물원은 각 동물에게 "이름+성격"을 부여합니다(예를 들어 '사교 불안' 성향의 코알라 '모리'). 이러한 의인화는 동물에 대한 존중과 개별 생명에 대한 관심을 강조하기 위한 것입니다. 즉, 관람객이 단순히 "동물을 본다"에서 "특정 성격을 가진 생명을 이해한다"로 인식을 바꾸도록 하는 것입니다. 원칙은 명확합니다. "동물도 인간과 마찬가지로 삶의 권리를 지니며, 관찰로부터 숨을 자유도 있다." "동물이 스스로의 존재로 살아가도록 하는 것이 최선의 관람이다." 즉, 관람객이 방해하지 않고, 생명이 본연의 모습으로 돌아가도록 하는 것이 가장 좋은 관찰이라는 메시지를 전달합니다.

또한 홍산동물원이 젊은 층의 관심을 끄는 이유 중 하나는 동물의 생존 환경을 존중하는 방식에 있습니다. 선즈쥔은 동물원이 가능한 한 동물의 야성을 유지하고, 야생동물과 자연환경을 연결하도록 노력한다고 강조합니다. 구체적으로 전시관을 조성할 때 야생 서식지를 최대한 모사해 동물의 후각, 시각, 청각, 탐색 능력, 심지어 천적을 피하거나 먹이를 사냥하는 능력까지 자극하도록 합니다. 이는 10년, 50년, 심지어 100년 후에 자연 서식지가 복원되었을 때 현재의 "털북숭이 친구들"과 그 후손이 야생성을 유지하며 돌아갈 수 있도록 하기 위함입니다. 또한 동물원은 장강 중하류 생태계를 고려해 전시 환경을 설계했습니다. 예를 들어 과거 주방에서 나타나던 지역 뱀의 모습까지 재현하며 방문객으로 하여금 자연과 야생동물에 대한 어린 시절 기억을 떠올리도록 했습니다.

사람들이 동물원에 오는 이유는 "동물을 본다"에 그치지 않고, 동물이 살아가는 상태를 체감하기 위해서입니다. 선즈쥔에 따르면, 젊은 층은 "무조건 동물을 봐야 한다"는 집착이 없으며, 오히려 자신을 자유롭게 표현하는 경험에 더 큰 관심을 가진다고 합니다. 동물의 생존 상태에 대한 관심은 자연스럽게 사육사의 근무 환경과 역할에도 시선을 돌리게 합니다. 우리는 대화에서 서로 다른 성격의 사육사들이 다양한 습성의 동물과 어떻게 상호작용하는지에 대해 많은 이야기를 나누었습니다. 이런 서술이 반드시 이론적 의미를 갖는 것은 아니지만, 사람의 동물에 대한 관심이 인간관계와 연결되는 새로운 지점으로 전환될 수 있음을 보여줍니다. 즉, 동물에 대한 흥미가 사회적 회피가 아닌, 사회적 연결로 이어지는 통로가 되는 것입니다.

낯선 사람과 부근을 만들기

초판인쇄 2026년 1월 23일
초판발행 2026년 2월 2일

지은이 샹뱌오 외
옮긴이 박우
펴낸이 강성민 이은혜
편집 최유진
마케팅 정민호 박치우 한민아 이민경 박진희 황승현 김경언
브랜딩 함유지 김은솔 박민재 이송이 박다솔 조다현 김하연 이준희
제작 강신은 김동욱 이순호

펴낸곳 (주)글항아리 | 출판등록 2009년 1월 19일 제406-2009-000002호

주소 경기도 파주시 문발로 214-12, 4층
전자우편 bookpot@hanmail.net
전화번호 031-955-2689(마케팅) 031-941-5161(편집부)
팩스 031-941-5163

ISBN 979-11-6909-498-6 03300

www.geulhangari.com